ベーシックテキスト **憲法**【第4版】

君塚正臣 [編]
森脇敦史

河野良継
白水　隆
福岡久美子
早瀬勝明
丸山敦裕
合原理映
福島力洋
山田隆司
前田正義
中村孝一郎
森口佳樹
片山智彦
青田テル子
岡室悠介
村上　玲
田中佑佳
今田浩之
上石圭一
中曽久雄
著

法律文化社

第4版はしがき

　本書第3版もまた好評により、ここに第4版を刊行できることにつき、冒頭、読者の皆様に厚く御礼申し上げたい。

　本書は初版以来、基本的な判例や学説などをきっちりと解説するスタンスであり、第4版でもこの方針に変わりはない。初版から君塚が単独で編者を務めてきたが、そろそろ世代交代により本書の改訂継続を図るため、第4版では森脇敦史が編者に加わった。バトンパスが上手にできそうかどうかは、読者の評価を待ちたいと思う。

　第3版刊行後、共著者の片山智彦氏が亡くなった。初版出版直前に中村孝一郎氏が急逝されており、我々にとっては兄弟弟子をまた若くして失ったことであり、悲しみは大きい。残る執筆部分についての加筆修正は共編者が行った。

　第4版もまた、皆様の憲法理解の深化に寄与することを祈ります。

　2023年4月

　　　　　　　　　　　　　　　　　　　　　　君塚　正臣・森脇　敦史

第3版はしがき

　本書第2版もまた好評により、ここに第3版を刊行できることにつき、冒頭、読者の皆様に厚く御礼申し上げたい。

　本書は初版以来、基本的な判例や学説などをきっちりと解説するスタンスであり、第3版でもこの方針に変わりはない。ただ、憲法を巡る情勢は風雲急を告げている。むしろ、こういうときこそ、変わらぬ基本線を確認することが肝要である。近代立憲主義は、南アフリカの夜明け、南米軍事政権の相次ぐ崩壊、バルト3国の独立や東欧革命、フィリピン・韓国・台湾・インドネシア・ミャンマーの民主化、アラブの春などを経て、途上国も含め世界の常識になってきており、それを後退させることは愚かなことであろう。その意は強くしたい。

　第3版では、執筆陣には新たに白水隆、山田隆司、岡室悠介、田中佑佳、村上玲の各氏を加えた。これに伴い、第2版から執筆箇所の変更が一部生じた。また、初版はしがき後に追記したように、初版出版直前に中村孝一郎氏が急逝されたため、第3版に残った担当箇所でも加筆修正は編者が行った。

　第3版もまた、皆様の憲法理解の深化に寄与することを祈ります。

2016年12月

君塚　正臣

〔追記〕
　本書の分担執筆者であった片山智彦氏は、2019年3月30日に病との長き闘いの末に亡くなられた。その業績が永く残ることを。慎んで御冥福を祈ります。

執筆者一同
2019年8月

第2版はしがき

　本書初版は予想外の好評をもって迎えられ、早くも第2版を刊行できたこと
は望外の喜びである。まずは、読者の皆様に厚く御礼申し上げたい。

　東日本大震災は未曾有の犠牲者を出し、危機的な原発の状況、不自由な避難
所生活など、行方知れない不安を日々増殖させている。が、だからこそ、この
国の行く末について根本的に考える機会なのであり、憲法学習は今こそ必要に
思える。未来に向けての前向きな姿勢は、お互い失いたくないと思う。

　第2版では以下の点に変更がある。執筆陣には新たに中曽久雄氏を加えた。
第1・2・3部扉裏に、日本人研究者以外の立場から3氏にコラムをお願いした。
また、初版はしがき後に追記したように、初版出版直前に中村孝一郎氏が急逝
されたため、その担当箇所の第2版での加筆修正は編者が行った。初版第4刷
から挿入した「学習に役立つウェブサイト」は好評につき残した。憲法条文は、
別冊子ではなく、末尾に入れた。

　第2版も初版同様、皆様の憲法理解の深化に寄与することを祈ります。

　2011年6月

君塚　正臣

初版はしがき

　本書は、大学等の教養科目や法学部の基礎専門科目として開講される「憲法」もしくは「日本国憲法」などの科目の教科書として編まれたものである。

　期せずして編者となった者は、東海道新幹線開通を知らない大変な若輩者である。その若輩者は、新たに編むとすれば、その新しさを形にしたいと考えた。まず、本書は横書きとした。本文に多くの主要判例を明示的に組み込み、学習に便利なものとした。章の冒頭で章のポイントや論点整理を行って、その章のどこに注意して読むべきかを明示した。そればかりか、本文の中でも特に重要な段落には⇨印を入れ（逆に難度の高い段落は＊印を付け）、また、キーワードは**太字**として、注意を喚起した。章の最後には設問を立て、読者がただ判例や学説を暗記するのではなく、自らの頭で考えることの重要性を訴えた。図表の利用を積極的に行った。日本国憲法の条文は別冊子とした（なくさぬよう、気をつけてください）。以上の工夫は、要はメリハリの効いた学習に寄与するものと思われる。また、主要論点について判例・通説を軸に有力な学説・判決を簡潔に記述することを、執筆陣には旨として戴いた。調整・意見交換にも尽力してきた。

　ただ、本書対象の講義は、担当教員により、いろいろなスタイルがあろうと思う。大きく言えば、４単位でも人権と統治機構のどちらを先にやるか、である。本書は人権を先としたが、他意はない。順序を逆に読んで戴ければ、そうでない講義にも対応できる。また、２単位科目ともなると一部を論ずる（例えば、人権の大半と憲法訴訟など）のがやっとなのかもしれない。それでも必要箇所を順にピックアップすることで対応できるし、残りの部分も読むことで、憲法全体の深い理解が進むことと思う。特にそのような講義では省略されることの多い総論部分などは、通学の途上にでも気楽に一読してもらえばと思います。

　2007年2月

君塚　正臣

〔追記〕

　本書の分担執筆者であった中村孝一郎氏は、その刊行を間近に控えた2007年2月8日に若くして急逝された。前年に博士号も取得し、その刊行準備作業中に倒れられたという。その前途は惜しんで余りある。慎んで御冥福を祈ります。

執筆者一同

第 1 部　憲 法 総 論

第2部　基本的人権

第 3 部　統 治 機 構

略　語　表

裁判所の判決・決定等

最大判（決）	最高裁判所大法廷判決（決定）
最判（決）	最高裁判所小法廷判決（決定）
高［支］判（決）	高等裁判所［支部］判決（決定）
地［支］判（決）	地方裁判所［支部］判決（決定）
家［支］判（決・審）	家庭裁判所［支部］判決（決定・審判）
簡判（決）	簡易裁判所判決（決定）

判例集（＊民間刊行物）

民（刑）集	最高裁判所民事（刑事）判例集
行集	行政事件裁判例集
高民（刑）集	高等裁判所民事（刑事）判例集
下民（刑）集	下級裁判所民事（刑事）裁判例集
判時	判例時報＊
判タ	判例タイムズ＊
労民	労働関係民事裁判例集
集民（刑）	最高裁判所裁判集民事（刑事）
刑（行・家）月	刑事（行政・家庭）裁判月報
民（訟）月	民事（訟務）月報
判地	判例地方自治＊
金判	金融・商事判例＊
裁時	裁判所時報

学習に役立つウェブサイト

（以下の**太字**で検索すると便利です）

衆議院　https://www.shugiin.go.jp/

参議院　https://www.sangiin.go.jp/

首相官邸（内閣）　https://www.kantei.go.jp/

　　e-Gov 法令検索　https://elaws.e-gov.go.jp/

　　条約データ検索　https://www3.mofa.go.jp/mofaj/gaiko/treaty/index.php

裁判所　https://www.courts.go.jp

　　判例　https://www.courts.go.jp/app/hanrei_jp/search1

　　裁判所の管轄区域　https://www.courts.go.jp/saiban/kankatu/

　　各地の裁判所一覧　https://www.courts.go.jp/map_list/index.html

　　＊　**最高裁の裁判官名**については https://www.courts.go.jp/saikosai/index.html から、各
　　　　裁判所の裁判官名は、上記「各地の裁判所一覧」の中の「裁判手続きを利用する方へ」
　　　　の中の「担当裁判官一覧」をクリックした後に表示されるページの「担当裁判官一覧」
　　　　から参照可能

　　裁判手続（民事・刑事事件などの手続の説明）　https://www.courts.go.jp/saiban/

法務省　https://www.moj.go.jp/ 司法試験等は「資格・採用情報」をクリック

検察庁　https://www.kensatsu.go.jp/top.shtml

日弁連（日本弁護士連合会）　https://www.nichibenren.or.jp/

法テラス　https://www.houterasu.or.jp/

自由人権協会　http://jclu.org/

地方自治体　J-LIS（地方公共団体情報システム機構）のウェブサイト（https://www.j-lis.go.
　　jp/spd/map-search/cms_1069.html）から当該都道府県（→市区町村）をクリック

国連（国際連合広報センター）　https://unic.or.jp/

法令の調べ方（大阪府立中之島図書館）　https://www.library.pref.osaka.jp/site/business/gui
　　de-hourei.html

文献検索（**国立国会図書館**）　https://opac.ndl.go.jp/

文献検索（**CiNii Research** 国立情報学研究所）　https://cir.nii.ac.jp

書籍検索（**Amazon**）　https://www.amazon.co.jp/ から「本」ないし「洋書」を検索

消費者庁　https://www.caa.go.jp/

国民生活センター　https://www.kokusen.go.jp/

日本国憲法の誕生（国立国会図書館）　https://www.ndl.go.jp/constitution/

第 **1** 部　**憲 法 総 論**

コラム1　憲法を学ぶことの意義

　弁護士は、基本的人権の擁護を使命としています（弁護士法第1条第1項）。
今日、弁護士の活動分野は、個々の紛争処理手続や刑事事件手続にとどまらず、
高齢者・障がい者の権利擁護、いじめや体罰問題への対応、被災者支援、企業活
動における人権デューデリジェンスなど、日々拡大しています。価値観や意見が
多様化した現在の社会では、基本的人権を理解した上で、議論を通じたコンセン
サスの形成により紛争を予防し、紛争を早期に解決することが不可欠であり、弁
護士が必要とされる場面が増えています。

　価値観や意見が異なる他者を尊重しながら議論を行い、紛争の予防や解決を図
る能力は、すべての人に求められるスキルであり、その基礎には基本的人権の理
解があります。弁護士を含む法律家だけでなく、すべての人にとって、憲法を学
ぶことが一層重要となっているのです。

（弁護士　　安達絵里）

第1章 憲法の基本概念

まとめ 近代立憲主義下の憲法は、社会契約に基づき、国民または人民を憲法制定権力とする意思によって生まれる国の最高法規であって、原則として成典の硬性の民定憲法である。現代的変容を受けた日本国憲法もその一つである。

■憲法の概念

実質的意味での憲法／形式的意味での憲法

固有の意味の憲法／立憲的・近代的意味の憲法

国の基本法の存在形式……成典（成文）憲法／不典（不文）憲法

改正手続の困難さ……硬性憲法／軟性憲法

制定の権威……欽定憲法／民定憲法／協約憲法／条約憲法

■日本国憲法前文の法的規範性

法的規範性なし　　　　　　　　　　　　　前文の抽象性重視

法的規範性あり ──── 裁判規範性なし（通説）　　↕

　　　　　　　└── 裁判規範性あり　　　　　条文との相対的違い

■憲法と条約の関係

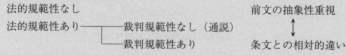

一元論 ──── 国際法優位説

　　　　└── 国内法優位説

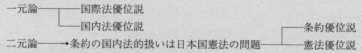

二元論 ──→条約の国内法の扱いは日本国憲法の問題──── 条約優位説

　　　　　　　　　　　　　　　　　　　　　　　　　　└── 憲法優位説

■近代立憲主義と現代立憲主義

近代：最小国家……自由権中心、形式的平等、制限選挙　　絶対主義打破

現代：積極国家……社会権付与、実質的平等、普通選挙　　貧富の差解消

　　（貧富の差解消の他の選択肢であるファシズムとソ連型社会主義の失敗）

→行政権の肥大化解消と統制が課題

I　憲法とは何か

1　憲法の概念

　憲法とは、最広義には国（国家）の組織・構造に関する法のことである。その中でも、国には全法秩序の中に基礎的な根本法（fundamental law）があるということがイギリスで言われ始め、ラテン語の Constitutio（皇帝の制定法、教会の規則）を語源として Constitution なる語が生まれた（ドイツ語の Verfassung も同義）。その訳語として、日本では当初、政体書、国憲、政規などが使われたが、1882年の伊藤博文の憲法調査団の頃から公定用語として「憲法」が使われ出し、1889年の大日本帝国憲法（明治憲法）制定でそれは確定的となった。

　国が国である以上、根本法（実質的意味での憲法）は当然に存在する。それは「将棋」とは駒や日本将棋連盟の建物ではなく、将棋のルールのことであるのと似ている。法学では、国と憲法は同義である。そして、何が根本法であるかを明文化することは、近代市民革命によってアメリカで考え出され、君主国もそれに追随したので、形式上、その国の最高法規が成典化（形式的意味での憲法）されることとなった。だから、ほとんどの国は成典（成文）憲法国である。だが、イギリスやサウジアラビアのような不典（不文）憲法国もあり、そこでは法律や判例、慣習、戒律などが国の骨格を形成している。

2　主　　権

　憲法により樹立される、非限時的団体である国（厳密には統治体である政府）は、固有の支配権（国権、主権）を有する。主権は絶対的・恒久的で唯一不可分とされる。国は一つの最高意思と法人格性をもつとみなされる。

　＊　国には所属員があり、一定の地域を排他的領土とするのが普通である。このような、国民・領土・主権を国家の 3 要素とする説明が妥当するのは、国王の権力が国内的には諸侯に勝り最高、対外的にはローマ教皇や神聖ローマ帝国皇帝に対する独立の主権国家が成立した、ウエストファリア条約（1648年）以降のことである。

その唯一の最高意思を有する者が誰かは大問題であった。近世では国王が**王権神授説**などにより**君主主権**が一般的であったが、次第に**自然状態**を前提とする**社会契約論**が台頭した。この結果、主権の所在をめぐる争いが激しくなった。特にフランスでは、1789年の大革命以降も、君主主権論と、**国民主権論**、ルソー的な**人民主権論**との間の論争は激しかった（→第12章）。

> ＊　19世紀ドイツの**国家法人説**は、主権者が君主か国民かという議論を棚上げし、国家自身の意思力・最高性を強調した。これには、**絶対主義**的君主主権の克服と国民主権論の抑止の両面がみられ、この争いを棚上げにする効果をもった。日本でも、**明治憲法**下でこれは唱えられたが、**天皇主権説**的な方向を避けるためであるといわれている。

とはいえ、憲法が変わっても民族共同体的な「くに」は継続するという気分もないではない。「一民族一国家」という**国民国家**（Nation State）のイデオロギーの下では、特にその気分に浸りやすい。**第二次世界大戦**（アジア・太平洋戦争）後の日本でも、国政の決定は法の根本原理たるノモスに従うべきであって、**国体**は変更されていないとする**ノモス主権論**が尾高朝雄から主張された。しかし、主権者は誰かという根本問題を不問にしており、革命を革命と認められないなど、およそ憲法論としては採用できるものではなかった。

> ＊　なお、「主権」には以上のような、国の**最高独立性**、国政の最高決定権者という意味のほか、そこに支配権（最も明示的には警察権）が及ぶかという**統治権**の意味もある。

3　憲法の分類

⇨憲法は、成典・不典のほかに、様々に分類できる。成典憲法の多くは、その**最高法規性**を維持するため、憲法は通常の法律よりも形式上改正が困難にされている。このような憲法を**硬性憲法**という（→第18章）。そうでなければ、憲法は法律と同格になり（**軟性憲法**）、最高法規性は失われる。

⇨憲法は、制定した権威が誰かによっても分類できる。**明治憲法**のように、それが**君主**であれば、**欽定憲法**という。フランスの**1791年憲法**のように、それが国民であれば、**民定憲法**という。君主制から民主制への移行期に、君主と国民の妥協により制定された、フランスの1830年シャルトのようなものもあり、**協約憲法**と呼ばれる。**アメリカ合衆国憲法**のように、2つ以上の国の合意によ

り新たな連邦や連合体を形成するものは、**条約**（国約）**憲法**である。

> ＊ このほか、単一国／連邦、君主制／共和制、大統領制／議院内閣制／会議制、資本主
> 義／社会主義、実利的／イデオロギー（綱領）的、近代型／現代型、自由国家的／社会
> 国家的などの分類もある。憲法の形式ではなく、実際に当該憲法が規律として規範性を
> 有しているか、権力者がその外観を定式化したものにすぎないか、などの段階を存在論
> 的にみた、規範的／名目的／意味論的という分類もある。

　以上のような憲法の概念や分類は、博物学的興味のためになされるものでは
ない。**硬性憲法**であり**民定**の**成典憲法**である現行の**日本国憲法**の解釈・実践の
ためになされるものである。この憲法が、**近代市民革命**に始まる、権力保持者
によるその濫用を意識的に阻止し、権力の名宛人の利益保護を目的とする**立憲
的・近代的意味の憲法**に属することが意識されねばならない。その意味では、
「憲法」とは西欧発の「近代」と結びついたきわめて歴史的概念だといえる。

> ＊ これに対し、「憲法」を近代の産物とは考えず、古今東西およそ国には憲法があると
> 考えた場合の憲法は、**固有の意味の憲法**と呼ばれる。

II　憲法の最高法規性とその解釈

1　授権規範性

　憲法を制定する権威、すなわち**憲法制定権力**によって創造された憲法は、各
機関（**憲法により制定された権力**）に各権限（例えば、議会には立法権など）を付与
することになる。これを、憲法には**授権規範性**があるという。このとき、通常、
その権限の行使の手順を決めるので、憲法は、**手続法的性格**をもつことになる。
また、各機関が付与された権限を無制限に使えることは稀であり、何らかの制
限が付与されるので、憲法は**制限規範性**を有するのが普通である。**立憲的・近
代的意味の憲法**においては、国民の**基本的人権**を侵害する立法や国家行為は特
に禁じられることになり、憲法は**実体法的性格**も有するのである。

> ＊ 憲法制定権力とは、**主権者**がもち、表明さえすれば最高の力となるもので、実定法的
> に捉えきれない始原的憲法ともいえるものである。シエィースは『第三身分とは何か』
> （1789年）で、政治社会はある歴史段階で憲法を制定することで**政府**を設立するのであ
> り、その意思は自然法にしか服さず、常に合法的であって、**国民**（ナシオン、nation）

6

だけが憲法制定権力を行使できると述べた（→第12章）。

2 最高法規性

⇨その憲法が、ときの権力者によって蹂躙されず、**憲法制定権力**の意欲を維持し続けるにはどうすればよいか。それは、憲法に国法における形式上の**最高法規性**を付与することである。憲法が憲法以外の法令により改廃できないこと、憲法の改正を通常の法律の改正より困難にすること（**硬性憲法であること**）、憲法と矛盾する一切の法令に効力を認めないことが必要である。

最高法規性は単に形式的に法律などより上位にあることばかりか、内容上も**基本的人権**保障や**民主主義**などを基本原理とすることが理由であることが、有力に主張されている。憲法には、憲法制定前には達成されていない理想が記され、基本原則であり**根本規範**として評価されるからであろう。

硬性憲法国で最高法規性を有するものは硬性の**成典憲法**（有権解釈、特に最終解釈権をもつ機関により解釈された**判例**などで体現される）だけである。日本でも、**国会法**や**公職選挙法**、**内閣法**、**皇室典範**、**裁判所規則**などは**実質的意味**での**憲法**を形成するという表現がよくあるが、少なくともそれらは最高法規ではなく、**日本国憲法**と矛盾する部分は無効である。また、反復継続性と国家機関の承認、国民の規範意識などを要件に、慣習法や条理、習律などは**憲法的慣習法**（慣習憲法、憲法的習律）として憲法の**不文法源**となるという記述もよくあるが、成典憲法と矛盾するものの効力は認め難いという点は強調されねばならない。

   *   逆に、日本は**成文法国**なので判例には**法源性**がない、後の**最高裁判所**や**下級審**に対して**先例拘束性**を有さないという記述は疑問である（→第15章Ⅱ）。法は解釈されなければ意味が生まれないし、成文法国・判例法国という区別も曖昧であり、同一事件同一判決ということは公平公正や**法の支配**原理から導き出せよう（根拠条文としては憲法14条や31条を挙げてもよいが、76条が最適か）。傍論を除く主要部分（**ratio decidendi**）の（最高裁による）憲法判例はまさしく「憲法」なのである。

（**1**）「**憲法**」**の範囲**　では、**最高法規性**を有する部分は、**成典憲法**のどの部分か。**日本国憲法**の場合、公布にあたっての天皇の発言にあたる**上諭**は憲法の一部とはいえない。他方、各条文が憲法の一部であることは明らかなので、

問題は**前文**であろう。

　抽象的な政治的宣言にすぎないとして**前文の法的規範性**を認めない説もないではないが、圧倒的通説は、それが形式上憲法典の一部をなす（「**日本国憲法**」という表題の後にあり、改変には**憲法改正手続**を要する）ので、これを認めている。

　⇨ただし、**前文の裁判規範性**を認めるかについて、学説は分かれる。条文との抽象度の違いは相対的であるなどとしてこれを承認し、前文の「平和のうちに生存する権利」（**平和的生存権**）を直接、憲法上の権利とする見解などもある（**長沼事件**1審＝札幌地判昭48・9・7行集27巻8号1385頁）。しかし、有力な見解は、前文の内容はあまりに抽象的で具体性に乏しく、前文は各条文の解釈指針にとどまり、裁判規範性はないとする（**砂川事件**＝最大判昭34・12・16刑集13巻13号3225頁）。下位法令は直接前文違反にはなりえないが、前文を解釈指針として解釈される憲法条文に反し、憲法違反とされる場合も生じよう。

　（**2**）　**憲法と旧法**　　新憲法制定により、その憲法の授権した機関が制定していないからといって、以前からの法令は無効となるか。一般に、新憲法と矛盾しないものは有効であると解されている。日本でも、1947年に法律72号、政令14号が公布され、日本国憲法と矛盾しない旧法令の効力は暫定的に認められた（最大判昭27・12・24刑集6巻11号1346頁）。これと矛盾するものは順次改正された（**治安維持法**1・10条はポツダム宣言受諾で失効したとする横浜事件第3次再審請求＝東京高決平17・3・10高刑集58巻1号6頁も参照）。**民法**では、**私有財産制度**は継続したので財産法部分は一部改正にとどまったが、**家族制度**は否定されたので家族法部分は全面改正された。**刑法**はほぼ温存された（ただし、**プラカード事件**＝最大判昭23・5・26刑集2巻6号529頁をきっかけに不敬罪が削除されるなどした）が、**刑事訴訟法**は全面改正された（なお、**死刑**の執行方法が1873年の太政官布告によっていることは違憲ではないとされた。最大判昭36・7・19刑集15巻7号1106頁）。**皇室典範**は新たに制定し直され、法律として憲法の下位法令となった。

　　＊　その後、1995年に刑法、1996年に**民事訴訟法**、2004年には民法の財産法部分が現代語化された。2006年には、**会社法、法の適用に関する通則法**が、2008年には保険法が口語体で制定された。**商法**も2019年に現代語化された。

　このほか、日本では、日本国憲法制定後も占領が続いたので、**占領法規**の有効性（**政令201号事件**＝最大判昭28・4・8刑集7巻4号775頁など参照）が問題となる。最高裁は**政令325号事件**で、それは、占領中は日本国憲法にかかわりなく憲法外の法的効力を有したが、独立後は「単に最高司令官の指令違反を犯罪と」するものなので失効する、と判示した（最大判昭28・7・22刑集7号7号1562頁）。占領終了後、占領法規は当然無効なのか、憲法に反するものだけが無効なのかは明確にされなかった。学説も分かれている。

　（**3**）　**憲法と国際法**　⇨憲法が**最高法規性**を有するのは、一義的には国内下位法令に対してである。では、**条約**（名称にかかわりなく、国家間の文書による合意を指す）に優位するものか。この問題はまず、そもそも**国内法**と**国際法**の関係をどう捉えるかから論じねばならない。両者は一個の統一的法秩序を形成しているという**一元論**に立つと、どちらが優位かが問題になる。しかし、**国内法優位説**では、国際法は対外的国内法と化し、国際法概念が否定されてしまう。**国際法優位説**は、国内法秩序は国際法が委任したとするものであるが、**主権国家**を基礎とする現在の国際社会・国際法秩序と相容れない。結局、国家間の合意を正当性の根拠とする国際法と、究極的には憲法制定権力の授権を正当性の根拠とする国内法とでは、次元を異にすると考えざるをえない（**二元論**）。

　　＊　一元論でも、国際法と国内法を同等とする**等位理論**では、結論は二元論と同じである。
　　　二元論の下では、条約を国内法化するには**変型**が要求されることになろう。

　その際の手続は各国憲法の問題である。日本では、**明治憲法**以来の慣行として、改めて立法措置はとっていない。**条約の締結**には国会の承認という民主的統制を要することや、憲法の**国際協調主義**から、これを是認する説が多い。

　⇨国内法化された条約がどのような国内法的効力を有するかも、各国憲法の問題である。日本では、条約は法律の上位とするのが圧倒的通説であるが、憲法の上位かは論争であった。憲法98条や前文などの**国際協調主義**から、**条約優位説**もあったが、条約優位や**条約締結権**の根拠が憲法であり、また、改正の容易な条約を憲法の上位としたのでは憲法の最高法規性は否定されるのであるから、国際協調主義から条約優位を引き出すのは論理の飛躍であろう。そして、

「**確立された国際法規**」は憲法に優位するという説も、通常の国際法との区別が困難なので、採用し難い。通説は**憲法優位説**であり、これに反する条約は国内法上は無効である（条約の事後承認→第13章Ⅴ、条約の違憲審査→第15章Ⅶ）。

3　最高法規性の保障

憲法は、自身の**最高法規性**を維持するため、様々な装置を用意している。平常時のものとしては**硬性憲法**、**権力分立**や**違憲審査制**、**公務員の憲法尊重擁護義務**（99条）のほか、**任期制**や多くの人権条項まで、いろいろ挙げられる。

＊ 公務員が**国政**や**地方公共団体**の行政等に携わる以上、憲法と矛盾する国家行為等は認められず、憲法尊重擁護義務が課される。宣誓が要求され、拒否は懲戒事由となるが、道義的義務にすぎない（**百里基地訴訟**２審＝東京高判昭56・7・7判時1004号３頁など）。**国務大臣**などに対しても弾劾制度もなく、違反も政治的責任追及にとどまる。なお、日本国憲法が国民に憲法尊重擁護義務を課していないのは、徹底した**自由主義・個人主義**のゆえであり、**闘う民主主義**を掲げる**ドイツ基本法**とは異なる。

主たる問題は、日本国憲法が非常手段的憲法保障を認めるかである。

（**1**）　**国家緊急権**　　戦争や内乱、未曾有の天災などの場合に、政府が国の存立や憲法秩序の回復のために発動する**国家緊急権**は憲法上認められるのかということがまず問題である。多くは権力集中を伴い、憲法の要請するものの多くを一時停止し、**立憲主義**のために立憲主義を破る矛盾をおかすものであり、日本国憲法が**明治憲法**のような**非常大権**を明文で有しないので議論となる。その悪用の危険と、不文法理を承認してしまう危険からこれを否定する見解と、「緊急は法を待たず」という法格言などからこれを肯定する見解がある。仮に肯定するとしても、その場合は特に限定すること、時間的にも程度としても必要最小限度の行使にとどめること、事後にその適法性が審査できること、違法な行使の部分はできる限り回復すべきこと、などの条件は必要であろう（ましてや、憲法改正によりこれを明文化することは、ナチスの二の舞となる懸念がある）。

（**2**）　**抵抗権**　　政府による権力濫用、憲法秩序の破壊が著しいとき、国民がこれに抵抗し、憲法秩序の回復を図る権利を**抵抗権**と呼ぶ。日本国憲法は立憲主義が「人類の多年にわたる自由獲得の努力の成果」（97条）であり、「国民

の不断の努力によつて、これを保持」(12条) すると謳っているので、明文の規定はないが、抵抗権は憲法上保障されているとする説が多数である。

    *   その根拠はあくまでも現行憲法自身に求められる。超憲法的価値 (**自然権**、日本的伝統、歴史の発展法則など) によるべきではない。そこで、抵抗権は**ロック**的な**革命権**とは区別され、現行の憲法秩序を守ろうというものと性格づけられる。また、いわゆる**市民的不服従**とは、抵抗権の一部を非暴力により行使することだといえよう。

ただし、これもまた実力行使であるので、憲法秩序を破壊する危険もあり、ナマの**憲法制定権力**がたびたび登場する事態は避けねばなるまい。このため、民主的基本秩序の破壊、その不法性が客観的に明白であること、憲法の定める平常時の法的救済手段が使えないことなどの要件が必要である (札幌地判昭37・1・18下刑集4巻1＝2号69頁参照)。また、「勝てば官軍」というのが現実であることを考えると、抵抗権保障が最も意味をもつのは、抵抗権行使が失敗して、違憲的で独裁的な政府に人権が蹂躙される場面であるといえよう。

    *   ところで、法 (憲法) の解釈に高校の数学の時間のような正解はあるか。文章に唯一絶対的な「正しい」読み方がないことを思うと、法の解釈にはそのような意味での正解はない。どのように読むかは解釈者の**実践**であり、その結論に対する説得力ある説明が必要となる。しかし、これには恣意的な解釈に陥る危険があり、法文と小説は異なるとする反論があり、それは法の解釈とは正しい意味の科学的**認識・発見**だとする主張となる。ただ、その方法論としても、**文言解釈**、**歴史的解釈**、立憲者意思に従う (**原意主義的**) 解釈、**文理解釈**、**論理解釈**、**目的論的解釈**、**マルクス主義的解釈**などがあって、正解は定まらないのである。しかもそこでの科学観はいささか古いと言えよう。このため、一定の「枠」は認識されるが、その「枠」内での解釈は実践とする考え方もある。

    法学では、ある答えが「正しい」とはいえず、結論に至る理由づけこそが命である。最高裁**判例**や通説と同じとする必要もないが、そういうだけでは無意味である。そして、何よりも論理的に一貫していることが肝要である。また、その根拠が十分に挙げられ、条文の構成や文言、**立法事実**、歴史的事実などからできるだけ外れていないことも重要である。そして、ほぼ妥当な結論で多くの人が納得することも大切であろう。

Ⅲ　近現代立憲主義

1 近　　代

　古代ギリシャ・ローマにも政治権力を分割し、相互的牽制により、その濫用

を防ごうとする考え（**古典的立憲主義**）はあったが、個人的幸福は公（ポリス）的幸福の中でのみ達成できるという**共和主義**に立っており、自由民・奴隷の区別も存在した。しかし、それも中世の封建体制と近世の絶対主義で断絶する。

　市民階級（第三身分、ブルジョアジー）の不満を突破口にした**近代市民革命**は、はじめに段階的にイギリスで起こり、アメリカに飛び火して、フランスで爆発した（→第2章）。その基本は、人間は自然状態に生まれ、そのままでは問題があるので**社会契約**を結び、政府を樹立するという**社会契約論**であった。身分的自由は否定され、普遍的な**天賦人権**が不可譲のものとして前提とされた。政府（公権力）樹立の目的は、あくまでも個人的幸福・自由のための私的領域の確保にある。この点で、**近代立憲主義**思想は、古代のそれと一線を画していた。「契約」の観念と近代合理主義は、その意思を文書に残すことを選ぶようになり、1776年のバージニア権利章典を筆頭に、**成典憲法**が続々と登場した。

> ＊　**社会契約論**　　ホッブスは『リバイアサン』（1651年）の中で、**自然状態**を「**万人の万人に対する闘争**」と表現し、これから逃れるために自然権をすべて政府に委譲すべきことを説いた。ロックは『統治二論』（1690年）で、自由平等な自然状態を想定し、生命・自由・財産という固有権を守るため、それだけでは得られない外交・防衛・警察などの公共サービスの権限を政府に**信託**すると考えた。**代議制**を念頭に置き、**立法権**を最高とする**権力分立**も説いた。ルソーは『社会契約論』（1762年）で、不平等を打破し、本来のあるべき自由平等な自然状態を回復するために人民共通の意思（**一般意志**）を形成して政府を樹立し、治者と被治者が一致する直接民主主義政治をすべきだと説いたと言われ、王制や代議制を否定した。

　⇨市民階級がリードする国家は、必然的に最小限度の秩序維持・治安の確保だけを期待され、私的領域への介入は忌避された（**自由国家、夜警国家、最小国家**）。憲法が保障する人権の中心は**自由権**であり、**財産権の絶対**は重要であった。政治参加は「**財産と教養**」を有する市民階級に限られるべきとされ、イギリスやフランスでは**制限選挙制**が当然とされた。フランスでは、**人民**（プープル、peuple）**主権**が排除されて**国民**（ナシオン、nation）**主権**が選択された。アメリカでも、人民大衆主導の政府の樹立を警戒して、議会と対抗しうる強大な**大統領**と**司法権**によるその抑制（**権力分立**）が工夫されたのであった。

> ＊　これらのことは先行するイギリス、アメリカ、フランスで発生した**理念型**であって、

20世紀初頭でも大半は、立憲君主国を含む君主国であったことは注意を要する。19世紀に憲法典をもつことが西欧で一般化しても、スペインやドイツのような君主国では立憲主義とはほど遠かった（**外見的立憲主義**）。また、多くの西洋列強は**植民地**の宗主国でもあり、人権を叫ぶ者がそこでは人権を蹂躙したり、アメリカ南部諸州のように、1865年の**南北戦争**終結まで奴隷制を維持したりするところもあったりしたのである。

2　現　　代

⇨近代に**産業革命**が起こり、**資本主義**が発達すると、独占的グループが生まれ、労働条件も劣悪化し、**貧富の差**が拡大した。「見えざる手」に頼る**古典派経済学**に限界が見えだした。これに対しては、政治の民主化を通じて**実質的平等**を図るべきだという声が高まり、経済活動など私的領域への政府の介入が求められるようになった（**社会国家**、**福祉国家**、**積極国家**）。その先駆は1919年のドイツ・**ワイマール憲法**であるとよくいわれる。ワイマール憲法は、「所有権は義務を伴う」（153条）という条文で財産権の絶対を否定したほか、**社会権**的基本権を規定していた（しかし、**第一次世界大戦**で巨額の賠償責任を負わされ、インフレが急激に進んだドイツでは、その額面通りの実施はできず、多くの人権条項が**プログラム規定**（→第9章Ⅱ）と解釈されるに至った）。アメリカでは憲法改正こそなかったが、世界恐慌後、**ニューディール政策**と呼ばれる、連邦政府による一連の雇用促進・公共事業立法がなされ、実施された。その背景には**ケインズ経済学**があった。アメリカの最高裁も結局、判例を変更してこれを是認した。

＊　ドイツはその後、1933年に全権委任法を制定し、**ヒトラー**率いる**ナチス**による**独裁**に移行する。イタリアでの「参戦兵士のファッシ」結成、ドイツでの「ドイツ労働者党」結成、日本での北一輝『国家改造案原理大綱』刊行の1919年をその端緒とし、イタリアのムッソリーニ政権（1922年）などにも代表される、第一次世界大戦後に後発資本主義国で発生した、**ベルサイユ体制**などへの排撃運動を原点とする体制や運動を**ファシズム**という。反巨大資本の中間層に福利をもたらし、支配層の妥協を引き出し、「指導者」原理により強大な民族共同体的権力国家の建設を行った。**反社会主義**、**反自由主義**、反議会主義、反国際主義などを特徴とする。**第二次世界大戦**で、独・伊と、**軍国主義**の日本などの**枢軸国**は米・英などの**連合国**に敗北し、ファシズムの時代は終わった。

　第二次世界大戦後、ナチスのユダヤ人虐殺など、ファシズムの惨禍を経験した各国では、**自然権**思想が復活した。そこでは、近代のような抽象的な「強い

個人」を人間像とするのではなく、社会の荒波の中を泳ぐ現実の人間の姿を踏まえた**人間の尊厳**や**個人の尊重**が掲げられ、ときには国による保護が求められるようになった。このことは、新たな憲法典に**社会国家**を希求する趣旨の規定を置くことにつながる。1946年のフランス**第4共和国憲法**は自らを「社会的共和国」、1947年のイタリア憲法は「勤労に基礎を置く民主的共和国」、1949年の**ドイツ基本法**は「民主的かつ社会的な連邦国家」と宣言したのである。

　このような**現代立憲主義**の下でも**自由権**的基本権が基軸であることや**権力分立**原理、**国民主権**原理などは維持されており、それは社会主義諸国でみられたような**近代立憲主義**の否定ではなく、修正とみるべきである（→第2章）。このため、個人の自主自由自律が基本であって、初めから国にもたれかかる人間像や、全体への貢献を唯一の幸福とする国家像は、厳しく排除されよう。

　＊　マルクスにより説かれた科学的社会主義は、後進国ロシアにおける1917年の**ロシア革命**（10月革命）により、**ソビエト**政権に結実した（ソ連）。**権力分立**を否定して共産党独裁により、**私有財産制度**を否定し、**ブルジョアジー**支配を排除して貧富の差の究極的解消を目論んだ。第二次世界大戦後、東欧でもソ連の指導の下、人民民主主義憲法が次々と制定され、中国でも**中華人民共和国**が誕生した。これらの国々では、普遍的な人権という考え方は排され、労働者・農民の権利であることが強調された。これら諸国は、欧米諸国や日本などとの間で**東西冷戦**を展開した。だが、**計画経済**の下で硬直化する官僚制、それに伴う経済の停滞、**スターリン**の恐怖政治に象徴されるような市民的自由の欠如などにより、1989年の東欧の民主化、1991年末のソ連解体で社会主義はほぼ終焉した。

（**1**）　**普通選挙制度の普及と政党国家化**　　民衆の不満は、選挙権拡大の原動力ともなった。選挙権の拡大の結果、議会は民意を忠実に反映・代弁する場であると考えられるようになり、**国民（ナシオン）主権**は**純粋代表**ではなく、**半代表**もしくは**社会学的代表**であると理解されるようになった。**地方自治**の拡充や、直接民主制的制度の一部導入がなされるに伴い、その傾向は強まった。

　特に、財産や納税額による選挙権差別がなくなり、男子**普通選挙**が達成されると、それまでの議員集団（**名望家政党**）とは異質な、労働者・大衆の声を代弁する議員集団が生まれ、**大衆政党（組織政党）**が結成された。階級対立は議会内に持ち込まれ、**政党**は、民意を集約し、ときには教化するものとして敵視や無視できなくなり、事実上統治システムの一部として承認されていった。そ

して、1960年代頃に脱イデオロギー化が進むと、主要な政党は支持を広げ、次第に**包括政党**（キャッチオール・パーティ）となっていった。

　19世紀末から選挙権を女性にも拡大する動きが顕在化し、主要各国では20世紀前半に**女性参政権**が獲得され、国民の過半数が有権者となったのである。

　（**2**）　管理社会の到来と行政国家化　　**福祉国家**は行政サービスの拡充を必要とした（**行政国家化**）。多様な専門行政の展開は、官僚の役割を増大させ、議会による統制を後退させた。また、大量の公務員を必要とし、国家予算も膨れ上がった。**行政権**は国民生活のすみずみまで関わるようになり、計画行政による管理化傾向を強めた。

　このことは行政の肥大化・硬直化、慢性的な財政赤字体質を生み、**行政改革**が必要となった。**マネタリズム**の影響の下、国営企業等の民営化、公共事業の削減、福祉の見直しなどが叫ばれた。それとともに、**行政の民主化**が主張され、議会や行政の長（政治部門）、またはそれに任命される**オンブズマン**や**独立行政委員会**、審議会によって行政統制を強めようとする動きが強まった。**行政手続**を透明化し、行政情報公開請求権を確立することも重要視された。

　（**3**）　多元社会の創出と司法国家化　　近代では、人権保障は議会を握れば可能と考えられたが、多数者による少数者支配は消えず（その究極の姿は**ファシズム**である）、立法権不信も生じた。そこで、立法を憲法の規範力で拘束し、法律の内容の合法性を担保すべきことが主張された（ドイツでも**形式的法治主義**は第二次世界大戦後、実質的法治主義に移行した）。

　特に、裁判所による**違憲審査制**の一般化は著しい。多くの国で、アメリカで建国当初から判例として確立していた司法裁判所による**付随的違憲審査**か、ドイツのように**抽象的違憲審査**も行う**憲法裁判所**を設立するかが選ばれた。

　＊　ただし、フランスのように、司法府不信が強く、司法機関による違憲審査が認められていない国もある。行政機関である憲法院が一部その役割を果たしている。

　（**4**）　人権の国際化と平和国家への希求　　２度の世界大戦は総力戦となり、**戦争**が立憲主義の最大の敵であることを雄弁に物語った。第二次世界大戦後の憲法には、1946年のフランス**第4共和国憲法**や1947年のイタリア憲法、1949年

のドイツ基本法のように、征服・侵略戦争の放棄を謳うものも多いが、その中でも**日本国憲法9条の平和主義**は最も徹底したものの一つであった。

　平和は世界共通の願いとなり、**国連憲章**（1945年）などの多くの**多国間条約**が締結されたが、人権もまた、1948年の**世界人権宣言**にみられるように世界の言葉となり、**国際人権規約**（1976年）、**難民の地位に関する条約**（1954年）などの発効をみた（→第5章I）。未**批准**国は拘束できないが、これら条約は民主化や人権保障の圧力となっている。

＊　1989年発効の**死刑廃止条約**を日本は批准しておらず、死刑制度が残っている。

設　問

1　現代社会（福祉）国家憲法は普遍性があると言えるだろうか。
2　「各国で確立されている世界的に普遍的な憲法上のルールは日本国憲法の上位規範である」という主張を批判してみなさい。

参考文献

戸波江二古稀記念『憲法学の創造的展開上・下』（信山社、2017）
浦部法穂古稀記念『憲法理論とその展開』（信山社、2017）
浦田一郎古稀記念『憲法の思想と発展』（信山社、2017）
初宿正典古稀記念『比較憲法学の現状と展望』（成文堂、2018）
辻村みよ子古稀記念『憲法の普遍性と歴史性』（日本評論社、2019）
植野妙実子古稀記念『憲法理論の再構築』（敬文堂、2019）
網中政機喜寿記念『立憲国家の制度と展開』（尚学社、2021）
後藤光男古稀記念『公法・人権理論の再構成』（成文堂、2021）
水島朝穂古稀記念『自由と平和の構想力』（日本評論社、2023）
稲正樹ほか編『平和憲法とともに』（新教出版社、2020）
中村睦男『人権の法理と統治過程』（信山社、2021）
毛利透『国家と自由の法理論』（岩波書店、2020）
渡辺秀樹『芦部信喜　平和への憲法学』（岩波書店、2020）

第2章　各国憲法史

> **まとめ**　近代憲法とは欧米の市民革命を経て生み出された人類の智慧の結晶である。各国の歴史に応じて憲法も様々な形で発展し、今日の憲法を基礎づける様々な制度や考え方が形成されてきた。

■各国の憲法史の主な特色

　イギリス……不典（不文）憲法、議会主権、議院内閣制
　アメリカ……権力分立、違憲審査制、連邦制（条約憲法）
　フランス……主権論の伝統、半大統領制、司法への不信傾向
　ド　イ　ツ……闘う民主主義、憲法裁判所、社会国家

1　イギリス

　イギリス憲法の歴史は、1215年の**マグナ・カルタ**から始まったと考えられている。元来マグナ・カルタは、封建領主の特権と、特権を認めることに伴う**国王権限の制限**を確認する文書であり、**近代立憲主義**に基づくものではなかった。ところが、近世における国王の権力拡大志向に対して、様々な封建身分から構成される**議会**は国王権力の制限を目指した。その結果、議会と国王は対立するようになった。この過程で、マグナ・カルタが、**絶対主義**権力に対してイギリス人の権利と自由を保障する文書であると理解され始めるようになった。

　⇨こうした対立の中、議会は、イギリス人の「古来の自由と権利」を国王に確認させることで、国王権力に歯止めをかけようとした。1628年の**権利請願**は、議会の承諾なき課税の禁止や**人身の自由**を求めるものであり、1679年の**人身保護法**は、人身保護令状による人身の自由の保障のために詳細な規定を定めるものである。国王と議会の対立は、1649年の**清教徒革命**や1688年の**名誉革命**に

よって、最終的に議会側が勝利し、1689年の**権利章典**において、諸々の「臣民の権利と自由」を国王に確認させるに至った。イギリスでは、このような歴史的経緯によって**近代立憲主義**が事実上確立したために、**成典**（成文）**憲法**を制定する必要性は生じなかったのである。

> ＊　権利章典以降も、イギリスでは、人権観念は採用されず、市民の自由の保護という考え方により実質的な人権保障が図られてきた。ただ、1998年**人権法**により、普遍的な人権という考え方がイギリスにおいても導入された。

　名誉革命以降、国王権力の名目化に伴い、議会（庶民院と貴族院）中心の統治構造（**議会主権**）が確立した。国王に代わり**内閣**が国政運営の主導権を握るようになったが、1742年にときのウォルポール内閣が庶民院の信任を失ったと判断して総辞職した事件を契機に、**議院内閣制**が確立することとなった。また、議会自体の民主化も徐々に進んでいった。庶民院の選挙制度改革により、1918年に男子**普通選挙**、1928年に男女普通選挙が確立した。これにより有権者が労働者層にまで拡大されたことで、労働党が躍進し、第二次世界大戦後、保守党と労働党の**二大政党制**が確立した。さらに、1949年議会法で、貴族院に対する庶民院の優越が確定し、議会内での貴族院の地位は大幅に低下した。

　なお貴族院は、最高裁判所としての役割も担ってきていた。しかし、三権分立の厳格化を求める世論の高まりを受け、2009年に連合王国最高裁判所が貴族院から独立する形で設置された。

2　アメリカ

　17世紀にイギリスからアメリカ大陸へ渡った移民たちは、各地に植民地を建設していった。だが、イギリス本国の課税負担に対する反発から、植民地は集結して独立戦争を起こし、ついに独立を達成した。1776年の**独立宣言**は、すべての人が平等に有する人権の存在を宣言し、政府権力が被治者の同意に基づくという考え方を唱えている。また、独立した13州は、自州の憲法制定を目指した。特に、同年の**バージニア権利章典**は、世界初の**成典**（成文）**憲法**であり、普遍的人権を宣言した憲法として、憲法史上きわめて重要である。

⇨その後、アメリカ合衆国全体の憲法を制定するための憲法制定会議において、強力な連邦政府の設立を支持する連邦派と州の独立性重視派との間で激しい対立が生じたが、最終的には連邦制や、**大統領・連邦議会・裁判所の権力分立**を柱とする**アメリカ合衆国憲法**が1787年に成立した。当初、憲法に権利章典は付けられていなかったが、1791年に、**信教の自由**や**表現の自由**などの基本的人権を保障する規定として、10の修正条項が合衆国憲法に追加された。合衆国憲法には、その後も修正条項が付加された。特に、黒人奴隷の解放を唱える北部諸州と**奴隷制**を支持する南部諸州との間で生じた南北戦争（1861-65年）後に加えられた、奴隷制の禁止や、**平等保護**と**デュー・プロセス**の保障を規定した３つの修正条項（修正13〜15条）は重要である。

また、1803年の**マーベリー対マディソン判決**で、議会制定法に対する連邦裁判所の**違憲審査権**が判例上確立し、憲法問題に対する裁判所の役割が重要視されるようになった。特に、1950年代から60年代にかけて、**人種差別**や**表現の自由**などの問題について、70年代になると**中絶**などの問題について、連邦最高裁は違憲審査権を積極的に行使するようになった。より積極的な人権保障と社会変革を先導せんとする連邦最高裁の**司法積極主義**の姿勢は、激しい論争を巻き起こしている。実際に、連邦最高裁判事の人事や連邦最高裁の憲法判断が、保守派とリベラル派の激しい政治的対立をしばしば招いている。

3　フランス

⇨絶対王政下にあった国民の蜂起により、1789年に**フランス革命**が勃発した。同年の**人および市民の権利宣言**（フランス人権宣言）は、従来の封建制度の解体を宣言すると同時に、自由平等な主体としての個人と、自由や所有などの個人の自然的権利の保障を謳い、国民に**主権**が存することを宣言した。また、「権利の保障が確保されず、権力の分立が規定されていないすべての社会は、憲法をもつものでない」（16条）として、**近代憲法**原理を明らかにした。

この人権宣言を冒頭においた**1791年憲法**は、立憲君主制の下で、主権は国民全体に帰属するとする**国民（ナシオン）主権**原理に基づいて、**代表民主制**を採

用した。一方、王権停止後に制定された**1793年憲法**は、市民が自ら主権を行使できるとする**人民（プープル）主権原理**に基づいて、**直接民主制**の原理が導入された（この2つの主権原理については、→第12章Ⅰ。なお、1793年憲法は、実際には一度も施行されず、**1795年憲法**で国民主権に戻された）。

　その後、幾度かの政治体制の変更の後、1875年に第3共和国憲法が成立した。本憲法は**大統領制**を採用していたが、実際には行政権に対し議会が優位に立っていた（また、法律は**一般意思**の表明と考えられたため、違憲審査制も否定された）。第二次世界大戦後、第4共和国憲法を経て、1958年には**第5共和国憲法**が採択された。この憲法の下、国民の直接選挙で選出される大統領が、首相任免権や議会解散権等の強大な権限をもっている。ただ、**半大統領制**が採用されており、内閣は、議会に対しても責任を負わなければならない。また、法律案の国民投票手続が規定されており、様々な政治問題に対して用いられている。

　フランスでは、1875年憲法以来、憲法に人権規定を置かないのが常であり、第5共和国憲法も、前文で人権宣言の尊重を謳うのみである。ただ、人権の憲法規範性は広く認められている。この憲法で設置された**憲法院**は、事前の法律の合憲性審査を行う機関であるが、人権保障に大きな役割を果たしている。

4　ド　イ　ツ

　19世紀まで、ドイツは多数の領邦国家に分裂していた。ナポレオンによる支配の後、これらの領邦国家内で憲法が次々と制定された。1848年には西南ドイツ諸国で、**自由主義**的な統一ドイツ憲法の制定が試みられた。一方、プロイセンでは、1850年に**プロイセン憲法**が制定された。この憲法では「神の恩寵」に基づく国王権力が前提とされ、**国王大権**による内閣制度が採用された。議会の地位は低く、国民の権利も**法律の留保**の下、限定的に認められるのみであった（**外見的立憲主義**）。1871年にプロイセンはドイツを統一し、**ドイツ帝国憲法**を制定した。この憲法の下、プロイセンの国王と首相が帝国の皇帝と宰相を兼任し、プロイセンの優位が制度上確保された連邦参議院に強大な権限が認められた。ただ議会の地位は相変わらず低いままであった。

　第一次世界大戦の敗戦後、1919年に**ワイマール憲法**が制定された。**国民主権**や、大統領と議会との**権力分立**が規定された**近代立憲主義**憲法であり、大統領の直接選挙や解職時の国民投票、立法についての国民請願や国民表決などの**直接民主制**的制度も盛り込まれた。また、人権規定として基本権の規定が置かれた。特に**社会国家**の理念に基づいて、詳細な**社会権**的基本権規定が設けられた。ただ、この憲法は、議会の3分の2以上の多数決で憲法改正の立法が可能で、この要件さえ満たせば、憲法とまったく矛盾する立法すら可能であった。

　1920年以降、小党連立政権が続き、政治的不安定が続いた。特に、1929年の大恐慌後の不況により、政情不安は頂点に達した。このような状況の下、**ナチス党**が徐々に支持を集め、1933年にはついに政権を奪取した。同年、ナチス政権はほかの政党の協力を得て、3分の2以上の多数決で**全権委任法**を制定した（この法律は、政府による法律制定を認めるだけでなく、ワイマール憲法に反する内容の法律制定をも認めるものであった）。こうして、ナチス政権は、形式的には合法的に、ワイマール憲法を事実上失効せしめたのである。

　⇨**第二次世界大戦**後、西ドイツでは、1949年に**ドイツ連邦共和国基本法**が制定された。基本法は、**人間の尊厳**の不可侵性を謳い、様々な基本権保護規定を置いた。連邦制や議院内閣制的な議会・政府関係を規定すると同時に、違憲審査機関として連邦**憲法裁判所**を設置した。さらに、ナチズムへの反省から、憲法秩序に反する政党を禁止する「**闘う民主主義**」の立場をとっている。

　＊　一方、東ドイツでは、**社会主義的憲法体制**が続いていたが、1990年のドイツ統一により、旧東ドイツ地域にも基本法が適用されることとなった。

5　他のヨーロッパ諸国、欧州連合

　重要なものとしては、立憲君主制下での議会民主制を初めて明文化した1831年の**ベルギー国憲法**、**直接民主制**的制度を導入した1848年の**スイス連邦憲法**、豊富な**社会権**規定を設けた1947年の**イタリア共和国憲法**などがある。

　1993年発足の**欧州連合（EU）**は、EU市民の人権保障を図るため、2000年に**欧州連合基本権憲章**を公布した（一部の国を除き、その法的拘束力が認められて

いる）。2009年には EU 全体の憲法ともいうべきリスボン条約が発効している。

> ＊　イギリスは2016年の国民投票により EU 離脱を決め、2020年に離脱が完了した。ただ
> し、離脱以前にイギリス国内で有効であった全ての EU 法の効力はそのまま維持される
> ことになっている。一方で、スコットランド・北アイルランドの独立の動き等もあり、
> 今後の動向が注目される。

6　その他

　ソビエト連邦や中華人民共和国等の社会主義国家では、生産手段の国有化や
共産党一党独裁を掲げ、労働者の基本権と平等を重視する社会主義憲法が制定
されていた。しかし、ソビエト連邦崩壊後、ロシアでは西欧型の人権観念や国
家制度を導入したロシア連邦憲法が制定された。中国でも1980年代以後の数度
の憲法改正で、私的所有が認められ、社会主義市場経済が導入された。アジア
諸国では例えば、1949年にはインドで、1987年には韓国で、立憲主義的憲法が
制定されている。

設　問

1　日本国憲法は、各国の憲法からどのような影響を受けているだろうか。
2　以上各国の憲法を、第 1 章 I の分類に従って分類してみよう。

参考文献

辻村みよ子＝初宿正典編『新解説世界憲法集』〔第 5 版〕（三省堂、2020）

樋口陽一『比較憲法』〔全訂第 3 版〕（青林書院、1992）

辻村みよ子『比較憲法』〔第 3 版〕（岩波書店、2018）

君塚正臣編『比較憲法』（ミネルヴァ書房、2012）

加藤紘捷『概説イギリス憲法』〔第 2 版〕（勁草書房、2015）

松井茂紀『アメリカ憲法入門』〔第 9 版〕（有斐閣、2023）

樋口範雄『アメリカ憲法』〔第 2 版〕（弘文堂、2021）

M・デュヴェルジュ（時本義昭訳）『フランス憲法史』（みすず書房、1995）

高田敏＝初宿正典編『ドイツ憲法集』〔第 8 版〕（信山社、2020）

第3章 日本憲法史

> **まとめ** 天皇主権により国家形成を図った明治憲法は、第二次世界大戦を招いて終わり、近代立憲主義の系譜に属する日本国憲法の誕生を迎えた。平和憲法とも呼ばれる現憲法は、国民主権原理を根本とし、天賦人権思想を有している。

■明治憲法の主要原則
　　欽定憲法（天皇主権）……多くの天皇大権、法律の留保のある臣民の権利
　　柔構造……天皇主権説と天皇機関説の対立→意思統一者が不明
■日本国憲法の主要原則
　　民定憲法（国民主権→民主主義）→基本的人権の尊重（個人主義）、平和主義
　　→権力分立（自由主義）、責任の明確化、法の支配：立憲主義
　　※現代憲法として、違憲審査権、社会権規定（福祉国家）なども

I　大日本帝国憲法時代

1　明治憲法の制定

　1867年の王政復古の後、鳥羽・伏見の戦いで朝廷側が勝利すると、その主導権は**大久保利通**らの西南雄藩の下級武士（維新官僚）が握った。万国対峙の中、分裂気味の新政府は、1871年の**廃藩置県**で中央の直轄統治を実現して、若い**明治天皇**にその統合イメージを求め、上下同治（君民共治）を目標とした。

　1874年の板垣退助らの**民撰議院設立建白書**などの**自由民権運動**の動きに対して、1875年に**立憲政体樹立の詔書**が出され、政府の憲法制定作業が開始された。しかし、この頃から**天皇親政**を求める宮中勢力の発言力が増すとともに、明治

天皇自身も政治的発言を始め、また天皇裁決の機会も多発した。1880年に出された新憲法の第 3 次案（日本国憲按）でも君民共治論が貫かれると、**岩倉具視**ら保守派は反発した。**大隈重信**による早期の国会開設を求める意見（1881年）などに対抗して、岩倉はプロイセン型憲法（**欽定憲法、漸進主義**）を主張する憲法制定意見書を提出した。北海道開拓使官有物払下げ事件の後に、黒田清隆や**井上毅**とも対立した大隈が参議を罷免される（**明治14年の政変**）と、中道派の立憲政体構想は挫折した。同年、政府は**国会開設の勅諭**を出し、民権派の機先を制したが、その定める10年後までの憲法制定が必要にもなった。

> ＊　大隈は、大久保（1878年暗殺）に連なる開明派官僚を率いており、また、慶応義塾系の交詢社とつながっていた。その意見書は、自らの勢力拡大を図るものであって、民権派による**私擬憲法草案**と似た傾向にあるとして警戒された。

この頃には**伊藤博文**が、薩長提携に乗って憲法論の主導権を握るようになった。伊藤はもともと立憲派の木戸孝允に連なっていたが、大隈や**福沢諭吉**らに対抗するために、プロイセン型憲法の選択を決意するようになる。伊藤ら**憲法調査団**は、西欧での1882年からの 1 年半で、先進各国が**君主専制**から脱しているが、各国の国情に応じて憲法が異なることを学び、保守化傾向を強めた。

1884年に伊藤は宮中に**制度取調局**を設置した。宮中勢力の警戒もあり、天皇統治に正当性があることを宣言した。**華族令**を発し、華族を皇室の藩屏とした（維新功臣は少数にとどめ、宮中勢力に配慮した）。そして、1885年には太政官制を廃止して**内閣職権**を制定し、**内閣総理大臣**（首相）の権限の強い**大宰相主義**を採用した（宮内省は**内閣**の外に出され、宮中勢力は権力基盤を失った）。

自ら初代内閣総理大臣となった伊藤は、内閣に**法制局**を設置し、1886年から本格的な憲法制定作業を開始した。パーソナルな集団による秘密裡の作業が特徴であった。**ロエスレル**や**モッセ**との質疑応答を経て、井上毅が甲案・乙案を提出、伊藤の夏島の別荘で議論を重ねるなどした後に、二月草案が1888年設置の**枢密院**（天皇の国政諮詢機関。伊藤が初代議長）に回され、成案が上奏された。その後、それは再び枢密院の審議を経て、1889年に確定案が成立し、同年 2 月11日に黒田首相に**大日本帝国憲法**（明治憲法）として授けられた。同日、**衆議**

院議員選挙法、**貴族院**令なども公布され、**皇室典範**も発表された。

2　明治憲法の内容

⇨明治憲法は、議会や**政党**の活動を忌み嫌って、**欽定憲法**として制定された。その根本は、統治を正当化するための、「祖宗」に由来する天皇の絶対的神格化にあった（作られた伝統）。3条は、**君主無答責**を超えて「神聖」とまで記した。**近代立憲主義**的な意味での**権力分立**は否定され、各機関の調整は天皇（**統治権の総攬者**）の下でなされることとなり、**天皇大権**が例示列挙された。天皇の権限を憲法内にとどめ、君主専制とは決別した（**外見的立憲主義**）。

伊藤は、それらは**内閣**を頂点とする行政権の超越性の説明にすぎず、天皇の能動的活動は、天皇に政治的非難がなされ、権威を損なうので、許されないと考えた（宮中・府中分離も主張）。これに対し、井上は、内閣は論理的に「国権」の一部であるので、内閣による国家意思の統一は天皇大権を侵すと反論した（宮中・府中一体論も主張。天皇大権の列挙も不要と述べた）。このように、明治憲法は、国家不統一の調整を行うのは内閣か天皇か、すなわち、天皇は政治的決断を行うべきか否かについて、論争の余地を残していた。伊藤流解釈は4条重視の**天皇機関説**に連なり、井上流の1条重視の**天皇主権説**と対立していった。

> ＊　**明治天皇**は、「共和演説」を行った第1次**大隈重信**内閣（隈板内閣）の**尾崎行雄**文部相の処分を求めるなど、その後もたびたび政治的影響力を行使した。

伊藤と井上の妥協は、憲法に「内閣」を残さないことにも表れた。井上の主張を入れ、各大臣が天皇を**輔弼**する（55条）構造になった。内閣総理大臣は大臣間の連携を保持する**同輩者中の首席**とされ（小宰相主義）、その行政各部への説明請求権条項は削除された。他方で伊藤も巻き返し、1889年の**内閣官制**では閣議を経る必要のある事項が7つ定められ、内閣共同責任は残った。また、**皇室典範**や憲法の審議のため、諮問機関としての**枢密院**は残された（56条）が、施政への関与を禁じられ（官制8条）、第2の内閣と化すことは回避された。

明治憲法は**軍令・軍政**事項を議会審議からはずしていた。前者は**統帥大権**（11条）、後者は編成・兵額決定大権（12条）という。当初から統帥大権は**統帥**

権の独立、軍令機関の天皇直隷を意味することが自明とされた。軍令と軍政の区別は曖昧であり、責任大臣の**輔弼**事項がどこまでか、争いが残った。

　帝国議会は、藩閥にとって脅威であったため、立法権の**協賛機関**（5条）にとどめられた。だが、実際に天皇が議会を通過した法律案を拒否することはなく、**緊急勅令**には議会の事後承諾が必要とされ（8条）、**独立命令**も**法律**を変更できず（9条）、**予算**を議会が拒否したときに前年度執行ができるという規定（71条）も、予算の増額が恒常的になると無力であるなどにより、議会・**政党**の力は無視できなくなった（典型的な**制限選挙**として1890年に最初の**衆議院議員総選挙**が行われたが、45万人の有権者の大多数は農村地主であった）。

　明治憲法は異質な考えの妥協により、各機関が分立的・割拠的な柔構造となっていた。内大臣や参謀本部など、規定のない重要機関も数多い。こうした中、憲法に規定のない**元老**が首相の推薦や重要事項の諮問を行い、非公式に明治憲法体制の意思統一を図る役割を果たすこととなった。だが、元老となるべき維新の元勲は**西園寺公望**を最後にいなくなる運命にあった（1940年）。

　⇨天皇の威徳が忠良なる**臣民**に恩恵を垂れ慈しむとの発想の下では、**天賦人権**などあるわけはなかった。多くの天皇大権のほか、列挙された権利についても**法律の留保**により容易に制限可能であった。1875年の新聞紙条例、讒謗律などに連なる治安立法は肯定された。信教の自由は保障されたが（28条）、**国家神道**は臣民の「通念」とされ、天皇の神格化に大きく寄与した。

> ＊　**行政裁判所**が設置され（61条）、行政事件は**司法権**の外であることが明確にされたが、言論や信教に関する事件はそこでも提起できなかった。また、**特別裁判所**（60条）として、**皇室裁判所**や**軍法会議**が設置され、民事・刑事の裁判だけが司法の役割となった。1875年に行政から独立した**大審院**は、1875年の大審院諸裁判所裁判章程により、一つの事件を7人の判事で裁くこととなった（1913年以降、5人）。

3　明治憲法の運用

　初期議会の**衆議院**は「民力休養・経費節減」を掲げ、政府と厳しく対決したが、1895年の日清戦争終結後は軍拡に反対しなくなり、政府と政党の対立は薄まった。他方、陸軍、内務などの藩閥官僚は**山県有朋**の下に結集した。山県首

相は、1900年に**軍部大臣現役武官制**を定め、分裂後の**憲政党**と対立した。

　大正時代は、**立憲国民党・陸軍**と**立憲政友会・海軍**の対決構図で始まる。陸軍は2個師団増設を要求し、受け入れられないと陸相が辞任して西園寺内閣を倒した。軍部大臣現役武官制の効果、大正天皇の調整能力のなさが露呈した。内大臣だった**桂太郎**が3度目の組閣を行うと、政友会は**尾崎行雄**を先頭に内閣弾劾を行い、民衆とともに1913年に総辞職に追い込んだ（**第1次護憲運動・大正政変**）。海軍出身の山本権兵衛首相は、同年、軍部大臣現役武官制をやめ、**文官任用令**も改正して、官僚閥に打撃を与えた。**吉野作造の民本主義**、1918年の**原敬**による本格的な**政党内閣**など、**大正デモクラシー**がここに開花した。

　この間、**普通選挙制**への要求も登場した。1911年には法案は衆議院を通過したこともあった。しかし、官僚や、小地主・自作農に支持が多い政友会はこれに抵抗した（それでも、1919年、原内閣は、選挙権資格を直接国税年3円に引き下げ、**小選挙区制**を導入した）。**第2次護憲運動**後の**加藤高明内閣**（護憲三派内閣）が、1925年に**普通選挙法**を制定し、25歳以上の男子（軍人や貧困者は除く）に広く選挙権が付与された（ここで定まった**中選挙区制**、広汎な選挙運動規制は戦後も長く続いた）。だが、小農民・労働者は**社会主義**に傾くとして、枢密院議長平沼騏一郎らの横やりで**治安維持法**も同時に制定されることとなった。

　　＊　治安維持法は、1928年に、反資本主義・国体団体の指導者らの最高刑を死刑とし、協力者も加入者同様に扱うよう、**緊急勅令**で改正された（翌年、議会も追認）。実際には、善導による「転向」に多く利用された。取調べはしばしば暴力を伴い、裁判前の死者も多かった。広く自由主義者などの弾圧にも利用されていった。

　1926年に**昭和天皇**が即位すると、天皇意思の発動は再度問題になった。張作霖爆殺事件に際し、**田中義一**首相が行った2度の上奏の矛盾を天皇が叱責したため、1929年に内閣が倒れた。**ロンドン海軍軍縮会議**への海軍・政友会の猛反発（**統帥権干犯問題**）は、浜口雄幸首相が天皇の意思に依存して収めた。

　だが、天皇が統帥権を行使せず、国務と統帥の調整もせず、意思が選択的に公表され、責任も明らかにされないことで、不満は周辺に向かった。1931年、関東軍は、ワシントン体制への挑戦をあらわに、**満洲事変**を起こし、翌年の満

洲国建国まで突き進んだ。内閣も参謀本部もこれを止められず（関東軍の行動を賞賛する勅語も出された）、**明治憲法**の柔構造の欠陥が露呈された。**犬養毅**首相が陸軍**皇道派**と結んで満洲事変を支持するなど、合従連衡の権力闘争は「国策」を見失うにまで至った。1932年の**血盟団事件**、**5.15事件**（海軍急進派による犬養暗殺。**政党内閣**の終焉）でも国民の反財閥・反政党の気運は消えず、軍と革新官僚（岸信介らファッショ派）の発言権が拡大した。皇道派将校らは、1936年に**2.26事件**を起こし、政党や天皇側近、陸軍**統制派**の有力人物を多数殺害した。昭和天皇の強い意思が示されたので、クーデターは鎮圧されたが、これにより、軍では皇道派を粛清した統制派に権力が集中し、英米強調路線に対する威圧傾向も加速した。続く広田弘毅内閣では**軍部大臣現役武官制**が復活し、これが直後に宇垣一成内閣流産事件を引き起こして、**軍国主義化**は決定的となった。

> ＊　1935年には**美濃部達吉**の著書を発禁に追い込む、**天皇機関説事件**が貴族院から起こったが、ここでも平沼系右翼、皇道派とともに**政友会**がこれに関わった。天皇機関説は長く学界や官界では有力であったが、他方、1882年の**軍人勅諭**、1890年の**教育勅語**などを通じて、下層国民には**天皇主権説**的な天皇の神格化が行き渡っていた。

　近衛文麿首相は、1938年に**国家総動員法**を制定、1940年には**大政翼賛会**を発足させて、議会機能を遂に停止させた。**日中戦争**（1937年）は泥沼化し、1941年の**日独伊三国軍事同盟**で米英と対立する（1939年に**第二次世界大戦**開戦）中で、続く**東条英機**内閣は対米英戦争を決断した（**太平洋戦争**）。当初、提灯行列が出るほど、戦況は日本に有利であったが、次第に敗色が濃くなった。未曾有の犠牲者を出しながら、1945年 8 月の**御前会議**で**ポツダム宣言受諾**を決定して、戦争は終結した。それはまた、明治憲法の責任分散構造の敗北でもあった。

II　日本国憲法時代

1　日本国憲法の制定

　1945年、連合国軍（総司令官は**マッカーサー**）は現有官僚機構を活かしつつ**間接統治**を開始した。マッカーサーは10月、副総理格であった**近衛文麿**に憲法改

正を示唆した。内大臣府御用掛として、**佐々木惣一**らと研究を重ね、11月に天皇に改正案を奉答したものの、近衛は戦犯指名を受け、自殺して終わった。

> ＊　1945年9月から戦犯指名が始まり、翌年からは**極東国際軍事裁判**（**東京裁判**）が始まった。46年1月から戦争協力者に対する**公職追放**も始まった。また、**明治憲法8条**の**緊急勅令**の形で多くの総司令部指令（**ポツダム勅令**）が下された。

　総司令部は、次の首相、**幣原喜重郎**にも憲法改正の研究を示唆する。幣原内閣では、国務相**松本烝治**を委員長とする**憲法問題調査委員会**が、**美濃部達吉**らを顧問として検討を開始した。しかし、1946年2月1日にその案が毎日新聞によってスクープされると、総司令部はその保守的な内容に愕然とした。その直前、**極東委員会**が発足しており、日本政府任せの憲法改正がそうだとわかると、総司令部主導の民主化が阻止されかねない状勢だったからである。

　⇨マッカーサーは、**マッカーサー・ノート**（天皇は元首、戦争放棄・軍備撤廃、華族制度廃止・予算は英国型、という**マッカーサー3原則**）を示し、緊急に総司令部独自の改正案作成を指示した（その準備は前年からあったという説もある）。**ケイディス**らの運営委員会と8つの小委員会による案は、2月12日に総司令官の承認を得、翌日、日本側に手渡された（**マッカーサー草案**）。それは8日に日本政府が提出した微修正的な**憲法改正要綱**とはまったく異なるものであった。

> ＊　総司令部の委員は、ロー・スクール出身の軍人を中心に、各国憲法のほか、高野岩三郎らの**憲法研究会の憲法草案要綱**を参考にした。なお、この憲法案は、明治期の**私擬憲法**のうち、植木枝盛の**東洋大日本国国憲案**の影響を受けているとされる。また、「八重山自治会」や「大島憲章」（伊豆大島）など、短期間ながらも自立の動きもあった。

　⇨日本政府は困惑したが、総司令部から直接国民に改正案を提示することや、極東委員会に**昭和天皇**を戦犯とする意向もあることが示されると、結局これが天皇を守る唯一の道であると覚悟して総司令部案を大筋で受け入れ、3月6日に**憲法改正草案要綱**として公表した。4月10日には初の男女**普通選挙**による**衆議院**総選挙が行われ、その新憲法の方針はおおむね支持された。17日には口語化された憲法改正草案が公表された。ここで当初、一院制だった議会が二院制に戻るなどした。第1次吉田茂内閣では、**金森徳次郎**国務相が議会答弁の責任

を負いながら、議会審議が進められた。8 月には衆議院、10月には**貴族院**でも修正可決され、枢密院の諮詢、天皇の裁可を経て、**日本国憲法**は1946年11月 3 日に公布され、翌年 5 月 3 日に施行された。

2　日本国憲法の内容

⇨日本国憲法は、**国民主権**（ 1 条）を基本とし、**明治憲法**から主権原理を明確に転換した（**民定憲法**）。そこでの民主主義は**議会制**（間接）民主主義を原則としており、**ナシオン主権論**と融合的なものであった。これに対して、天皇は国の**象徴**となり、政治的権能を一切行使しないこととなった。

⇨**個人の尊重**（13条、**個人主義**）が謳われ、**基本的人権の尊重**が明らかにされた。それと密接な**自由主義**と関連して、**権力分立**原理が採用された一方、各機関の責任は明確にされた（三権分立のほか、縦の権力分立としての**地方自治**の導入も見逃せない）。英米流の**法の支配**原則は貫徹され、憲法に反する（特に人権抑圧的）法令は無効とされた（98条）。そして、戦争の記憶も生々しい中で、徹底した**平和主義**が採用された（ 9 条。**国際協調主義**ともいわれる）。

また、**社会権**規定が挿入され（25条）、**福祉国家**が標榜された。アメリカ型の**違憲審査制**も明文化され（81条）、**司法権**による**憲法保障**が予定された。日本国憲法は日本初の**立憲主義憲法**であると同時に、現代憲法でもあった。

＊　　新憲法にあわせて、様々な戦後改革がなされた。**自作農創設特別措置法**（1946年10月21日公布）などにより、地主の農地の多くが小作人に譲渡された（**農地改革**）。三井物産、三菱商事などは分割され（**財閥解体**）、持株会社は禁じられ、独占禁止法が制定された。1945年に**労働組合法**、46年に**労働関係調整法**、47年に**労働基準法**が制定された（**労働改革**）。1947年には**教育基本法**も制定された（**教育改革**）。

3　日本国憲法の運用

1952年 4 月に**サンフランシスコ講和条約**が発効して、日本は独立を回復した（片面講和）。独立と同時に憲法の再検討を総司令部は約束していたが、新憲法はおおむね好感をもって迎えられており、吉田首相は改正を見送る決断をした。独立と同時に、(旧)**日米安全保障条約**が締結され、**東西冷戦**の中で西側に組

み入れられた。それに先立つ1950年、総司令部に命じられて**警察予備隊**が設立され、それは52年には**保安隊**、54年には**自衛隊**となった。

　1951年から公職追放の解除が始まると、**鳩山一郎**や**岸信介**が政界に復帰して、吉田**自由党**内閣を退陣に追い込み、54年に鳩山内閣を誕生させた。鳩山は、再軍備を意図した**憲法改正**を目標に掲げたが、1955年総選挙で左派・右派社会党は3分の1の議席を確保して、これを阻止した。両派が10月に再統一すると、鳩山の**日本民主党**と自由党は**保守合同**して、**自由民主党**（自民党）となり、いわゆる**55年体制**が始まった（**1½政党制**）。自民党は憲法改正を党是とし、長期政権を保つものの、**日本社会党**などの野党はこれに反対した（開発・原発についてもこの構図である）。1956年に鳩山内閣は**憲法調査会**を設置するが、64年に個人意見の集計にとどまる最終報告書を提出して活動を終えた。岸内閣は、日米安保条約を日米対等の関係にすべく交渉し、1960年5月に新安保条約を国会で**強行採決**した。安保闘争の中で自然成立を待って、岸は退陣した。

　第五福竜丸事件、米軍基地をめぐる**砂川闘争**（1955年）、**警察官職務執行法改正反対闘争**（58年）、三井三池炭鉱争議（60年）、安保闘争と続いた政治の季節は、池田勇人内閣の登場で終わり、**高度経済成長**優先の政策がとられた（憲法改正が政治課題となることは遠のいた）。だが、その歪みは**公害問題**として噴出した。**革新自治体**の多くが**公害防止条例**を制定すると、政府も**公害対策基本法**を制定し、環境庁を新設したほか、革新側の福祉政策を先取りした。他方で、自民党政権は**最高裁判所**人事を積極的に行い、人権擁護的な先例を覆す結果を招いた（**全農林警職法事件**＝最大判昭48・4・25刑集27巻4号547頁など）。

　高度経済成長は人口の都市集中を伴ったが、**議院定数不均衡**はなかなか是正されず、訴訟を経てようやく改善された（最大判昭51・4・14民集30巻3号223頁など）。自民党政権は偏重された農村票に支えられていた。また、**中選挙区制**の下では自民党は**派閥**政治に陥り、**族議員**中心の利益誘導型政治が一般化したが、それは他面、官僚主導を政治主導に変える役割も果たした。また、**憲法改正反対**が世論調査でも大多数の声となり、日本国憲法は安定期を迎えた。

　1989年に**東西冷戦**が終わると、日本の国際貢献が問題となった。1992年には

PKO 協力法が成立し、1999年の**周辺事態法**、2001年の**テロ対策特措法**、2003年の**イラク特措法**により、日本国民は**自衛隊**の海外派遣を選択した。また、1993年成立の**細川護熙**連立政権は**政治改革**諸法を成立させ、**衆議院に小選挙区比例代表並立制**を導入した。そこでは、二大政党の一方を主とする連立政権と、党首らの**寡頭支配**、派閥の衰退が予想された。実際、2005年総選挙での**小泉純一郎**による郵政解散はそれを顕著なものとした。その中で、社会党（社会民主党）などの「護憲派」は衰退し、公明党も自民党と連立政権を組むようになる中、憲法改正を求める声も高まった。特に、２度の安倍晋三政権の時期には、2006年の**教育基本法**改正、2007年の**国民投票法**の成立（2010年施行）、防衛省の格上げ、2013年の特定秘密保護法と国家安全保障会議法、2014年の集団的自衛権の行使容認の閣議決定、防衛装備移転三原則の閣議決定、2015年の文官統制規定の廃止、安保法制（**平和安全法制整備法**と**国際平和支援法**）の強行採決などが続発し、前近代的な"国家に奉仕する国民"を求める非立憲的な空気が強まった。「ネオ55年体制」が始まったとも言われ、多数決民主主義の暴走による近代立憲主義の危機は現実化している。

設　問

1　戦前の憲法体制の崩壊について、ドイツと比較して論じなさい。
2　長かった安倍政権ですら憲法改正ができなかった理由を論じなさい。

参考文献

伊藤孝夫『日本近代法史講義』（有斐閣、2023）
坂野潤治『明治憲法史』（筑摩書房、2020）
山田隆司『戦後史で読む憲法判例』（日本評論社、2016）
御厨貴＝牧原出『日本政治史講義——通史と対話』（有斐閣、2021）
半藤一利『昭和史 1926-1945・戦後篇 1945-1989・B面昭和史』（平凡社、2004・2006・2016）
小林和幸編『明治史講義【テーマ篇】』・筒井清忠『明治史講義【人物篇】・大正史講義・昭和史講義・2・3・【戦後篇】上・下』・吉見俊哉編『平成史講義』（筑摩書房、2018・2018・2021・2015・2016・2017・2020・2020・2019）

第**4**章　平和主義

> **まとめ**　憲法9条の解釈について、1項で侵略戦争のみを放棄し自衛目的の戦争は放棄していないが、2項によってすべての戦力の保持が禁止されることから、結果として、憲法9条の下では自衛目的の戦争も行えないと解するのが通説である。

■9条1項解釈

限定放棄説……違法であるのは侵略戦争のみ。（通説および政府見解）

→日本は自衛目的の戦争を放棄していない。

全面放棄説……侵略戦争と自衛目的の戦争とを区別することは困難である。（有力説）

→日本は侵略戦争も自衛目的の戦争も、共に放棄している。

■9条2項解釈

完全非武装説……2項により、あらゆる戦力の保持は禁じられている。（通説）

→自衛目的の戦争も行えない。

自衛戦力留保説……1項によって放棄されるのは侵略戦争のみであるため、自衛のための戦力は保持できる。（有力説）。

自衛力留保説……戦力は保持できないが、自衛のために武力行使はできる。（政府見解）

■自衛隊の合憲性

最高裁判決……統治行為論により、憲法判断せず。

■日米安全保障条約の合憲性

最高裁判決……統治行為論により、憲法判断せず。

I　憲法 9 条の解釈

1　憲法 9 条の成立過程

　憲法 9 条は平和主義を定める条文であり、日本国憲法の核ともいえる位置づけがなされている。憲法 9 条の成立に際して直接関係しているのが、いわゆる**マッカーサー・ノート**（→第 3 章 II）である。当初、マッカーサー・ノート第 2 項には、日本は紛争解決の手段としての戦争に加え、「自己の安全を保持する手段としての戦争」も放棄するとされていたが、この自衛目的の戦争を放棄するという部分は後の**マッカーサー草案**では削除された。そして、このマッカーサー草案が日本政府へ提示された後、日本政府は**憲法改正草案**を起草し、その後帝国議会等での審議においていくつかの修正や追加がなされた。このうち 9 条に関するものとして、衆議院帝国憲法改正案委員小委員会での**芦田修正**および**文民条項**（憲法66条 2 項）がある。

　芦田修正とは、上記小委員会で委員長を務め、後に内閣総理大臣となる芦田均による提案で挿入された修正であり、その後の 9 条解釈に大きな影響を与えたものである。この芦田修正の結果、改正案 9 条 1 項冒頭に「日本国民は、正義と秩序を基調とする国際平和を誠実に希求し」が、そして 9 条 2 項冒頭に「前項の目的を達するため」がそれぞれ挿入された。芦田は、当初、これらの修正の意図を、 9 条の動機として日本国民による平和主義の徹底を表したものであると説明したが、後に、自衛目的の戦争を可能とする旨も述べており、 9 条解釈において一つの論点となっている。

　文民条項とは、芦田修正に気づいた連合国側の要求で挿入されたものであり、憲法66条 2 項は、内閣総理大臣その他の国務大臣が軍人でないことを定める。文民の範囲については学説上争いがみられるが、 9 条に関する範囲では、自衛隊の最高司令官は文民である内閣総理大臣でなければならないことや現役の自衛官が国務大臣を務めることができないことで、自衛隊による政治への関与を防ぐことが要請されている。

　＊　**憲法 9 条の法的性質**　　憲法 9 条の解釈に入る前に、そもそも 9 条自体に法規範性が
　あるのか否かという点について簡単に触れておく。まず、9 条に法規範性がないとする
　立場（政治的マニフェスト説）は、憲法規範を現実的規範と理想的規範とに分けた上で、
　9 条はあくまで国家の理想を示す後者の規範と捉える。次に、9 条の法規範性を認めつ
　つ、9 条には高度な政治的要素が含まれているため、裁判所がその規範内容を確定する
　ことが困難であることや確定できたとしても裁判所が政治的紛争に巻き込まれることな
　どを理由に、9 条の裁判規範性を否定する政治規範説もある。
　　通説は 9 条が憲法の前文で規定されている平和主義を具現化した条文であることなど
　を理由に、9 条は法規範性や裁判規範性を有しており、具体的な準則として国家を拘束す
　るものであると理解する（なお、これら以外にも、9 条に裁判規範性を認めつつ、自衛
　隊の長期間にわたる存在を理由に、9 条の規範内容が変化したとする 9 条変遷説もある
　が、少数説にとどまっている）。

2　憲法 9 条 1 項の解釈

　憲法 9 条 1 項は戦争放棄を謳っているが、解釈上の問題としては、ここで放
棄されている戦争とはどういった戦争であるのかが論点となる。

　1 項でいう「戦争」とは、当時の戦時国際法が適用される戦争であり、すな
わち、宣戦布告を義務づけるなどのような国際法上認められていた戦争である
（なお、現在では全ての戦争は禁止されている）。また、「武力による威嚇又は武力
の行使」とは、他国に対し武力を用いることをほのめかしたり実際に武力を用
いたりすることである。もっとも、9 条 1 項は、戦争や武力による威嚇または
その行使を「国際紛争を解決する手段として」は認めないとしており、その解
釈をめぐり学説上対立がみられる。

　＊　戦争と武力による威嚇または武力の行使の違いは、前者が法的な形式に着目した戦争
　であるのに対し、後者は、実質的な意味での戦争に際して用いられる武力である。すな
　わち、国際法上の戦争には当たらないが、事実上の戦争において用いられるのが武力で
　あり、日本が武力により威嚇した例としては1915年の対華21カ条要求が、武力を行使し
　た例としては1931年の満州事変がそれぞれ該当する。

　では、国際紛争とは何なのか。1928年に締結された**パリ不戦条約**では、国際
紛争とは、「国家の政策の手段としての戦争」と定義され、これは侵略戦争を
指すものとされる。したがって、9 条 1 項は自衛目的の戦争までは放棄してお
らず、侵略戦争のみを放棄していると解する立場を政府および通説は採用して

おり、この立場を**限定放棄説**という。他方、日本が太平洋戦争などを自衛目的の戦争であるとして正当化した歴史とその反省から国際紛争を広く捉え、自衛目的の戦争と侵略戦争との区別がつかないことを理由に、9条1項は侵略戦争に加え自衛目的の戦争まで放棄していると解する立場を**全面放棄説**という。

3　憲法9条2項の解釈

　憲法9条2項でいう「戦力」は、警察力を超える実力であり、すなわち、対外的に戦闘（軍事的行動）を目的として設けられた人的および物的組織力などを指す。そしてこのような戦力の不保持に関し、9条2項前段で論点となるのが、芦田修正によって挿入された「前項の目的を達するため」の解釈である。

　第1の立場は、1項において放棄されているのは侵略戦争のみであるとする限定放棄説に立ち、その限りにおいては戦力を保持しないが、自衛目的の戦力の保持までは放棄していないとする**自衛戦力留保説**（限定不保持説）に立つ。この立場は、芦田が後に、自身が小委員会で述べた見解を一部変更し、自衛戦力を合憲化することを意図していたと述べたことや芦田修正を受けて文民条項が制定されたことを根拠とする。

　第2の立場は、1項において全面放棄説に立ち、この立場では侵略戦争と共に自衛目的の戦争も放棄されているため、2項は全面的な戦力不保持の意思を明確化するための条項とする**完全非武装説**（全面不保持説）に立つ。この立場は、「前項の目的を達するため」の挿入の意図を、「正義と秩序に基づく国際平和を誠実に希求」するためと捉え、一切の限定を付さない。

　第3の立場は、1項において限定放棄説に立った上で、2項はあらゆる戦力の不保持を定めていることから、結果として、自衛目的の戦争も行いえないとする完全非武装説に立つものと、同様に、1項において限定放棄説に立ちつつ、2項においては、国家固有の自衛権に基づき戦力に至らない自衛のための実力を保持できるとする**自衛力留保説**に立つものとに分かれる。

　⇨通説は第3の立場における前者（限定放棄説＋完全非武装説）であるが、これは第1の立場への批判を受けたものでもある。通説は、仮に芦田修正の真の

意図が自衛目的の戦争の合憲化にあったとしても、それは制定者意図として公式なものではないため説得力に欠けると非難する。また、制定者意図とは別に、第1の立場は、反対解釈を重ねた上で導かれる帰結によるものであり、戦力保持・不保持という重要事項をそのようなやり方で決することを批判する。

　なお、2項後段の**交戦権**については、文字通り国家が戦争をする権利とする見解もあるが、現在では、国際法上の定義にならい、戦争に際して交戦国が有する権利（相手国兵力を殺傷するなど）を指すとの理解が多数である。1項の解釈や2項前段の解釈によっては自衛目的の戦争の範囲内においては交戦権も認められるが、通説は上述のように2項前段において自衛目的の戦争は戦力不保持により行いえないとしているため、2項後段の意義はそれを強調するものと解せよう。なお、政府見解は、日本は自衛権を有していることから、憲法上、交戦権とは別に自衛権を発動できるとしている。

4　政府見解

　政府見解は内閣法制局の見解であるともいえる。内閣法制局は内閣提出法案（閣法）の事前審査を行う、いわば内閣の法律顧問機関である。内閣法制局の見解は、法的拘束力はないものの、政府内において専門的意見として最大限尊重されることが制度上当然のこととされている。そのため、政府見解とは、内閣法制局長官などの国会での答弁などを指し示すことが多い。

　政府の憲法9条解釈は、1項では限定放棄説に立ち、9条2項では自衛力留保説に立つ。そして、政府はこのことを可能とするため、9条2項における「戦力」の意味を限定的に解釈し、9条2項で保持を禁止される戦力を、「**自衛のための必要最小限度の実力を超えるもの**」と定義する。この点、通説は、戦力と自衛力との区別は困難であり、政府見解は9条2項を骨抜きにするものであると批判する。

　この議論は**自衛隊**（1954年の自衛隊法の成立により設立）の位置づけと関わってくる。政府見解では、日本が独立国であることから当然に自衛権を有していることや憲法13条が定める国民の生命等への尊重などを根拠に、自衛のための必

要最小限度の実力を保持することは可能であり、故に、自衛隊は 9 条 2 項が保持を禁止する戦力にはあたらないため合憲とする。他方で、学説の多くは、兵力の大きさなどから鑑みて自衛隊違憲論に立っている。

Ⅱ　憲法 9 条をめぐる諸問題

1　自　衛　隊

　自衛隊の合憲性について裁判所はどのように判断しているのだろうか。まず、自衛隊の前身である警察予備隊の設置および維持に関する一切の行為の合憲性が争われた**警察予備隊違憲訴訟**（最大判昭 27・10・8 民集 6 巻 9 号783頁）では、最高裁は、憲法81条が抽象的な違憲審査を行う権限を最高裁に与えていないとの理由で、訴えを却下した。

　次に、自衛隊法の合憲性が争われた**恵庭事件**（札幌地判昭 42・3・29 下刑集 9 巻 3 号359頁→第15章Ⅶ）では、自衛隊演習場の近くに住む酪農家が、自衛隊が演習で用いる通信線を切断したところ、その行為が自衛隊法121条が定める「その他の防衛の用に供する物」の損壊にあたるとして起訴された。札幌地裁は、通信線が「その他の防衛の用に供する物」にあたらないため被告人を無罪としたが、被告人が主張した自衛隊法の違憲性については、本件が自衛隊法121条の解釈で解決できることから、あえて憲法に照らして判断する必要もなければ、また、そうしたことをすべきでないとした（**憲法判断回避の準則**）。

　恵庭事件同様、自衛隊法の合憲性が争われた**長沼事件**（最判昭 57・9・9 民集 36 巻 9 号1679頁）は、自衛隊基地建設のため、農林大臣が、国が保有する保安林の指定解除をしたところ周辺住民が当該処分の取消しを求めた事件である。1 審判決（札幌地判昭 48・9・7 行集27巻 8 号1385頁）はいわゆる**平和的生存権**の裁判規範性を認めた上で、当該行政処分により原告の平和的生存権が侵害される、または、侵害される危険性があることを理由に原告の当事者適格を認めた。そして、自衛隊は憲法 9 条 2 項が禁止する「戦力」にあたり違憲であると判示した。これに対し、2 審判決（札幌高判昭 51・8・5 行集27巻 8 号1175頁）は、平

和的生存権の存在を否定した上で、傍論にて国家の防衛のような高度の政治性を有する国家行為については、それが一見極めて明白に違憲である場合を除き原則として司法審査は及ばないとする**統治行為論**を採用し、１審判決を取り消した。最高裁も同様に、原告の訴えの利益を否定し上告を棄却したが、自衛隊の合憲性については判断しなかった。

> **＊　平和的生存権の裁判規範性**　　平和的生存権は、憲法前文にある「平和のうちに生存する権利」を根拠に裁判においても援用できる権利であるか否かの議論において登場した。この点、そもそも憲法前文の法規範性が問題となるが、通説は、前文の法規範性は肯定するものの裁判規範性については否定的である。しかし、イラク特措法訴訟（名古屋高判平 20・4・17 判時2056号74頁）において名古屋高裁は、平和的生存権の具体的権利性が認められる場合があると述べた（判決確定）。

判例　★**長沼事件**（札幌地判昭 48・9・7 行集27巻 8 号1385頁）

　北海道夕張郡長沼町に航空自衛隊の地対空ミサイル基地を建設するため、防衛庁はＹ（農林大臣―被告）に対し、当該地域にある国が保有する保安林の一部について指定を解除するよう申請した。Ｙは、「公益上の理由」があるときに解除処分ができないとする森林法26条 2 項に基づき解除処分を行い、伐採を許可した。それに対し、Ｘら（地域住民―原告）は、自衛隊が憲法 9 条違反であることから、自衛隊の基地建設は「公益上の理由」がないとして、Ｙを相手どり処分の取消しを求める訴訟を提起した。札幌地裁は、憲法前文が「平和のうちに生存する権利」（平和的生存権）を保護し、当該行政処分によりＸらの平和的生存権が侵害される、または、侵害される危険がある限り、Ｘらには当該処分の取消訴訟における原告適格があることを認めた。その上で、9 条解釈において、1 項の解釈では全面放棄説に、2 項の解釈では完全非武装説に立ち、自衛隊は明らかに軍隊であるため 9 条 2 項が禁じる戦力に該当するとした。したがって、自衛隊の組織等について規定する自衛隊法は憲法に違反し、本件の解除処分は違法であると判示した。

　自衛隊基地の建設予定地を保有していた私人と当該用地を買収した国との契約の有効性が争われた**百里基地訴訟**（最判平元・6・20 民集43巻 6 号385頁）では、用地の売買に関連して自衛隊の合憲性が争われた。1 審判決（水戸地判昭 52・2・17 判時842号22頁）は、憲法 9 条が自衛目的の戦争を放棄していないことや統治行為論により自衛隊が一見極めて明白に違憲であるとはいえないことなど

を理由に、原告の訴えを退けた。２審判決（東京高判昭 56・7・7 判時1004号 3 頁）は、国が行う私法上の行為に憲法 9 条は直接適用されないことや当該用地の売買が民法90条が定める公序良俗に違反しないことなどを理由に憲法判断をせずに原告敗訴とし、最高裁も同様の旨を述べた上で上告を棄却した。

　⇨以上のように、自衛隊の合憲性をめぐっては、最高裁は一度も実体判断をしておらず、自衛隊が合憲であるとも違憲であるとも判示していない。

2　日米安全保障条約

　自衛隊とともに合憲性が激しく議論されるのが**日米安全保障条約**（安保条約）である。安保条約は日本に米軍を駐留させることを認めるものであるが、米軍は日本の軍隊ではないことから憲法 9 条の枠外であるとして合憲を唱える立場（政府見解など）や米軍といえども日本領土内に憲法 9 条が禁止する戦力を認める安保条約は違憲であるとする立場もみられる。

　旧安保条約の合憲性が問われた**砂川事件**（最大判昭 34・12・16刑集13巻13号3225頁→第15章Ⅲ）では、1 審判決（東京地判昭 34・3・30下刑集 1 巻 3 号776頁）は安保条約に基づく米軍の駐留は憲法 9 条 2 項が禁止する戦力にあたり憲法違反としたが、検察側が刑事訴訟法及び刑事訴訟法規則に基づいて跳躍上告をした上告審において、最高裁は安保条約は一見極めて明白に違憲無効であるとは到底認められないとし、1 審判決を破棄した。なお、本件で最高裁は留保つきの統治行為論を用いて、実質的に合憲判断を下した判決であると理解されている。

　⇨安保条約の合憲性を問うことは、当然、日米間における**集団的自衛権**（→本章Ⅱ**5**）の問題を提起させる。この点、近時、砂川事件において最高裁は日本が集団的自衛権を行使できる旨を述べたと解する見解もみられるが、砂川事件において最高裁はこの点について何ら論じていないことに注意が必要である。なお、現在の新安保条約の合憲性について争われた訴訟（最大判平 8・8・28民集50巻 7 号1952頁）において、最高裁は、砂川事件を引用し、再び留保つきの統治行為論をとった上で、直接の判断を避けた。

3　自衛隊による海外での活動

（**1**）　冷戦後から「9.11」まで　　冷戦終結後、日本の国際貢献が求められることなどに伴い、自衛隊による**国連平和維持活動（PKO）**への参加が議論されるようになった。そして政府は、PKO のほか、人道的な国際救援活動、国際的な選挙監視活動の3つの活動へ自衛隊を参加させることを可能とするため、**PKO 等協力法**を1992年に制定した。同法は、①紛争当事者の間で停戦合意が成立していること、②自衛隊が活動する地域の属する国を含む紛争当事者が自衛隊の活動および自衛隊への日本の参加に同意していること、③自衛隊が特定の紛争当事者に偏ることなく、中立的立場を厳守すること、④以上①〜③の基本方針のいずれかが満たされない状況が生じた場合には、日本から参加した部隊は撤収することができること、⑤武器の使用は、要員の生命等の防護のために必要な最小限のものに限られること、のいわゆる **PKO 5 原則**を定め、武力行使を禁じる憲法9条には違反しないとの立場を政府はとってきた。しかし、⑤で必要最小限にとどめられていた武器使用は、その後の同法の改正により緩和された。

　冷戦後の日本の安全保障について、最も議論が活発となったのは朝鮮半島における有事である。そしてそれを受けて1999年に制定された**周辺事態法**では、日本の周辺地域における日本の平和や安全にとって重要な影響を与えるような周辺事態に際して、米軍に対し物品等の後方支援等を行うことが可能となった。2000年には、周辺事態法に規定されていた船舶検査活動を具現化した船舶検査活動法が制定され、同法では、周辺事態に際し、国連安全保障理事会の決議に基づいて、または旗国の同意を得て、船舶（軍艦等を除く）の積荷、目的地の検査確認、必要に応じ船舶の航路等の変更を要請する活動を日本が実施することが明記された。

（**2**）　「9.11」から安保法成立まで　　21世紀に入ってからは、2001年の**同時多発テロ**（「9.11」）を契機としたアフガニスタン戦争やイラク戦争を受けて、**テロ対策特措法**や**イラク特措法**などの時限法（その都度立法する法律）が相次いで制定された。テロ対策特措法は、「9.11」直後の2001年11月に制定され、同

法では、日本が国際的なテロリズムの防止・根絶のための国際社会の取組に積極的かつ主体的に寄与することが目的とされ、諸外国の軍隊等に対する物品や役務の提供等を行う協力支援活動、戦闘行為によって遭難した戦闘参加者の捜索・救助等を行う捜索救助活動、国連決議又は国連等の要請に基づき、被災民を救援するために食糧や医薬品等を輸送するなどの活動を行う被災民救済活動等が可能となった（2007年11月に失効）。同法を受けて、自衛隊による各国軍艦へのインド洋での給油活動が行われた。

　イラク特措法は、2003年3月のアメリカによるイラクへの軍事攻撃を受けて、イラクの再建を図る国際社会の取組みに関し、日本が人道復興等の支援活動を行い、国際社会の平和および安全の確保することを目的として同年7月に成立した（2007年の延長を経て、2009年7月に失効）。同法は人道復興支援を中心とした活動を定め、これを受けて、イラク南部に位置するサマーワでの自衛隊による給水活動やインフラの整備等がなされた。同法をめぐっては、自衛隊が派遣される地域が現に戦闘行為が行われていない地域等（いわゆる、非戦闘地域）であると明記されていたが、その解釈をめぐり国会で激しく議論がなされた。

　イラク特措法の成立と時を同じくして、2003年6月には、自衛隊法等一部改正法、安全保障会議設置法一部改正法とともに、**武力攻撃事態法**（事態対処法）が成立し、いわゆる有事関連三法が成立した。事態対処法では、武力攻撃事態（武力攻撃が発生した事態または武力攻撃が発生する明白な危険が切迫していると認められるに至った事態）と武力攻撃予測事態（武力攻撃事態には至っていないが、事態が緊迫し、武力攻撃が予測されるに至った事態）とを合わせて武力攻撃事態等とし、このような事態において、政府は対処基本方針を定めた上で、国、指定公共機関、地方公共団体に対し必要な対処措置を実施すべきことを指示することが可能となった。また、国民に対しても、基本的人権への制約は必要最小限に限られるが、それらの機関が実施する対処措置に必要な協力をするよう努めることが求められた。

　翌年6月には、事態対処法を受けて個別の法整備がなされた（有事関連七法）。代表的なものとして、武力攻撃事態等に際して、国全体として万全の態勢を整

備し、武力攻撃事態等における国民の保護のための措置を的確かつ迅速に実施することを目的する**国民保護法**、同様の事態に際して、米軍との連携を円滑にするために、自衛隊が米軍へ物品等の提供を行うことを可能とする**米軍行動関連措置法**、湾岸施設など特定公共施設等の利用を調整するための**特定公共施設利用法**、日本の領海等における外国軍用品等の海上規制を設けた**海上輸送規制法**などが制定された。

　⇨これら一連の法整備にあたり、例えば、アフガニスタン戦争やイラク戦争への自衛隊の派遣に対しては、学説上、それが武力行使との一体化につながり、憲法9条2項が禁止する武力行使に該当するとの指摘が長らくなされてきた。これに対して政府は、自衛隊派遣の要件を設けていることや自衛隊の活動が非戦闘地域における人道支援活動などが任務であることなどを理由に挙げ、それを支持する学説もある。

4　安全保障

　2014年は日本における安全保障法制にとって大きな転換期となった。第2次安倍晋三内閣は2014年7月、それまでの政府見解を変更し、限定的な集団的自衛権の行使は憲法上可能であるとの閣議決定を行った。そして翌2015年、第3次安倍内閣はこの閣議決定に基づく法律案を国会に提出し、同年9月には、集団的自衛権のほか、自衛隊の海外における活動の拡大など、大幅な変更がなされた法改正が成立した（2016年3月より施行）。この法改正は一つの法律によるものではなく、10本の法律の改正を一括法案（**平和安全法制整備法**）でなされ、これに1本の新法（**国際平和支援法**）を加えた形で新たな**安保法制**が成立した。

　主な改正点として、まず、自衛隊法の改正により、平時であっても米艦防護が可能となったほか、米軍等への物品役務の提供、さらには、米軍等の武器等も保護できるようになった。また、離れた地域にいる邦人を輸送することに加え、米軍等を救護できる「駆けつけ警護」が可能となった。次に、PKO等協力法の改正では、必要な場合に限っての武器使用の権限が拡充されたほか、国連主体のPKOとは別枠組での自衛隊の派遣が可能となった。また、名称が新

たに重要影響事態安全確保法となった周辺事態法の改正では、改正前に明記していた「我が国周辺の地域」や戦闘地域と非戦闘地域の区別が削除され、地理的な制約が取り除かれた。さらに、後方支援の対象が、従来の米軍に加え他国の軍隊まで拡張され、支援活動の内容もこれまで禁じられていた弾薬の提供や戦闘地域へ向かう準備中の航空機への給油も可能となった。

　今回の安保法制で最も多くの議論を引き起こした事態対処法の改正では、**存立危機事態**の文脈において限定的な集団的自衛権の行使が認められた。存立危機事態とは、「我が国と密接な関係にある他国に対する武力攻撃が発生し、これにより我が国の存立が脅かされ、国民の生命、自由及び幸福追求の権利が根底から覆される明白な危険がある」こととされ、次項で述べる武力行使が可能となる自衛権発動のための要件を変更した。

　新設された国際平和支援法は、例えばイラク特措法などのような時限法ではなく、閣議決定と国会の事前承認によって後方支援活動のために自衛隊の派遣を可能とし、多国籍軍への自衛隊の派遣のための枠組が恒久化された。

安保法制の概要
Ⅰ　平和安全法制整備法（下線部が変更または追加箇所）
　　（我が国及び国際社会の平和及び安全の確保に資するための自衛隊法等の一部を改正する法律）
①　自衛隊法
②　国際平和協力法（国際連合平和維持活動等に対する協力に関する法律）
③　重要影響事態安全確保法（重要影響事態に際して我が国の平和及び安全を確保するための措置に関する法律）
④　船舶検査活動法（重要影響事態等に際して実施する船舶検査活動に関する法律）
⑤　事態対処法（武力攻撃事態等及び存立危機事態における我が国の平和及び独立並びに国及び国民の安全の確保に関する法律）
⑥　米軍等行動関連措置法（武力攻撃事態等及び存立危機事態におけるアメリカ合衆国等の軍隊の行動に伴い我が国が実施する措置に関する法律）
⑦　特定公共施設利用法（武力攻撃事態等における特定公共施設等の利用に関する法律）
⑧　海上輸送規制法（武力攻撃事態及び存立危機事態における外国軍用品等の海上輸送の規制に関する法律）

⑨　捕虜取扱い法（武力攻撃事態及び存立危機事態における捕虜等の取扱いに関する法律）

⑩　国家安全保障会議設置法

Ⅱ　国際平和支援法（新設）
（国際平和共同対処事態に際して我が国が実施する諸外国の軍隊等に対する協力支援活動等に関する法律）

　なお、安保法制の違憲性をめぐって訴訟が全国各地で提起され、すでに下級審にていくつかの判決が下されているものの、いずれの事件においても裁判所は憲法判断を回避した上で原告の主張を退けている。

　また、安全保障に関連して、第2次岸田文雄改造内閣は2022年12月、国家安全保障戦略等に関するいわゆる「防衛3文書」の改訂を閣議決定した。注目を浴びた点は、敵のミサイル基地などを攻撃できる反撃能力を明記した点や防衛費の増額であった。とりわけ後者については、GDP比2％が目標とされ、2023年度から5年間の総額43兆円の防衛費は、従前5年間の1.5倍以上の規模となる。次項の集団的自衛権の限定的行使容認をはじめ、近時の安全保障政策は大きな転換期を迎えている。

5　集団的自衛権

　日本政府の定義上、**集団的自衛権**とは、密接な関係にある他国に対する武力攻撃を、自国が攻撃されていないにもかかわらず攻撃されたものとみなして、他国の防衛のために実力をもって阻止する権利であるとされる。集団的自衛権は、国連憲章により明文化された国際法上の権利であり、比較的新しい概念である（なお、集団的自衛権は、国連憲章のほかに、日本が保有するものとして、サンフランシスコ講和条約や安保条約に明記されている）。

　⇨自衛権（個別的自衛権）の発動要件についてのこれまでの政府見解は、①日本に対する急迫不正の侵害があること（武力攻撃が発生したこと）、②これを排除するために他の適当な手段がないこと、③必要最小限度の実力行使にとどまること、の3つであった（旧三要件）。したがって、集団的自衛権はこれらの

要件を満たしていないため、政府は一貫して、日本は集団的自衛権を有しているものの行使できないとの立場をとってきた。しかし、事態対処法の改正により、上記の存立危機事態の要件が旧三要件の①に取って代わり、限定的ではあるが集団的自衛権の行使が可能となった（**新三要件**）。

　このような集団的自衛権の行使の容認に対しては、半世紀上以上にわたり維持してきた政府見解を、具体的な説明責任を果たすことなく憲法解釈を変更することにより法的安定性が害されることや存立危機事態の具体的場面が政府により明確な説明がされていないことなどを理由に、学界から多くの批判が向けられた。特に、自衛隊違憲説が多数を占める憲法学界において、自衛隊合憲説がようやく市民権を得つつある現在にあっても、そこにはあくまで自衛のために最小限度の実力組織の保持はやむをえないとする前提が存在していた。しかし、集団的自衛権とは、「他衛」または「他国防衛権」と言うべきものであるため、自衛隊合憲説に立っても、集団的自衛権の容認は従来の議論との論理的整合性がとれないと考える見解は多い。他方で、政策的な観点から、法的安定性を害してでも安保法制が必要であるとの見解や、このような変更は法律の改正ではなく憲法改正によるべきであるとの見解もみられる。

設　問

1　2015年に制定された安保法制は憲法 9 条に抵触するか。
2　9 条 2 項の完全非武装説と立憲主義はどのような関係に立つだろうか。

参考文献

佐々木高雄『戦争放棄条項の成立経緯』（成文堂、1997）
山内敏弘＝太田一男『憲法と平和主義』（法律文化社、1998）
長谷部恭男『憲法と平和を問いなおす』（ちくま新書、2004）
山室信一『憲法 9 条の思想水脈』（朝日新聞社、2007）
浦田一郎『集団的自衛権限定容認とは何か──憲法的、批判的分析』（日本評論社、2016）
阪田雅裕『憲法 9 条と安保法制──政府の新たな憲法解釈の検証』（有斐閣、2016）

第**2**部　基本的人権

コラム2　憲法学から学んだこと

　憲法は法学部生の9割以上が履修するが、卒業生の大半は、日常生活において
それを話題にすることもなく日々を過ごす。私も憲法を意識するはずもなく、教
科書は書棚の奥でほこりをかぶっている。

　しかし、サステナビリティ推進という業務を任されてから、憲法学を教えてく
れたN教授の言葉を思い出すようになった。「世の中にはいろいろな人がいる。
誰もが自分の幸せを感じられる社会であることが大事」という言葉である。

　1990年代に流行した「企業の社会的責任論」とは、環境問題や人権問題につい
て、企業は、法的責任がなくても社会的な責任を負うという考え方であった。
「地球や社会を犠牲にして利益を得るべきではない」という価値観を多くの人が
共有し始めた2010年代から、企業は、地球環境や社会情勢の変化の中から自社の
ビジネスを取り巻く人びとに影響を与えるものを予想し、経営課題と捉える必要
がある、との考えが強まっている。企業も、「人びとが自分の幸せを感じられる
社会」を実現する担い手だということである。

　自然環境を劣化させる活動に加担しないでビジネスを行うにはどうすればよい
か。人びとが基本的ニーズ（身体的・精神的・感情的に健康であること、影響力
や能力を発揮できること、公平に扱われること、意味・意義を認められること）
を満たそうとする行動を妨げないで、ビジネスを行うにはどうすればよいか。改
めて、企業活動という窓から、憲法が保障する「基本的人権」の意味を考え、統
治制度の本質を考える機会を得たのだと思う。週末、教科書を開いてみよう。何
かに気づくに違いない。

（日立造船㈱サステナビリティ推進室長　　友岡愛子）

第5章　人権総論

まとめ 人権は、人が人であることによって当然に有する権利である。しかし、実定憲法上、人権の主体、適用範囲が問題となる。また、人権は絶対無制約に保障されるのではなく、制約が認められる。制約の限界は、個別の権利・自由、規制の態様に応じて考えられなければならない。

■**人権の性質**

　固有性・不可侵性・普遍性

■**人権の享有主体**

　天　　皇……肯定説（通説）／天皇否定・皇族肯定説／否定説

　外 国 人……肯定説……文言説　　　　　　　「何人も」「国民は」を基準

　　　　　　　　　　　……性質説（判例・通説）　人権の性質を基準

　　　　　　……否定説

　法　　人……肯定説（判例・通説）／否定説

　未成年者……肯定　成人とは異なる制約はある

■**公共の福祉**

　人権相互の矛盾・衝突を調整するための実質的公平の原理

　すべての権利・自由にあてはまる一般的制約原理

　…人権制約の根拠は他者の人権の保護

■**二重の基準**

　精神的自由の制約の合憲性審査を、経済的自由の場合よりも厳格に行う

■**特別権力関係**

　明治憲法下で提唱……法治主義の例外領域　公務員、在監者、国立大学生など

　日本国憲法下では妥当しない……法治主義の例外は認められない

■**私人間効力**

　間接適用（効力）説／直接適用（効力）説／無適用（効力）説

判例…憲法の人権規定は私人相互の関係を直接規律しない

I　人権の概念・体系

1　人権の保障と義務

　人権は、人類の長年にわたる自由獲得の苦闘の過程において形成されてきた。市民革命後の近代国家において、人権は**自由権**を中心としていたが、**積極国家観、社会国家理念**の下、20世紀に**社会権**をも保障するようになった（→ 1 章）。

　第二次世界大戦における**ファシズム**などの人権侵害を経験して、国際平和維持のためには国内における人権保障が不可欠だと認識された。国際連合憲章の趣旨に従って、1948年**世界人権宣言**が採択された。1966年には**国際人権規約**、すなわち、**経済的、社会的及び文化的権利に関する国際規約（A規約）**と**市民的及び政治的権利に関する国際規約（B規約）**が国連総会で採択され、日本も1976年に批准した。実施措置として、A規約は締約国に報告義務を定めており（16条）、B規約は報告制度（40条）、他国による通報制度（41条）を設けている（B規約の選択議定書は、個人通報制度を設けているが、日本はまだ批准していない）。ほかにも、**女子差別撤廃条約、子どもの権利条約、難民の地位に関する条約**など数多くの人権に関する条約がある。また、**ヨーロッパ人権条約**のような地域条約も注目されている。以前は人権をもっぱら国内法的に保障していたが、国際法的にも保障しようという傾向が強くなってきている。

　明治憲法による人権保障は、**天皇主権**の下、**臣民の権利**として恩恵的に与えられたものであった。伝統的な**自由権**に限られ、また、法律の範囲内において認められたにすぎなかった（**法律の留保**）。裁判所による**違憲審査制**も存在せず、人権侵害はおよそ救済されなかった（→第 3 章参照）。

　⇨基本的人権の尊重は、日本国憲法の最も重要な基本原理である。憲法は、「国民はすべての基本的人権の享有を妨げられ」ず（11条）、「この憲法が国民に保障する基本的人権は、侵すことのできない永久の権利」（11条、97条参照）

と規定した。そして、学問の自由（23条）など新たな**自由権**に加え**社会権**も保障した。また、裁判所による違憲審査（81条）を規定し、立法・行政からの人権保障をはかっている。

日本国憲法第3章「国民の権利及び義務」には、権利だけでなく義務、すなわち、教育を受けさせる義務（26条）、勤労の義務（28条）、納税の義務（30条）が規定されている。ほかにも一般的義務規定（12条）もおいているが、具体的な法的義務ではなく道徳的指針と解されている。**立憲主義**の立場からは、義務は人権を侵害しない範囲内でなければならず、また、**法の支配**の原理に基づき、具体的な義務を課すには立法によらなければならない。

2　人権の概念

人権、**基本的人権**、**基本権**は、一般に同義と考えられ、様々な人権を総称する語として使われている。通説によると、人権は、固有性、不可侵性、普遍性の性質を有すると説かれている。すなわち、憲法に規定されたことによって、あるいは、権力者に与えられたことによってではなく、人間であれば生まれながらに有する（**固有性**）。また、人権は原則として公権力による侵害は許されない（**不可侵性**）。しかし、まったく制約されないというのではなく、**公共の福祉**によって制約されることもある（→本章Ⅲ）。そして、人権は人種・性別・身分などに関係なく、平等にすべての人に当然に保障される（**普遍性**）。

通説は、基本的人権とは、人間が社会を構成する自律的な個人として自由と生存を確保し、その尊厳性を維持するために必要な一定の権利を当然に有することを前提として認め、前憲法的・前国家的権利を憲法が実定的な法的権利として確認したものと主張する。そして、憲法第3章の権利と基本的人権との関係については、自然権的な権利である自由権だけでなく、自由権を確保するための参政権も、人間の尊厳性に関わる社会権も基本的人権に含まれるが、**国家賠償請求権**（17条）や**刑事補償請求権**（40条）は含まれないと解している。

3　人権の体系

　個別的人権を分類し体系づけることは、人権の理解に役立つ。日本の伝統的通説は、イェリネック、ケルゼンの諸説を取り入れ、日本国憲法に合うように変更を加えた。**宮沢俊義**は、国民の国家に対する関係として、受動的な関係（**義務**）、無関係な関係（**自由**）、消極的な受益関係（**自由権**）、積極的な受益関係（**社会権**）、能動的な関係（**国務請求権、参政権**）に分類した。

　⇨現在、様々な分類がなされているが、**消極的権利**（**自由権**）、**積極的権利**（**社会権、国務請求権**）、**能動的権利**（**参政権**）に大別する方法がよくとられる。**自由権**は、国家が個人の領域に介入することを排除する権利（**国家からの自由**）であり、さらに、**精神的自由、経済的自由、人身の自由**（**身体的自由**）に分類される。**社会権**は、国家の積極的な施策を求める権利（**国家による自由**）であり、経済的社会的弱者保護を目的とする。**国務請求権**（**受益権**）は、人権確保のために国家に積極的作為・給付を求める権利である。国家の作為を求めるという点では社会権と共通しているが、社会権が社会国家において、経済的社会的弱者保護のための権利として登場してきたのに対して、国務請求権は自由国家の原理から導かれる権利である。**参政権**は、国民が国政に参加する権利（**国家への自由**）である。これらに含まれないものとして、**幸福追求権**（13条）、**法の下の平等**（14条）がある。

> ＊　**請願権**（16条）を国務請求権に分類するものもあるが、本書では参政権的性格を重視して、参政権に含めることとする。国務請求権に分類されるほかの諸権利は、人権侵害があった際、その救済のために国家に作為を求める権利という点でも共通している。

　このような分類は、人権の理解のための手段であり、分類自体が目的ではないこと、絶対的なものではなく相対的なものであることに注意したい。例えば、**表現の自由**（21条）には、表現を発するまたは受け取る自由だけでなく、積極的に情報の開示を請求する権利も含まれると解される（→第7章Ⅲ）。

　⇨人権規定の中には、個人の権利を直接保障するのではなく、人権の保障を補強するために一定の制度を保障していると解されるものがある。これを**制度的保障**といい、制度の核心は法律によっても侵害することはできないとされる。

ただ、制度と人権の地位がひっくり返り、制度が人権保障を弱めるような事態が生じるおそれもあるため、「①立法によっても奪うことのできない『制度の核心』の内容が明確であり、②制度と人権とが密接であるもの」（芦部信喜）に限定すべきである。

Ⅱ　人権の主体

1　国　民

憲法は、第3章「国民の権利および義務」とし、11条、12条などにも「国民」と規定しており、国民を本来の人権主体としている。

「日本国民たる要件は、法律でこれを定める」（10条）を受けて、国籍法が国籍すなわち国民たる資格について定めている。**国籍法**によると、国籍は出生、準正、帰化によって取得される。出生による取得は**血統主義（属人主義）**と**出生地主義（属地主義）**に大別されるが、原則として血統主義を採用し、父母が不明または無国籍のとき、例外的に出生地主義を採用している（2条）。

1984年改正前の国籍法では**父系優先血統主義**がとられていた。これが憲法14条違反の性差別ではないか争われたが、裁判所は、「立法政策上複数の選択肢が考えられる場合には、そのいずれを選択するかは立法者に任せられるべき」とし、違憲ではないとした（**国籍法性差別違憲訴訟**＝東京高判昭57・6・23判時1045号78頁）。その後、法改正によって**父母両系血統主義**が採用された。

＊　最高裁は、出生後認知された場合に生来的国籍取得を認めなかった国籍法を違憲とした（**国籍法非嫡出子差別違憲訴訟**＝最大判平20・6・4民集62巻6号1367頁→第6章Ⅳ）

2　天皇・皇族

憲法が世襲制に基づく**象徴天皇制**を認めたことにより、**天皇・皇族**が人権享有主体としての「国民」に含まれるかどうかについては見解が分かれている。通説は天皇も皇族も含まれるとした上で、天皇の象徴たる地位および世襲制を根拠に、一般国民とは異なる扱いを受けることを認めている（肯定説）。しかし、

象徴たる特殊な地位を有する天皇は含まれないが皇族は含まれ、ただ、皇位継承と関係する限りにおいて天皇に準ずる制約を受けるとする説（天皇否定・皇族肯定説）、あるいは、両者ともに門地によって国民とは区別された特別の存在と考え、含まれないと主張する説（否定説）も有力に主張されている。

> ＊　天皇に対する**記帳所設置費用返還訴訟**（最判平元・11・20民集43巻10号1160頁）において、最高裁は、「天皇は日本国の象徴であり日本国民統合の象徴であることにかんがみ、天皇には民事裁判権が及ばない」とした。

　参政権については、多数説は天皇・皇族は有しないと解している。明文の規定はないが、天皇の政治的中立性、あるいは「国政に関する権能を有しない」（４条）を根拠とする。ほかに、**居住移転の自由、国籍離脱の自由、職業選択の自由**（22条）、**婚姻の自由**（24条）、**表現の自由**（21条）なども制限される。

3　外 国 人

　外国人が日本国憲法の保障する人権の享有主体となりうるか。否定説は、第3章が「国民の権利及び義務」としていることを重視し、憲法の規定する人権は日本国民にのみ保障されるが、ただ、道義的に外国人にも保障されるべき人権があり、それらを外国人に保障するか否かは立法政策上の問題であるとする。

　⇨肯定説は、人権が前国家的・前憲法的な性質を有すること、国際人権諸条約など人権の国際化の傾向がみられ、日本も外国人の人権を保障する国際的義務を負っていることなどから、外国人にも一定の範囲で人権の保障を認める見解である。保障される人権を定めるために、**文言説**は、「何人も」は外国人にも適用され「国民は」は適用されないと、規定の文言を区別の基準とする。しかし、**国籍離脱の自由**について「何人も」と規定していること（22条２項）などから、憲法制定者がそこまで考えて使い分けたとは考えられず、この説を支持する者は今日ではみられない。判例・通説は、人権の性質を区別の基準とする**性質説**をとっている。さらに、人権の性質だけでなく、外国人の類別化も有力に主張されている。すなわち、外国人すべてを一律に考えるのではなく、**定住外国人、難民、一般外国人**などに区別して、それぞれ保障される人権の範

囲・程度を考えるべきだと説いている。

（1）　自由権　　自由権は、性質上、外国人にも基本的に保障される。しかし、経済的自由については立法府の裁量が認められるので、法律による制限が存在し（公証人法、鉱業法、電波法、銀行法、船舶法など。弁理士法は2000年の改正で外国人に対する制限を削除した）、合理的な理由があれば制限は許されると解されている。他方、**人身の自由**、**精神的自由**は自然権的な性質を有するので、原則として日本国民と同等に保障される。ただ、**参政権**的機能を果たすような政治活動の自由については、判例・通説は、外国人には参政権がないことから日本国民よりも制限されると解している。これに対して、国民の政治的意思決定に影響を与えるにすぎないから、狭義の参政権とは質的に異なる、また、国家や国民の安全を害するような**表現の自由**は、国民に対しても制限せざるをえないので、外国人と区別する根拠はあまりないなど、反対説も主張されている。

かつて、外国人登録法は指紋押捺を義務づけていたため、プライバシー権、平等権などを侵害すると争われた。最高裁は、憲法13条は個人の私生活上の自由を保障しており、その「一つとして、何人もみだりに指紋の押なつを強制されない自由を有する」が、「戸籍制度のない外国人の人物特定につき最も確実な制度として」、「立法目的には十分な合理性があり、かつ、必要性も肯定できる」とした（最判平7・12・15刑集49巻10号842頁）。1993年、**特別永住者**に指紋押捺義務が免除され、1999年法改正で、すべての外国人について廃止された。だが、2001年のアメリカ同時多発テロを契機に、出入国管理及び難民認定法が改正され（2007年施行）、外国人（特別永住者などを除く）に指紋と写真の提供を義務づけた。

＊　2012年、外国人登録法が廃止され、新しい在留管理制度が始まった。外国人住民も住民基本台帳法の対象となり、「特別永住者証明書」または「在留カード」が交付されている。

（2）　入国・出国・再入国の自由　　判例・通説は、外国人の人権保障の問題は、日本に在留する外国人を対象とするものなので、外国人が日本に入国する権利は憲法の保障外であり、**国際慣習法**上、入国の拒否は当該国家の自由裁

量により決定しうると解している。なお、日本は1981年に**難民の地位に関する**
条約に加盟し、出入国管理及び難民認定法に一時庇護の制度を設けたので、そ
の範囲で入国拒否権は制限されたという主張が有力になっている。

判　例　★マクリーン事件（最大判昭 53・10・4 民集32巻 7 号1223頁）

　米国籍マクリーンは日本で語学学校の教師をしていたが、ベトナム反戦、日米安
保条約反対などの活動をしていた。在留期間更新を申請したところ、無届転職と政
治活動を理由に不許可となったため、処分取消しを求めた。最高裁は「憲法22条 1
項は、日本における居住・移転の自由を保障」するものであり、「憲法上、外国人
は、わが国に入国する自由を保障されて」おらず、在留の権利も保障されていない
とした。在留期間延長は、法務大臣の広汎な裁量に委ねられている。「基本的人権
の保障は、権利の性質上日本国民のみをその対象としていると解されるものを除き、
わが国に在留する外国人に対しても等しく及ぶものと解すべきであり、政治的活動
の自由についても、わが国の政治的意思決定又はその実施に影響を及ぼす活動等外
国人」に「認めることが相当でないと解されるものを除き、その保障が及ぶ」。し
かし、「外国人に対する憲法の基本的人権の保障は、」「外国人在留制度のわく内で
与えられているにすぎない」。「在留期間中の憲法の基本的人権の保障を受ける行為
を在留期間の更新の際に消極的な事情としてしんしゃくされないことまでの保障が
与えられているもの」ではないと判示した。

　出国の自由については、判例は憲法22条 2 項を根拠に外国人に対しても認め
られているとする（最大判昭 32・12・25 刑集11巻14号3377頁）。学説では、国際
慣習法を根拠に主張する説が有力に主張されている。

　再入国の自由について、最高裁は「外国人は、憲法上、外国へ一時旅行する
自由を保障されていない」ため、再入国の自由も保障されないとし、当時、外
国人登録法によって義務づけられていた「指紋押捺拒否を理由としてなされた
法務大臣による不許可処分は、社会通念に照らして著しく妥当性を欠くという
ことはできない」とした（**森川キャサリーン事件**＝最判平 4・11・16 集民166号575頁）。

　＊　2012年施行の入国管理法改正により、有効な旅券および在留カード（または特別永住
　　　者証明書）を所持する外国人は、出国後一定期間に再入国する場合、再入国の許可を得
　　　る必要がなくなった（みなし再入国許可）。

（3）　社会権　　伝統的通説は、社会権の保障は各人の所属する国の責務であり、当然に外国人にも保障されるわけではないと解した。今日の通説は、社会保障などは、財政上の限界はあるものの、立法政策によって外国人にも保障を及ぼすことがむしろ望ましいと主張する。さらに、日本で生活・労働する外国人、特に永住資格をもつ**定住外国人**については、日本国民に準じて取り扱うと解する説も有力に主張されている。**国際人権規約**の批准、難民の地位に関する条約の批准によって、この傾向は一層進み、1981年、社会保障関係法令の国籍要件は原則として撤廃された。また、**生活保護法**は国民を対象とするが（1条）、実務上、定住者、認定難民者などは国民に準じて扱われている。

　塩見訴訟（最判平元・3・2判時1363号68頁）において、最高裁は、障害福祉年金の支給対象者の決定について立法府に広範な**裁量**権を認め、受給資格の国籍条項は憲法14条、25条等に反しないとした。また、傷病者戦没者遺族等援護法の国籍条項が問題となった**在日韓国人元軍属障害年金訴訟**（最判平13・4・5判時1751号68頁）においても、立法府の広い裁量権を認めた。定住外国人が生活保護申請の却下処分の取消しを求めた**生活保護国籍要件事件**（最判平26・7・18訟月61巻2号356頁）において、生活保護法にいう「国民」とは日本国民を意味し、外国人はこれに含まれないから、事実上の保護の対象となるにとどまり、同法に基づく保護の対象とならず、受給権を有しないとした。

判　例　★台湾人元軍人・軍属国賠請求訴訟（最判平4・4・28判時1422号91頁）

　　第二次大戦中、旧日本軍の軍人軍属として動員され戦死傷した台湾住民およびその遺族が、日本人の戦死傷者およびその遺族には補償がなされているにもかかわらず、現在日本国籍を有していない自分たちに何も補償されないのは不当な差別であると主張して、日本政府に対して補償を求めた。最高裁は、「台湾住民である軍人軍属が援護法及び恩給法の適用から除外されたのは、」彼らに対する「補償問題もまた両国政府の外交交渉によって解決されることが予定されたことに基づくものと解され」、「十分な合理的根拠がある」とし、憲法14条1項に違反しないとした。

＊　**韓国人戦争犠牲者補償請求事件**（最判平16・11・29判時1879号58頁）において、韓国人の軍人軍属関係者が被った損失は戦争犠牲・損害であり、これに対しては単に政策

的見地からの配慮が問題となるだけであり、また、軍隊慰安婦が被った損失は憲法の施行前の行為によって生じたものだから、29条3項に違反しないとした。

（**4**）　**参政権**　　伝統的通説は、**参政権**は自分の所属する国の政治に参加する権利を意味し、外国の政治に参加する権利を意味しないことは、国家というものの性質上、当然であると主張した。**公職選挙法**も**選挙権**および**被選挙権**を日本国民に限定している。**定住外国人**の参政権をめぐっては、諸説が主張されている。

国政レベルの参政権について、生活の実態からみて日本国民と異ならない定住外国人には参政権が保障されるべきという説も主張されている。しかし、多数説は、国民主権原理およびこれに基づく憲法15条1項が、公務員の選定・罷免権は「国民の権利」であると規定していることから、日本国民に限られると解している。最高裁も、国会議員の選挙権は権利の性質上日本国民に限るとした（**外国人国政参政権訴訟**＝最判平5・2・26判時1452号37頁）。

地方公共団体レベルについては、「その地方公共団体の住民が、直接これを選挙する」（93条2項）とも関連して議論されている。外国人に対する選挙権の保障は憲法上禁止されているとする禁止説、憲法上要請されており、それをしないことは違憲であると解する要請説、立法政策に委ねられていると解する許容説がある。最高裁および有力説は、許容説をとっている。

判 例　★**外国人地方参政権訴訟**（最判平7・2・28民集49巻2号639頁）

永住資格を有する在日韓国人が、選挙人名簿への登録を求めた。最高裁は、選挙権を「日本国民たる住民に限定した地方自治法」、公職選挙法の諸規定は、憲法15条1項、93条2項に違反しないとした。「国民主権の原理における国民とは、日本国民」「を意味することは明らかである」。つまり、公務員を選定罷免する権利（15条1項）は、「権利の性質上日本国民のみを対象としている」。「93条2項にいう『住民』とは、地方公共団体の区域内に住所を有する日本国民を意味するものと解する」。ただ、憲法の地方自治規定は、「住民の日常生活に密接な関連を有する公共的事務は、その地方の住民の意思に基づきその区域の地方公共団体が処理するという政治形態を」保障したものと解されるから、「永住資格を有する定住外国人に」、法律によって地方公共団体の長、議会の議員等に対する選挙権を付与することは、

「憲法上禁止されてい」ない。

* 定住外国人に地方レベルでの選挙権は付与されていないが、特定の政策の是非について住民の意見を問う住民投票の投票権を、定住外国人にも認める条例は増えている（→第16章）。また、被選挙権については、より否定的である。

公務就任権については、外務公務員は法律上日本国籍を有することが就任の要件になっている（外務公務員法7条）。一般の公務員については、政府の見解は、「公権力の行使又は国家意思の形成への参画にたずさわる公務員」は日本国民に限定されるとする。例えば、この基準により国公立大学における外国人教員の任用も否定されていたが、1982年に特別措置法が制定されて可能となった。学説上、この基準は広汎かつ抽象的であるという批判が存し、高度な政治政策的判断などを伴わない、専門的・技術的職務、補佐的事務職などについては外国人でも就くことができると主張されている。最近では、定住外国人に一定の職種の公務員の受験資格を認める地方公共団体も増えている。

* 特別永住者である保健婦（現保健師）が、管理職選考試験の受験を拒否されたことが争われた**東京都管理職試験訴訟**（最大判平17・1・26民集59巻1号128頁）において、最高裁は、国民主権原理に基づき「日本国籍を有する者が公権力行使等地方公務員に就任することが想定されている」。普通地方公共団体が、「公権力行使等地方公務員の職とこれに昇任するのに必要な職務経験を積むために経るべき職とを包含する一体的な管理職の任用制度を構築して人事の適正な運用を図ること」は、合理的理由に基づいているため憲法に違反しないとした。

4　法人・団体

憲法で保障される人権は、元来**自然人**のみを念頭に置いて考えられてきた。しかし、資本主義経済の高度化、社会の組織化に伴って、法人・団体の重要性が増してきた。**法人の人権享有主体性**をめぐって、**人間の尊厳**や**個人主義**を根拠に否定する説も主張されてきたが、法人の活動が自然人を通して行われ、その効果が究極的に自然人に帰属すること、あるいは、法人の**社会的実在性**ゆえに、法人の人権享有主体性を肯定するのが判例・通説の立場である。

人権保障の範囲と程度については、法人の目的・種類、人権の性質により、

個別具体的に検討していく必要がある。**経済的自由、財産権、国務請求権、刑事手続上の権利**が法人にも適用され、他方、一定の**人身の自由、生存権、選挙権・被選挙権**などが適用されないことについて異論はみられない。また、**精神的自由**について、例えば、報道機関に**報道の自由**、宗教法人に**信教の自由**、学校法人に**学問の自由**が保障されるのは当然である。

　しかし、法人に人権が保障されるとしても、保障の程度は自然人の場合とは異なる。法人の強力な経済的**社会的権力**によって個人の権利を侵害する場合、また、法人の構成員の人権と矛盾衝突する場合は、法人の人権が制約されうる。特に、税理士会、弁護士会などの**強制加入団体**の場合には、会員の**思想・良心の自由**との関係で、団体が会員に要請できることには限界があるとされる（労働組合には加入強制の要素をもつショップ制労働組合がある→第 9 章Ⅳ）。

　判　例　★八幡製鉄政治献金事件（最大判昭 45・6・24 民集24巻 6 号625頁）

　八幡製鉄（現日本製鉄）の代表取締役が、特定の政党に対して同社の名前で政治資金を寄附した。株主は、この行為は定款に規定された事業目的の範囲外であり、損害金を会社に支払うよう求めた。最高裁は、「憲法第三章に定める国民の権利および義務の各条項は、性質上可能なかぎり、内国の法人にも適用される」と法人の人権享有主体性を認めた。そして、法人も自然人と同様、政治的行為をなす自由を有し、政治資金の寄附もその自由の一環として公共の福祉に反しない限り保障され、国民の参政権を侵害するものではないとした。

＊　政治活動の自由のように本来自然人を主体とする精神的自由を法人にも広く認め、法人に特別な制約を考慮しなかったとして、学説上、批判されている。

　判　例　★南九州税理士会事件（最判平 8・3・19 民集50巻 3 号615頁）

　南九州税理士会の会員である原告は、税理士法を有利な方向に改正するための政治献金の特別徴収に反対して納入を拒否したところ、税理士会役員の選挙権・被選挙権を停止されたため、処分の無効確認等を求めた。最高裁は原告の主張を認めた。「規正法上の政治団体に金員の寄付をすることは、たとい税理士に係る法令の制定改廃に関する政治的要求を実現するためのものであっても、」「税理士会の目的の範囲外の行為であり、」「特別会費を徴収する旨の決議は無効である」。会社であれば、

目的の範囲内の行為とは、「定款に明示された目的を遂行する上に直接又は間接に必要な行為であればすべてこれに包含され」る。しかし、税理士会は強制加入団体であり、「会員の思想・信条の自由との関係で、」「会員に要請される協力義務にも、おのずから限界がある」。特に、規正法上の政治団体に対する寄付行為は、「投票の自由と表裏をなすものとして、会員各人が市民としての個人的な政治的思想、見解、判断等に基づいて自主的に決定すべき事柄である」。

5　未成年者

　未成年者も「国民」に含まれるため、当然人権の享有主体性は認められる。しかし、未成年者は成長発達の途上にあり、身体的・精神的に未成熟なため、成人とは異なる特例を認めることも許される場合がある。

　憲法上、明文の規定による制約は**参政権**（15条3項）だけであり、未成年者に特に保障されたものとして、酷使の禁止（27条3項）、**教育を受ける権利**（26条1項）がある。それ以外の権利については特に明記されていないため、権利の性質によって判断せざるをえない。例えば、**人身の自由、正当な補償を受ける権利**（29条3項）は、未成年者に対しても成人と同等に保障される。しかし、判断能力を必要とするような**自己決定権**（13条）、**表現の自由**（21条）などは、未成熟性ゆえに制約されうると解されている。

　　＊　法令による制約として、例えば、婚姻適齢（民法731条）による**婚姻の自由**（24条）の制限、弁理士、医師、薬剤師などの職業に成年者であることが資格要件とされていることによる職業選択の自由（22条）の制限などが挙げられる。

　以前は、未成年者の保護の必要性から、人権の制約を一括して容易に認める傾向にあった。しかし、保障される人権の性質に従って、未成年者の心身の健全な発達をはかり、自律を促進するための必要最小限度の制約が憲法上許されると解される。心身の成熟度の違いに応じたより細かい検討が必要であるが、あくまで年齢などを基準とした客観的区分であり、個人差まで考慮することは法的安定性との関係で問題がある。また、学校での人権制約の場面では、それが未成年者ゆえの制約か生徒ゆえの制約か考える必要がある。

　未成年者に固有の制約は、他者加害を基礎とした公共の福祉による制約とは

区別され、不適切な判断で自らを傷つけることから保護するための制約（パターナリスティックな制約）である。このような制約は、「成熟した判断を欠く行動の結果、長期的にみて未成年者自身の目的達成諸能力を重大かつ永続的に弱化せしめる見込みのある場合に限って正当化される」（佐藤幸治）と主張される。

* 具体例として、校則裁判（→第6章Ⅰ）、青少年保護育成条例による有害図書販売規制（**岐阜県青少年保護育成条例事件**＝最判平元・9・19刑集43巻8号785頁）（→第7章Ⅲ）、淫行条例による行動規制（**福岡県青少年保護育成条例事件**＝最大判昭60・10・23刑集39巻6号413頁）などがある。

Ⅲ　人権の制約

　人権思想が花開いた**近代立憲主義**成立期から、人権はすべての人間が平等に有するのであり、その行使によって他人の人権を害することはできないとされていた。他人の人権の保護を理由とした人権の制約を**内在的制約**という。これに対し、人権以外の利益（例えば、「公共の安寧秩序」や「社会公益」）を根拠とした人権制約は**外在的制約**と呼ばれる。

1　学　説

　日本国憲法12条、13条は、憲法が定める権利・自由は「公共の福祉」に服するとしている（22条、29条にも同じ語句がみられる）。このため、「公共の福祉」が何を意味するのか、公共の福祉に基づく人権の制約はどこまで許されるのかが問われる。初期の学説は、「公共の福祉」を人権以外の利益と理解していた（外在的制約）。しかし、現在では、人権の制約根拠となりうるのは人権のみであり、**公共の福祉は人権相互の矛盾・衝突を調整するための実質的公平の原理**だと理解されている。そして、この意味での公共の福祉は、憲法上の個々の権利規定に「公共の福祉」という文言があるかどうかにかかわらず、すべての人権に論理必然的に内在している一般的な制約原理である。ただ、以上はあくまで人権制約の根拠に関する一般論であって、個別具体的な権利・自由に関し、

どのような場合にどこまで制約が許されるかについて明らかにしているわけではない。そこで、上記一般論を前提としつつ、人権制約の合憲性について、権利の内容・性質、制約の目的・態様などに応じて判断基準を明確化しようとする動きが現れた。例えば「この種の規制が許されるためには、規制の目的が重要でなければならず、かつ、その目的と手段との間に実質的な関連性がなければならない」といった基準を、理由とともに示していくのである。この試みを、**司法審査基準**（違憲審査基準）**論**という。

　⇨このうち、憲法が規定する人権全体にかかわる一般理論として、**二重の基準論**がある。これは、人権制約に関わる**合憲性判断基準**を大きく 2 つに分け、**精神的自由**の制約が問題となる場合は、**経済的自由**の場合よりも厳しい審査をするべきだという理論である。ここでは、民主政における立法府の判断の尊重の必要性と、民主プロセスが正常に働くための前提条件としての精神的自由の重要性が、主な根拠として挙げられる。

> ＊　**三段階審査**　審査基準論はアメリカ判例理論を基にしている。これに対し、ドイツの憲法裁判所判例を参考に、憲法判断の枠組みを考えていこうという動きがある。これは、憲法問題を①保護範囲、②制限、③正当化の 3 つの視点から分析し、比例原則を用いて判断するものである。両者は、裁判所の憲法判断を拘束しようとする点で、同じ狙いをもつ。

2　判　　例

　判例も、憲法12条、13条の**「公共の福祉」**が一般的な人権制約原理として憲法上の権利・自由を限界づけているとの立場をとる。しかし、当初その中身は明確ではなく、抽象的な一般論によって権利・自由の制約を簡単に認めすぎていると批判されていた。

　ただ、最高裁は1960年代から次第に、「公共の福祉」という言葉を持ち出すだけで簡単に人権制約を正当化するのではなく、公共の福祉のための制約として許されるかどうかを具体的に審査するようになっている。例えば、権利・自由を制約することによって得られる利益と失われる利益を比較衡量する手法（**比較衡量論**）を用いたり、**立法事実**その他様々な要素を考慮に入れつつ**目的・**

手段審査をより厳密に行ったりするなど、審査の姿勢を改めている。また、**精神的自由**と**経済的自由**を区別して両者で審査の厳格さが異なるとする、二重の基準論の趣旨を取り入れる判決も出ている（例えば、泉佐野市民会館事件＝最判平 7・3・7 民集49巻 3 号687頁）。

Ⅳ　人権の適用範囲

憲法典に規定された人権規定の第一次的な目的は公権力と市民（私人）との関係を規律することにある。この原則との関係で問題となるのが、特別権力関係と私人間効力である。

1　特別権力関係

明治憲法下で、一般的な公権力と市民との関係（一般権力関係）とは違った特殊な関係を**特別権力関係**と呼び、そこには憲法の保障が及ばないとする理論があった。この関係に入る者の例として、**公務員**、**在監者**（刑事施設被収容者）、法定伝染病患者、国立大学の学生などが挙げられる。

⇨しかし、①徹底した人権尊重と**法治主義**の原則をとっている日本国憲法下では通用しない、②まったく異なる性質をもつ法律関係を一括りにするのは妥当ではなく、権利制限の根拠・目的・程度などについて個別に判断すべきであるなどの理由から、現在では以前の理論形態そのままの見解はみられない。裁判所も、「特別権力関係」という語を用いない傾向にある。ただし、現実には理論の放棄が自由の拡大につながっているとは言い難いとの指摘もある。

（ 1 ）　公務員　　公務員の憲法上の自由に関して重要なのは、**争議権**と**政治活動の自由**である。初期の判例は、「**公共の福祉**」や「**全体の奉仕者**」（15条 2 項）という文言を引用するだけで、これらの人権の制約を簡単に認めていた。しかし、最高裁は、**全逓東京中郵事件**判決（最大判昭 41・10・26 刑集20巻 8 号901頁）で、公務員の争議活動の自由を可能な限り広く保障し、公務員を刑事罰から解放しようとする方向を示す。この判決の趣旨は、**都教組事件**（最大判昭

44・4・2刑集23巻5号305頁）や**全司法仙台事件**（最大判昭44・4・2刑集23巻5号685頁）に受け継がれた。

　しかしながら、公務員の自由に好意的な判例の流れは長続きしなかった。最高裁は、**全農林警職法事件**判決で、「公務員の地位の特殊性と職務の公共性」を強調し、国家公務員の争議行為の一律かつ全面的な禁止を合憲と判断した。そして、公務員の争議活動の自由の制約に慎重だった諸判例は、次々に覆された（**岩手教組学テ事件**＝最大判昭51・5・21刑集30巻5号1178頁、**全逓名古屋中郵事件**＝最大判昭52・5・4刑集31巻3号182頁など）。現在は、公務員の争議行為の刑罰による禁止を全面的に合憲とするのが判例の立場である。

判 例　★**全農林警職法事件**（最大判昭48・4・25刑集27巻4号547頁）

　警察官職務執行法の改正に反対する統一行動を指令しまたは呼びかけた全農林労組幹部が、国公法98条5項（昭和40年改正前）違反の行為を行ったとして、同法110条1項17号により起訴された事件である。裁判では争議行為の一律・全面禁止が違憲かどうかが争われたが、最高裁は、公務員の勤務条件は国会の議論で決まるのでストライキ等の圧力を容認する余地はない、公務員には争議行為等の制約に見合う代替措置が設けられているなどの理由を挙げ、合憲と判断した。

　国家公務員の政治活動については、**国家公務員法**102条1項およびこれに基づく**人事院規則**14-7によって、ほぼ全面的に禁止されており、この違反に対しては刑事罰が科される（地方公務員については、**地方公務員法**36条参照）。**猿払事件**でこの規制の合憲性が争われたが、最高裁は合憲と判示した。

判 例　★**猿払事件**（最大判昭49・11・6刑集28巻9号393頁）

　郵便局勤務の現業公務員（当時）が、勤務時間外に、衆院選用選挙ポスターを掲示・配布したとして、起訴された事件である。1審（旭川地判昭43・3・25下刑集10巻3号293頁）は、当該規制が目的達成のための必要最小限度を超えており、本件被告人に適用するのは違憲（適用違憲）だとして無罪判決を下し、2審もそれを支持した。しかし、最高裁の多数意見は、①公務員の政治的中立性の維持などの禁止の目的は正当であり、②その目的のために政治的行為を禁止することは禁止目的との間

に合理的な関連性があり、③政治活動の禁止により得られる利益と失われる利益の
均衡は失われないから、規制は合憲だとして、有罪判決を下した。

　猿払判決は長らく批判の的となったが、最高裁は規制を合憲とし続けている。
ただ、後の判例は、法令解釈の仕方を変えており、無罪判決もある。

> **判　例**　★堀越事件（最判平 24・12・7 刑集66巻12号1337頁）
>
> 　社会保険事務所勤務の厚生労働事務官が、衆院選に際し特定の政党を支持する目
> 的で党の機関誌を配布したことなどについて、国公法違反で起訴された事件。判決
> は、法が禁止する「『政治的行為』とは、公務員の職務の遂行の政治的中立性を損
> なうおそれが、観念的なものにとどまらず、現実的に起こり得るものとして実質的
> に認められるものを」指すと述べた。その上で、「公務員の職務の政治的中立性を
> 損なうおそれが実質的に認められるかどうかは、当該公務員の地位、その職務の内
> 容や権限等、当該公務員がした行為の性質、態様、目的、内容等の諸般の事情を総
> 合して判断する」という。そして、本件事務官は管理職ではないことや、本件配布
> 行為は勤務時間外である休日に公務員の地位を利用することなく行われたことなど
> を考慮し、本件配布行為は法が禁止する政治的行為に該当しないとして、高裁の無
> 罪判決を支持した。
>
> 　なお、同日判決の宇治橋事件＝最判平 24・12・7 刑集66巻12号1722頁では、同様
> の行為を行った管理職の厚生労働事務官が有罪とされている。

（２）　刑事施設被収容者　　受刑者や未決拘禁者などの刑事施設被収容者は、
2005年の法改正以前は在監者と呼ばれていた。被収容者の権利の制限は、未決
拘禁者の逃亡・罪証隠滅・暴行・殺傷の防止、規律維持や受刑者の矯正教化と
いう在監目的を達成するために必要最小限度にとどまるべきだといわれる。判
例も、一般論として、権利制限は限定的でなければならないと述べる。ただ、
未決拘禁者の喫煙の禁止は憲法13条に違反しないとした事例（最大判昭 45・9・
16 民集24巻10号1410頁）や、死刑確定者の信書の発信不許可処分を適法と判断し
た事例（最判平 11・2・26 判時1682号12頁）などのように、具体的事例において
は、被収容者の権利制限を行う刑事施設の長などの裁量的判断を尊重し権利制
限を容認する傾向にある。

> **判　例**　★**よど号ハイジャック記事抹消事件**（最大判昭58・6・22民集37巻5号793頁）
>
> 　東京拘置所に勾留、収容されていた原告が私費で購読していた新聞記事のうち、よど号ハイジャック事件に関わる記事の部分を、拘置所長が黒く塗りつぶして配布したことが憲法19条、21条（知る権利）に反するかどうかが問題とされた事件。最高裁は、被拘禁者の新聞紙、図書等の閲読の自由の制限が許されるためには、当該閲読を許すことにより「規律及び秩序が害される一般的、抽象的なおそれがあるというだけでは足りず」、障害の生じる「相当の蓋然性」が必要であり、制限の程度も「必要かつ合理的な範囲にとどまるべき」であるとして、一般論として制約が許される範囲を限定した。ただ、具体的な事例の判断としては、拘置所長に広い裁量を認めた上で、処分に裁量権濫用の違法はないと判断している。

（**3**）　**国立大学の学生**　　これまでの判例は、国公立か私立であるかにかかわりなく、大学内部の問題について審査を行うことに消極的な姿勢をとっている。**昭和女子大事件**（最判昭49・7・19民集28巻5号790頁）では、「大学は、国公立であると私立であるとを問わず」、学則等を一方的に制定することで、「在学する学生を規律する包括的権能を有する」と述べた。また、**富山大学事件**（最判昭52・3・15民集31巻2号234頁）では、「大学は、国公立であると私立であるとを問わず」、「一般市民社会とは異なる特殊な**部分社会**を形成して」おり、大学内部の問題は司法審査の対象とならないと判断した。ただし、部分社会論は評判が悪く、使われなくなった。この判決は大学の自主的自律的決定権を認めたものと理解されるようになっている（大学以外の事案で、男子生徒の髪型を丸刈りと規定した公立中学校の校則が憲法14条、21条などに違反しないと判断された下級審判決がある。熊本丸刈り訴訟＝熊本地判昭60・11・13行集36巻11＝12号1875頁）。

2　私人間効力

（**1**）　**学　説**　　憲法の人権規定は公権力と私人たる市民との間を規律するとの想定を貫くなら、憲法の規定は、原則として私人間に適用されないことになる（無適用（効力）説）。私人同士の関係には**私的自治**の原則が当てはまり、この領域は私法だけが規律するのである。しかし、現実には私人同士が対等で

あるとは限らず、会社や労働組合、私立大学など、社会的権力と呼ぶべき私人による権利侵害の問題が生じる。このため、多くの学説は、何らかの形で私人間にも憲法の人権規定の効力を及ぼすべきだと主張してきた。

⇨効力の及ぼし方については、**直接適用**（効力）**説**と**間接適用**（効力）**説**がある。直接適用説は、基本的人権の保障の効力は**公法・私法**を問わず全法領域において妥当し、私人に対しても直接基本的人権を主張することができるとする。これに対して、通説である間接適用説は次のように説く。基本的人権の保障は直接には対公権力のものである。しかし、だからといって、私人間において憲法の人権保障の精神に背くような行為が行われることを放置しておくことは許されない。この場合、私法の**一般条項**（民法 1 条、90条など）に憲法の趣旨を取り込んで解釈・適用することによって侵害を排除すべきである。

ただ、従来の間接適用説もすべての規定が間接的にしか適用されないというわけではなく、憲法の規定上、またはその趣旨・目的から当然に直接的な私人間効力をもつと理解できる権利・自由については直接適用を認める（15条 4 項、18条、27条 3 項、28条など）。また、直接適用説も、私人に対して直接に人権を主張する場合は、対公権力の場合より人権規定の効力が弱まるとする。そのため、実際上はいずれの説でも結論は大きく異ならないともいわれる。

＊　**ステイト・アクション**（**State Action**）**理論**　　アメリカの判例理論で、人権規定が公権力と市民との関係を規律するものであることを前提としつつ、①公権力が私人の私的行為にきわめて重要な程度にまで関わり合いになった場合、または②私人が国の行為に準ずるような高度に公的な機能を行使している場合に、当該私的行為を国家の行為（state action）と同視して、憲法を直接に適用するというもの。（1）でみたドイツ流の学説は、社会的権力であっても憲法上はあくまで「私人」であるとの前提をとる。一方、この理論は、上記①②のような場合、権利の侵害主体はもはや「私人」とは呼べず、侵害行為は国家の行為と同じであるととらえて、人権規定を適用するのである（国家同視説ともいう）。

（**2**）　**判　　例**　　判例はどの学説を採用するのか明示したことはない。三菱樹脂事件判決で間接適用説を採用したといわれるが、異論もある。

> **判　例**　★三菱樹脂事件（最大判昭 48・12・12民集27巻11号1536頁）
>
> 　入社試験の際に大学在学中の学生運動歴を秘匿する虚偽の申告をしたとして、3カ月の試用期間の後、本採用を拒否された原告が、雇用契約上の地位の確認などを求める訴えを提起した事件。本採用を拒否した会社の行為は政治的思想に基づく差別で憲法19条、14条に違反するのではないかが、争点の一つとなった。最高裁は、憲法19条、14条は「その他の自由権的基本権の保障規定と同じく、国または公共団体の統治行動に対して個人の基本的な自由と平等を保障する目的に出たもので、もっぱら国または公共団体と個人との関係を規律するものであり、私人相互の関係を直接規律することを予定するものではない」として、本件における憲法の適用を否定した。そして、私人間での権利侵害については、立法措置による是正や、「私的自治に対する一般的制限規定である民法 1 条、90条や不法行為に関する諸規定等の適切な運用によって」、調整を図ることができると述べた。その上で、企業は雇用の自由を有しているので、特定の思想・信条を有する者の雇い入れを拒否することや、採否を決めるにあたって労働者の思想・信条を調査し、これについて当人から申告を求めることも、違法ではないと述べている。

　本判決は**昭和女子大事件**（最判昭 49・7・19民集28巻 5 号790頁）で引用され、私立大学の学則の具体的細則である「生活要録」が直接憲法の基本権規定に違反するか否かを論ずる余地はないという判断の根拠の一つとなった。

　最高法規である憲法が保障する人権の理念に反する行為を放置するのは好ましくない。ただ、現実の訴訟では、様々な技術的要因もあり、「人権侵害」の主張を通すのが難しい場合もある。例えば、交通事故死した女児の親が起こした損害賠償請求事件で、裁判所は、女児の逸失利益の算定にあたり、全労働者の平均賃金ではなく、女子労働者の平均賃金を基礎とした。この算定の仕方だと、女子労働者の平均賃金が男子より遙かに低かったため、男児が亡くなった場合よりも賠償額が低くなる。裁判所は、本件を憲法問題として扱わずに、「男女で異なる逸失利益額が算定されること自体は、避けることのできない事態」だとして、男女差別ではないと判断した（**女子年少者逸失利益訴訟**＝東京高判平 13・10・16判時1772号57頁。最高裁は上告を受理しなかった。最決平 14・7・9 交通事故民事裁判例集35巻 4 号921頁）。この判断には強い批判がある。

　間接適用説的な手法を採用し民法の規定によって私人を保護したとされるものに、**日産自動車事件**（最判昭56・3・24民集35巻2号300頁）がある。この事件で、最高裁は、「就業規則中女子の定年年齢を男子より低く定めた部分は、専ら女子であることのみを理由として差別したことに帰着するものであり、性別のみによって不合理な差別を定めたものとして民法90条の規定により無効である（…）（憲法14条1項、(旧)民法1条ノ2参照）」と判断した。

　なお、最高裁は、国が行った行為であっても、国が「私人」として行動した場合、憲法の規定は直接には適用されないとの立場をとっている。

　判　例　★**百里基地訴訟**（最判平元・6・20民集43巻6号385頁）

　航空自衛隊基地建設予定地の土地売買について、自衛隊は憲法9条に違反するため、国と土地の所有者が結んだ自衛隊基地建設のための土地の売買契約は無効だと主張された事案。最高裁は、本件売買契約は国が公権力を行使することなく純粋に私人と対等の立場に立って締結されたものであるから、「本件売買契約に憲法9条が直接適用される余地はない」と判示した。その上で、本件契約が民法90条に違反するかどうかのみを問題とし、本件契約は民法90条に違反せず、無効ではないと結論した。

　設　問

　1　学校が、薬物使用の低年齢化を懸念して、個別の疑いなく生徒の持ち物検査をすることは許されるか。身体検査、脱衣検査の場合はどうであろうか。

　2　「人権侵害」が主張されるけれども憲法を直接適用できない問題として、どのようなものがあるか。

　参考文献

　米沢広一『子ども・家族・憲法』（有斐閣、1992）

　近藤敦『外国人の人権と市民権』（明石書店、2001）

　松井茂記『二重の基準論』（有斐閣、1994）

　君塚正臣『憲法の私人間効力論』（悠々社、2008）

第6章　包括的基本権および生命・身体的自由

まとめ　人間がみな平等であり、同様に尊重されること、それぞれが自らの考える幸福を求めることは、日本国憲法の基本的人権尊重主義の根本である。その意味で、憲法13条、14条はほかの人権条項とは区別され、包括的な人権を定めた規定であると考えられている。

■幸福追求権の保護の対象

人格的利益説……個人の人格的生存にとって不可欠な利益のみ

一般的自由説……個人の生活活動全般にわたる一般的な行動の自由

■プライバシー権の内容

当初……1人でそっとしておいてもらう権利（→不作為・不干渉のみを要求しうる）

有力説…自己情報コントロール権（→不作為のみならず積極的作為をも要求しうる）

判例……私生活上の自由（私生活をみだりに収集・開示・公表されない自由）

■自己決定権の分類

①生命・身体の処分に関する自己決定（→人格的生存に不可欠）

②家族のあり方に関する自己決定（→人格的生存に不可欠）

③ライフスタイルに関する自己決定（→権利性の有無に関して見解が分かれる）

■憲法14条の解釈

通　説……相対的平等（「不合理な差別」の禁止）

　　　　　　1項後段列挙事由は例示列挙　立法者拘束

少数説……絶対的平等　1項後段は限定列挙　立法者非拘束

■審査基準

判例・伝統的通説……「合理性」の基準

有力説……1項後段列挙事由には厳格審査　その他には合理性の基準

Ⅰ　幸福追求権

1　幸福追求権と個人の尊重

（**1**）　憲法13条の思想的系譜と個人の尊重　　憲法13条は、前段において、「すべて国民は、個人として尊重される」と規定し、**近代人権思想**の思想的基盤である**個人の尊重原理**を確認する。後段は、「生命、自由及び幸福追求に対する国民の権利」（講学上、これを一括して**幸福追求権**と呼ぶ）を保障しており、この権利は、その文言上の類似性から、アメリカ独立宣言に由来すると解されている。また、「生命・自由・財産」に言及する**ジョン・ロック**の自然権思想の影響を、ここに見てとる見解もある。

個人の尊重原理を謳う憲法13条前段は、**個人主義**を表明したものと説明される。個人主義とは、「人間社会における価値の根元が個人にあるとし、なににもまさって個人を尊重しようとする原理」（宮沢俊義）のことである。この規定の主眼は、かつて日本が経験した**全体主義**の否定にあるが、単なる利己主義もここでは否定される。

日本国憲法は憲法13条を人権宣言の冒頭に配置している。個人の尊重原理はあらゆる人権を解釈する際の指導原理として働くとともに、すべての法秩序に対する原則規範としての意味をもつ。ただし、通説は、憲法13条前段に権利性までは認めていない。あくまで客観的法原則にとどまると理解している。

（**2**）　幸福追求権の法的性格　　憲法13条後段の幸福追求権は、当初、単に**個別的人権**を総称したものにすぎないとされ、独自で**具体的権利性**を有するとは考えられていなかった（**権利性否定説**）。しかし、個人に対する脅威は社会状況とともに変化する。憲法制定当時に列挙された個別的人権だけでは、「個人の尊重」の確保・実現に不足の生じることは明らかである。それゆえ、学説では、「幸福追求権はそれ自体独自の権利性を有し、**新しい人権**を導き出す根拠となりうる」とする**権利性肯定説**が支配的となった。最高裁も、**京都府学連事件判決**（最大判昭44・12・24刑集23巻12号1625頁→本章Ⅰ**3**）で憲法13条の**具体的**

権利性を承認して以降、この立場を維持している。

　幸福追求権は、個別的人権による保障から漏れたものに対する受け皿として、その役割を果たす。したがって、幸福追求権と個別的人権は、**一般法**と**特別法**の関係に立つ。幸福追求権は、個別的人権による保障が及ばない限りで、補充的に適用される（補充的適用）。

2　幸福追求権による保護の範囲

　幸福追求権による補充的な保障の及ぶ範囲については、2つの学説が有力に主張されている。一つは、その保護範囲を「個人の人格的生存に不可欠な利益」に限定する**人格的利益（人格的自律権）説**である。もう一つは、幸福追求権は「広く一般的な行動の自由を保障している」とする**一般的自由説**である。

　人格的利益説は、「憲法は単なる恣意を保障するものでなく、個人の尊重原理との関係で、個別的人権と同等の価値をもつもののみが憲法上の権利として保障されるべき」との発想から、上記のごとく保護範囲を狭く限定する（この背景には、「**人権のインフレ化による人権保障の希釈化・弱体化**」に対する懸念がある）。それゆえ、服装・飲酒・散歩といった個人的な趣味・嗜好に基づくものには幸福追求権の保護が及ばないと考える。これに対し、従来の一般的自由説は、「人格」という曖昧な概念で保護範囲を限定することを否定し、いかなる行動の自由にも憲法的価値があると考える。したがって、個人的な趣味・嗜好に基づくものであっても、その制限は常に憲法問題とされる。もっとも、この説の論者は、当該自由の有する人格的価値の高低に応じて合憲性判断の厳格度も高低すると考えるので、高度の人格的価値を有する場合でなければ、個別的人権のときと同程度の必要性・合理性の審査は行われない。こうすることで、従来の一般的自由説は「人権のインフレ化」の回避を図っている。

　⇨しかし、人格的利益説も、人格的生存に不可欠な利益とはいえない個人的な趣味・嗜好について、国家が好き勝手にその行為を規制できるとは考えていない。その規制には、「もとより十分に実質的な合理的理由がなければなら」ず、「平等原則や**比例原則**（権利・自由の規制は社会公共の障害を除去するために必

要最小限度にとどまらなければならないとする原則）との関わりで、憲法上問題となることもありうる」（芦部信喜）と解している。だとすれば、両学説は、実際の帰結において大きくは異ならない。異なるのは、むしろそのアプローチにおいてである。すなわち、人格的利益説は、人格的生存に不可欠な利益を有する**新しい人権**については、**主観的権利**として憲法上の保護を与える。その上で、そこから漏れたものについては、憲法上の**客観法**たる比例原則等の適用という形で、憲法的保護の道を残す。これに対して、従来の一般的自由説は、「生活活動全般にわたる幅広い行動の自由に憲法の価値を認め、憲法上の主観的権利としてこれを保護する」というアプローチをとっているのである（ただし、「殺人の自由」といった他者加害を前提とする自由にまでその保護を及ぼすべきかについては、一般的自由説の中でも見解が分かれている）。

> ＊　**客観法と主観的権利**　憲法の規定には２つの側面がある。憲法はまずもって国家に対する義務づけ規範として存在し、国家に対し一定の要請や禁止を課すなど、権力行使のあり方を規律している。これは憲法の**客観法**としての側面である。他方で、憲法は、この客観法の存在を前提に、（客観法と結びついた個人の具体的な生活上の利益を確保・実現するために）個人が客観法上の義務履行を国家に要求することを、「権利」として認めている。これは、憲法規定に含まれる**主観的権利**としての側面である。憲法21条「表現の自由」を例にとれば、ある特定個人（Ａ）の表現行為を国家が侵害している場合、Ａは憲法21条に基づいて、その侵害の排除を主観的権利として要求することができる。ただ国家は、それ以前に、憲法21条により、（Ａに限らず誰に対しても）表現の自由を侵害してはならない義務を負っているはずである（客観法としての側面）。したがって、この国家行為は、Ａによる権利主張の有無にかかわらず、すでに憲法21条に違反している。
>
> 　人権に関する規定の多くでは、客観法と主観的権利が対になっている。しかし、個人の主観的権利が憲法上保障されていなくとも、客観法として国家が一方的に憲法上の義務を負っていることは、少なくない（例えば政教分離原則）。出訴の可否は別として、憲法上の客観法に反する限り、その国家行為は当然憲法違反となる。

　近年、憲法13条後段を、いかなる規制の際も**法治国家**の諸原理（法律の留保原則や比例原則等）に適合すべきことを国家に義務づけている規定だと理解し、その義務履行の結果、一般的自由の憲法的保護が図られているとみる見解が、有力に主張されている。これも一般的自由説の一種に分類される。しかし、この見解は従来の一般的自由説と異なり、行動の自由の実体的価値には一切関心

を払わない。国家活動の統制だけにその注意を向ける。したがって、従来の一般的自由説は主観的権利の拡張を論じていたのに対して、この見解は憲法13条の客観法的側面にのみ言及する。客観法的諸原則の適用の効果として一般的自由が保障されると考える点で、この見解は従来の立場と一線を画している。

  ＊　客観法的なアプローチによりつつ比例原則等の適用によって憲法的保護を導くという
　　　考え方には、この見解と人格的利益説との近似性が認められる。ただこの見解は、幸福
　　　追求権から導かれる新しい人権（主観的権利）の範囲について、その手がかりを一切与
　　　えるものではないので、その限りでは、人格的利益説とも一線を画している。

3　幸福追求権から導き出される新しい権利の具体例

（1）　名誉権　　名誉は、個人の人格的価値に関わる利益と考えられ、古くから権利として認められてきた。実際、刑法は230条で名誉毀損罪を、民法も710条・723条で名誉の保護を規定する。憲法は名誉権を明文で規定していないが、最高裁は、名誉を「人の品性、徳行、名声、信用等の人格的価値について社会から受ける客観的評価」と定義した上で、「言論、出版等の表現行為により名誉侵害を来す場合には、人格権としての個人の名誉の保護（憲法13条）と表現の自由（同21条）とが衝突し、その調整を要することとなる」と判示している（北方ジャーナル事件：最大判昭61・6・11民集40巻4号872頁→第7章Ⅲ参照）。これは、名誉にも憲法上の保護が及ぶことを認めたものといえ、こうした理解は学説でも広く受け入れられている。

（2）　プライバシー権　　憲法は、通信の秘密（21条2項）や住居の不可侵（35条）の規定においてプライバシーの利益を部分的には保護しているが、プライバシー権という独立の権利を規定してはいない。元来、プライバシー権は、「一人で放っておいてもらう権利（right to be let alone）」としてアメリカで主張され、不法行為法上の権利として判例上確立した。日本では、『宴のあと』事件（東京地判昭39・9・28下民集15巻9号2317頁）において、「私生活をみだりに公開されない法的保障ないし権利」として不法行為法上の承認をみたのが最初であり、最高裁が京都府学連事件で「承諾なしに、みだりにその容ぼう・姿

態を撮影されない自由」を憲法13条から導出して以降は、プライバシー権は憲法上の権利としても判例上承認されている（なお、国家賠償の事案ではあるが、最高裁は、**前科照会事件**＝最判昭和56・4・14民集35巻3号620号でも、前科をみだりに公開されない法的利益を承認し、区長が漫然と弁護士会の前科照会に応じたことについて、違法な公権力行使と判断している）。

判 例 ★京都府学連事件判決（最大判昭44・12・24刑集23巻12号1625頁）

　デモ行進が許可条件に違反したため、警察官が証拠保全目的で違反状況を撮影したところ、デモ参加者がこれに抗議し、警察官に怪我をさせたため、公務執行妨害罪等で起訴された。1審・2審で有罪となった被告人は、写真撮影は適法な公務執行にあたらないとして上告した。

　最高裁は、憲法13条は「国民の私生活上の自由」の保護を規定したものと解した上で、「個人の私生活上の自由の一つとして、何人も、その承諾なしに、みだりにその容ぼう・姿態（以下「容ぼう等」という。）を撮影されない自由を有するものというべきである。これを肖像権と称するかどうかは別として、少なくとも、警察官が、正当な理由もないのに、個人の容ぼう等を撮影することは、憲法13条の趣旨に反し、許されないものといわなければならない」と判示した。しかし、最高裁は、本件写真撮影における証拠保全の必要性・緊急性および方法の相当性を認め、結論的には、適法な職務執行行為だとして、上告を棄却した。

⇨このように、**プライバシー権**は第一義的には、個人の私生活を覗き込まれず暴露されないことを内容とし、**私生活への不干渉**を要求する。しかし、高度情報化社会の進展に伴い、個人情報の大量収集・保管が可能になると、情報の検索・結合を通じた全人格的なプロファイリングが現実的な脅威となった。その結果、プライバシー権の内容拡充を求める声が大きくなり、学説では、プライバシー権を**自己情報コントロール権**と捉える立場が有力となった。

　この立場では、情報の私事性や秘匿性もさることながら、情報取扱いの適切性に重大な関心が払われる。というのも、現代の情報社会では、一見高度の秘匿性が要求されない情報であっても、その取扱い方次第では、個人のプライバシー侵害を惹起する危険性が生じるからである。そのため、この立場は、保護される自己情報の範囲を広く解し、さらにその収集・管理・利用・開示といっ

た情報取扱いの全段階に、本人のコントロールが及ぶべきと考える。ここでは、私生活への不干渉の要求に加え、自己情報の閲覧・訂正・抹消といった**積極的作為**の要求までもが、プライバシー権に含まれることとなる（**請求権的側面**。ただし、請求権的側面については抽象的権利にとどまると解されている）。

　もっとも、プライバシー権としての保障の程度は、情報の性質により異なる。個人の思想・信条・精神・身体に関する基本情報、社会的差別の原因となる情報からなる**プライバシー固有情報**と、その他外的事項に関する**プライバシー外延情報**とは区別され、前者には後者よりも高度の保護が及ぶ。

> ＊　**指紋押捺拒否事件判決**（最判平7・12・15刑集49巻10号842頁）は、指紋は「個人の私生活や人格、思想、信条、良心等個人の内心に関する情報となるものではないが、性質上万人不同性、終生不変性をもつので、採取された指紋の利用方法次第では個人の私生活あるいはプライバシーが侵害される危険性がある」と指摘する。これは、情報の秘匿性よりも情報の取扱い方を重視したプライバシー理解と評価できよう。

　住基ネット（住民基本台帳ネットワーク）が扱う情報も、本人確認情報（氏名、生年月日、性別、住所）、住民票コード、変更情報といった個人の内心に関しない秘匿性の高くない情報である。この場合でも、**自己情報コントロール権**の考え方をとれば、個人は住基ネットからの離脱を自治体に主張することができそうである。しかし最高裁は、「個人の私生活上の自由の一つとして、何人も、個人に関する情報をみだりに第三者に開示又は公表されない自由を有する」（最判平20・3・6民集62巻3号665頁）と判示し、この考え方には依拠しなかった。そして最終的に、「第三者に開示又は公表される具体的な危険」がないとして、請求を棄却している。以上の諸判例をみる限り、最高裁は、プライバシー権を「個人の私生活上の自由」と理解しているものと思われる。

> ＊　下級審には、自己情報コントロール権を承認し、「自己のプライバシー情報の取扱いについて自己決定する利益（**自己情報コントロール権**）は、憲法上保障されているプライバシー権の重要な一内容となっている」と明言の上、住民に住基ネットからの離脱を認めた裁判例もある（大阪高判平18・11・30民集62巻3号777頁）。

（3）　自己決定権　　学説の大半は、憲法13条の幸福追求権には、自己の個人的なことがらを公権力に干渉されることなく自ら決定できる権利（**自己決定**

77

権）が含まれる、と解している。

　個人の自己決定の対象は、一般に、①治療拒否・**尊厳死・安楽死**等の自己の生命・身体の処分に関する事項、②**結婚・離婚・避妊・堕胎**等の家族のあり方に関する事項、③髪形・服装・飲酒・喫煙・バイク免許取得等の幅広い**ライフスタイル**に関する事項、に分類される。①の自己決定は、人間の人格的生存にとって最も根源的なものと解され、これが憲法13条で保障されることについて、学説上異論はない。しかし、「**自殺の権利**」を認めることに、多くの学説は慎重である。**安楽死**も、例外的にのみ許容する見解が支配的である。

> ＊　**東海大学安楽死事件**1 審判決（横浜地判平 7・3・28 判時1530号28頁）は、耐えがたい肉体的苦痛、死期の切迫、肉体的苦痛を除去する代替手段の不存在、生命短縮に関する患者の明示の意思表示、の 4 要件が満たされた場合にのみ、安楽死は許容されるとしている。

　また②についても、結婚する・しない、子どもを生む・生まないといったことは「**人格的生存に不可欠**」と理解され、やはり学説を問わず、自己決定権として保障されると考えられている。

　⇨しかし、③については見解が相違する。従来の一般的自由説によれば、主観的権利としての保障が憲法13条から導かれるが、人格的利益説に立てば、「人格的生存に不可欠」とまでは言い切れないとして、その権利性は否定されよう（ただし、客観法的に憲法上の問題を論ずる余地は残る）。

> ＊　もっとも、人格的利益説の中でも、髪形や服装の自己決定に関しては、嗜好品や娯楽等の他のライフスタイルとは区別して、その主観的権利性を認める論者も少なからずいる。しかし、この場合でも、髪形や服装の自己決定は①や②と比べ保障の程度が低く、合憲性判断基準も緩和されるべき、と考えられているようである。

　③の自己決定に関しては、これまで数多くの訴訟が提起されてきた。しかし、これが自己決定権として憲法上保護されるか否かについて、判例は必ずしもその立場を明確にしてはいない。例えば、公立中学校での丸刈り強制が問題となった**熊本丸刈り訴訟**（熊本地判昭 60・11・13 行集36巻11・12号1875頁）や、校則によるパーマ禁止に関する**修徳高校パーマ訴訟**（最判平 8・7・18 判時1599号53頁）、校則によるバイク免許取得禁止に関する**東京学館高校バイク訴訟**（最判平

3・9・3判時1401号56頁）では、憲法論に立ち入ることなく法的判断が下されている。自己消費目的での酒類製造を実際上禁止する**酒税法**上の免許制に関する**どぶろく裁判**（最判平元・12・14刑集43巻13号841頁）でも、酒類製造の自由の権利性を明らかにしないまま、立法府の**裁量権逸脱**に関する議論に終始し、最終的には憲法13条違反の主張を斥けている。

* 　刑事収容施設における喫煙禁止が争われた事件（最大判昭45・9・16民集24巻10号1410頁）でも、最高裁は、「**喫煙の自由**は、憲法13条の保障する基本的人権の一つに含まれるとしても、あらゆる時、所において保障されなければならないものではない」として、喫煙の自由の権利性についての明言を避けつつ、他方で、規制目的からみた手段の必要性・合理性の審査を行い、喫煙禁止は憲法13条に違反しないとの結論に至っている。また、ストーカー規制法の合憲性が問題となった事件（最判平15・12・11刑集57巻11号1147頁）においても、最高裁は**ストーカー行為**の権利性を問うことなく、同法の目的の正当性、規制内容の合理性・相当性を審査の上、規制は憲法13条に違反しないと判断している。

（4）　環境権　　**環境権**は、大気汚染、水質汚濁、騒音等の**公害問題**が深刻化した時代に、良好な環境を享受する権利として提唱された。環境権の憲法上の根拠は、13条と25条に求める立場が有力であり、環境権には環境破壊を差し止める**自由権的側面**と、積極的な環境保全策を求める**請求権的側面**があるとされる。とはいえ、「環境」とは何を指すのか、誰が権利主体となりうるのかが不明確であるため、環境権を**具体的権利**と解する学説は少数にとどまる。また判例も、環境権それ自体を憲法上の権利として承認したことはない。それゆえ、学説では、環境破壊が特定人の生命・健康上の被害や著しい精神的苦痛を生じさせる場合に、これを生命・身体の安全を内容とする**人格権**の問題として理解し、その限りで憲法13条に基づく権利主張を認める立場が有力である。

> **判例**　★大阪空港訴訟（最大判昭56・12・16民集35巻10号1369頁）
> 　航空機の騒音に悩む住民が、空港設置管理者（国）に対して、人格権ないし環境権を根拠に、航空機発着の差止め、過去および将来の損害に対する賠償を求めて、民事訴訟を提起した。
> 　1審・2審は、将来の損害賠償請求のみを棄却し、その他の点は、大筋において請求を認容した。その際、2審は、憲法13条を援用しつつ、「個人の生命、身体、

> 精神および生活に関する利益は、各人の人格に本質的なものであって、その総体を人格権ということができ」る、と判示し、人格権に基づく差止請求と過去の損害賠償を認めた。
>
> 　他方、最高裁は、空港の離着陸のためにする供用は運輸大臣の有する空港管理権と航空行政権の行使の結果であり、差止請求は「不可避的に航空行政権の行使の取消変更ないしその発動を求める請求を包含することとなる」ので、行政訴訟で何らかの請求ができるかはともかく、これを通常の民事訴訟で請求することは不適法であるとし、差止請求は却下。過去の損害に対する賠償請求のみを認容した。

なお、最高裁は、**厚木基地訴訟**（最判平 5・2・25民集47巻 2 号643頁）でも同様に、自衛隊機の運行規制の民事差止請求を不適法として却下している。

II　生命・身体的自由

1　生命・身体の不可侵

　生命や身体が公権力による侵襲にさらされないことは、あらゆる人権行使にとっての不可欠の前提であり基本条件である。憲法は**生命・身体の不可侵**を個別的人権としては規定していないが、学説は一様に、これを憲法13条で保障される権利と理解している。

　現在の日本で、公権力により理由もなく個人の生命が奪われることは、およそ想定し難い（死刑は、憲法36条の「**残虐な刑罰**」との関連で議論されるべきであろう→第10章 III 参照）。しかし、かつて旧優生保護法の下、遺伝性疾患、ハンセン病、精神障害がある人等に対して、強制的な不妊手術（優生手術）が実施されていた。これに関しては、近年、「子を産み育てるか否かについて意思決定をする自由及び意思に反して身体への侵襲を受けない自由を明らかに侵害する」ため憲法13条に違反する旨を判示する下級審判決が、相次いでいる（例えば大阪高判令 4・2・22判時2528号 5 頁）。また、ここまで極端ではなくとも、例えば国の強制または勧奨による**予防接種**の結果、死亡ないし後遺障害に至るということはありうる。この場合、生命・身体の不可侵が憲法13条で保障された権利

であるならば、被害者に救済が与えられるべきことはいうまでもない。しかし、国の側に過失がなく**国家賠償責任**を追及しえない場合には、その救済は理論上困難な問題に直面しよう。この点は、新型コロナワクチンについて予防接種法9条の規定が適用され、感染症の緊急のまん延予防の観点からワクチン接種の「努力義務」が国民に課せられたことにより、改めて注目されている。

判 例　★予防接種禍訴訟（東京地判昭59・5・18判時1118号28頁）

　国・地方公共団体が強制ないし勧奨した予防接種の副作用で死亡ないし後遺障害に至った被害児らが国家賠償を求め、同時に憲法29条3項に基づく**損失補償**を請求した。

　東京地裁は、「一般社会を伝染病から集団的に防衛するためになされた予防接種」により強いられた特別の「犠牲による損失を、これら個人の者のみの負担に帰せしめてしまうことは、生命・自由・幸福追求を規定する憲法13条」に反すると述べ、このような場合は、憲法29条3項の類推適用により「国に対し正当な補償を請求することができる」、と結論づけた。

　これに対して、控訴審（東京高判平4・12・18判時1445号3頁）は、「生命・身体はいかに補償を伴ってもこれを公共のために用いることはできない」と指摘の上、このような補償は「本来、憲法29条3項とは全く無関係のもの」だとして1審判決の論理を斥け、被害児らの損失補償請求を否定した。しかし他方で、厚生大臣には禁忌該当者に予防接種を実施させないための充分な措置をとることを怠った過失があったことを理由に、国家賠償責任は肯定した。

　また、精神障害者の**措置入院**や感染症まん延防止のための**強制入院**等も、憲法13条の保障する身体の不可侵ないし自由の問題であると理解できよう。例えば、らい予防法に基づくハンセン病患者の強制入院等の隔離政策が問題となった**熊本ハンセン病訴訟判決**（熊本地判平13・5・11判時1748号30頁）は、隔離政策は「人として当然持っているはずの人生のありとあらゆる発展可能性」を大きく損ない、「その人権の制限は、人としての社会全般にわたるものである」と判示し、これを憲法13条の問題と捉えるのが相当だとした上で、最終的には原告による国家賠償請求を認容している。

2　奴隷的拘束・苦役からの自由

憲法18条は、奴隷的拘束の禁止と苦役からの自由を規定する。これらは身体的自由を具体的な局面において保護したものである。奴隷的拘束とは、人間としての存在を否定したような処遇を強制することをいい、奴隷契約や人身売買、たこ部屋等がこれに該当する。こうした拘束は、個人の尊重からして絶対的に禁止され、刑罰としても許されない。

苦役からの自由とは、本人の意思に反するあらゆる役務を強制されないことをいうが、憲法が明記するように、「犯罪に因る処罰の場合」（18条後段）はこの限りではない。なお、災害等の緊急時に一時的に業務に就かせること（災害救助法7条等）は、本条においても許容されると一般に解されている。

* 　なお、徴兵制の下で強制される兵役は、比較憲法的にみれば、通常、国民が国に対して負う当然の義務であり、「苦役」にはあたらないと理解されている。しかし、わが国の場合、憲法が平和主義・戦争放棄を規定しており（前文、9条参照）、また他方、兵役義務の定めもないので、これらの規定ぶりに照らせば、徴兵制は憲法18条に反すると考えられよう。

Ⅲ　平　　等　　権

1　平等思想の歴史

人は生まれながらに平等であるという近代の平等思想は、18世紀の近代市民革命を推進する大きな原動力であった。近代市民革命は自由と平等の理念を掲げ、人々を封建的身分制度から解放した。1789年のフランス人権宣言1条では「人は自由かつ権利において平等なものとして出生し、かつ生存する」と、1776年のアメリカ独立宣言では「すべての人は平等に作られ、造物主によって、一定の奪いがたい天賦の権利を付与され、その中に生命、自由、平等および幸福の追求が含まれる」と宣言されており、この中には近代の平等思想をはっきりと読み取ることができる。

日本では、明治憲法19条が公務就任における資格の平等を定めていたが、これ以外に平等権に関する条文はなく、近代の平等思想を取り込んでいなかった。

明治憲法は、天皇の神格性に基づいた**世襲**天皇制が定められ、その「藩屏」として華族制度が設けられた。そして**帝国議会**には**衆議院**と並んで**貴族院**が置かれ、華族にはその議員たる資格をはじめとする種々の特権が与えられた。

これに対して、日本国憲法は14条1項で法の下の平等を定め、2項では貴族制度を禁止した。また、24条（家族生活における両性の平等）、26条（教育の機会均等）、15条3項・44条（選挙に関する平等）でも平等が保障されている。

2　平等の意味

そもそも「平等」と語るとき、そこには**形式的平等**と**実質的平等**という異なる平等観が存在する。

⇨**形式的平等**（機会の平等）とは、人の様々な違いを考慮せず、特性の異なる人を等しく扱い、**自由競争**に委ねるという平等観である。すなわち、自由競争に参加する機会が与えられることを平等とするのである。封建的身分制度からの解放を目指した近代の平等思想は、このような形式的平等を要求した。形式的平等が実現すれば、現実に存在する様々な不平等が解消されると考えられたからである。しかし、形式的平等は必ずしも不平等を解消するものではなく、実際には貧富の差を拡大するものであった。

⇨そこで、**資本主義**経済の発展とともに主張されるようになったのが実質的平等という平等観である。**実質的平等**とは、現実に存在する様々な差異を問題として、差異のある者を形式的には別異に扱うことによって不平等を是正していこうという平等観である。この実質的平等に関しては、自由競争の結果生じた格差の是正を行うという**結果の平等**という考え方と**実質的な機会**（チャンス）**の平等**を図るという考え方がある。

14条1項の定める「平等」とは、憲法が平等と並んで自由を同様に保障している点から考えると、第一義的には形式的平等を意味しているといえる。しかし、憲法は形式的平等のみを保障しているのではなく、形式的平等により生じた格差については社会権を具体化する立法などによる是正を要求していると解され、**実質的な機会の平等**の要請を含んでいると思われる。

　加えて、実質的平等を実現するため、現実に存在する様々な差別に対して、立法、行政的な措置によって平等を実現していくという**積極的差別是正措置**（アファーマティブ・アクション、ポジティブ・アクション）を行うべきだという考え方がある。積極的差別是正措置とは、広義では女性や**人種**的マイノリティーなど、これまで差別の対象とされてきた集団に、その不利益を払拭する何らかの措置を政府等が行うことと解されている。このような積極的差別是正措置は特定の集団に対する優遇措置であり、その集団に属さない者にとっては逆差別となる場合もあるため、その合憲性については難しい問題を含んでいる。

　　＊　しかし、特定の公職について女性のみ募集をするなどのクォータ制は違憲だとする説が一般的である。

3　法の下の平等の意味

　「平等」には、**絶対的平等**と**相対的平等**という考え方がある。

　⇨**絶対的平等**とは、各人を例外なく平等に扱い、一切の差別的取扱いを禁止するということである。これに対して、**相対的平等**とは、人種や性別など人の事実上の差異を前提として、同一の事情と条件の下では平等に扱うということである。したがって、**合理的な区別は許される**が**不合理な差別は憲法違反**とされる。判例・通説ともに14条1項の平等を相対的平等と解しているが、合理的な区別か不合理な差別かを判別するのは現実には難しい問題である。

　　＊　例えば、身長や体力のような一見中立のファクターを用いて実際には性差別を行うことを間接差別という。このようなものも差別動機を読み取れるものは、目的がそうでなくとも違憲の疑いがあるという考え方もある。

4　法適用の平等と法内容の平等

　14条1項に拘束されるのは誰なのかという点について、学説は**法適用平等説**（立法者非拘束説）と**法内容平等説**（立法者拘束説）がある。

　法適用平等説によると、14条1項は**裁判所**や**行政機関**といった法適用者を拘束するものであり、立法者は拘束されないとする。これに対して、**法内容平等説**は、そもそも法の内容自体が不平等な場合、その法を平等に適用しても不平

等な結果が生じるにすぎないという観点から、14条1項は法適用者だけではなく立法者も含む国政全般を拘束すると解する。判例・通説の立場である。

さらに両説は、14条1項後段列挙事由をどのように理解するかによって以下のように分類される。

法適用平等説は、後段列挙事由に厳格な意味を与え、列挙された事由に基づく差別は絶対に禁止されるという**制限列挙説**に結びつく。すなわち、法適用平等説によると、14条1項前段は立法者を拘束しないが、後段列挙事由による差別は許されないという点で、立法者を拘束すると解釈される。

これに対して、法内容平等説は、**例示列挙説**と**特別意味説**とに分かれる。**例示列挙説**は、後段列挙事由を歴史的に多かった差別の例であるとし、14条1項は後段列挙事由を含む不合理な差別を禁止していると解する。判例・通説の立場である。**特別意味説**は、後段列挙事由に基づく差別を不合理な差別であると推定する意味があると解釈する。

5 平等違反の合憲性審査基準

⇨相対的平等という平等観の下、判例・通説は**合理性の基準**に基づいて個別の事例ごとに合理性の有無を判断している。

> **判 例** ★尊属殺重罰規定違憲判決（最大判昭48・4・4刑集27巻3号265頁）
>
> 刑法旧200条は、自己または配偶者の直系尊属を殺した場合に死刑か無期懲役を科すと定めていた。実父に夫婦同様の生活を要求されてきた女性が、職場の同僚との結婚を望んだところ、父親が反対し虐待を受けたため父親を絞殺した。刑法200条違反として起訴された裁判の中で、最高裁判所多数意見は、「尊属に対する尊重報恩は、社会生活の基本的義務というべく、このような自然的情愛ないし普遍的倫理の維持は、刑法上の保護に値する」とし、普通殺人と区別して尊属殺人という規定を設け、刑を加重したとしても、それ自体は合理的根拠を欠くとはいえないとした。しかし、刑法200条の加重の程度は普通殺人に比べて極端に重く、立法目的を達成するために必要な限度を遥かに超え、著しく不合理な差別的取扱いをするものであり、憲法14条1項に違反し無効であると判断した。6名の裁判官による少数意見ではそもそも立法目的自体が、「一種の身分制道徳」、「旧家族制度的倫理観に立

脚するものであって、個人の尊厳と人格価値の平等を基本的な立脚点とする民主主義の理念と抵触するものとの疑いが極めて濃厚である」とし、刑法200条が憲法14条1項に違反すると判示されている。

＊　刑法200条は刑法を口語化した1995年の改正の際に、**尊属傷害致死罪**を定めた刑法205条2項と一緒に削除された。

しかし、合理性の判断は、解釈者の主観が入る余地もあり、客観的基準としての問題性がある。そこで、有力説は、14条1項後段列挙事由について特別意味説に立ち、以下のような**司法審査基準**を提唱している。

⇨まず、後段列挙事由に基づく区別は不合理な差別であると推定され、**厳格審査基準**によって合理性が審査される。厳格審査基準とは、立法目的が必要不可欠か、目的達成のための手段が必要最小限のものであるかを判断する基準である。この基準によると、合理的な区別であるとするにはそれを正当化する強い理由が必要とされ、その挙証責任は公権力側（合憲であることを主張する側）が負う。これに対して、後段列挙事由以外の理由に基づく区別については、緩やかな**合理性の基準**に基づいて判断する。そこでは、立法目的・手段に何らかの合理性があれば合憲であるとされ、違憲であることを主張する側が挙証責任を負うことになる（一部の説は、後段列挙事由のうち、「性別」と「社会的身分」による差別については、**中間審査基準**が妥当するとしている）。

また、この説に立った上で、後段列挙事由以外を理由とする区別について、問題となっている権利の性質に応じて立法目的と立法目的達成手段の両側面から合理性を判断するという説もある。すなわち、**二重の基準論**（→第5章Ⅲ）の議論を用いて、**精神的自由**やそれに関連する問題で平等違反が問われる場合には厳格審査基準で審査し、**経済的自由**に関する平等違反の場合には**積極目的規制**と**消極目的規制**を区別し、より緩やかな審査基準を用いるのである。この説によると、積極目的規制には、立法目的の正当性と手段との合理的関連性を求める合理性の基準を、消極目的規制には立法目的の重要性、目的と手段との実質的関連性を求める中間審査基準によって判断されることになる。

6　後段列挙事由

（ 1 ）　人　　種　　人種とは、皮膚、毛髪、体型などの身体的特質に基づく人類学上の区別のことだけではなく、「世系又は民族的もしくは種族的出身」（人種差別撤廃条約 1 条）をも含む広い概念であると解されている。人種差別の撤廃は今日でも世界的に大きな課題の 1 つであり、国連では1965年に**人種差別撤廃条約**が採択された（日本は一部留保の上で1995年に批准した）。様々な差別問題への取り組みは今日においても重要な課題である。アイヌ問題では、2019年に**アイヌの人々の誇りが尊重される社会を実現するための施策の推進に関する法律**が制定され、アイヌの人々の民族としての誇りが尊重される施策の推進と、認定アイヌ施策推進地域計画に基づく事業に対して交付金を交付できると定められた。近年では、特定の民族や国籍などを理由とする憎悪表現（ヘイトスピーチ）を処罰する条例も制定されている（「川崎市差別のない人権尊重のまちづくり条例」）。

（ 2 ）　信　　条　　**信条**とは、本来は宗教上の信仰を意味する概念であるが、現在ではより広く人生観、世界観、思想などの個人の内心における主義や信念全般を含むと考えられている。憲法は19条で**思想・良心の自由**を保障していることから（→第 7 章Ⅱ）、14条 1 項は特定の思想をもつ人に対して差別をしてはならないという趣旨であると理解できる。

> ＊　労働基準法 3 条は信条に基づく労働条件の差別的取扱いを禁止している。したがって、特定のイデオロギーの存在を基礎とする傾向企業を除いては、特定の思想を理由として雇用差別を行うことは許されない（→**三菱樹脂事件**、第 5 章Ⅳ）。

（ 3 ）　性　　別　　日本において性別に基づく差別が禁止されたのは日本国憲法になってからのことである。**明治憲法は両性の平等**を定めておらず、女性には**参政権**が認められなかった。また、その他の法律においても女性は差別的に扱われた。例えば、**民法**は**「家」制度**の下で妻を法的に無能力とし、刑法では姦通罪が設けられ女性の不貞行為のみを犯罪とした（いずれも1947年に法改正され削除された）。日本国憲法は両性の本質的平等を保障し、24条では家族生活における両性の平等、44条では選挙人資格における性別による差別の禁止を定めている。

　日本において性差別の撤廃に大きな役割を果たしたのは、1979年に国連総会で採択された**女子差別撤廃条約**（日本は1985年に批准）である。この条約の批准を目指し、1984年には**国籍法**が改正され（父系優先血統主義から父母両系血統主義へ→第5章Ⅱ）、1985年には**男女雇用機会均等法**が制定された。また、労働基準法では賃金における男女の差別的取扱いの禁止が定められた（4条）（共働き女性に対して家族手当等の支給を制限する給与規定は労基法4条、旧民法1条ノ2により無効とされた（**岩手銀行家族手当差別事件**＝仙台高判平4・1・10判時1410号36頁））。1997年には女性の深夜労働を禁止した女性保護規定（旧労基法64条の3）が女性労働者にとって不利益となるという観点から削除された。

> ＊　雇用における差別の問題としては、例えば、女性労働者にだけ**結婚退職制**を設けた**住友セメント事件**（東京地判昭41・12・20判時467号26頁）、**男女別定年制**（若年退職制）を就業規則に定めた**日産自動車事件**（→第5章Ⅳ）などを挙げることができる。これらの事例で争われた女性労働者に対する差別的待遇は民法90条（公序良俗）違反で無効であると判決されている。また、男女を総合職・一般職というコース別に採用して昇格や賃金に格差を設ける**男女別コース制の違法性**についても争われている（**野村證券男女昇格差別事件**＝東京地判平14・2・20判時1781号34頁）。

　1999年には**男女共同参画社会基本法**が制定され、男女が社会の対等な構成員として社会活動に参画する「男女共同参画社会」の実現が21世紀の日本の社会を決定する最重要課題と位置づけられ、国・地方公共団体には、男女共同参画社会の形成の促進に関する施作を策定し、実施する責務があると定められた。

　2017年には刑法177条の強姦罪は強制性交等罪に改正され、被害者の性別は問われなくなった（同罪は2023年に不同意性交等罪に改正された）。2018年には、民法731条の婚姻適齢が男女共に18歳に改正された。

　しかし今日でも、様々な法律の中に女性に対する差別と疑われるものがある。例えば、家族に関する法制度（→本章Ⅳ）、売春防止法（売春を犯罪行為とし、男女問わず売春を禁止しているが（3条）、女性の売春行為のみを処罰対象にしている）、所得税の配偶者控除（所得税法83条）、交通事故における逸失利益の算定に関する男女格差などである。

　（4）　社会的身分・門地　　**社会的身分**について、学説は、社会においてあ

る程度継続的に占めている地位と解する広義説、出生によって決定され、自己の意思では離れることのできない固定した地位と解する狭義説、人が社会において一時的ではなく占めている地位で、自分の力ではそこから脱却できず、それについて一定の社会的評価を伴うものと解する折衷説がある。

　14条1項後段列挙事由を例示列挙説で解釈する場合、区別の合理性が問われるため、社会的身分の解釈は問題とならない。しかし、後段列挙事由による差別を不合理な差別と推定する有力説では、社会的身分の解釈は重要な問題であり、多くは、社会的身分をより先天的なものや本人の努力によってはかえることができないものと解し、狭義説ないし折衷説に立っている。東京都青年の家事件（東京高判平9・9・16判タ986号206頁）では性的少数者差別が社会的身分に基づく差別とされたが、性同一性障害者の性別の取扱いの変更について、「現に子がないこと」とする規定（最決平19・10・19家月60巻3号36頁）や、「現に婚姻をしていないないこと」（最決令2・3・11判例集未登載）とする規定が合憲とされた例もある。また、同性婚を認めていない民法や戸籍法の規定の合憲性を争う裁判もあり、名古屋地方裁判所は憲法14条違反と判断したが、裁判所によって判断が分かれている（名古屋地判令5・5・30判例集未登載）。近年では、性的少数者に対する差別は性差別であると解する説も有力となっている。

　門地とは家柄を意味する。典型的には、士族や明治憲法下の**華族**の身分がこれにあたる。日本国憲法は14条2項において貴族・華族の制度を廃止している。

7　その他

　後段列挙事由以外に争われた差別の例としては**議員定数不均衡**（→第11章Ｉ）、地方公共団体の定める条例の内容に関する**地域的な差異**（東京都売春防止条例事件＝最大判昭33・10・15刑集12巻14号3305頁）、給与所得者に必要経費の実額控除を認めず、給与所得者の所得補足率が他の事業所得者よりも高いことが争われた例（**サラリーマン税金訴訟**＝最大判昭60・3・27民集39巻2号247頁）、障害基礎年金の支給から、ある時期の成人である学生無年金者を排除されていることが、そうでない者との間で差別だとして争われた例（**学生無年金障害者訴訟**＝最判平

19・9・28民集61巻6号2345頁）、地方公務員の**定年制**が年齢による差別だと争われた例（最大判昭39・5・27民集18巻4号676頁）などを挙げることができる。いずれの事例も後段列挙事由に該当しない区別であり、判例・通説によれば区別の合理性をもって合憲性が審査されることとなる（仮に、有力説によっても、精神的自由やそれに関連する重要な権利が問題となっていない限り、緩やかな審査基準で判断されることになる）。それでも、**身体障害**を理由とする県立高校普通科不合格処分を取り消した判決もある（神戸地判平4・3・13行集43巻3号309頁）。

8　栄典の授与

14条3項は栄誉、勲章、その他の栄典の授与はいかなる特権も伴わず、一代限りの効力であることを定めている。栄典の授与とは、憲法7条7号に基づいて天皇が与えるものだけではなく、国会、内閣、地方公共団体による永年勤続議員の表彰、国民栄誉賞の授与などを含む。中でも、文化勲章受章者に対する年金の支給に関しては、憲法の禁止する特権の付与に該当しないか議論されてきたが、合憲と解する学説が多い（現在は、文化勲章の授与と年金の支給は分離され、文化功労者年金法によって文化功労者に対する年金授与の制度が設けられた）。

IV　家族に関する権利

24条は「家族生活における両性の平等」を定めている。憲法は**個人の尊重**（13条）を定めると同時に**法の下の平等**（14条）を定めており、24条の内容はそれらの条文の中にも読み込まれているといえる。しかし、日本国憲法制定過程の議論の中で、**明治憲法**の下の**「家」制度**における夫婦間の不平等をなくし新たな夫婦像を確立するために、13条や14条とは別に24条が置かれた。

家族のあり方に関しては、**嫡出でない子**（非嫡出子）に関する法律の合憲性が争われてきた。日本国籍の取得に関して、国籍法3条1項が日本国民の父と外国籍の母との間の非嫡出子については生後認知では日本国籍を取得できず、準正によってのみ日本国籍を取得することができると定めていたことについて、

最高裁判所は違憲と判断した（2009年に国籍法は改正され、未成年者が生後認知された場合、日本国籍の取得を可能とした）。

> **判　例**　★国籍法非嫡出子差別違憲訴訟（最大判平20・6・4民集62巻6号1367頁）
>
> 　日本国籍を有する父とフィリピン共和国の国籍を有する母の子であるXは、出生後父からの認知を受けた。そこで、日本国籍取得届を法務大臣宛に提出したが、国籍取得の条件を備えていないとされたため、父母の婚姻により嫡出子たる身分を取得した場合に限り日本国籍の取得を認める国籍法3条1項は憲法14条1項に違反し無効であるとして、日本国籍を有することの確認を求めた。最高裁判所は、国籍法が血統主義を基調としつつ、日本国民との法律上の親子関係の存在に加え、我が国との密接な結びつきをあらわすものとして一定の指標を設け、これを満たす場合に日本国籍の取得を認めたことには合理的根拠があるとした。国籍法3条の届出による国籍取得の制度が定められた当時、国籍法が準正を指標としたことには立法目的との間で一定の合理的関連性が認められた。しかし、その後、国内における社会的、経済的環境などの変化に伴って、家族生活や親子関係の実態は変化し多様化している。また、諸外国においても非嫡出子に対する法的な差別的取扱いを解消する方向にあることに照らすと、準正を出生後の届出による日本国籍取得の要件とすることは、立法目的との間に合理的関連性を見出し難い。上告人らが法務大臣宛に国籍取得届を提出した時点において、本件区別は合理的な理由のない差別となっているといわざるを得ず、国籍法3条1項の規定が本件区別を生じさせていることは憲法14条1項に違反するものである。

　民法900条4号但書前段は**法定相続**において嫡出子と非嫡出子がいる場合に「嫡出でない子の相続分は嫡出である子の相続分の2分の1」とすることを定めていた。最高裁は、従来、相続制度には広い立法裁量が認められること、民法739条が**法律婚主義**を採用していること、法定相続は遺言がない場合の補充的規定と位置づけられることなどから、本条の立法理由を法律婚の尊重と非嫡出子の立場の尊重であるとして合憲と判断してきたが、2013年に違憲と判断した。

> **判　例**　★非嫡出子相続差別違憲訴訟（最大決平25・9・4民集67巻6号1320頁）
>
> 　嫡出子らが非嫡出子である相手方に対して遺産分割を申し出たところ、非嫡出子側が民法900条4号但書前段は憲法14条1項に違反すると主張した。

　　最高裁判所は相続制度が被相続人の財産を誰に、どのように承継させるかを定め
るものであるとし、相続制度を定めるに当たっては、それぞれの国の伝統、社会情
勢、国民感情等も考慮されなければならないが、これらの事柄は時代とともに変遷
するものであり、その合理性は、個人の尊厳と法の下の平等を定める憲法に照らし
て不断に検討され、吟味されなければならないとした。これらを勘案すると、婚姻
や家族に関する実態・国民意識の変化、諸外国の立法状況の変化、条約や国連の委
員会勧告、日本における嫡出子と非嫡出子に関する法制の変化、法定相続分を平等
にすべきであるという法律案の存在、非嫡出子の出生割合の大小は非嫡出子に対す
る権利の侵害という法律問題ではないということ、同種の裁判における反対意見や
補足意見の存在、法定相続の規定が遺言による相続の補充的規定であることは合理
性の判断においては重要ではないということを挙げ、子にとって自ら選択・修正す
る余地のない事柄を理由としてその子に不利益を及ぼすことは許されないとした。
その上で、最高裁判所は本件相続が開始した13年 7 月当時において、民法900条 4
号但書前段部分は憲法14条 1 項に違反していたと判示した。

　戸籍法49条項 1 号の規定のうち出生に係る届書に嫡出子または嫡出でない子
の別を記載すべきと定めていることに関しては、最高裁判所は、嫡出でない子
について嫡出子との関係で身分関係や戸籍法上にどのような不利益が生じるの
かという点を検討した上で、本条が不合理な差別的扱いを定めたものではない
として憲法14条 1 項に違反しないと判決した（**戸籍法非嫡出子差別違憲訴訟**＝最
判平 25・9・26民集67巻 6 号1384頁）。

　民法では**夫婦同氏の原則**（民法750条）や**再婚禁止期間**（民法733条）の合憲性
についても争われてきた。

> 判 例　★夫婦同氏強制違憲訴訟（最大判平 27・12・16民集69巻 8 号2586頁）
>
> 　民法750条は憲法14条 1 項、24条 1 項および 2 項等に違反すると主張し、本件規
> 定を改廃する立法措置をとらないという立法不作為の違憲性が争われた。
> 　最高裁判所は、民法750条は夫婦が夫又は妻の氏を称すると定め、氏については
> 夫婦が協議することを求めているとし、本条が文言上性別に基づく法的な差別的取
> 扱いを定めているとはいえないとする。すなわち、「我が国において、夫婦となろ
> うとする者の間の協議の結果として夫の氏を選択する夫婦が圧倒的多数を占めるこ
> とが認められるとしても、それが、本件規定のあり方自体から生じた結果であると

いうことはできない」とし、民法750条は憲法14条1項には違反しないと判断した。しかし、夫の氏を選択する夫婦が圧倒的多数である現状において、この現状が夫婦となろうとする者双方の真に自由な選択の結果によるものか、社会における差別的な意識や慣習による影響によるものかについては留意が必要であり、仮に社会における差別的な意識や慣習による影響があるのであれば、その影響を排除して夫婦間に実質的な平等が保たれるように図ることは憲法14条1項の趣旨に沿うものである。このような点は、夫婦同氏の原則が憲法24条の認める立法裁量の範囲を超えるか否かについての検討に際して留意すべきである。その上で最高裁判所は、夫婦同氏制が社会に定着したものであり、氏に家族の呼称としての意義があることからも、呼称を1つに定めることには合理性があるとする。他方で、婚姻によって夫婦の一方は氏を改めることとなり、これにより氏を改める者がアイデンティティの喪失感を抱いたり、婚姻前の氏によって築いた個人の社会的な信用、評価、名誉感情等を維持することが困難になったりするといった不利益を受ける場合があることは否定できないが、このような不利益は婚姻前の氏を通称として使用することによって一定程度緩和することができるものであり、夫婦同氏の原則は個人の尊厳や両性の本質的平等に違反する合理性を欠く制度とはいえず、憲法24条に違反するものとはいえないと判示した。

　2001年にも民法750条の合憲性が争われたが、最高裁判所は平成27年大法廷判決を踏襲した上で、平成27年大法廷判決以降にみられる女性の有業率の上昇、管理職に占める女性の割合の増加、その他の社会の変化や、いわゆる選択的夫婦別氏制の導入に賛成する者の増加その他の国民の意識の変化といった諸事情を踏まえても、平成27年大法廷判決を変更すべきであるとは認められないとした（最大判令3・6・26判時1770号3頁）。

　民法733条が女性にだけ6カ月間の再婚禁止期間を定めていることに関して、最高裁は2015年に、民法733条が「計算上100日の再婚禁止期間を設けることによって父性の推定の重複を回避」することができ、「本件規定のうち100日超過部分については、民法772条の定める父性の推定の重複を回避するために必要な期間ということはできない」とした。したがって、「本件規定のうち100日超過部分は合理性を欠いた過剰な制約を課す」ものであり憲法14条1項、24条2項に違反すると判断した（**再婚禁止期間違憲訴訟**＝最大判平27・12・16民集69巻8

号2427頁）。この判決を受け、民法733条の再婚禁止期間は、2016年に100日へと改正されたが、2022年には削除された。また、2022年には民法の嫡出推定も改正され、離婚後300日以内に子が生まれた場合であっても、母が前夫以外の男性と再婚した後に生まれた子は、再婚後の夫の子と推定するとされた。

設　問

1　性犯罪の再犯防止のため、重大な性犯罪を複数回犯した者については、体内にGPSを埋め込み、位置情報を警察が把握できるようにした場合、ここにはどのような憲法上の問題があるだろうか。

2　服装や髪形の自由が自己決定権には含まれないと理解した場合、これらの自由に対する規制の違憲性を問うことはできないのか。できると考えた場合、どのようにその合憲性を審査し、どのような規制であれば違憲となるのか。

3　公営の電車や地下鉄の車両の一部を「女性専用車」と指定し、男性の乗客の乗車を排除することは憲法違反か。私鉄の場合はどうか。

4　国会における女性議員の比率を上げるため、政党に対して国会議員の候補者の数を男女均等にするように法律で義務づけることはできるだろうか。

参考文献

公法研究58号（有斐閣、1996）

岩波講座『現代社会と法14——自己決定と法』（岩波書店、1998）

佐藤幸治『現代国家と人権』（有斐閣、2008）

竹中勲『憲法上の自己決定権』（成文堂、2010）

早瀬勝明『憲法13条解釈をどうやって客観化するか』（大学教育出版、2011）

阿部照哉＝野中俊彦『平等の権利』（法律文化社、1984）

君塚正臣『性差別司法審査基準論』（信山社、1996）

辻村みよ子『憲法とジェンダー』（有斐閣、2009）

木村草太『平等なき平等条項論』（東京大学出版会、2008）

第 **7** 章 　精神的自由

> **まとめ**　精神的自由、特に表現の自由は、人格の形成発展に必要不可欠
> であり、また民主主義の根幹をなしていることから優越的地位
> を占め、特に手厚い保護が必要とされる。ゆえに、制約の合憲
> 性が争われるときには、違憲性の推定を受け、厳格審査基準を
> パスした場合にのみ合憲とされるべきである。

■思想・良心の定義

　通　　説……内心一般（非限定説）

　少数説……宗教的信仰に準ずる世界観や人格形成の核心をなすもの（限定説）

■表現制約立法の合憲性審査基準

　判　　例……公共の福祉論、ときに利益衡量

　多数説……厳格審査基準。ただし、

　　　　　　表現内容規制＝やむにやまれざる目的、必要最小限度の手段（厳格審査）

　　　　　　内容中立規制＝重要な目的、目的と手段との実質的関連性（中間審査）

　有力説……厳格審査基準。表現内容規制と内容中立規制を区別しない

■検閲と事前抑制

　判　　例……検閲＝最狭義＋絶対的禁止、事前抑制＝相対的禁止

　多数説……検閲＝狭義＋絶対的禁止、事前抑制＝相対的禁止

　少数説……検閲＝事前抑制＝相対的禁止

■放送に対する例外扱いの正当化根拠

　多数説……電波（周波数）の稀少性、社会的影響力

　有力説……例外扱いは許されない／部分規制論

■煽動処罰の合憲性判断基準

　判　　例……公共の福祉論

　多数説……「明白かつ現在の危険」基準

　有力説……ブランデンバーグ基準

■戸別訪問規制

判　例……合理的関連性の基準→選挙過程の腐敗防止のため規制必要：合憲

多数説……厳格審査基準→全面禁止は不合理：違憲

■名誉毀損的表現の免責枠組

判例・多数説……相当性の法理

少数説……公職者等に対して現実的悪意の法理

■プライバシーの意義

判　例……みだりに私生活を公開されない権利→私生活上の事実、②一般人が公開を欲しない、③一般に未知、を要件として不法行為成立（ただし公衆の正当な関心事等について違法性阻却事由となりうる）

多数説……自己情報コントロール権

■わいせつ表現規制の正当化根拠

判例・多数説……性道徳・性秩序の維持

有力説……見たくない人や青少年の保護（＝現行刑法175条は違憲）

■営利的表現制約の表現性と合憲性審査基準

判　例……不明＋公共の福祉論

少数意見……経済的自由＋大幅な制限可

　　　　　　　表現の自由＋虚偽・誇大を超えた全面禁止は不可

多数説……表現の自由＋中間審査基準

有力説……表現の自由＋厳格審査基準

少数説……表現の自由＋合理性の基準

　　　　　　経済的自由＋合理性の基準

■集団行動の自由

判　例……（実質的に）届出制であれば事前制約可

有力説……届出制でも、明確な基準、許可推定、救済手続が必要

■情報公開請求権の性格

判　例……条例・法律上の権利（≠憲法上の権利）

通　説……憲法上の権利だが抽象的権利、法律・条例により具体化

　　ただし情報公開法は政府側説明責任（≠知る権利）を規定するにとどまっていること、不開示情報に対する裁量が大きいことなどに強い批判

■政教分離の法的意味と分離の厳格さ

判　例……制度的保障　緩やかな分離

通　説……制度的保障　厳格な分離

少数説……人権　厳格な分離

■**宗教団体の内部紛争に対する裁判所の審理**
　判　　例……具体的権利義務に関する紛争であっても、宗教上の教義解釈が前提問
　　　題として存在する場合には審理せず
　有力説……宗教上の教義に関する宗教団体の自律的決定を尊重して審理すべき
■**内閣総理大臣の靖国神社参拝に対する違憲審査**
　判　　例……個人への権利侵害がないとして、憲法判断をせず
　学　　説……違憲審査制の憲法保障機能から、憲法判断を行うことが許されうる

Ⅰ　精神的自由総説

　精神的自由とは、日本国憲法上保障されている、**思想・良心の自由**（19条）、**信教の自由**（20条）、**集会・結社の自由**（21条）、**表現の自由**（21条）、**学問の自由**（23条）のことを指す。

> ＊　もちろんこれだけにとどまらず、現在では例えば**居住移転の自由**について、他の地域の人々との情報交流が可能になるといった観点から、その精神的自由としての側面もあることが認められるに至っている（→第 8 章Ⅱ）。

　精神的自由は、（その時々の体制を維持したいと考える）国家の側にとっては制約のインセンティブが非常に生じやすく、それゆえに人権が獲得されてきた歴史の中で重要な位置を占めるものであった。もちろん、現代社会においても、これらの権利を保障することの重要性は論を俟たない。本章では、条文の順序とはやや異なるが、一般法的なものから特別法的なものへ、内心的なものから外部的活動へという流れで各権利の内容を概観していくことにしよう。

Ⅱ　思想・良心の自由

　憲法19条の保障する**思想・良心の自由**は、**内心の自由**とも呼ばれ、精神的自由の基礎・中核をなす。**明治憲法**にはこのような保障規定はなく、諸外国にも、**信仰の自由**や**表現の自由**と切り離して、これを明文で保障する例は少ない（内

心の自由が信仰や表現の前提であるならば、特段保障する必要がないとも考えられる。わが国と類似の例としてドイツ基本法4条参照）。それでもなお日本国憲法が本条の規定をおいたのは、明治憲法下において人の内心にまで踏み込んだ統制を加えようとしていたことに対する反省と、思想の自由の確立を要求するポツダム宣言の受諾によるものである。

1 「思想・良心」とは

19条の文言上は、その保障対象として「思想」と「良心」とが規定されている。「良心」とは、思想のうち、倫理的側面を有するものとか、宗教的信仰（ないしそれに準ずるもの）といった形で、両者を区別する見解もみられるが、具体的な線引きにあたって大きな困難を伴うこと、両者が同じ条文の中に同列に保障されており、区別する意義に乏しいことからみても、通説的に両者を一体のものとして理解しておくのがさしあたっては適切であるように思われる。

次に、思想（および良心）については、特に内容的に限定を加えず、人の内心一般を指すものという通説的理解（非限定説）と、その内容を限定的に捉え、宗教的信仰に準ずる世界観や人格形成の核心をなすもののみが保障対象となり、物事の善悪や是非の判断などを含まないとする見解がある（**限定説**）。

判 例 ★謝罪広告事件（最大判昭31・7・4民集10巻7号785頁）

　選挙運動中に対立候補者によってなされた**名誉毀損**的発言につき、原告が民法723条に基づいて**謝罪広告**を請求したことに対し、被告がその違憲性を主張。最高裁の判断は、謝罪広告を強制すれば、謝罪を強制される側の「人格を無視し著しくその名誉を毀損し意思決定の自由乃至良心の自由を不当に制限することとな」る場合もあるが、「単に事態の真相を告白し陳謝の意を表明するに止まる程度のもの」は強制しても憲法19条に違反しないとした。

この判決では、最高裁判所は限定説を示唆しつつも、思想・良心についてどういう意味内容のものとして捉えているかを明言はしていない。

2 保障の意義

（1） 思想の強制や否定の禁止　　内心にとどまる限り何を考えようと自由なのであるから、国家権力が特定の思想を正当のものとし、それに従うことを強制することがあってはならない。仮に強制にまで至らなくとも、国家によって特定の思想が推奨されると、事実上強制に等しい効果が及ぶ場合もあるため、推奨もやはり許されまい。また逆に、特定の思想を不適切であるとして禁止したり不利益を与えたりすることも許されない。たとえ違反行為に刑罰等の不利益が用意されていなくとも、その事実上の効果を考えるならば、やはり同様に許されないと理解しておく必要がある。この関連で、自己の思想を理由にして、法への服従を拒否できるかどうかが問題となることがある。それが認められてしまうと、一切の法が効力をもたなくなり、社会が成立しなくなってしまうので、一般論としては認められないが、例えば**良心的兵役拒否**のような場合など、人格の核心部分に関わる場合には、19条を根拠にして憲法上許されるものと考えておくことができよう（信教の自由を理由とする場合について→本章Ⅵ**3**（**1**））。また、外国の例として、ドイツ基本法4条3項は、良心的兵役拒否を認める一方、同12 a条にて代役義務を課す（ただし2011年以降、兵役義務は中止扱いとなっている））。

> **判 例**　★麹町内申書裁判（最判昭63・7・15判時1287号65頁）
> 　高校進学を希望していたがいずれも不合格となった原告は、その原因が、内申書に「校内において麹町中全共闘を名乗り、機関紙『砦』を発行した。学校文化祭の際、文化祭粉砕を叫んで他校生徒と共に校内に乱入し、ビラまきを行つた。大学生ＭＬ派の集会に参加している。学校側の指導説得をきかないで、ビラを配つたり、落書をした」との記載があったためであるとして国家賠償を請求した。最高裁は、「いずれの記載も、上告人の思想、信条そのものを記載したものでないことは明らかであり、右の記載に係る外部的行為によつては上告人の思想、信条を了知しうるものではないし、また、上告人の思想、信条自体を高等学校の入学者選抜の資料に供したものとは到底解することができない」として、原告の主張を認めなかった。

　やや難しい問題を提起するのは、特定の思想をもつことを強制されるわけではないが、外部からそのような思想を持っていると受け止められかねない行動

を義務づけることが許されるかどうかである。この点に関し、公立学校の入学
式や卒業式といった式典において、教職員に対し君が代のピアノ伴奏や斉唱を
義務づける職務命令の合憲性が争われた。最高裁は、音楽教師に対するピアノ
伴奏に関する職務命令について、伴奏拒否が「歴史観ないし世界観に基づく一
つの選択」であることは認めつつ、職務命令が「歴史観ないし世界観それ自体
を否定する」ものとはいえないとした上で、伴奏行為が音楽専科の教諭等に
とって通常想定され期待されるものであることや、公務員としての地位の特殊
性や職務の公共性から、職務命令の目的や内容において不合理とはいえないと
した（最判平 19・2・27 民集61巻 1 号291頁）。また、起立斉唱を求める職務命令に
ついても、それが思想および良心の自由を直ちに制約するものとはいえないと
された。他方、自らの世界観や歴史観と異なる外部的行動を求められることが、
思想および良心の自由に対する間接的制約となる面があるが、それが必要かつ
合理的なものであれば許されるとした上で、本件職務命令について、教育上の
行事にふさわしい秩序の確保とともに式典の円滑な進行を図るものとして必要
性、合理性を認めた（最判平 23・5・30 民集65巻 4 号1780頁）。

　（2）　内心にとどまる限りの絶対的保障　　思想・良心の自由は、それが内
心にとどまる限り、絶対的に保障されなければならない（**信仰の自由**も同様であ
る→本章Ⅵ**3**）。いかなる思想も、それが外部に向かわない限りは何らの害悪を
発生させるわけではなく、**公共の福祉**（→第 5 章Ⅲ）の名によってもなお制約
が正当化される理由がないことになる。もちろん、思想もそれが外部に発露す
ると絶対とはいえなくなり、他者の権利との関係で制約されうるが、思想の外
部への発露によって生じる害悪ではなく、思想それ自体を理由として制約して
いるような場合などは、本条を理由に違憲の可能性が高くなると考えられよう。

　反憲法的な思想ですら憲法上の保障を受ける。確かに、日本国憲法が採用す
る**民主主義**という制度について、これを否定するような思想を憲法が保障して
いるというのは、自己矛盾ともとれる。しかし、単に反憲法的であるというだ
けでその保障対象から外れるという理解をとってしまうと、結局、その時々の
権力者にとって不都合な思想が「反憲法的」とされ、保障されるべき思想の抑

圧へとつながる道を開いてしまうことになる。また、何人も立ち入るべきでない人の内心領域に入り込むきっかけを与えてしまうことにもなりかねない。だとすれば、たとえ反憲法的であろうとも、そのような思想に基づく行動がなにがしかの害悪を発生させるならまだしも、内心にとどまっている限りにおいては、保障の対象に含まれるものと理解しておくべきであろう。

> ＊　反憲法的な思想を排除する例としては、**ドイツ基本法の闘う民主主義**が挙げられる。同18条は、意見表明の自由、特に出版の自由、教授の自由、集会の自由、結社の自由などを自由で民主的な基本秩序に敵対するように濫用した者は基本権を喪失するとしている。この点は、特に**ナチス**期の経験を踏まえ、民主主義擁護の精神を特に前面に押し出す必要があったという特殊な事情によるところが大きい。

（3）　沈黙の自由　　思想・良心の自由を十全に保障するためには、その内容の告白を強制されるようなことがあってはならず（**沈黙の自由**）、国家による思想調査などは到底許されない。むろん、事務遂行上必要やむをえない場合に許されることがあるとしても、例えば公務員採用に関わって、行政機関や自治体が思想や政治的主義主張等の開示を迫るとか、それを告白しなかった場合に不利益を課すなどといったことは許されない。また名誉毀損に対する**謝罪広告**の掲載強制は、謝罪を拒否する人に無理やり非を認めさせようとするものであることや、民法723条は名誉回復のための措置に関わる規定であり、謝罪と名誉回復との間には距離があることに鑑みれば、最高裁の結論にはやや疑問の余地がありえよう（→本章Ⅱ**1**）。

Ⅲ　表現の自由

1　総　　説

（1）　表現の自由の意味とそこに含まれる権利　　⇨**表現の自由**とは、そもそもは自己の内心領域に存在する何かを外部に向かって発信する行為に関する自由であり、何を、どのような媒体を使って、どういった内容のことを表現するのか、またはしないのかについて、各人が自由に決定できる権利であるといえる。また、**象徴的表現**、すなわち行動によってメッセージを伝達することも、

保障対象に含まれると解されている。

> ＊　ただし、**日の丸焼却事件**判決（福岡高那覇支判平7・10・26判時1555号140頁）は、国体の競技会場において日の丸を引きずり下ろし、焼却した行為について、仮に同行為が象徴的表現であるといえるとしても、表現を不当に抑圧するものではないとして処罰を合憲としている。

　しかし、表現行為を行うためには、それに先だって、表現する何かが必要不可欠である。このような観点から現在では、表現の自由とは、表現する自由のみならず、他者の発信した情報を受領し、また自ら能動的に様々な情報を収集する自由まで含み、**情報流通過程**に関わる様々な活動の自由を意味するものと考えられている。そしてこれらの諸活動が国家によって不当に妨げられてはならないというのが表現の自由保障の重要な意義ということになるが、近時では、古典的な自由権としての意味合いだけではなく、特に表現の自由と**民主主義**との結びつきを重視する中から、政府の保有している様々な情報の公開を請求する権利も含まれるものとして理解されてきている（→本章Ⅲ**6**）。

　ところで、表現の自由保障の中に含まれるべき権利として、**アクセス権**が一部学説から主張されている。この言葉自体が多義的であり、裁判を受ける権利（裁判所へのアクセス）や**政府情報公開請求権**（政府情報へのアクセス）を指して語られることもあるが、ここでは、アクセス権とは、市民が**マスメディア**に対し、自己の見解表明の場を提供することを求める権利（特に**意見広告掲載の自由**と**反論権**）のことである。このような権利が語られるようになってきた背景には、現代社会において情報流通が一方通行となっていること、すなわち、**情報発信者**としてのマスメディアと**情報受領者**としての市民という、それぞれの役割が固定してしまっているという現実がある。そんな中で、市民の手に表現の自由を取り戻そうという試みとして、マスメディアに対するアクセス権が、憲法21条の解釈として導かれるべきだと主張されるようになったのである。だが、最高裁は、**サンケイ新聞反論文掲載請求事件**において、**名誉毀損**や**プライバシー侵害**が成立する場合の救済措置として認められる余地を示唆しつつも（問題となった意見広告について名誉毀損の成立が否定されたため、それ以上踏み込んだ判

断はなされなかった)、その権利性については否定的な判断を下している。学説上も、マスメディア自身の表現・報道の自由が侵される、あるいは論争的な問題点を取り上げることに対して**萎縮的効果**が及ぶなどといった理由から、これを法的な権利として承認することには躊躇するものが多い。

判　例　★サンケイ新聞反論文掲載請求事件（最判昭62・4・24民集41巻3号490頁）

　自由民主党が全国紙に掲載した意見広告につき、その内容が共産党の**名誉**を毀損するものであるとして、民法723条に基づく名誉回復措置としての反論文掲載が求められた事件。最高裁は、憲法21条から直接に、私人相互間に反論文掲載の請求権が生じるわけではなく、反論文掲載強制が批判的記事の掲載を躊躇させるおそれがあり、具体的成文法がないまま反論文掲載請求権を認めることはできない、とした。

（**2**）　**優越的地位**　　⇨上述のような内容を含む**表現の自由**について、多くの学説は、憲法上保障されている他の権利とは異なった取扱いを必要とするものと理解している。すなわち、一つには、個人は、社会に流通している様々な情報を内に取り込むことによって自らの見解を形成し、それを発表して他者の批判にさらし、それを反映させて自己の見解を洗練させていくことによって人格を形成・発展させていくのであり、そのためには表現の自由が必要不可欠なのだといわれる（**自己実現**の価値ともいわれる）。またもう一つには、様々な意見をもつ者の自由な議論を前提にして民主主義が成立している以上、表現の自由が民主主義の根幹をなしているという理解がある（**自己統治**の価値ともいわれる）。

　⇨このように、他の権利にはない、その特有の価値・機能ゆえに、表現の自由は**優越的地位**を占め、最大限の手厚い保護が必要だと解されるようになっている。そのため、表現の自由が何らかの理由により制約されざるをえない場面があるとしても、その制約の合憲性については、特に**厳格審査**基準を満たさなければならず、その審査にあたっては**違憲性の推定**が作用すべきだとされる。すなわち、表現行為に対する制約の合憲性が争われているときには、裁判所は当該制約が違憲ではないかと最初から疑ってかかり、合憲であるとの立証が成功しない限り違憲との結論を下すべきだというのである。

＊　この点に関しては、特に**経済的自由**に対する制約の合憲性判断と対比されることが多い。すなわち、経済的自由に対する制約の合憲性は、緩やかな**合理性の基準**を満たせば足り、審査にあたっても合憲性が推定される。このような、合憲性判断にあたって 2 通りの基準・手法があることは、**二重の基準**（**論**）と呼ばれている。

　このように表現の自由が優越的地位を占めているということからは、いくつかの特別なルールが解釈として導かれるべきことが指摘されている。それは、**事前抑制の原則的禁止**や、**曖昧不明確ゆえ無効の法理**や**過度に広汎ゆえ無効の法理**といったものである（→本章Ⅲ**2**）が、これらは、許されるべき表現が禁止されてしまう危険性を最小化し、表現の自由に対する最大限の保護を及ぼそうとするアプローチである。

　⇨さらに、多くの学説は、表現の自由に対する制約のあり方として、表現内容に着目して規制される場合と表現内容とは関わらない中立的な点（時、場所、態様など）に着目する場合とを分けて考えている。前者の場合、合憲性判断にあたっては、やむにやまれざる目的を達成するために必要最小限度の手段でない限り違憲と判断すべきだとされる（**厳格審査**）のに対し、後者の場合は、重要な目的を達成するために、当該目的と実質的関連性を有する手段を用いているかどうかで判断するという**中間審査**基準（この基準でも、手段において必要最小限度性、ないしはより制限的でない他の選びうる手段（LRA：Less Restrictive Alternatives）の不存在を求める学説もある）が妥当すべきものと考えられている。表現内容に着目した規制の場合、政府の恣意が混入しやすく、また当該内容をもつ表現が不可能になるのに対し、**内容中立的な規制**の場合は、規制者の主観が入りにくく、また他の手段によって表現を行うことが可能だと考えられるからである（これにも厳格審査を適用すべきだとする説も強い）。これも、表現の自由の手厚い保護の必要性から導かれてくるものと考えられよう。

＊　一見、内容中立的な表現制約であっても、特定の内容や見解を封じ込めるような形で適用される場合には、内容規制と考えるべきであろう。**天皇風刺ビラ差押事件**（最判平 2・12・13 判地85号93頁）では、本物と明らかに異なる天皇の御名御璽を印刷したビラの差押えに対する**国家賠償請求**が、捜査当局の判断は著しく不合理ではないとして退けられた。この事件は、天皇制反対ビラを配布させないための差押えであったと考えれば

（差押えの取消が認められた大阪地決昭 60・3・5 判タ556号217頁参照）、最高裁の判断には疑問符がつこう。

　また、公立図書館職員が、「新しい歴史教科書を作る会」やその趣旨に賛同する者らに対する反感から、計107冊の書籍を、除籍対象資料として定められている基準に該当しないにもかかわらず廃棄したことにつき損害賠償が求められた**船橋西図書館事件**（最判平 17・7・14民集59巻 6 号1569頁）において最高裁は、「公立図書館の図書館職員である公務員が，図書の廃棄について，基本的な職務上の義務に反し，著作者又は著作物に対する独断的な評価や個人的な好みによって不公正な取扱いをしたときは，当該図書の著作者の……人格的利益を侵害するものとして国家賠償法上違法となる」と判断した。

　ところで、公権力による言論に対する制約は、直接的に表れるものとは限らず、特定の見解に対する助成や便宜措置、またはその否定からも生じる。大阪高裁は、昭和天皇の写真を燃やす映像等を展示する「表現の不自由展かんさい」に対し、会館利用承認が下りていたのに後日取り消された事案につき、反対グループ等による妨害や紛争のおそれを理由として公共施設の利用を拒否することは憲法21条の趣旨に反するとした（大阪高決令 3・7・15 判タ1490号85頁。後に最高裁により特別抗告が棄却されている）。

（**3**）　**例外としての放送**　　上述のように、表現の自由は最大限の保護が及ぼされるべきものであるが、実際のところ、決してそのようにはなっていない例外的領域が**放送**である。例えば、**電波法 4 条**が**免許制**を定め、また**放送法 4 条**は、放送事業者に対し、公安および善良な風俗を害しないこと（ 1 項 1 号）、政治的に公平であること（同 2 号）、報道は事実をまげないですること（同 3 号）、意見が対立している問題については、できるだけ多くの角度から論点を明らかにすること（同 4 号）を求めている。これらの規制には罰則が設けられておらず、倫理規定と解されており、印刷物をはじめとするその他の表現媒体に対して向けられたとするなら、憲法違反とされる可能性が高いが、こと放送に関しては、このような制約も許されるとする学説が多い。

　　＊　放送法は、上記のような規制を加える一方、番組編集にあたっての放送事業者の自律を保障する。この点最高裁は、**NHK 番組改編訴訟**（最判平 20・6・12民集62巻 6 号1656頁）において、取材対象者が番組内容に対して抱く期待は、原則として法的保護の対象とならないと判断した。他方でこの事件は、NHK 側が放送前にその内容を一部の政治家に説明したところ、その政治家の圧力に屈する形で番組内容に修正が加えられたものであるが、これに対して、放送倫理・番組向上機構（BPO）が NHK の自主・自律に対する批判的見解を表明していることが注目に値しよう。
　　放送法にはまた、訂正放送に関する規定がある。その 9 条（後掲事件当時 4 条）は、

　　放送内容が真実でないことを理由として被害者等から請求があったときに、放送事業者
　　がその真実性を調査すべきこと、そして真実でないことが判明したときに訂正放送を行
　　うべきことを義務づけている。最高裁は、**生活ほっとモーニング事件**（最判平 16・11・
　　25 民集58巻 8 号2326頁）において、この規定につき、放送の自律性の保障の理念を踏
　　まえた、真実性の保障の理念を具体化するため、放送事業者に対し、自律的に訂正放送
　　等を行うことを国民全体に対する公法上の義務として定めたものであるとし、私法上の
　　請求権を付与する規定ではないとした。

　上述のような放送に対する規制が正当化される根拠としては、一般に、**電波**
（周波数）の稀少性や**社会的影響力**が挙げられてきた。しかしながら、ケーブ
ルテレビや衛星放送の普及やデジタル技術の発達に伴って電波の稀少性は解消
しつつあり、また社会的影響力もその実態が明らかでないことなどから、すで
に放送の別扱いは憲法上正当化されないとする見解が有力に唱えられている。
他方、規制されるメディア（放送）と規制されないメディア（新聞・雑誌等）と
を併置させることこそが、民主主義社会における最適な情報流通環境を実現し、
ひいては市民の**知る権利**にも資するという観点からの正当化も試みられるよう
になっている（**部分規制論**）。

　　＊　ところで放送法64条は、NHK の放送を受信可能な設備を設置した者に対し、NHK
　　　との受信契約の締結を義務づけている（結果的に受信料の支払義務が生ずる）。これが、
　　　金銭的負担なく民間放送（のみ）を視聴する自由を侵害するなどとして争われた事件で、
　　　最高裁は、わが国では民間放送と公共放送の二本立体制が取られていること、後者に
　　　ついて、外部から財政面での支配や影響が及ばないように受信料制度を設けることにつ
　　　いて、立法裁量の範囲内であるとした（最大判平 29・12・6 民集71巻10号1817頁）。

（**4**）　**インターネットの取扱い**　　上述のように、放送というメディアの有
する特性に着目し、それを根拠に例外扱いが許されるのであれば、新たなメ
ディアとして登場した**インターネット**についても、その特性に基づいた分析が
なされる余地がありうる。

　この点、インターネットの母国アメリカでは早くから司法判断が下されてい
る。1997年、18歳未満の**未成年者**に下品な情報を送信することを処罰する通信
品位法（CDA）の合憲性が争われた事件で、連邦最高裁は、インターネットに
は放送に対する広汎な制約を根拠づけてきた特性が認められないとして、原則

通りの扱い、すなわち厳格審査を適用したのである。

　日本の学説も、放送法のような例外的な扱いがインターネットでも正当化されるとは考えていない。下級審の一部には、インターネットの特性に応じた考慮の必要性を認めた例もあるが（→本章Ⅲ**3**（**3**）。ただし放送の場合とは異なり、結論的には表現保護に傾いた）、最高裁は、表現の自由の原則的枠組をインターネット上にも適用しようとして、学説と同様のスタンスをとっている。

2　特別のルール

　（**1**）　事前抑制・検閲の禁止　　表現行為は、外部的行為に関わるため、一定の制約を受けざるをえないことは既述の通りである。しかし、表現制約がやむをえない場合でも、表現行為によって発生した害悪に対する責任を追及する事後抑制ではなく、あらかじめ表現内容をチェックした上で不適切なものの発表を禁止する**事前抑制**は、原則として禁止されなければならない。というのも、事前抑制は、表現を根こそぎ刈り取ることを可能にし、また基準も曖昧なものになりやすく、許されるべき表現を封じ込めてしまう可能性が高いからである。他方で、特に**プライバシー**のような権利は、いったん侵害されると原状回復が困難な性格を有し、常に事後的な責任追及しかできず、暴露記事の公表が事前に判明しているのに、権利侵害を指をくわえて待たなければならないとすることも妥当とはいえず、例外的に事前の**差止め**も許される場合がありうるという点で、事前抑制は原則的に禁止されるべきものだといわれるのである。

　⇨ところで、事前抑制の典型例としては「**検閲**」があり、その禁止が21条2項に明文で規定されている。では、21条1項の解釈として事前抑制の原則的禁止の法理が導かれるなら、同2項の検閲の禁止がなにゆえ明文で規定されているのかという点が問題となる。これについて学説は、2項を、1項に含まれる事前抑制原則禁止法理の確認規定であるとするものと、両者を異なったものと捉える考え方が対立している。後者の見解は、検閲をやや狭く捉え、表現行為に先立ち行政権がその内容を事前に審査し、不適当と認める場合にその表現行為を禁止することが検閲にあたり、これに該当するものは絶対的に禁止される

とするところに特徴がある。最高裁は、**税関検査事件**において、検閲を最狭義に定義し、それに該当するものについては絶対的に禁止されるとした。

判 例　★税関検査事件（最大判昭 59・12・12 民集38巻12号1308頁）

　1974年事件当時の関税定率法21条 1 項 3 号は、「公安または風俗を害すべき書籍、図画、彫刻物その他の物品」の輸入を禁止していたが、これに反して性行為等を撮影・掲載した 8 ミリ映画や書籍を輸入しようとした原告に対し、税関支署長が輸入禁制品に該当する旨を通知した。それに対する異議申立てが棄却されたため、通知および異議申立棄却決定の取消しが求められた事件である。最高裁は、検閲とは、「行政権が主体となって、思想内容等の表現物を対象とし、その全部又は一部の発表の禁止を目的として、対象とされる一定の表現物につき網羅的一般的に、発表前にその内容を審査した上、不適当と認めるものの発表を禁止することを、その特質として備えるものを指す」と定義し、それに該当するものについては絶対的に禁止されるべきだとした上で、国外で既に発表済みであること、関税徴収手続の一環として付随的に行われるものであって、思想内容等の網羅的審査を目的とするものではないこと等を理由として、税関検査は検閲にはあたらないとした。

　このような検閲の定義に対しては、これらのすべての要素を満たすようなものはあからさまな検閲以外にはありえず、ここまで狭く絞り込んでしまうと憲法が検閲を禁止した趣旨が没却されてしまうのではないかといった批判が向けられている。その他、事前抑制もしくは検閲に該当するのではないかが問題となった事例として、**教科書検定**の検閲該当性が争われた**家永教科書裁判**や、**裁判所による差止め**の可否が問題となった**北方ジャーナル事件**、県知事による有害図書指定の検閲該当性に関する**岐阜県青少年保護育成条例事件**などがあるが、最高裁は、やはりいずれの事件でも憲法違反の主張を退けている。

判 例　★家永教科書裁判（第 1 次訴訟最判平 5・3・16 民集47巻 5 号3483頁・第 2
　　　　次訴訟最判昭57・4・8民集36巻 4 号594頁・第 3 次訴訟最判平 9・8・29
　　　　民集51巻 7 号2921頁）

　家永三郎氏が執筆した高校用教科書『新日本史』について、検定不合格処分が下されたことに対し、損害賠償（第 1 次、第 3 次訴訟）や処分の取消し（第 2 次訴訟）を求めて提起された一連の訴訟を指す。検定制度の検閲性をめぐっては、第 2

次訴訟の１審判決（東京地判昭45・7・17行集21巻7号別冊1頁、「杉本判決」と
もいわれる）は、教科書検定は、執筆者の思想内容の審査にわたらない限り検閲に
は該当せず、現行制度はそれ自体違憲ではないが、検定基準などの運用を誤って、
教育課程の大綱的基準の枠内にあるかどうかの判断を超えて、記述内容の当否にま
で及んではならないとし、一部について違憲の判断を下した。他方、第１次訴訟の
１審判決（東京地判昭49・7・16判時751号47頁、「高津判決」ともいわれる）は、
一般市販図書を教科書として検定申請することができ、また検定不合格となった場
合でも一般図書として出版することができること等から、思想審査を目的とせず、
また事前審査でもないので検閲にはあたらないとした。最高裁も、第１次および第
３次の判決の中で、高津判決同様の理由で検定制度自体の合憲性は支持している。

判例　★北方ジャーナル事件（最大判昭61・6・11民集40巻4号872頁）
　知事選候補者に関する批判的記事を掲載した雑誌に対し、印刷、製本、販売の禁
止等が求められた事件で、最高裁は、税関検査事件における検閲の定義を踏まえ、
仮処分による事前差止は検閲にあたらないとした。その上で、表現行為に対する事
前抑制は、表現の自由を保障し検閲を禁止する憲法21条の趣旨に照らし、厳格かつ
明確な要件のもとにおいてのみ許容されうるとした。

判例　★岐阜県青少年保護育成条例事件（最判平元・9・19刑集43巻8号785頁）
　県条例に基づき、知事が**有害図書**指定した雑誌を自販機に収納した業者が起訴さ
れた事件で、最高裁は、税関検査事件や北方ジャーナル事件の趣旨に徴し、有害図
書指定が検閲に該当しないことは明らかだとして、21条2項違反の主張を退けた。

　特にプライバシー侵害をめぐる事件では、裁判所による差止めが認められる
例も多く、『石に泳ぐ魚』事件が有名である（このほか、有名芸能人の自宅住所等
が記載された「おっかけマップ」等の出版差止が認められた神戸地尼崎支決平9・2・12
判時1604号127頁や東京地判平10・11・30判時1686号68頁などもある）。

判例　★『石に泳ぐ魚』事件（最判平14・9・24判時1802号60頁）
　柳美里氏の**モデル小説**が、友人に関する苛烈な描写が名誉、プライバシー、名誉
感情を害するとして、雑誌上で公表されたものを単行本として出版することの差止

めが求められた事件で、最高裁は、プライバシー侵害や名誉毀損の成立を認め、「人格的価値を侵害された者は、**人格権**に基づき、加害者に対し、現に行われている侵害行為を排除し、又は将来生ずべき侵害を予防するため、侵害行為の差止めを求めることができる」として、**比較衡量**の結果、以降の単行本としての出版の差止めを認めた。

（**2**）　**過度に広汎・曖昧不明確ゆえ無効**　　表現の自由が優越的地位を占めており、最大限の手厚い保護が及ぼされるべきだと考えられていることから、目的達成以上の**過度に広汎**な表現の自由の制約は許されないし、また**曖昧不明確**な文言で表現の自由を規制することは許されないものと考えなければならない（両法理は、必ずしも相互独立のものではなく、税関検査事件反対意見の示すように、重なり合う場面も多い）。

　表現の自由が過度に広汎に制約されている場合、許されるべき表現が行えなくなってしまうという意味において、そのような規制が許されるべきではないのは当然である。また、表現の自由に対する制約が曖昧な文言によってなされることの最大の問題点は、本来許容されてしかるべき表現行為を行おうとする者が、処罰をはじめとする責任追及の可能性を恐れて、表現を差し控えようとしてしまう、萎縮的効果にある。税関検査事件では、「風俗を害すべき」という文言について、最高裁は「風俗」がもっぱら性的風俗を意味し、結局輸入禁止の対象となるのはわいせつな書籍や図画などに限られ、このような限定的な解釈が可能である以上、明確性に欠けるところはないとの判断を下している（これに対し、この規定は不明確であると同時に広汎にすぎるとの判断から違憲とした反対意見が付されている点が注目されよう）。**徳島市公安条例事件**でも同様である。

> **判　例**　★徳島市公安条例事件（最大判昭50・9・10刑集29巻8号489頁）
> 　被告人が、市条例に規定される「交通秩序を維持すること」という遵守事項に違反したこと等を理由として起訴された事件で、最高裁は、「交通秩序〜」の意味について、義務内容の明確化が図られていない点において立法措置として著しく妥当性を欠くものがあることを認めつつも、通常の判断能力を有する一般人が、自らの

行為が平穏な集団行為に伴う交通秩序の阻害を生ずるにとどまるのか、ことさらな交通秩序の阻害をもたらすようなものかの判断は、「さほどの困難を感じることはないはず」であり、明確性を欠くものとはいえないとして、合憲の判断を下した。

　これに対しては、本当にこの判決のいうように、一般通常人がさほどの困難なく判断できるかについて学説から強い疑問が出されている。また、近時の例として、公共の場所で無許可で公衆に不安を覚えさせるような集会等を規制する条例に関し、他の条項と合わせ読むことにより、いわゆる暴走族等による集会に限定して適用されるものと解釈した**広島市暴走族追放条例事件**（最判平19・9・18刑集61巻6号601頁）がある。

　ところで、本来、過度に広汎あるいは曖昧不明確な規制は、表現の自由に限らず、他の権利の制約の場面においても適切なものとはいえない点においては同様のはずである。しかし、両法理をここで表現の自由に特有なものとして取り上げることの意義は、これらが表現の自由の文脈で妥当する際には、当該規制が**文面上無効**を意味するものだとされているという点にある。すなわち、本来制約されてもやむをえない表現を行った者が、自らの責められるべき行為を棚上げにし、その者に適用されようとしている過度に広汎あるいは曖昧不明確な規制を放置しておけば、将来の**第三者の権利**行使が妨げられるおそれがあるため、当該規制がそれ自体として違憲無効であると主張することにより、自らへの適用をも回避することを認めるのである。そこまでしても、表現の自由に過度に制約的に作用する法律等は排除されるべきだと考えられているのである。

3　内容に基づく規制

　（1）　違法な行為の煽動　　違法な行為が行われたときに、当該行為を行った本人はさておき、自ら手を下さず、そのような行為を「煽った」にすぎない人を処罰することは許されるか。現行法上、例えば**破壊活動防止法**（破防法）が内乱罪（刑法77条）や外患誘致（同81条）、外患援助（同82条）の煽動を、**国税犯則取締法**が国税不納付の煽動を処罰する規定（22条）を置く。煽動とは、破

防法の定義によれば、「特定の行為を実行させる目的をもって、文書若しくは図画又は言動により、人に対し、その行為を実行する決意を生ぜしめ又は既に生じている決意を助長させるような勢のある刺激を与えること」（4 条 2 項）とされる。しかし、そのような煽動行為を処罰することの問題点は、往々にして煽動には政治的なメッセージが含まれていることが多いという点にある。

　一つの考え方としては、具体的な犯罪につながる危険性がある限り、表現行為とてすべて禁止することができるというものがあろうが、これでは緻密な推理小説やサスペンスドラマは一切出版、放送できなくなってしまうし、政府の側が自らにとって都合の悪いメッセージを発する者を容易に処罰する口実を与え、まさに表現の自由保障とは相容れないことになる。そこで多くの学説は、違法な行為を煽動する表現を処罰することが正当化されるのは、そのような表現が行われれば重大な害悪が発生することが明白で、かつ表現と害悪発生とが時間的に切迫している場合のみとすべきであると考えている（「**明白かつ現在の危険**」基準）。また一部の学説からは、この基準は表現行為の結果のみに着目したもので、なお表現の自由の保護にとって不十分であるとの観点から、表現内容が実際に違法な行為を煽動するものであることを要件として加えるべき（**ブランデンバーグ基準**）との主張も有力になされている。

　最高裁は、**食糧緊急措置令違反事件**において、**公共の福祉**の名によって一刀両断的に処理している。その後も、**渋谷暴動事件**（最判平 2・9・28 刑集44巻 6 号463頁）では、煽動は重大な犯罪を引き起こす可能性のある社会的に危険な行為であるから、公共の福祉に反し、およそ表現の自由の保護を受けるに値しないとしている。このような、表現の自由の重要性への認識を欠いた最高裁の判断に対しては、学説から強い批判が加えられている。

判　例　★食糧緊急措置令違反事件（最大判昭24・5・18刑集 3 巻 6 号839頁）

　1946年の北海道の農民大会において、食糧緊急措置令に基づく米の強制供出に反対する旨の発言を行った者が同措置令違反で起訴された事件において、最高裁は、「言論の自由といえども、」「常に公共の福祉によって調整されなければなら」ず、

「国民が政府の政策を批判し、その失政を攻撃することは、その方法が公安を害せ
ざる限り、言論その他一切の表現の自由に属する」としつつ、国民としての重要な
義務の不履行をそそのかすことは公共の福祉に反し、許されないとした。

（2）　選挙運動・政治活動に対する規制　　逆説的ではあるが、民主主義と
の深い結びつきを認められている表現の自由は、**選挙運動**や政治活動に関して、
様々な規制がかけられている。例えば、**公職選挙法**（公選法）129条は、選挙運
動が可能な期間を限定し、同138条は選挙に関して**戸別訪問**を行うことを禁止
する。また同142～143条は選挙期間中に配布できるビラ等の枚数や利用可能な
ポスター等について細かな規制をかけている。最高裁は、公選法129条の合憲
性につき、**事前運動禁止違憲訴訟**（最大判昭44・4・23刑集23巻4号235頁）にお
いて、選挙運動を常時行えるとすれば、不当・無用な競争から選挙の公正が害
されることとなり、選挙の腐敗を招来するため、**事前運動の禁止**は、表現の自
由に対し許された必要かつ合理的な制限であるとした。また、同様の理由から、
文書配布の制限も合憲とした（最大判昭30・4・6刑集9巻4号819頁）。他方、戸
別訪問については、**戸別訪問全面禁止違憲訴訟**の2審判決（広島高松江支判昭
55・4・28判時964号134頁）が、戸別訪問それ自体は何らの悪性を有しないとし
て違憲判断を行って注目されたが、その上告審を含め、最高裁は一貫して戸別
訪問の合憲性を支持している。

判　例　★戸別訪問全面禁止違憲訴訟（最判昭56・6・15刑集35巻4号205頁）
　　最高裁は、戸別訪問が買収や利害誘導の温床になりやすいこと、選挙人の生活の
平穏が害されること、候補者側が多額の出費を余儀なくされること、投票が情実に
支配されやすくなるという弊害を防止し、選挙の自由と公正を確保する目的を正当
とし、その目的と戸別訪問の一律禁止との間には合理的関連性があるとした。

その他、**国家公務員法**102条や**地方公務員法**36条は、職員による政治的活動
を広範囲に制限している。民主主義の根幹をなす、政治的活動に対しこのよう
な制約が加えられていることは、その合憲性が問題とならざるをえない。この

点、郵便局員による選挙ポスター掲示行為が国公法違反に問われた**猿払事件**判決（最大判昭49・11・6刑集28巻9号393頁）は、行政の中立的運営の確保と、それに対する国民の信頼の維持を理由として、その合憲性を認めている。

> ＊　**堀越事件**（最判平24・12・7刑集66巻12号1337頁）および**宇治橋事件**（最判平24・12・7刑集66巻12号1722頁）においては、国公法が禁止する政治的行為とは、「公務員の職務の遂行の政治的中立性を損なうおそれが、観念的なものにとどまらず、現実的に起こり得るものとして実質的に認められるもの」をいうとされた。その上で、堀越事件では、管理職的地位にない被告人の行為態様からは、そのようなおそれは実質的に認められないとして構成要件非該当で無罪とされ、宇治橋事件では、被告人は指揮命令や指導監督等を通じて他の職員の職務遂行に影響を及ぼすことができる管理職的地位にあり、政治的中立性が損なわれる実質的なおそれが認められ、有罪とされた。

（3）　名誉毀損　　表現の自由がいくら憲法上保障されているといっても、制限される場合がありうるという好例の一つが**名誉毀損**的表現であろう。現在、他人の名誉、すなわち社会的評価を貶める表現を行った場合、**刑法230条**により処罰の対象となり、また**民法709条**に基づく損害賠償や、厳格な要件に基づく差止めの対象ともなる（→本章Ⅲ**2（1）**）。さらには、民法723条に基づく**謝罪広告**等が認められることもある。

　ところで、他人の名誉を傷つける表現であれば、その内容を問わず即法的責任が負わされれば問題である。例えば、ある政治家の過去の経歴に重大な虚偽があることが判明したことを記事にするとその政治家の評価はがた落ちになろう。しかし、このようなときに、その記事が名誉毀損であるとして処罰や損害賠償責任が認められるとすると、政治家に対する批判や、その適性判断の資料となる情報の流通が阻害されることになり、とうてい表現の自由の保障、ひいては民主主義とは相容れない。そこで、1947年に**刑法230条の2**が挿入され、その内容が公共の利害に係り、公益を図る目的で、かつ当該事実が真実であることの証明がなされた場合には処罰されないようになった。そしてこのような枠組は**不法行為**の文脈にもあてはまるものと理解されるようになったが、憲法学説は、名誉権の保護と表現の自由との調整のあり方として、これでもなお不十分であると考えていた。つまり、法廷の場で真実であることの証明までは

きないが真実である情報が保護されず、また処罰される可能性があるなら表現
を差し控えようという萎縮的効果が及ぶ可能性があるからである。そこで最高
裁は、1966年、不法行為の文脈で真実証明の要件を緩和した。すなわち、たと
え真実であることの証明がない場合でも、その事実を真実と誤信するに相当の
理由がある場合には、名誉毀損の故意または過失がないとして、損害賠償責任
の成立を否定したのである（このような免責枠組を**相当性の法理**という）。公共の
利害に関する真実情報を最大限流通させるためには、ある程度虚偽情報が保護
される（名誉権が犠牲になる）ことになったとしてもやむをえない、と考えられ
ているのである。そしてこの相当性の法理は、1969年、**夕刊和歌山時事事件**
（最大判昭 44・6・25 刑集23巻 7 号975頁）において刑事の文脈においても採用さ
れるところとなり、名誉毀損に関する共通のプラットフォームが整い、現在多
くの学説の支持するところとなっている。

　＊　**相当性の法理**でもなお表現の自由保護に不十分であると考える論者もある。すなわち、
　　アメリカにおいて公職者等に対する名誉毀損の文脈で適用されている**現実的悪意の法理**
　　を、わが国にも導入すべきだというのである。この法理は、名誉を毀損された公職者等
　　が損害賠償を勝ち取るためには、表現された内容が虚偽であることと、表現者がその虚
　　偽を知っていたか、あるいはわずかの調査で虚偽であることが判明するにもかかわらず
　　その程度の調査をも怠ったことを、原告（公職者）の側が証明しなければならないとい
　　う、非常に表現保護に手厚い法理である。この法理の背景には、公職者等はメディアの
　　報道対象になりやすく、名誉毀損的表現に対しても反論が容易であること、また自ら論
　　争の渦中に飛び込んだのであって、ある程度の批判は甘受すべきであることなどが挙げ
　　られている。日本へのこの法理の導入に対しては、名誉保護が手薄になりすぎるのでは
　　ないかという懸念や、日米において認められる損害賠償額の開きを考慮に入れるべきだ
　　という批判がある。

　なお、公共の利害に関するものかどうかの判断につき、宗教団体会長の女性
関係を記事にしたことが名誉毀損罪に問われた**月刊ペン事件**（最判昭 56・4・16
刑集35巻 3 号84頁）で最高裁が、たとえ「私人の私生活上の行状であっても、そ
のたずさわる社会的活動の性質及びこれを通じて社会に及ぼす影響力の程度な
どのいかんによっては、その社会的活動に対する批判ないし評価の一資料とし
て、刑法230ノ 2 第 1 項にいう『公共ノ利害ニ関スル事実』にあたる場合があ
ると解すべき」としている点が注目される。

　また、名誉毀損はコンピュータ・ネットワーク上でも成立する。名誉を毀損されても**反論**しやすいという特徴を持つため、そこでは、従来の枠組よりも表現保護の範囲を拡大させる余地がある旨を指摘する学説もある。しかし、これに対しては、**ラーメンチェーン店誹謗中傷事件**（最決平22・3・15刑集64巻2号1頁）において最高裁は、反論のしやすさや、一個人の発信した情報の信頼性の低さを理由として表現保護の範囲を広げることを拒絶している。

> ＊　同事件の1審判決（東京地判平20・2・29判時2009号151頁）は、インターネットを使った個人利用者の表現行為については、加害者が、摘示した事実が真実でないことを知りながら発信したか、あるいは、インターネットの個人利用者に対して要求される水準を満たす調査を行わず真実かどうか確かめないで発信したといえるときに初めて名誉毀損罪に問擬するのが相当との判断を下して注目されていた。

　ところで近年、強固な差別的意識を基礎として、特定の民族等を集団として誹謗ないし中傷する表現行為、いわゆる**ヘイトスピーチ**（「憎悪表現」などともいわれる）が問題となっている。**人種差別撤廃条約**は、民族等も含めた人種に基づく差別の撤廃を目指し、人種差別の煽動行為等に対する（処罰を含む）迅速かつ積極的な措置を講ずることを締約国に求めている。わが国では、いかに苛烈、辛辣なものであれ、特定個人に向けられ、具体的な被害、損害等が発生していない場合にまで損害賠償等の責任を追及するのは困難であるとの考え方が多い。この点につき最高裁は明確な判断を下していないものの、同様の立場に立つ下級審の判断からの上告を退けている（最決平26・12・9判例集未登載、大阪高判平26・7・8判時2232号34頁）。他方、わが国としては、国連の自由権規約委員会や人種差別撤廃委員会から対策強化の勧告を受けていた中で、2016年、ヘイトスピーチ対策法を成立させ、相談体制の整備や教育、啓発の充実を推進することとなった（大阪市など、独自の条例を制定する自治体もある）。

　（4）　**プライバシー侵害**　　名誉毀損的表現同様、他人のプライバシーを暴く表現もやはり制約されざるをえないことについても理解しやすいだろう。ただし名誉毀損とは異なり、一部の職業について秘密漏示罪（刑法134条）のような規定があるものの、プライバシー侵害自体を処罰する規定はなく、争い方としては損害賠償請求が中心となり、また名誉毀損同様、差止めも認められうる

（→本章Ⅲ**2**（**1**）参照。また、『**エロス＋虐殺**』**事件**＝東京高決昭45・4・13高民集23巻2号172頁も参照）。

　プライバシーの概念は19世紀後半のアメリカにおいて生成し、日本においても、1964年の『**宴のあと**』**事件**（東京地判昭39・9・28下民集15巻9号2317頁）において、法的利益として認められるに至った。同事件では、プライバシー侵害の成否を判断する基準について、①私生活上の事実または私生活上の事実らしく受け取られるおそれのあることがらで、②一般人の感受性を基準にして当該私人の立場に立った場合公開を欲しないであろうと認められることがらで、かつ③一般の人々に未だ知られていないことがらであること、という3要件を示し、プライバシー侵害事件における確立した枠組となっている。しかし、名誉毀損と同様、上記3要件が充足されると即損害賠償の成立を認めることになれば、公衆が知っておくべき情報や知りたいと思うことが正当だと考えられる情報が流通しなくなってしまう懸念がある。この点、『宴のあと』事件判決は「公共の秩序、利害に直接関係のあることがらの場合とか社会的に著名な存在である場合には、ことがらの公的性格から一定の合理的な限界内で私生活の側面でも報道、評論等が許される」とし、免責の可能性を認めた。

　しかし、犯罪行為に関する事実の報道等は、公共の利害に係るものとしてプライバシー侵害を構成しないものと解すべきであるが、**少年事件**報道につき、**少年法**61条は「その者が当該事件の本人であることを推知することができるような記事又は写真を新聞紙その他の出版物に掲載してはならない」としている。違反行為に罰則はないが、プライバシー侵害を理由とした不法行為が成立する可能性もあり、表現の自由に対する影響は小さくないとしてその合憲性に疑問を呈する学説もある。他方、犯罪行為に関する事実であっても、**時の経過**とともに、法的保護に値するものとなる可能性も出てくることになろう（ノンフィクション『**逆転**』**事件**＝最判平6・2・8民集48巻2号149頁）。

　　＊　　少年事件報道をめぐっては、一部週刊誌等が、事件の残虐さや行為の悪質さを前提とし、敢えて顔写真や実名の掲載に踏み切る例がみられる。最高裁判所は、実名に類似した仮名を用いながら、経歴や交友関係等を掲載したことが名誉毀損ないしプライバシー

侵害にあたるとして争われた**長良川事件報道訴訟**（最判平 15・3・14 民集57巻 3 号229頁）において、推知報道にあたるかどうかは、不特定多数の一般人がその者を当該事件の本人であると推知することができるかどうかを基準とすべきとし、本件記事は少年法61条に違反するものではないとした。その上で、名誉毀損およびプライバシー侵害についてはこれを認めつつ、違法性ないし故意過失が阻却される可能性について審理を差し戻した。その後名古屋高裁により出版社側責任が否定された（名古屋高判平 16・5・12判時1870号29頁）。また、実名や顔写真の掲載について、**堺市通り魔事件**（大阪高判平12・2・29 判時1710号121頁）や**光市母子殺害事件**（広島高判平 25・5・30 判時2202号28頁）等において責任が否定される判断が下されている。

　ところで、上記のようなプライバシーの概念は、近年の高度情報通信社会の進展により、修正を余儀なくされるに至っている。すなわち、個別的には暗黙または明示の同意により相手方に提供したある個人に関する情報が、本人の関知しないところで統合されると、「私の知らないところで誰かが私のことを知っている」状況が作り出され、まさにプライバシーが危険にさらされることになるのである。このような中、プライバシー権を、特定の個人を識別しうる情報については本人のコントロールが及ぶべきであるという、**自己情報コントロール権**として再構成する考え方が出され、学説の多くが支持するに至っている。裁判所も、このような新しい概念を権利とよぶかどうかは別としても、その保護を承認するに至っている。例えば、パソコン通信の電子会議室内において、他の参加者が眼科医であることやその診療所の所在地、電話番号等が書き込まれたことについて損害賠償が求められた**ニフティ眼科医事件**判決（神戸地判平 11・6・23 判時1700号99頁）では、「自己に関する情報をコントロールすることは、プライバシーの権利の基本的属性として、これに含まれる」とした上で、たとえ診療所の所在地等が職業別電話帳上で公開されている情報であっても、本人が当該情報の伝搬の範囲を診療所営業に関わる範囲に限定した意図を重視して、その意に反する公開範囲の拡大は違法とされた。また、早稲田大学が主催した中国国家主席の講演会に際し、警備上の理由から大学が出席者の名簿を警察に提供した**江沢民講演参加者名簿提出事件**（最判平 15・9・12 民集57巻 8 号973頁）でも、学籍番号や氏名、住所等の情報は、必ずしも秘匿されるべき必要性は高くないものであるが、「自己が欲しない他者にはみだりにこれを開示

されたくないと考えることは自然なことであり、そのことへの期待は保護されるべきものである」として、大学側の損害賠償責任が認められた。

> ＊　プライバシーが自己情報コントロール権として把握されるようになってきている中で、特に求められるべきは、個人情報を保有する者に対する適切な取扱いである。この点、西欧の動向や、国内的には**住民基本台帳ネットワーク**の構築・稼働等と国民の意識の高まりを受け、**個人情報保護法**が制定・施行された。同法は、報道機関を義務規定の適用から免除しているが、個人情報取扱事業者等の個人情報漏洩回避行動が過剰になりすぎている傾向がある。それが報道機関の活動に対して影響を及ぼしている面は否定できず、今後の見直し等が求められよう。

（**5**）　**わいせつ表現**　　刑法はその175条に、**わいせつな文書、図画等を頒布ないし公然陳列等した者**を処罰する規定を置いている。この規定の「わいせつ」の定義について、最高裁は、「徒に性欲を興奮又は刺戟せしめ、かつ普通人の正常な性的羞恥心を害し、善良な性的道義観念に反するもの」と定義した（**サンデー娯楽事件**＝最判昭26・5・10刑集5巻6号1026頁）が、曖昧不明確ゆえ無効ではないかとの批判も強い。そしてこの定義は、**チャタレー事件**をはじめ、刑法175条の合憲性が争点となったその後の諸事件において援用されている。

判　例　★**チャタレー事件**（最大判昭32・3・13刑集11巻3号997頁）

　D. H. ロレンス『チャタレー夫人の恋人』を邦訳、販売したことについて、175条違反に問われた事件。最高裁は、わいせつの定義についてサンデー娯楽事件のものを踏襲し、「性的秩序を守り、最少限度の性道徳を維持することが公共の福祉の内容をなすことについて疑問の余地がない」として憲法21条違反の主張を退けた。

わいせつ性判断のあり方について、**『悪徳の栄え』事件**（最大判昭44・10・15刑集23巻10号1239頁）は、たとえ芸術的・思想的価値があっても、それがわいせつ性を解消しない限りわいせつ文書であり、また、その判断にあたっては文書の一部のみではなく、文書全体との関連で判断すべきだとした。

> ＊　さらに**『四畳半襖の下張』事件**（最判昭55・11・28刑集34巻6号433頁）では、具体的考慮要素として、「当該文書の性に関する露骨で詳細な描写叙述の程度とその手法、右描写叙述の文書全体に占める比重、文書に表現された思想等と右描写叙述との関連性、文書の構成や展開、さらには芸術性・思想性等による性的刺激の緩和の程度、これらの

観点から該文書を全体としてみたときに、主として、読者の好色的興味にうったえるものと認められるか否かなどの諸点」を挙げ、これらの事情を総合して上述の定義に該当するかどうかを決すべきとした。これらの考慮要素を踏まえ、男性器の直接的具体的な写真を含む写真集について、そのわいせつ性（＝風俗を害すべき物品かどうか）を否定した**第2次メイプルソープ事件**（最判平20・2・19民集62巻2号445頁）が注目される。

　＊　このほか、最高裁の少数意見の中には、**ハードコアポルノ**と**準ハードコアポルノ**に分け、前者は表現の自由保障の対象外、後者は表現のもたらす害悪と当該表現の社会的価値とを比較衡量すべきとする見解（**ビニ本事件**＝最高裁昭58・3・8刑集37巻2号15頁伊藤正己補足意見）や、表現の受け手が誰なのか、当該文書に客観的に現れている作者の姿勢や、その販売・頒布等にあたっての宣伝・広告の方法などをも考慮に入れてそれを判断すべきとする**相対的わいせつ概念**を提唱する見解（『悪徳の栄え』事件田中二郎反対意見）などがある。

　しかし、そもそも具体的に他者の権利を侵害するわけではないような表現が、いかなる正当化理由をもって規制されうるのかが問題となる。この点については、最高裁はチャタレー事件において、性道徳・性秩序の維持を挙げている。これに対しては、はたしてそのような漠然としたものが表現の自由の規制根拠たりうるのか、学説から疑問が投げかけられている。このほか、性犯罪の防止や、**青少年保護**、見たくない人の保護などが正当化根拠として挙げられているが、性犯罪に関しては、そのようなものを見た人すべてが強制わいせつや強姦行為に走るわけではなく、わいせつ表現との因果関係が決して明白ではない。また、青少年や見たくない人の保護はわいせつ表現規制の一応の正当化根拠とはなろうが、その目的を達成するためには、青少年や見たくない人に触れないよう、流通を制御すれば足りる。このため、刑法175条の合憲性に疑問を呈する見解も現在では有力に主張されている。

　＊　表現を受け取りたくない人の存在は、原則として表現の自由の制約根拠にはなりえない点、注意が必要である。それが認められると、結局表現の自由を保障した意義が失われることになるからである。しかし、その例外として、わいせつな表現や「**囚われの聴衆**」と呼ばれる状況があるとされ、前者はそれがもたらす生理的な嫌悪感ゆえに、後者は、聞きたくない音声を無理やり聞かされる（聞きたくなければ耳をふさげばいいとはいえない）がゆえに、表現を受け取りたくない人の保護を理由とした制約が例外的に許される場合があると考えるのである。ただし最高裁は、**大阪市営地下鉄車内放送事件**（最判昭63・12・20判時1302号94頁）で、地下鉄車内における商業宣伝放送について、

差止めや損害賠償請求の可能性を認めつつ、本件放送が比較的控えめなものであることを理由として請求を認めなかった原審の判断を支持した。

刑法175条にいう「わいせつ」な表現ではないが、18歳に満たない子どもを素材としたいわゆる「児童ポルノ（チャイルドポルノ）」に関しては、「児童買春、児童ポルノに係る行為等の処罰及び児童の保護等に関する法律」により、その製造から所持、運搬、輸出入等に至るまで広汎に処罰の対象とされている。子どもたちが性的搾取の対象とならないように保護するという観点から、やむをえないものとして許容しうるものと考えられよう。

（**6**）　**広告表現**　　広告表現（営利的言論、コマーシャルスピーチ）は、かつてはその経済活動としての側面ゆえに、22条1項の問題として捉えられていた。最高裁も、**あん摩・鍼・灸師法違反事件**において、一つの補足意見が同様の見解を示しているほか、多数意見も、広告が表現の自由の問題かどうかを明確にしなかった。

判例　★**あん摩・鍼・灸師法違反事件**（最大判昭 36・2・15 刑集15巻2号347頁）

　1953年の事件当時、あん摩師等については、法律上その広告可能な事項が氏名、住所、免許業務の種類等に限定され、施術者の技能や施術方法、経歴に関する事項にわたってはならないとされていた（7条）。被告人は灸の適応症として神経痛やリュウマチ等を記したビラを配布し、起訴された。最高裁は、このような広告を「無制限に許容するときは、患者を吸引しようとするためややもすれば虚偽誇大に流れ、一般大衆を惑わす虞があり、その結果適時適切な医療を受ける機会を失わせるような結果を招来する」とし、「このような弊害を未然に防止するため一定事項以外の広告を禁止することは、国民の保健衛生上の見地から、公共の福祉を維持するためやむをえない措置として是認されなければならない」とした。

近時では、多くの学説は、広告とはいえ、それが消費者に対する重要な情報提供機能を有していること、営利的な広告とそうでない表現との間の線引きが困難であることなどから、表現の自由の保障対象に取り込んで理解している。しかし、広告表現はその真実性が判定しやすく、金儲けという動機が萎縮的効果を恐れるべき度合いを軽減するなどといったことから、合憲性判断基準の厳

格さを緩和すべき（中間審査基準を適用する）という見解がある一方、広告表現とて表現である以上、厳格審査基準が適用されるべきとする見解もある。

4　内容中立的規制

（**1**）　**街頭演説・ビラ配布・ビラ貼りに対する規制**　表現内容に着目しない中立的な規制の例としては、街頭演説やビラ配布、ビラ貼り行為等に対する規制がある。

まず、旧道路交通取締法の規定に反し、警察所長の許可を得ずに演説を行ったため起訴された**街頭演説事件**（最判昭 35・3・3 刑集14巻 3 号253頁）では、「公共の福祉の為め必要ある時は、その時、場所、方法等につき合理的に制限でき」、道路上の演説等により人寄せをすることは「道路交通上の危険の発生、その他公共の安全を害するおそれがないでもない」として、許可制および違反者の処罰が合憲とされた。このように、公共の福祉の必要性から簡単に合憲の結論を下している点に対する学説からの批判は強い。また、駅の係員の許諾を得ることなく駅構内でビラの配布を行ったことで**鉄道営業法35条および刑法130条後段違反**に問われた**駅構内ビラ配布事件**（最判昭59・12・18刑集38巻12号3026頁）でも、表現の自由も公共の福祉のため必要かつ合理的な制限が是認されるとし、「たとえ思想を外部に発表するための手段であつても、その手段が他人の財産権、管理権を不当に害するごときものは許されない」とした。

> ＊　駅構内ビラ配布事件では、伊藤正己補足意見が**パブリックフォーラム論**に言及した。これは、アメリカ判例理論において形成されてきた考え方で、道路や公園など、伝統的に表現のために開かれてきた場所にあっては、表現活動を行うことによってその場所の本来の利用が一時的に妨げられても、表現の自由に対する最大限の配慮が必要だとするものである。伊藤補足意見は、道路、公園、広場など一般公衆が自由に出入りできる場所をパブリックフォーラムと呼び、「所有権や、本来の利用目的のための管理権に基づく制約を受けざるをえないとしても、その機能にかんがみ、表現の自由の保障を可能な限り配慮する必要がある」とした。

また、防衛庁宿舎に立ち入り、自衛隊のイラク派兵反対を訴えるビラを配布したことが住居侵入罪に問われた**立川反戦ビラ事件**で、1 審（東京地八王子支判

平 16・12・16 判時1892号150頁）が当該ビラの政治的表現活動としての側面を重
視し、法益侵害も軽微であるとして無罪としたのに対し、その控訴審（東京高
判平 17・12・9 判時1949号169頁）では管理権者の意思が強調され、逆転有罪の判
断となっている。この判決に対しては、住居侵入罪という内容中立的な規制に
名を借りた、反戦主張という特定の見解のねらい打ち（→本章Ⅲ1（2））ではな
いかとの指摘もなされている。

　内容中立的規制の中でやや微妙な問題を提起するのが、主観的な要素が入り
込みやすい、美観風致を維持するための広告物やビラ配布の規制である。最高
裁は、**大阪市屋外広告物条例事件**において、美観維持を目的とするビラ貼り規
制について、公共の福祉を理由として合憲としている。

> **判　例**　★**大阪市屋外広告物条例事件**（最大判昭 43・12・18 刑集22巻13号1549頁）
>
> 　大阪市における美観風致維持等のために橋柱や電柱へのビラ貼りを規制していた
> 同市条例の合憲性が争われた。最高裁は、「国民の文化的生活の向上を目処とする
> 憲法の下においては、都市の美観風致を維持することは、公共の福祉を保持する所
> 以であるから、この程度の規制は、公共の福祉のため、表現の自由に対し許された
> 必要かつ合理的な制限と解することができる」として、合憲の判断を下している。

　この趣旨は、街路樹の支柱にプラカード式ポスターをくくりつけた行為が条
例違反とされた**大分県屋外広告物条例事件**（最判昭 62・3・3 刑集41巻 2 号15頁）
でも踏襲された（伊藤正己補足意見は、「表現の価値の有する利益が美観風致の維持の
利益に優越すると判断されるときに、本条例の定める刑事罰を科することは、適用にお
いて違憲となるのを免れない」とし、適用違憲の可能性を示唆した）。

　（2）　集団行進に対する規制　　内容中立的な規制の例としては、ほかに**集
会**（→本章Ⅵ1）や**集団行進**の規制がある。ここでは**集団行進**に対する規制の問
題を取り上げる。

　デモ行進等の集団行動が憲法21条の保障を受けることについては疑いの余地
がないが、大規模な行動を伴うことも多いため、**道路交通法**や**各地方公共団体
の公安条例**で規制が加えられている。多くの条例では、デモ行進等について事

前の**届出制・許可制**をとり、また「公共の安全」等を理由とした不許可や条件設定ができるようになっている。このような条例の合憲性が最初に争われた**新潟県公安条例事件**（最大判昭 29・11・24 刑集 8 巻11号1866頁）では、「単なる届出制を定めることは格別、そうでなく一般的な許可制を定めてこれを事前に抑制することは、憲法の趣旨に反し許されない」としつつ、公共の秩序保持や公共の福祉が著しく侵されることを防止するために、「特定の場所又は方法につき、合理的かつ明確な基準の下」であれば、許可制や届出制を設けても許容されうるとした。また「公共の安全に対し明らかな差迫った危険を及ぼすことが予見されるとき」の禁止または制限も合憲とした。他方、**東京都公安条例事件**では、デモ隊を暴徒と捉えるかのような合憲判断が下された。

判　例　★**東京都公安条例事件**（最大判昭 35・7・20 刑集14巻 9 号1243頁）

　被告人は、東京都公安委員会の許可を得ないまま集団行進等を行ったとして起訴された。東京地裁の 1 審判決は、**新潟県公安条例事件**を適用して違憲の判断を下した（東京地判昭 34・8・8 刑集14巻 9 号1281頁）が、最高裁は、多数人の集合体は突発的に暴徒化する危険があること等から、事前の措置を講ずることはやむをえないとしつつ、「許可」か「届出」かという用語法のみで判断すべきではなく、都条例は不許可とされる場合を厳格に制限しており、それ以外の場合は許可しなければならない以上、許可制といっても実質的には届出制と異ならないとした。

　その後、下級審レベルで、公安条例自体を違憲としたり、処罰する程度の違法性がないとして無罪としたりするなどの判断もみられたが、最高裁は、**徳島市公安条例事件**（→本章Ⅲ**2**(**2**)）において、規定の曖昧さを認めながらも、結論的には合憲の判断を下し、多様な下級審の判断を葬り去っている。

5　取材の自由

（**1**）　取材の自由の憲法上の位置づけ　　ほとんどの学説は、**取材の自由**もまた憲法21条で保障されるとする（→本章Ⅲ**1**(**1**)）が、最高裁はそこまでの位置づけを認めていない。

　　まず、最高裁は当初、夜間に執行された逮捕状の記載内容が翌日の新聞朝刊に掲載されたことについて、内部からの漏洩による**国家公務員法違反**が疑われたため、捜査過程において証人として召喚された記者が、証人としての宣誓と証言を拒絶したため起訴された**石井記者事件**（最大判昭 27・8・6 刑集 6 巻 8 号974頁）で、憲法21条の保障は「公の福祉に反しない限り、いいたいことはいわせなければならないということ」であって、「未だいいたいことの内容も定まらず、これからその内容を作り出すための取材に関しその取材源について、公の福祉のため最も重大な司法権の公正な発動につき必要欠くべからざる証言の義務をも犠牲にして、証言拒絶の権利までも保障したものとは到底解することができない」としていた。その後、法廷において裁判長の制止を無視して壇上から被告人の写真を撮影したことによる過料処分の取消が求められた**北海タイムス事件**（最大決昭 33・2・17 刑集12巻 2 号253頁）では、「新聞が真実を報道することは、憲法21条の認める表現の自由に属し、またそのための取材活動も認められなければならないことはいうまでもない」として、取材の自由がやや格上げされた。さらに、**博多駅テレビフィルム事件**では、「憲法21条の精神に照らし、十分尊重に値いする」と、より一段の高みに上げられた。

判　例　★**博多駅テレビフィルム事件**（最大決昭 44・11・26 刑集23巻11号1490頁）

　　いわゆる三派系全学連に所属する学生約300名が米空母の佐世保港寄港反対運動に参加するため博多駅に降り立った際、警備していた機動隊と衝突し、一部学生が**公務執行妨害罪**で逮捕される一方、学生側が、機動隊員の行為が**特別公務員暴行陵虐罪**、**公務員職権乱用罪**にあたるとして告発したが不起訴処分になったのがことの起こりである。学生側がこれを不服として福岡地裁に**付審判請求**を行った際、福岡地裁が在福岡 4 放送局に対し、上記事件の状況を撮影したフィルムの提出命令を出した。最高裁は、「報道機関の報道は、民主主義社会において、国民が国政に関与するにつき、重要な判断の資料を提供し、国民の『知る権利』に奉仕するものである。したがって、」「事実の報道の自由は、表現の自由を規定した憲法21条の保障のもとにある」。「また、このような報道機関の報道が正しい内容をもつためには、」「報道のための取材の自由も、憲法21条の精神に照らし、十分尊重に値いする」としたものの、「取材の自由といつても、もとより何らの制約を受けないものではな

く、例えば公正な裁判の実現というような憲法上の要請があるときは、ある程度の
制約を受けることのあることも否定することができ」ず、本件フィルムが「証拠と
して採用されることによって報道機関が蒙る不利益は、報道の自由そのものではな
く、将来の取材の自由が妨げられるにすぎない」として、結論的には提出命令が支
持されている。

　だが、「十分尊重に値いする」の意味は必ずしも明確ではなく、取材物の提
出命令等が比較的容易に認められていることからすれば、最高裁は、取材の自
由は表現の自由よりは保障の程度が劣るものと考えているようである。
　（2）　国家秘密と取材の自由　　国家公務員法は、国家公務員が秘密とされ
る情報を漏示した場合に、その本人のみならず（109条12号）、その漏示行為を
そそのかした者も処罰する規定を置く（111条）。これが、取材行為に対する不
当な妨げになっていないかどうかが問題となる。最高裁は、**外務省機密漏洩事
件**において、違法性が阻却される可能性を認めながらも、記者を有罪とした。

　判　例　★外務省機密漏洩事件（最決昭 53・5・31 刑集32巻 3 号457頁）
　1972年の沖縄返還に係る交渉の中で、日米間に密約があるのではないかとの疑惑
を抱いた記者が、外務省の女性事務官に接触し、肉体関係までもつに至り、依頼を
断りにくい状況を作り出した上で、外務省極秘電文を入手。記者は国家公務員に対
する秘密漏示そそのかし罪により起訴された。最高裁は、取材の自由について博多
駅テレビフィルム事件を踏襲し、ここで保護されるべき秘密とは、単に秘密指定を
受けているだけでは足らず、「実質的にもそれを秘密として保護するに値すると認
められるもの」でなければならないとした上で、取材行為が「十分に尊重に値する」
との立場から、「報道機関が公務員に対し根気強く執拗に説得ないし要請を続ける
ことは、それが真に報道の目的からでたものであり、その手段・方法が法秩序全体
の精神に照らし相当なものとして社会観念上是認されるものである限りは、」「正当
な業務行為である」として、違法性阻却の可能性を認めた。だが、本件記者の行為
は社会観念上到底是認することができない不相当なものだとして処罰を認めた。

　（3）　取材源秘匿・取材物の押収など　　取材行為は、多くの場合取材対象
者との信頼関係の下で成立する。その中には、暗黙または明示の了解としての

取材源秘匿があることは想像に難くない。では、刑事裁判の重要な証拠となるなどの必要性が認められる場合に、取材源の開示を強制することは許容されるべきか。確かに、取材行為自体は終わったものとも考えられるが、将来の取材行為に対して著しい困難をもたらし、軽視できない影響を及ぼすものと考えられる。また、報道機関が収集した取材物に対して、裁判所や捜査機関等が提出命令や押収をかける場合にも同様の影響が及ぶものと思われる。取材対象者は、報道目的にて利用されることには同意していたとしても、それ以外の目的での利用に同意しているとは考えられないからである。

　最高裁は、石井記者事件（→本章Ⅲ**5**（**1**））で、取材の自由に対して積極的な評価を認めず、秘密の保持が特に要求される一定の職業を有する者に**証言拒絶権**を認めた**刑事訴訟法**149条の規定は限定列挙であって、同条を新聞記者に類推適用することはできないとして、**取材源秘匿権**を否定している（ただし、記者に取材源秘匿権を認めるかどうかは立法政策の問題であるともしている）。他方、**民事訴訟法**においては、刑訴法149条と同様の規定が197条1項2号にあるほか、同項3号が「職業の秘密」に関する事項について証言拒絶を認める規定を置いている。この規定に関しては、最高裁が、NHK記者の取材源開示が求められた事件において、取材源の秘密が「職業の秘密」に該当するとした上で、秘密の公表による不利益と、証言の拒絶による不利益とを比較衡量の結果、当該取材源が保護に値するとして記者の証言拒絶を認めている点が注目される（最決平18・10・3民集60巻8号2647頁）。両法の文言のみならず、刑事訴訟と民事訴訟における、実体的真実解明の重要性・必要性の相違が結論を大きく左右したものと考えられよう。

　取材物の押収等に関しては、上述の博多駅テレビフィルム事件において最高裁は、「公正な刑事裁判を実現することは、国家の基本的要請であり」、「報道機関の取材活動によって得られたものが、証拠として必要と認められるような場合には、取材の自由がある程度の制約を蒙ることになってもやむをえない」とし、問題となったフィルムは証拠上「極めて重要な価値」を有するとする一方、「報道機関が蒙る不利益は、報道の自由そのものではなく、将来の取材の

自由が妨げられるにすぎない」として提出命令を支持した。このような判断枠組は、検察事務官による差押えに関して**日本テレビ・リクルート事件**（最決平元・1・30刑集43巻1号19頁）、司法警察職員による差押えに関して **TBS ギミア・ぶれいく事件**（最決平2・7・9刑集44巻5号421頁）で、差押え主体の相違、ひいてはその証拠としての必要不可欠性があまり重視されないまま（公正な刑事裁判実現のためには適正迅速な捜査が不可欠の前提であるとされた）、利益衡量がなされる形で踏襲されている。

6　情報公開

　表現の自由は、民主主義の根幹をなしており、特に手厚い保護を必要とする。しかし、私人や**報道機関**に表現の自由（発信、受領、収集の自由）を保障しておけば、民主主義が健全に機能しうるわけではない。私たちは、現在あるいは過去、政府の中身がどうなっているのか、いたのか、ないし政府の中で何が行われているのか、いたのかを知らずして、政治的プロセスへ十分な関与をなすことはできない。だとすれば、私たちには政府の内実や行動について知る権利が認められるべきであり、逆に言えば、政府の側には、民主主義を標榜する以上は、自ら保有する情報を原則として開かれたものにしておく義務があるともいえる。このような観点から、表現の自由の一内容として、政府の保有する情報の公開を請求する権利がそこに含まれているものと解すべきことになるのである。しかし、**政府情報公開請求権**は、政府に対して一定の積極的行動を要求するものであるため、いわゆる**抽象的権利**としての性格をもつにとどまるものと解されている。すなわち、憲法上の権利ではあるが、それを具体化する法律が制定されてようやく行使可能となるのである。現在では、国レベルでは「行政機関の保有する情報の公開に関する法律」（情報公開法）が1999年に制定され、またほとんどの**地方公共団体**でも**情報公開条例**が制定されており、これらを通じて実際の権利行使が行われることになる。

　＊　ただし、情報公開法は政府の説明責任のみを明記するにとどまり、最高裁も、情報公開請求権は法律や条例により創設された権利であって、憲法21条から導かれるものとは

考えていないようである。ダムサイト候補地点選定位置図の非公開決定が争われた**京都府鴨川ダム地図面公開訴訟**＝最判平 6・3・25 判時1512号22頁およびその原審たる大阪高判平 5・3・23 判タ828号179頁参照。

　しかし、確かに政府情報は原則として公開だとしても、公開によって第三者の権利を害したり、行政機関や自治体の事務の遂行が困難になったりするおそれがある場合など、非公開が認められるべき場合もあろう。この点、知事の支出した交際費について、その非公開決定が争われた**大阪府知事交際費公開請求訴訟**で最高裁は、相手方を識別しうるものに関しては非公開を許容した。

判　例　★大阪府知事交際費公開請求訴訟（最判平 6・1・27 民集48巻 1 号53頁）

　原告らは、大阪府公文書公開等条例に基づき、1985年 1 月から 3 月に支出した交際費についての公文書公開を請求した事件である。府条例上は、その保有する公文書につき、公にすることによって法人や個人の正当な利益を害するもの（ 8 条 1 号）や府の機関の調査研究、企画、調整等の事務に支障を及ぼすもの（同 4 号）、府の交渉、渉外、争訟等の目的を達成できなくなるもの（ 5 号）等について、非公開とすることができる規定が置かれており、これらに該当することを理由に非公開決定がなされた。最高裁は、これらの規定に該当しないことを理由に非公開を違法とした原審を覆し、懇談の相手方が識別されうるようなものが含まれていれば、相手方に不快、不信の感情を抱かせ、また知事の側もそのような状況を回避するため、必要な交際費支出を控え、あるいは画一的支出を余儀なくされ、知事の交際事務に著しい支障を及ぼすおそれがあることや、私人である相手方にとっては、具体的な費用や金額等まで一般に他人に知られたくないと望むものであるといったことから、非公開にすることができる旨判示し、原審に差し戻した。その後、再上告を受けた最高裁は、生花料や供花料等、公開・披露が予定されているものについて公開、香典や見舞いについては非公開とした（最判平 13・3・27 民集55巻 2 号530頁）。

　他方、**大阪府水道部接待費公開請求訴訟**（最判平 6・2・8 民集48巻 2 号255頁）では、非公選の公務員が外部の飲食店を利用して行った会議や懇談会での支出伝票等の公開請求について、最高裁は、懇談会の場所や開催日、人数等の外形的事実に関する情報が公開されることにより、直ちに事務の目的が達成できなくなるとか事務遂行に著しい支障があるとは断じがたいとし、いずれの非公開

事由にも該当しないとして、非公開決定の違法性を認めている。

　情報公開請求を受けた行政機関が、対象文書の不存在を理由として不開示処分を行うことがあるが、最高裁は、**沖縄返還密約情報公開訴訟**（最判平 26・7・14 判時2242号51頁）において、その処分の取消しを求めるにあたっては、当該不開示決定時に当該行政機関が当該行政文書を保有していたことについて、その取消しを求める者が主張立証責任を負うとした。その上で、不開示決定時において当該行政機関が当該行政文書を保有していたことを、直接立証することができないが、ある時点において当該行政機関の職員が当該行政文書を作成し、又は取得したことが立証された場合には、当該行政文書の内容や性質、その作成又は取得の経緯や上記決定時までの期間、その保管の体制や状況等に応じて、個別具体的に、その保有が推認されるか否かを決すべきとした。

Ⅳ　通信の秘密

1　意　　義

　憲法21条 2 項後段は、「通信の秘密は、これを侵してはならない」と定める。ここで「通信の秘密」とは、郵便、電話、電子メールなどすべての通信方法によるコミュニケーションに関する秘密をいう。それには、コミュニケーションの内容だけでなく、コミュニケーションの存在に関する事項（例えば手紙なら差出人・受取人の氏名・住所、発送・配達の日時など）も含まれる。

　「通信の秘密」は、他者に対する外的なコミュニケーションという一種の表現行為として、憲法上、「表現の自由」を定める21条で保障されているが、むしろ個人間の内的なコミュニケーションを保護しようとする「私生活の秘密」に対する不可侵という点に本来の意義があると理解されている。諸外国の憲法をみると、表現の自由とは別の条項で保障されることが多く、例えばドイツ連邦共和国基本法10条は「信書の秘密並びに郵便及び電気通信の秘密は、これを侵してはならない」と定めている。

　「通信の秘密」を侵してはならないのは、公権力である。もちろん、通信業

務にたずさわる者が職務上、知りえた通信に関する情報をもらすことを禁止する趣旨も含まれているが、主として公権力が個別の通信の内容を探知することを禁止したものだと考えられている。そこには、特定人から特定人へ伝達される内容が公権力の調査によって知りうるものになると、政治的表現の自由の確保が脅かされかねないため、その可能性を断ち切ろうという考えがあると指摘されている。

2　限　　界

　「通信の秘密」は、発信前から受信後に至るまで、すべての段階において保障されなければならないが、一定の内在的制約を受けることに異論はない。制約の実例として、刑事訴訟法は郵便物の押収、刑事収容施設法（旧監獄法）は受刑者らが発受する信書の検査、破産法は破産者あての郵便物の破産管財人による開封などを定めている。こうした現行法の制約が憲法上、許される必要最小限のものかどうかについては、学説から疑問が示されているものもある。

　電話の傍受（いわゆる盗聴）については、かつて法律に定めがなかったにもかかわらず、組織的な覚せい剤密売事件の捜査で実際に行われていた。裁判官の発する「検証許可状」に基づいていたが、対象を特定することの困難さなどから許されないのではないかと議論を呼んでいた。最高裁は、**電話傍受捜査事件**において、電話の傍受は許される場合があることを認めた。

　　*　**電話傍受捜査事件**（最決平11・12・16刑集53巻9号1327頁）は、北海道警の警察官が、電話を使った暴力団による覚せい剤密売容疑事件について、「検証許可状」に基づきNTTの支店で電話2台の通話内容を傍受した事案である。最高裁は、重大な犯罪に係る被疑事件について、電話傍受以外の方法では重要かつ必要な証拠を得ることが著しく困難などの事情がある場合、侵害される利益を考慮した上で、電話傍受を行うことが犯罪の捜査上真にやむを得ないと認められるときには、法律の定める手続に従ってこれを行うことも憲法上許される、と判示した。

　こうした傍受については1999年に**通信傍受法**（犯罪捜査のための通信傍受に関する法律）が制定された。傍受の許される範囲、被傍受者の事後的救済措置などに問題があると指摘されており、運用の仕方が注目されている。

V 集会・結社の自由

集会とは多数人が共通の目的をもって一定の場所に集まることをいい、結社とは多数人が共通の目的をもって継続的に結合することをいう。集会・結社の自由は、表現の自由を定める憲法21条において保障されている。集会・結社の自由について、表現の自由とは別の類型とみる見解もあるが、集会は個人の精神活動に基づき集団として形成した意思の表明など具体的な行動をとるものであり、結社も個人の精神活動に基づいた集団的意思表明など具体的な行動をとるものであるから、集会・結社も「表現」に含まれると一般的に考えられている。

1 集会の自由

（**1**）意 義 共通の目的をもつ多数人が、一定の場所に一時的に集合する自由を「集会の自由」という。共通の目的には、政治だけでなく、経済、学問、宗教なども含まれる。最高裁は**成田新法事件**（→10章Ⅰ）で、現代民主主義社会における集会について、「国民が様々な意見や情報等に接することにより自己の思想や人格を形成、発展させ、また、相互に意見や情報等を伝達、交流する場として必要であり、さらに、対外的に意見を表明するための有効な手段」と位置づけた上で、「集会の自由は、民主主義社会における重要な基本的人権の一つとして特に尊重されなければならない」（最大判平**4**・**7**・**1**民集46巻**5**号437頁）と判示した。集団行進、集団示威運動（デモ行進）など集団行動の自由は、「動く集会」として集会の自由に含まれると考えられるが、集団行動を端的に「表現」と捉えて表現の自由の一内容と理解することもできる。

（**2**）限 界 集会の自由は、近代憲法では例外なく保障されている代表的な自由権の一つである。明治憲法でも保障する規定はあったが、「日本臣民ハ法律ノ範囲内ニ於テ……集会及結社ノ自由ヲ有ス」（29条）と**法律の留保**（→**3**章Ⅰ、**5**章Ⅰ）が付けられており、制限を受けていた。これに対し、日本国憲法21条**1**項にはこのような制限はない。

　ただし、いわゆる**公安条例**（→7章Ⅲ、16章Ⅲ）などによって公共の秩序維持といった理由で制限が加えられる場合がある。集会が道路や公園といった公に開かれた場所において行われる場合、他の利用者の利益との調整が必要となり、公安条例や道路交通法、公園管理規則などによって制限されうるのである。

　また、公共的な施設を使用する場合は、その施設の管理権などに基づいて規制されることがある。公共施設における集会の自由は、憲法制定間もない昭和20年代に早くも問題になった。皇居外苑（皇居前広場）をメーデーの集会で使いたいと労働組合の団体が、外苑を所管する厚生大臣に申請したところ認められなかったため処分取消しを求めて争った**皇居外苑使用不許可事件**である。

> **判　例**　★**皇居外苑使用不許可事件**（最大判昭28・12・23民集7巻13号1561頁）
>
> 　最高裁は、公共施設の利用は供用される目的によって認められうるものであり、その許否は管理権者の自由裁量ではなく適正な管理権の行使がなされるべきものである、という判断を示した。本件不許可処分については、皇居外苑全域に約50万人が長時間充満すると公園自体が著しい損壊を受けかねず、長時間、一般国民の利用が全く阻害されることなどを理由としてなされたもので、単なる自由裁量によったものでなく管理権の適正な運用を誤ったものとは認められない、とした。

　この**皇居外苑使用不許可事件**で示された「適正な管理権の行使」を求める立場は、公共施設における「集会の自由」に関して平成に入って問題となった**泉佐野市民会館事件**や**上尾市福祉会館事件**の最高裁判決に引き継がれていると解されている。

> **判　例**　★**泉佐野市民会館事件**（最判平7・3・7民集49巻3号687頁）
>
> 　泉佐野市民会館ホールで「関西新空港反対全国総決起集会」を企画した団体がホールの使用許可を申請したが、条例の定める不許可事由の「公の秩序をみだすおそれがある場合」などに該当するとして不許可処分を受けた。最高裁は、「公の秩序をみだすおそれがある場合」とは、集会の自由を保障する重要性よりも「集会が開かれることによって、人の生命、身体又は財産が侵害され、公共の安全が損なわれる危険を回避し、防止することの必要性が優越する場合をいうものと限定して解

すべきであり、その危険性の程度としては……単に危険な事態を生ずる蓋然性があるというだけでは足りず、明らかな差し迫った危険の発生が具体的に予見されることが必要である」とした。そして、集会の実質上の主催者とされるグループが空港建設に反対して違法な実力行使を繰り返し、対立グループと暴力抗争を続けてきたという客観的事実からみて、不許可処分は「本件集会が本件会館で開かれたならば、本件会館内又はその付近の路上等においてグループ間で暴力の行使を伴う衝突が起こるなどの事態が生じ、その結果、グループの構成員だけでなく、本件会館の職員、通行人、付近住民等の生命、身体又は財産が侵害されるという事態を生ずることが、具体的に明らかに予見されることを理由とするもの」と判断し、訴えを退けた。

＊　**上尾市福祉会館事件**（最判平8・3・15民集50巻3号549頁）は、何者かに殺害された労働組合幹部の合同葬のため、上尾市福祉会館大ホールの使用許可申請がされたが、条例の不許可事由の「会館の管理上支障があると認められるとき」にあたるとして不許可処分がなされた事案である。最高裁は、内ゲバ殺人の疑いで捜査されている旨の新聞報道があったとしても、合同葬の際にまで妨害などによる混乱のおそれがあるとは考え難い状況にあった上、警察の警備などによっても混乱を防止しうることなどから、合同葬によって「会館の管理上支障がある」との事態が「客観的な事実に照らして具体的に明らかに予測されたものということはできない」として、不許可処分は条例の解釈適用を誤った違法なものと判断した。

　最近の事例としては、**広島市暴走族追放条例事件**がある。市条例で制限される「集会」について、条例全体の趣旨や条例施行規則などを合わせ読み、暴走族の定義を限定解釈（**合憲限定解釈→15章Ⅶ**）することなどによって、憲法21条などに違反しないとした。

> **判例**　★広島市暴走族追放条例事件（最判平19・9・18刑集61巻6号601頁）
>
> 　被告人は、暴走族構成員約40名と共謀の上、広島市が管理する「広島市西新天地公共広場」で、暴走族のグループ名を刺しゅうした「特攻服」と呼ばれる服を着用し、顔面の全部もしくは一部を覆い隠し、円陣を組み、旗を立てるなど威勢を示して、公衆に不安または恐怖を覚えさせるような集会を行った。広島市暴走族追放条例によって市長の権限を代行する市職員から集会を中止して広場から退去するよう命令されたが、これに従わず集会を継続した。同条例には、暴走族の定義や禁止行為の対象などに関する規定が適切ではなく、その文言通りに適用されると規制対象が広範囲に及ぶという憲法上の問題があるが、最高裁は、条例全体の趣旨や条例施

行規則などを総合すれば、同条例が規制対象としている「暴走族」は、「暴走行為を目的として結成された集団である本来的な意味における暴走族の外には、服装、旗、言動などにおいてこのような暴走族に類似し社会通念上これと同視することができる集団に限られる」と限定解釈するなどし、同条例を合憲とした。

2　結社の自由

（1）意　義　　共通の目的をもつ多数人が、継続的に集団を形成する自由を「結社の自由」という。共通の目的には政治、経済、学問、宗教など様々なものが広く含まれるとされ、憲法21条1項は、法律の留保を付けることなく、結社の自由を保障している。明治憲法でも法文上は結社の自由を保障していたが、やはり法律の留保が付いており、実際には治安維持法などによる制限が広く行われた。結社が宗教上の団体である場合には憲法20条、勤労者団体（労働組合）の場合には憲法28条によっても重ねて保障される。

（2）限　界　　どういう主義・信条の者らが結社を作ろうと、それは基本的には私人間の問題であるから自由である。しかし、「結社の自由」も、その結社の種類などによっては一定の制約に服する場合もある。

日本国憲法下における現行法としては、一定の団体の解散を指定する破壊活動防止法の規定が違憲ではないかと学説から問題視されている。

具体例をみよう。特定のイデオロギーを存立の条件とし、かつ労働者に対してもその承認、支持を要求する事業は**傾向経営**と呼ばれることがあるが、地裁レベルの判断ながら**日中旅行社事件**では、そうした事業のあり方が認められるかどうかが争われ、一定の要件を充たす場合には認められると判断された。

＊　**日中旅行社事件**（大阪地判昭44・12・26判時599号90頁）は、日中友好協会の決定に基づき、友好増進などを目的に設立された旅行社が文化大革命後、中国の新路線を支持し、これに批判的な日本共産党などに所属する社員らを解雇した事案である。大阪地裁は、特定のイデオロギーと本質的に不可分であり、しかも労働者に対してそのイデオロギーの承認、支持を求めることが事業の本質からみて客観的に妥当である場合に限って、イデオロギーを理由として解雇しうる場合があることを認めた。

次に、政党の「結社の自由」については明文規定がないが、憲法21条が保障

していると解する見解がある。**共産党袴田事件**では、下級審判決が憲法21条、19条によって政党の自由の意義を述べており、上告審判決も同様の理解に立っているとされる。最高裁は、政党について「政治上の信条、意見等を共通にする者が任意に結成する政治結社」と位置づけ、除名処分がなされても、それが内部的な問題にとどまる限り、政党の自律的判断を尊重すべきだとしている。

> **判　例**　★共産党袴田事件（最判昭63・12・20判時1307号113頁）
>
> 　政党Xは、幹部Yに、その職務の遂行を保障するなどの目的で党の家屋を利用させていたが、YがXから除名されたことなどを理由に明渡しを求めて提訴した。最高裁は、「政党の結社としての自主性にかんがみると、政党の内部的自律権に属する行為は、法律に特別の定めのない限り尊重すべき」であり、党員への処分が「一般市民法秩序と直接の関係を有しない内部的な問題にとどまる限り、裁判所の審判権は及ばない」とし、一般市民としての権利利益を侵害する場合であっても、処分の当否は、「政党の自律的に定めた規範が公序良俗に反するなどの特段の事情のない限り右規範に照らし、右規範を有しないときは条理に基づき、適正な手続に則ってされたか否かによって決すべき」と述べ、Yの上告を斥けた。

　最後に、宗教団体は信教の自由として「宗教的結社の自由」を保障されているが、「宗教上の行為の自由」については、公共の安全などを根拠とする一定の制約に服する。その制約は必要最小限のものでなければならないが、宗教法人法で定める「著しく公共の福祉を害すると明らかに認められる行為」（81条1項1号）などをした場合、宗教団体は裁判所によって解散を命令されることがある。**オウム真理教解散命令事件**は、大量殺人を目的に毒ガス・サリン生成を企てたとして解散が命じられ、それが合憲とされた事例である。

> **判　例**　★オウム真理教解散命令事件（最決平8・1・30民集50巻1号199頁）
>
> 　宗教法人・オウム真理教が大量殺人を目的にサリン生成を企てたことから、宗教法人法81条1項1号などの事由があるとして解散命令がなされた事案である。最高裁は、この解散命令の制度は、「専ら宗教法人の世俗的側面を対象とし、かつ、専ら世俗的目的によるものであって、宗教団体や信者の精神的・宗教的側面に容かいする意図によるものではなく、その制度の目的も合理的である」とした上で、オウム真

理教の行為に対処するには、宗教法人を「解散し、その法人格を失わせることが必要かつ適切であり、他方、解散命令によって宗教団体であるオウム真理教やその信者らが行う宗教上の行為に何らかの支障を生ずることが避けられないとしても、その支障は、解散命令に伴う間接的で事実上のものであるにとどまる」から、本件解散命令は必要でやむをえない法的規制であり、憲法20条1項に違背しない、と判示した。

VI　信教の自由

1　意義と歴史的経緯

　信教の自由は、**近代立憲主義**において特別な意味を有している。中世ヨーロッパでは、宗教的自由を求める運動は弾圧され、異なる**国教**を有する国家間の抗争が頻発した。近代立憲主義は、少数派も含む個人に信教の自由を保障し、政治と宗教が距離を置くことで、多様な信仰の共存を図ろうとしたのであった。

　日本では、**明治憲法28条**が信教の自由を保障していたが、「安寧秩序ヲ妨ケス又臣民タルノ義務ニ背カサル限ニ於テ」との制限があった。また明治国家は現人神としての天皇を権力の源泉としており、**政教分離**はとりえなかった。神道の組織や内容は天皇を中心に再編され、様々な特権が与えられることで事実上国教とされた（国家神道）一方で、他の宗教は冷遇・弾圧の対象となった。

　敗戦後、国家と神道との関連を絶つよう命じた、総司令部のいわゆる**神道指令**によって神道は他の宗教と同じ地位に立ち、天皇の**人間宣言**は天皇とその祖先の神格性を否定した。このような過程を経て、日本国憲法では20条で**信教の自由**および**政教分離**が定められることとなった。

2　信教の自由の内容

　信教の自由の対象となる「宗教」については、**津地鎮祭訴訟2審**（名古屋高判昭46・5・14行集22巻5号680頁）が「超自然的、超人間的本質（すなわち絶対者、造物主、至高の存在等、なかんずく神、仏、霊等）の存在を確信し、畏敬崇拝する心情と行為」と定義し、学説もおおむねこれを支持している。一方、政教分離

で問題となる「宗教」については、上記の「宗教」より狭く、「何らかの固有の教義体系を備えた組織的背景をもつもの」に限定するのが一般的である。

　信教の自由の内容として、**信仰の自由、宗教的行為の自由、宗教的結社の自由**の3つに分けて説明されることが多い。信仰の自由とは、宗教を信仰するかしないか、どの宗教を信仰するかにつき、公権力から干渉されない自由であり、信仰告白の自由を含む。宗教的行為の自由とは、自らの信仰に基づく儀式や布教活動などの宗教的実践を妨げられず、また強制されない自由を指す。宗教的結社の自由は、自らと信仰を同じくする者と集団を形成し、集団として活動することを妨げられず、またそのような集団形成、集団活動を強制されない自由を指す。

3　信教の自由の限界・制約

　⇨以上のうち、信仰の自由については、**内心の自由**であり、絶対的に保障される。これに対して、宗教的行為の自由と宗教的結社の自由は、外面的活動であるために、他者の権利との調整を必要とする。しかし、外面的行動は行為者の内心と密接に関わっているため、その制約は厳格審査により必要最小限度の制約であることが示されなければ許されないと考えられている。

　（**1**）　宗教的行為の制約　　**加持祈祷事件**（最大判昭38・5・15刑集17巻4号302頁）では、精神疾患の治療と称する加持祈祷により患者が心臓麻痺で死亡したことが傷害致死罪に問われ、最高裁は当該行為を「信教の自由の保障の限界を逸脱した」「著しく反社会的なもの」として、処罰を認めた。学説上も、自然犯に属するような行為については厳格審査は不要だとの主張が有力である。

　しかし、信仰と行為が密接に関連する場合に、信仰に基づく行為への配慮が求められる場合がある。**牧会活動事件**（神戸簡判昭50・2・20判時768号3頁）では、警察から追跡されていた高校生を教会に匿った牧師の行為について、牧会活動の「制約が、結果的に行為の実体である内面的信仰の自由を事実上侵すおそれが多分にあるので、その制約をする場合は最大限に慎重な配慮を必要とする」として、**正当業務行為**の成立が認められた。他方、**京都市古都保存協力税条例事件**（京都地判昭59・3・30行集35巻3号353頁）では、有償の宗教施設鑑賞

に対する課税が「有償で行う文化財の鑑賞という行為の客観的、外形的側面」に対するもので、負担も軽微なため信仰への抑止効果はないとされた。

　また、宗教的信念に基づいて行われた自己決定については、**自己決定権**の一つの現れとして、尊重されるべきだとされる（→第6章Ⅰ）。

> **判例**　★**エホバの証人輸血拒否事件**（最判平12・2・29民集54巻2号582頁）
> 　「エホバの証人」の信者である患者が、宗教上の信念による絶対的な輸血拒否の意思を伝えていたにもかかわらず、医師は手術の際に、救命に必要だとして輸血を行い、患者が宗教的人格権の侵害だと訴えた。最高裁は、「患者が、輸血を受けることは自己の宗教上の信念に反するとして、輸血を伴う医療行為を拒否するとの明確な意思を有している場合、このような意思決定をする権利は、人格権の一内容として尊重されなければならない」とした。そして、患者の意思と医師・病院の意思が対立する場合には、その旨を患者に説明した上で、手術を受けるか転院するかを患者の自己決定に委ねるべきとして、本件行為による患者の人格権侵害を認めた。

　信仰上の行為であることによる**法義務からの免除**の是非につき、**日曜学校事件**（東京地判昭61・3・20行集37巻3号347頁）では、教会の日曜学校に出席するため学校の日曜参観に出席しなかった児童の欠席取扱いが争われた。東京地裁は、宗教行事への参加を理由とした公教育への参加免除は宗教的中立性から好ましくなく、日曜参観の必要性、不利益の軽微さから、信教の自由を侵害しないとした。学説上は、憲法は宗教に対する配慮を求めており、個人の信教の自由を優先させるべきとの立場と、国の宗教的中立性を守るため、軽微な不利益は受忍すべきとする立場がある。しかし、信仰に基づく行為に配慮を行わないことが重大な不利益を招く場合には、裁判所も異なる判断を示している。

> **判例**　★**神戸市高専事件**（最判平8・3・8民集50巻3号469頁）
> 　争いを絶対的に禁じるという宗教上の理由から、必修科目である体育剣道実技への参加を拒否したことで、原級留置・退学処分を受けた学生が、当該処分は信教の自由を侵害するとして取消しを求めた。
> 　最高裁は、高等専門学校の体育で剣道実技が必須であるとは言い難く、代替的手

法によって教育目的を達成することは可能かつ実施にそれほどの困難がないことを指摘した。他方で学生の参加拒否は信仰の核心と密接に関連し、処分の不利益もきわめて大きいことから、たとえ学校側の措置が信教の自由を直接制約するものではないとしても、原告らの宗教上の信念に配慮することが求められ、代替措置を考慮せず行った原級留置・退学処分は裁量権の範囲を超える違法なものであるとした。

（**2**）　宗教的結社の自由の制約　　オウム真理教解散命令事件（最決平 8・1・30 民集50巻 1 号199頁→本章 V）では、大量殺人目的のサリン製造・使用等を理由とした、宗教法人の解散命令が合憲とされている。

　また、宗教団体内部の紛争に裁判所がどこまで介入できるのかは、宗教的結社の自由と同時に、司法権の限界とも関わる（→第15章 Ⅲ）。団体の自律的決定を尊重すべきとする学説もあるが、**蓮華寺事件**（最判平元・9・8 民集43巻 8 号889頁）や**日蓮正宗管長事件**は、司法権行使それ自体を拒否している。

判　例　★日蓮正宗管長事件（最判平 5・9・7 民集47巻 7 号4667頁）

　本件は、日蓮正宗門下の僧侶らが、現法主は「血脈相承」を受けていないとして、宗教法人の代表役員の地位にないことの確認を求めた訴訟である。教義上の最高位である法主は、宗教法人の代表役員の地位を兼ねており、法主の地位は「血脈相承」により受け継がれるとされていた。1 審（静岡地判昭和 58・3・30 下民集34巻 1 = 2 = 3 = 4 号329頁）は、法主就任の事実を判断するには「血脈相承」の意義を明らかにする必要があるが、これは宗教上の教義の解釈であり、**裁判所法 3 条**の「**法律上の争訟**」には当たらないとして却下し、2 審（東京高判昭 60・11・21 判時1173号14頁）は当事者適格ないし訴えの利益がないとして、1 審の結論を肯定した。

　最高裁は、「特定の者の宗教活動上の地位の存否を審理、判断するにつき、当該宗教団体の教義ないし信仰の内容に立ち入って審理、判断することが必要不可欠である場合には、裁判所は、その者が宗教活動上の地位にあるか否かを審理、判断することができず、その結果、宗教法人の代表役員の地位の存否についても審理、判断することができないことになるが、この場合には、特定の者の宗教法人の代表役員の地位の存否の確認を求める訴えは、裁判所が法令の適用によって終局的な解決を図ることができない訴訟として、裁判所法 3 条にいう『法律上の争訟』に当たらない」とした。

4　政教分離

（**1**）　**政教分離の類型**　⇨政治と宗教の関係は、各国の歴史的背景の違い
から様々である。大きく区分すると、①**国教制度**をとるが他の宗教への寛容を
認める（イギリスなど）、②政治と宗教それぞれに固有の領域を認め、重なり合
う部分は政教条約により調整する（ドイツ・イタリアなど）、③政治と宗教を厳
格に分離する（アメリカ・フランスなど）という3類型に分けることができる。
日本は③にあたるが、実際には緩やかな分離になっているとの批判がある。

（**2**）　**法的性格**　政教分離は、信教の自由の間接的保障を目的とした**制度
的保障**の規定であるというのが判例（**津地鎮祭訴訟**→本項（**4**））・通説の理解で
ある。したがって、政教分離違反の状態が生じただけでは個人の権利利益の侵
害は存在せず、**住民訴訟**などの**客観訴訟**によらなければ訴えられない（→第15
章Ⅲ、Ⅵ）。判例・通説への批判として、主観訴訟が困難となること、制度的保
障という理解が緩やかな分離に繋がることから、政教分離をそれ自体人権と解
すべきとの有力少数説がある。これに対しては、規定の文言や権利主体の不明
確さから人権規定と解釈することは困難であり、また制度的保障であることと
厳格な分離の両立は可能であるとの反論がなされている。

（**3**）　**日本の政教分離**　憲法20条1項後段は、宗教団体が国から**特権**を受
けることや政治上の権力を行使することを禁じ、3項は国およびその機関によ
る宗教教育等の宗教的活動を禁じている。また89条は宗教上の組織団体に対す
る公金支出を禁じている。20条1項後段や89条は、20条3項との関係で議論さ
れることが多かったが、**空知太神社訴訟**を受けて、これらの条項がもつ固有の
意味に注目が集まっている（→本項（**5**））。

> ＊　特権の最たるものは**国教**とされることだが、宗教団体であることを理由とした便益供
> 与も特権となる。宗教法人の**課税減免措置**については違憲説もあるが、公益活動の一つ
> として宗教を扱うにとどまり、合憲と考えられている。また、1項後段の「政治上の権
> 力」とは、徴税権や警察権の行使など、公権力が独占する統治権を指すとされる。

これまで多くの事案で問題となったのは、3項の国等による宗教的活動の
禁止である。厳格分離を徹底すれば、国と宗教とのあらゆる接触が禁じられ

ようが、国が多種多様な活動を行う中でこのような形式的分離は困難なため、国の活動が宗教的に中立であることが憲法上の要請だと考えられるようになった。そうすると、いかなる関与が宗教的中立性の侵害となるのかの基準が必要となる。そのような基準を定めたのが、**津地鎮祭訴訟**であった。

（4）　政教分離違反の判定基準

> **判　例**　★津地鎮祭訴訟（最大判昭52・7・13民集31巻4号533頁）
>
> 　三重県津市が、市立体育館起工式の際、神官が主宰した地鎮祭による工事安全の祈願を行い、公金を支出した。この支出が、憲法20条3項が禁じる「宗教的活動」にあたるとして**住民訴訟**が提起された。2審（名古屋高判昭46・5・14行集22巻5号680頁）は、「宗教上の施設外で行なわれた本件地鎮祭が宗教的行為か、習俗的行為であるかを区別する客観的な基準として、「（イ）当該行為の主宰者が宗教家であるかどうか　（ロ）当該行為の順序作法（式次第）が宗教界で定められたものかどうか　（ハ）当該行為が一般人に違和感なく受け容れられる程度に普遍性を有するものかどうか」の3点を挙げた上で、本件地鎮祭は宗教的行為であり、市による地鎮祭の挙行は憲法で禁じられる「宗教的活動」にあたるとした。
>
> 　最高裁は、政教分離は、国家と宗教との分離を制度として保障することで間接的に信教の自由を確保する制度的保障の規定であるとした上で、国家と宗教との完全分離は実際上不可能に近く、社会生活上の不合理を招くとした。そのため、宗教と国家の関わり合いが禁じられるのは、当該行為の目的と効果にかんがみて「相当とされる限度を超える」場合であり、「当該行為の目的が宗教的意義をもち、その効果が宗教に対する援助、助長、促進又は圧迫、干渉等になるような行為」が、20条3項の「宗教的活動」に該当するとした。また、これを判断する際には、行為の外形的側面だけでなく、当該行為者の意識や、行為によって一般人が受ける影響等を考慮し、社会通念に従って客観的に判断すべきとした。結果、目的は工事の平穏という世俗的なもので、宗教に対する援助等の効果もないとされた。

⇨津地鎮祭訴訟は、①政教分離の規定が**制度的保障**であること、②政教分離違反か否かを、国家行為の目的および効果を勘案して判断すること（**目的・効果基準**）を明らかにした。その結果、宗教的行為ではあるが、憲法20条3項が禁じる「宗教的活動」に該当しないものが存在することとなる（ただし、そのような行為であったとしても、宗教上の行為などへの参加を強制されないとする同条2

項に基づいて参加を拒否できることを、同判決は認めている）。

　自衛官合祀訴訟（最大判昭63・6・1民集42巻5号277頁）では、殉職自衛官の靖国神社合祀申請を行った隊友会に対する自衛隊地方連絡部職員の協力行為が、宗教的人格権の侵害および政教分離違反であるとして自衛官の妻が訴えたが、最高裁は、「静謐な宗教的環境の下で信仰生活を送るべき利益」の権利性を否定し、地連職員の行為も単なる協力であって宗教的行為にはあたらないとした。地蔵像設置のための公有地無償貸与（大阪地蔵像訴訟＝最判平4・11・16判時1441号57頁）、公有地にあった忠魂碑の移転費用支出および移転先公有地の無償貸与（箕面市忠魂碑訴訟＝最判平5・2・16民集47巻3号1687頁）についても、目的・効果基準に照らして宗教的行為ではないとした。箕面市忠魂碑訴訟では、市長の公務としての慰霊祭参列についても政教分離違反が争われたが、最高裁は参列が「社会的儀礼」であるとして、目的・効果基準に照らして合憲とした（新天皇の即位に際して行われる儀式である大嘗祭（最判平14・7・11民集56巻6号1204頁）、抜穂の儀（最判平14・7・9判時1799号101頁）への参列についても同様に判断）。

　しかし、**愛媛玉串料訴訟**では、最高裁は目的・効果基準を用いつつ違憲の結論を導いており、**精神的自由**の領域で初の違憲判決として注目を集めた。

判　例　★愛媛玉串料訴訟（最大判平9・4・2民集51巻4号1673頁）

　愛媛県が、靖国神社の例大祭に際して玉串料を、護国神社に供物料を公金支出したことが、政教分離違反だとして住民訴訟で争われた。

　最高裁は、目的につき、「一般人が本件の玉串料等の奉納を社会的儀礼の一つにすぎないと評価しているとは考え難い」として宗教的意義を認めた。また効果につき、他の宗教団体が行う同種の儀式には支出していないことから、本件支出は「一般人に対して、県が当該特定の宗教団体を特別に支援しており、それらの宗教団体が他の宗教団体とは異なる特別のものであるとの印象を与え、特定の宗教への関心を呼び起こすもの」であり、「特定の宗教に対する援助、助長、促進となる」として、憲法20条3項、89条違反を認めた。

　また、**空知太神社訴訟**では、神社敷地としての市有地無償貸与が憲法20条1項後段および89条違反とされた。注目すべき点として、①宗教的行為の禁止

（20条3項）には触れず、信教の自由と憲法89条との関係を直接の問題としたこと、②89条に反する便宜供与は宗教団体への特権付与禁止（20条1項）にも該当すると判断したこと、③その判断にあたって、目的・効果基準に触れず、総合的判断によるとしたことが挙げられる。

> **判　例**　★空知太神社訴訟（最大判平22・1・20民集64巻1号1頁）
>
> 　北海道砂川市の町内会が市から市有地の無償貸与を受け、当該土地に市からの補助金で町内会が建設した会館に「神社」の表示を行い鳥居や祠等を設置していたことにつき、市の行為が政教分離違反であるとして住民訴訟が提起された。
>
> 　最高裁は、宗教的施設の敷地としての国公有地無償貸与は、憲法89条との抵触が問題となるとした上で、「当該宗教的施設の性格、当該土地が無償で当該施設の敷地としての用に供されるに至った経緯、当該無償提供の態様、これらに対する一般人の評価等、諸般の事情を考慮し、社会通念に照らして総合的に判断すべき」とし、本件では「市と本件神社ないし神道とのかかわり合いが、我が国の社会的、文化的諸条件に照らし、信教の自由の保障の確保という制度の根本目的との関係で相当とされる限度を超える」として、憲法89条および20条1項後段に違反するとした。
>
> 　一方で、現状の違憲性を解消する手段を検討するにあたっては、土地の無償貸借に至った経緯や、物件の撤去により地域住民等の宗教的活動に与える影響を考慮する必要があるとして、神社物件の撤去及び土地明け渡し以外の方法により現状の違憲性を解消する方策の存否につき、原審に差し戻した。再上告審（最判平24・2・16民集66巻2号673頁）では、会館から「神社」の表示を外した上、祠を鳥居近くに移設してそれら施設が存する土地を有償（約3万5千円／年）で貸与するとの案を、「違憲性を解消するための手段として合理的かつ現実的なもの」として、物件の撤去及び土地明け渡しの請求を棄却している。
>
> 　空知太神社訴訟と同日に判決が出された**富平神社訴訟**（最大判平成22・1・20民集64巻1号128頁）では、無償貸与の市有地を神社に利用していた町内会に対する当該土地の無償譲渡につき、本件土地譲渡の目的が、市による無償貸与が特定宗教への特別の便益供与と評価されるおそれの解消であり、当該市有地がもともと町内会の前身団体から寄附されたものだったとの経緯を考慮して、合憲とされた。

> **判　例**　★那覇孔子廟訴訟（最大判令3・2・24民集75巻2号29頁）
>
> 　儒教の祖である孔子等を祀った施設を設置するための都市公園敷地使用許可にあ

たり使用料の全額免除を一般社団法人に認めたことが政教分離違反だとして、住民
訴訟が提起された（当該法人が参加人として訴訟参加）。最高裁は、施設外観や行
われる儀式の内容から当該施設には軽微と言えない宗教性があること、観光資源や
歴史的価値の側面から無償提供の必要性および合理性を裏付けることはできず、参
加人が受ける利益が相当に大きいこと等の「事情を考慮し、社会通念に照らして総
合的に判断すると、本件免除は、市と宗教との関わり合いが、我が国の社会的、文
化的諸条件に照らし、信教の自由の保障の確保という制度の根本目的との関係で相
当とされる限度を超える」とした。

　空知太神社訴訟以後の最高裁判決として、**白山ひめ神社訴訟**（最判平22・7・
22判時2087号26頁）は、神社の大祭にあわせて神社の関連団体が挙行した式典
に市長が出席して祝辞を述べることは、地元の観光資源としての団体に対する
社会的儀礼の範囲内であるとした。同判決では、行為の目的と効果についての
検討は行われているものの、やはり基準としての明示は行われていない。
　学説上は、厳格な運用を前提に目的・効果基準を肯定する説が通説的だが、
国自身の行為については目的・効果基準は適用されないとの説、国と宗教の完
全分離の不合理性が証明されない限り違憲とすべきとの説もある。空知太訴訟
を受けて、同判決が示した総合的判断の射程や、目的・効果基準との関係につ
いて、様々な学説が主張されている。
　（**5**）　**内閣総理大臣の靖国神社参拝**　　1985年に中曽根**内閣総理大臣**が行っ
た靖国神社**公式参拝**に対する訴訟で、2つの高裁判決（大阪高判平4・7・30判
時1434号38頁、福岡高判平4・2・28判時1426号85頁）が、請求を棄却したものの憲
法上の疑義を示し、特に大阪高裁は強い違憲の疑いを示した（関西靖国訴訟）。
また内閣総理大臣の靖国神社公式参拝を求める県議会決議に関わる支出等が争
われた**岩手靖国訴訟**2審判決（仙台高判平3・1・10行集42巻1号1頁）も、判決
理由中で公式参拝を政教分離違反としている。
　小泉内閣総理大臣による2001年以降の靖国神社参拝に対しても、各地で違憲
訴訟が提起された。下級審はいずれも請求を認めなかったが、判決理由の中で
政教分離違反とした判決（福岡地判平16・4・7判時1859号125頁、大阪高判平17・

9・30訟月52巻9号2979頁）もあり注目された。しかし、最高裁（最判平18・6・23判時1940号122頁）は、2001年8月の参拝につき、参拝行為は他人の信仰に圧迫干渉を加えるものではないため、たとえ内閣総理大臣の地位にある者が参拝したことで自己の信条・宗教上の感情が害され不快の念を抱いても損害賠償の請求はできないとして、憲法判断を行わなかった。地方公共団体における住民訴訟のような訴訟類型が国については存在しないため、国の機関による政教分離違反を裁判上争うことは極めて困難となっている（→第15章Ⅵ、Ⅶ）。

Ⅶ　学問の自由

1　学問の自由の意味

　憲法23条は、「**学問の自由**は、これを保障する」と定める。学問は、真理の探究と知識の獲得を目的として理論的方法で自然・社会等の対象について研究する人間の精神活動をいい、社会の発展さらには**民主政**に資するものとされる。日本国憲法は、歴史的にみて権力側の方針に沿わない学説が弾圧を受けてきた（戦前の**滝川事件、天皇機関説事件**等）反省より、学問の自由を明文化した。

2　学問の自由の内容と制約

　⇨学問の目的は真理の探究にある。そのためには、**研究の自由**が必要である。そして、研究の成果がひろく社会の共有するところとなるには、**研究発表の自由**が保障されなければならない。さらに、判例は、大学には学問の自由の趣旨等に基づいて、**教授（教育）の自由**が保障されるとする。

　学問の自由も（内面的・外面的）**精神的自由**であり、**厳格審査**（→第5章Ⅲ）に付され、絶対的な保障を受けるわけではない。ヒト・クローン技術の研究が規制（ヒトに関するクローン技術等の規制に関する法律）を受けていることは、この点で議論になろう。また、教授の自由については、大学等の高等教育機関について歴史的に認められてきたことから、その他の小・中学校等の初等中等教育機関に認められるかについて、争われてきた。判例は、教授の自由と全国的

な教育水準の確保の要請を考慮して、「一定の範囲における教授の自由が保障される」とした（旭川学力テスト事件→第 9 章Ⅲ）。

*　**学術会議問題**では、内閣総理大臣が日本学術会議の推薦した会員の任命（日本学術会議法 7 条 2 項）を拒んだため、学問の自由、政治からの学問の自律性が問われる。

3　大学の自治

⇨さらに、**学問の自由**を保障する23条は、**大学の自治**も保障すると解されている。大学の自治とは、大学における教員等の人事、研究・教育内容の決定、学生の管理、予算の管理、施設の管理、および構内秩序の維持等をいう。判例は、「大学における学問の自由を保障するために、伝統的に大学の自治が認められている」とする（東大ポポロ事件）。学説も、学問の自由の保障と密接不可分の**制度的保障**として大学の自治をおおむね捉えている（→第 5 章Ⅰ・本章Ⅵ）。

> **判 例**　★東大ポポロ事件（最大判昭 38・5・22 刑集17巻 4 号370頁）
>
> 大学公認の学生団体「ポポロ劇団」が、大学の許可を得て構内の教室において、疑念がもたれていた列車転覆事件である松川事件を素材に演劇発表会を開催していた。学生の活動等の情報を収集するため潜入していた私服警察官らに対し、学生らが警察手帳の呈示を要求して暴行に及び、「暴力行為等処罰ニ関スル法律」違反に問われた。最高裁は、「大学における学問の自由を保障するために、伝統的に大学の自治が認められている」として大学の自治を認めたが、「学生の集会が真に学問的な研究またはその結果の発表のためのものではなく、実社会の政治的社会的活動に当る行為をする場合には、大学の有する特別の学問の自由と自治は享有しない」として、「本件の集会に警察官が立ち入ったことは、大学の学問の自由と自治を犯すものではない」と判示し、原審（無罪）を破棄差し戻した。

同判決は、構内秩序の維持について、大学の自治を狭く捉えた上で警察の活動を広く認めたが、学説の批判は強い。また、教員人事についても論争がある。大学からの教員人事の任命の申出を旧文部大臣（任命権者）が留保したことに対する**国家賠償**等請求事件で、大学の自治の観点から任命権者は大学の申出に羈束（拘束）されるが、「特段の事情」を認めて違憲ではないとする判決があ

る（**九大井上事件**＝東京地判昭 48・5・1 訟月19巻 8 号32頁）。

＊　国立大学法人法により、国の行政機関から法人化された旧国立大学は、学長等への権
限集中、教員以外の者の意思の介在等、大学の自治が問われている。

設　問

1　法定刑として長期 4 年以上が規定されている犯罪について、その共同遂行の
合意を形成することを、たとえば「共謀罪」という名の下に処罰対象とするよ
うな立法がなされた場合、そこにはどのような問題がありうるだろうか。また
それは、憲法19条、21条に反しないだろうか。

2　インターネット上の表現の自由は、より手厚く保障されるべきだろうか。そ
れとも広汎な制約が許容されるべきだろうか。放送と対比しつつ、またイン
ターネットの効用や問題点を踏まえつつ考えてみよう。

3　宗教儀式に用いる麻薬の所持・使用を処罰することは許されるか。

4　土曜日を休日とする宗教の信者である公務員が、上司の土曜出勤命令を拒否
したことを理由として処分することは可能か。

5　個人の尊重（憲法13条）あるいは生命倫理を根拠とするヒト・クローン研究
（クローン人間の作製・再生医療等）の規制は、違憲か。

参考文献

奥平康弘『なぜ「表現の自由」か』（東京大学出版会、1988）

石村善治『言論法研究Ⅰ～Ⅳ』（信山社、1992-93）

駒村圭吾『ジャーナリズムの法理』（嵯峨野書院、2001）

市川正人『表現の自由の法理』（日本評論社、2003）

松井茂記『マス・メディア法入門』〔第 5 版〕（日本評論社、2013）

熊本信夫『アメリカにおける政教分離の原則』〔増補版〕（北海道大学図書刊行会、1989）

平野武『政教分離裁判と国家神道』（法律文化社、1995）

小泉洋一『政教分離の法』（法律文化社、2005）

芦部信喜『宗教・人権・憲法学』（有斐閣、1999）

後藤光男『政教分離の基礎理論——人権としての政教分離』（成文堂、2018）

第8章 経済的自由

> **まとめ** 経済的自由は社会国家の現在においては全体として社会的拘束性を帯び、緩やかな違憲審査基準でその規制は審査され、合憲性の推定が働く。

■**目的二分論**
　自由国家的規制→中間的な審査（厳格な合理性の基準）
　社会国家的規制→明白性の原則（合理性の基準）
　※森林法違憲訴訟を契機に、このような二分論への批判も
■**海外旅行の自由**
　22条1項説……居住移転の自由の中に含まれる旅行の自由
　22条2項説……外国移住の自由の中の一時的な外国への移動の自由
　13条説……幸福追求権の一部（22条では保障されない）
■**「特別の犠牲」かどうかの判断**
　形式的基準（侵害行為が一般的か）で判断する立場
　実質的基準（侵害の程度が本質的なものか）で判断する立場（有力）
　形式的基準と実質的基準の両方を総合判断する立場
■**正当な補償**
　完全補償説……収用される財産の客観的にもつ価値を補償するべき
　相対補償説……収用の際に必ずしも完全額の補償は必要ない

I　経済的自由総説

1　意　義

　西洋の中世社会はいわゆる**身分制**社会、領主が地方ごとに支配権を握ってい

る**封建社会**であった（人々は封建領主が治める土地に拘束され、多くは農奴として不自由な生活をしていた）。中世のある時期に商業ないし**貨幣経済**が発達してきたことによって、**商人**が生まれてきた。だが商人は、領地を通るごとに通行税を取られ、その結果、商品は元値から桁違いに高いものとなった。商業上の自由を欲する商人が頼りにしたのは**国王**であり、商人は国王の庇護の下で商業を行った。国王は商人が生み出した財を手にして強大な権力を握り、**絶対王政**国家を誕生させ、必然的に**重商主義**政策をとった。

だが、経済の発展に伴って富を蓄積していった商人をはじめとする**市民**は、旧来勢力であった国王その他と争い、**市民革命**に勝利して経済活動の自由を手にした。結果、近代では自由な経済活動は重要なものと考えられたのである。

しかし、近代において、行き過ぎた**経済的自由**が**貧富の差**や**独占・寡占**を生み、1929年に代表される**恐慌**の発生や、その対処としての**ケインズ経済学**の経済政策が「発明」された。現代では、**資本主義国家**でも経済的自由は法律による広範な規制に服するべきであると考えられるようになっている。

2　司法審査基準

⇨**精神的自由**、特に**表現の自由**の**優越的地位**があり（→第7章）、それを制約する立法の場合、**裁判所**は**厳格審査**で臨む。経済的自由は精神的自由と対比される権利となり、裁判所からそれほど手厚く保護されないものとされた。つまり経済的自由を制約する立法に対しては、裁判所は**政治部門**の判断を尊重して緩やかな審査（**合理性の基準**）を行うことを原則とされる。このように、経済的自由の制約を**政治部門**が広く**裁量**で行えるということは、歴史的にも（→本章Ⅰ**1**）理論的にも正当化できるのである（ただし、強い批判もある）。

> ＊　批判は主に以下のようなものである。表現行為を中心とした精神活動による**自己実現**しかありえないわけではなく、経済活動によっても自己実現が図られる。**思想の自由市場論**という観点からいえば、自由市場論がもともとは経済の世界で唱えられたものであり、経済について妥当しない理由はない。また、**営利的表現**や新聞の販売など、精神活動と経済活動の結びつきは多々あり、精神的自由と経済的自由を**民主主義**プロセス論で簡単に切り分けることができない（→本章Ⅱ**1**）。

　しかし、通説は、すべてに緩やかな審査が妥当するというわけではなく、経済規制を**自由国家**的規制と**社会国家**的の規制とに分けて考えるべきだとしている。前者は自由国家的**公共の福祉**に基づく制約で、生命・安全を根拠とした規制であり、以前から**警察的規制**と呼ばれてきたものである。後者は社会国家的公共の福祉に基づく制約で、**福祉国家理念**の下、経済の調和的発展や社会的経済的弱者保護のための規制であり、警察的規制を超えた**政策的規制**である。

　⇨通説は、両者の**司法審査基準**は異なるものと考えている。自由国家的規制に対しては、裁判所が規制の必要性や合理性を問い、立法事実に基づく審査を行う**中間審査**基準（**厳格な合理性の基準**）を用いて審査するべきであるとする。これに対して、社会国家的規制には、裁判所は**明白性の原則**による審査（**合理性の基準**）を用い、つまり当該規制が一見して極めて明白に著しく不合理であって違憲と断ぜざるをえない場合を除いては合憲とすべきだ、としている。

　自由国家的規制について，社会国家的規制よりも厳格に審査すべき理由は、**行政法学**における警察比例の原則から説明される。だが、このような**規制目的二分論**に対しては、そもそもすべての規制は自由国家的規制と社会国家的規制に分けられない、生命・安全の保護を目的に規制をするのが自由国家的規制であればむしろそのような規制こそより政治部門の広範な裁量を認めて生命・安全の保護を図るべきである、などの強い批判もある（→本章III **1**）。

II　居住移転・国籍離脱の自由

　憲法22条1項は**居住移転の自由**を、2項は**国籍離脱の自由**を定める。

1　居住移転の自由および外国移住の自由

　居住移転の自由がなぜ経済的自由として語られるべきなのかは、中世からの歴史的事情による（→本章I **1**）。居住移転の自由は、自らがどこに生活の本拠を置くかを自由に決定し、そこに移動することやそこから移動することの自由をもその内容とする。さらにはこのような移動の自由から**旅行の自由**もその中

に含めて考えることができる。歴史的な背景をもって、移動の自由全体が経済活動と密接に結びつき、経済的自由として議論されるのである。

　⇨居住移転の自由に旅行の自由が含まれるため、**海外旅行の自由**の保障も問題となる。その根拠を、22条1項の居住移転の自由の中に含まれる旅行の自由に求める見解と、22条2項の**外国移住の自由**の中の一時的な外国旅行の自由に求める見解とがある。後者が通説といってよい（他に13条の**幸福追求権**からこの自由を導く見解もある）。一時的な外国旅行の自由があるということは再び日本国内に戻る自由、すなわち入国の自由があるということも導かれる。ただし、**在日外国人**の再入国の自由については争いがある（→第5章Ⅱ）。

　海外旅行の際には旅券（パスポート）を所持する必要がある。しかし旅券法13条1項は、**外務大臣**または領事官が一般旅券の発給などを拒否できる場合を定め、同項7号において「外務大臣において、著しくかつ直接に日本国の利益又は公安を害する行為を行うおそれがあると認めるに足りる相当の理由がある者」と定めている。最高裁はこれを違憲ではないと判断している。

判　例　★帆足計事件（最大判昭33・9・10民集12巻13号1969頁）

　原告は、サンフランシスコ講和条約発行前（占領下）にソ連で開かれる国際会議への出席のために一般旅券の発給申請を行った。外務大臣が旅券法19条1項4号および同法13条1項5号（現7号）に基づいて旅券発給拒否処分を行ったために、国際会議に参加できなかった原告が損害賠償請求を行ったが、1審および2審で棄却されたため、最高裁に上告した。最高裁は、「憲法22条2項の『外国に移住する自由』には外国へ一時旅行する自由を含むものと解すべきであるが、」「公共の福祉のために合理的な制限に服するものと解すべきである」と判示し、上告を退けた。

　だが、この事件は国際経済会議という集会に出席をするための原告による旅券発給に対する拒否処分であったことからいって、経済的自由というよりもむしろ**精神的自由**の色彩を帯びていた。よって、より少し厳格な審査をすべきであり、**適用違憲**とすべきであったなどの批判も強い（ジャーナリストのイラク・シリアへの渡航に関する最決平30・3・15判例集未登載も参照→第7章Ⅴ）。

　＊　同様に、居住移転や海外移住など、精神的自由と結びついている場合、緩やかな審査

基準がふさわしいとは思われず、より厳格な審査が必要であるという主張も根強い。

2　国籍離脱の自由

　憲法10条は「日本国民たる要件は、法律でこれを定める」として、**国籍**の取得については法律に委任している（ただし、完全な**白紙委任**ではないと考えられる）。これに対して、22条2項は**日本国籍離脱の自由**を認めている。だが、この自由は**無国籍**になる自由を含むものではない。**国籍法**も「日本国民は、自己の志望によつて外国の国籍を取得したときは、日本の国籍を失う」（11条1項）と定め、**国籍唯一の原則**に基づき、日本国籍からの離脱は外国籍の取得が前提であることを示している（東京地判令3・1・21訟月68巻2号77頁）。

Ⅲ　職業選択の自由・財産権

1　職業選択の自由

　中世**身分制社会**では人々は自らの職業を自由に選択することができなかったとされている。中世の人々にはその親から受け継いだ仕事に従事することが求められていた。しかし、都市の発達とともに人々はより自由な世界を求めて、都市へと移住するようになっていった。「都市の空気は自由にする」という言葉の通り、人々は都市に定住することで、自ら自由に職業を営むことができるようになったのである。そして**絶対王政**から**市民革命**の時期を経て、**移動の自由**が確立すると、人々は完全にそれぞれの土地から解放され、職業を自由に選択することができる存在となることができたのであった。このように**職業選択の自由**もまた、近代において確立した重要な権利だということができる。

　このような事情から職業選択の自由は**経済的自由**の一つとされている。この自由は自らの行う職業を自らで決定する自由を意味し、そのような選択を行った職業を遂行する自由、つまり**営業の自由**も含まれる。自由な営業活動は財産権の行使でもあり、29条の**財産権**とも密接な関わりがある権利である。

　ところが、近代から現代への移行に伴い、職業選択の自由もまた、社会的拘

束性を伴う自由へと変貌していく。そのため、職業活動に対する種々の規制が必要となり、**届出制**、登録制、**許可制**、**免許制**（**白タク営業事件**＝最大判昭 38・12・4 刑集17巻12号2434頁参照）、資格制（**医事類似行為禁止判決**＝最大判昭 35・1・27 刑集14巻 1 号33頁参照。医師以外のタトゥー施術を無罪とした最決令 2・9・16 刑集74巻 6 号581頁も参照）、特許制などがとられる。国家独占の必要や公序良俗違反などのため、私人による営業がおよそできないものもある。

　職業選択の自由もまた経済的自由として一般には観念されるため、違憲審査基準は、立法目的が正当であり、手段は目的達成のために合理的な関連性を有していればよいとする緩やかな審査（**合理性の基準**）が妥当だと考えられている（西陣ネクタイ訴訟＝最判平 2・2・6 訟月36巻12号2242頁、農作物共済への当然加入制についての最判平 17・4・26 判時1898号54頁参照）。ただし、職業選択の自由は職業遂行の自由に比べて人格関連性が強いとして、より厳格な審査を求める見解もある（医薬品のネット販売を規制する施行規則は新薬事法の委任の範囲を逸脱したとした最判平 25・1・11 民集67巻 1 号 1 頁、タクシー運賃の公定幅枠内への変更命令を裁量権の逸脱・濫用とした大阪高決平 27・1・7 判時2264号36頁などもある）。

　判　例　★小売市場距離制限事件（最大判昭 47・11・22 刑集26巻 9 号586頁）

　　過当競争防止のため小売市場間に**距離制限**が設けられ、その営業は**許可制**となる中、無許可で小売市場を建設・経営したことから 1・2 審で有罪となった被告人は、当該規制は憲法22条 1 項に違反するなどとして上告した。最高裁は、「個人の経済活動の自由に関する限り、」「**社会経済政策**の実施の一手段として、これに一定の合理的規制措置を講ずることは、もともと、憲法が予定し、かつ、許容するところと解するのが相当であり、国は、積極的に、国民経済の健全な発達と国民生活の安定を期し、もつて社会経済全体の均衡のとれた調和的発展を図るために、立法により、個人の経済活動に対し、一定の規制措置を講ずることも、それが右目的達成のために必要かつ合理的な範囲にとどまる限り、許されるべきであ」り、「裁判所は、立法府の右裁量的判断を尊重するのを建前と」するとして、上告を退けた。

　判　例　★薬局距離制限事件（最大判昭 50・4・30 民集29巻 4 号572頁）

　　薬事法は、薬局の適正配置のために距離制限を行い、薬局開設に許可制を敷いて

いた。原告は、この距離制限に該当するという理由で不許可処分を受けたため、この規制が憲法22条 1 項違反しているなどとして出訴した。最高裁は、「適正配置規制は、主として国民の生命及び健康に対する危険の防止という消極的、警察的目的のための規制措置であ」るが、「距離制限は、不良医薬品の供給の防止等の目的のために必要かつ合理的な規制を定めた」とはいえないとして、違憲判断をした。

⇨この 2 判決から、学説は、**自由国家的規制**と**社会国家的規制**とで裁判所の審査のあり方が異なるという、**規制目的二分論**を展開した（→本章 I **2**）。1955年の**公衆浴場距離制限事件**判決も、距離制限を自由国家的規制としている。

> **判 例**　★公衆浴場距離制限事件（最大判昭30・1・26刑集 9 巻 1 号89頁）
>
> 　公衆浴場にも**距離制限**があり、営業は許可制であった。公衆浴場を無許可で営業し、1・2 審で有罪となった被告人は、当該許可制や距離制限が憲法22条 1 項の保障する職業選択の自由を侵害するとして上告した。最高裁は、公衆浴場「の濫立により、浴場経営に無用の競争を生じその経営を経済的に不合理ならしめ、ひいて浴場の衛生設備の低下等好ましからざる影響を来たすおそれなきを保し難」く、「公衆浴場の設置場所が配置の適正を欠き、その偏在乃至濫立を来たすに至るがごときことは、公共の福祉に反するものであ」るので、当該規制は違憲ではないとした。

⇨ただ、最高裁が今もこの二分法をとっているかは、微妙である。最高裁は、1989年の**公衆浴場距離制限事件**（最判平元・1・20刑集43巻 1 号 1 頁）では、1955年から法律自体に変更がないにもかかわらず、社会国家的規制のように議論した。しかも、同じ年の別の判決はこのような二分法によらず、合憲判断を導いている（最判平元・3・7 判時1308号111頁）。加えて、**酒類販売免許訴訟**（最判平 4・12・15民集46巻 9 号2829頁）では、**サラリーマン税金訴訟**（最大判昭60・3・27民集39巻 2 号247頁→第 6 章Ⅲ）を引用しつつ、**租税**がいずれの規制目的に該当するのかを判示することなく、これを合憲としているからである。

　＊　判例は、立法目的が何かについては条文の変更の有無に関わりなく、その時代の立法事実からみようとしている。法律制定時だけでなく、現行の**立法事実**について配慮する必要があるという判例の見解には首肯できる部分もある。

2　財　産　権

　財産権もまたも経済的自由の一つである。財産権は、**自由国家**では神聖不可
侵の権利として考えられたが、**社会国家**では社会的拘束性をもった権利と観念
されている。1919年成立の**ワイマール憲法**では「**所有権**には義務を伴う」と定
められ、さらに世界恐慌を経て、アメリカでも財産権が様々な社会的な制約を
受けるものと考えられるようになった。このような歴史的・比較憲法的な視点
から、日本国憲法上の財産権についても同様に考えることができる。

　財産権は、公法上・私法上を問わず、「すべての財産的価値を有する権利」
を指すとされている。このため、**民法**の定める所有権などの物権ばかりでなく、
知的財産権や水利権、河川利用権なども憲法上の財産権に含まれる。また、29
条の規定は**私有財産制度**も保障する**制度的保障**規定でもあるとされている。

　このように29条は、個々の財産権を保護するとともに私有財産制度という制
度をも保障しているとされているが、個々の財産権についても、その財産権が
現在あるような状態をそのままにするよう保護するという保障のあり方と、そ
の財産権のもつ価値を保護するという保障のあり方とがある、と考えられる。
前者を現状保障と呼び、後者を価値保障と呼ぶ。ただ、通説が現状保障を「財
産的価値を有する権利」と定義をしたように、それに対する考察はあまりなさ
れていない。

　（1）　財産権の保障と制約　　29条 2 項は「財産権の内容は、公共の福祉に
適合するやうに、法律でこれを定める。」とある。財産権は法律による裏付け
なしには成立しない権利である。しかし、そう考えると、29条 1 項で財産権の
不可侵性を定めていることと整合性がとれなくなる危険性があり、法律を前提
としない財産権を観念する必要があるように思われる。一般には、財産権の内
容を**公共の福祉**に適合するように法律で定めるとは、財産権が公共の福祉に
よって制限されるという意味に捉えられている。社会的拘束性をもった権利と
して観念されている現在、財産権は広汎に規制されうる権利と考えられている
（短期売買差益返還請求訴訟＝最大判平 14・2・13民集56巻 2 号331頁、区分所有法70
条を合憲とした最判平 21・4・23判時2045号116頁も参照）。

　また、財産権は経済的自由の一つと考えられること、社会的拘束性を持った権利であることから、その**司法審査基準**も経済的自由の下で一括できるため、原則として緩やかな審査（**合理性の基準**）と解されている。財産権を規制する立法や政府行為は、その目的が正当であり、手段は目的達成のために合理的な関連性を有していれば合憲であると考えられている。

> **判 例**　★奈良県ため池条例事件（最大判昭 38・6・26 刑集17巻 5 号521頁）
>
> 　奈良県ため池**条例**は、ため池の堤とう(てい)に農作物を植えたり工作物を設置したりする行為、ため池の破損又は決壊の原因となる行為を禁止し、違反者を処罰する。農民の総有で、代々耕作の対象であったため池の堤とうで耕作を続けた被告人は、2審では逆転無罪となったが、最高裁は、「本件規制は、ため池の堤とうを使用する財産上の権利を有する者に対しては、財産上の権利に著しい制限を加えるものだが、」「災害を未然に防止するという社会生活上の已むを得ない必要から来ることであつて、ため池の堤(ママ)とうを使用する財産上の権利を有する者は何人も、公共の福祉のため、当然これを受忍しなければならない責務を負うというべきであ」り、「憲法、**民法**の保障する財産権の行使の埒外にある」などと判示して、有罪とした。

> **判 例**　★森林法違憲訴訟（最大判昭 62・4・22民集41巻 3 号408頁）
>
> 　**民法**では**共有物**についての**分割請求権**は認められているが、**森林法186条**では、森林の共有者については共有持分が過半数でなければ分割請求権を行使できなかった。このため、持ち分権 2 分の 1 ずつを有する兄弟は、ともに共有林の分割請求ができなかった。最高裁は、「共有の場合にあつては、持分権が共有の性質上互いに制約し合う関係に立つため、」「共有者に共有物の分割請求権を保障している」が、「共有物分割請求権は、各共有者に近代市民社会における原則的所有形態である単独所有への移行を可能ならしめ、右のような公益的目的をも果たすものとして発展した権利であり、」「分割請求権を共有者に否定することは、憲法上、財産権の制限に該当し、かかる制限を設ける立法は、憲法29条 2 項にいう公共の福祉に適合することを要するものと解すべきところ、共有森林はその性質上分割することのできないものに該当しないから、共有森林につき持分価額 2 分の 1 以下の共有者に分割請求権を否定している森林法は、公共の福祉に適合するものといえないときは、違憲の規定として、その効力を有しない」として、森林法186条を違憲とした。

⇨このように、財産権の問題であっても、やはり**規制目的二分論**が用いられていない判決もあり、最高裁は目的二分論を貫いているわけではないのかもしれない。学界でも、規制目的二分論をとらずに一律に緩やかな合理性の基準を適用すべきという見解や、逆に経済規制に対する**司法審査基準**を総じて**中間審査**とする見解、規制目的二分論を発展的に解消してさらに第3の領域を設けようという見解など、多様な見解が主張されるようになっている。

（2）　私有財産の収用　　29条3項は「**私有財産**は、**正当な補償**の下に、これを公共のために用ひることができる」と定めている。道路・鉄道建設などの**公共事業**の際に、一定範囲の土地を有償で強制的に買い上げる場合がその典型である。しかし、実際には単なる規制であっても**収用**に匹敵すると認定され、「正当な補償」を必要とする場合があることに留意する必要がある。

> ＊　生命・身体侵害の場合に、29条を勿論適用、**類推適用**する説もある（ほかに、13条説、25条説もある）。だが、**予防接種禍訴訟**（東京高判平4・12・18判時1445号3頁など→第6章Ⅱ）では、国の過失を認定して**国家賠償**を認めた。

「公共のために用ひる」の意味については、「公共のために」という点と「用ひる」という点との両方を考察する必要がある。まず、「公共のために」を狭く解し、その公共性を強く求めるという見解がありうる。このように解する場合には、特定私人に利益となるような収用は許されないということになろう。これとは逆に、「公共のために」を広く解して、最終的に特定私人の利益になるような場合でも、公共の利益の実現手段としてなされている場合には、収用を認めるという見解がある。現在では、後者の見解が通説・判例（最判昭29・1・22民集8巻1号225頁）となっている。

次に「用ひる」の意味であるが、これを厳格に財産の移転性を要するとする見解がある。このように解する場合には、財産の実際の移転がない場合には**収用**とは考えられず、「正当な補償」の支払いは少なくとも憲法上は必要としないということになろう。これに対して、通説は、「用ひる」の意味を緩やかに解して、実際に財産の移転がなくとも一定の制限については「用ひ」たことになるとしている。このように解する場合、どのような規制であれば補償を要す

るのかという、規制的収用に関する法理が必要となろう。

　補償の要否の基準としては、当該規制が**特別の犠牲**にあたるかどうかという観点から検討されている。問題はこれを見分ける基準である。

　　　＊　　この基準として従来は警察制限と公用制限とで区別されると考えられてきた。すなわち、公共の安全秩序の維持という自由国家目的のために課せられる規制に対する補償は不要だが、公共の福祉の増進という社会国家目的のために課せられる規制に対しては補償が必要であるというのである。確かにこのような区別は一般的であろうが、必ずしも一対一に対応するものではなく、また、今日では警察制限と公用制限との区別は相対化・流動化しており、支持は失われている。

　今日、有力に主張されている基準の一つに、**内在的**（社会的）**制約**と、補償を要する**本質的制限**との区別がある。内在的制約は警察制限にとどまるものではなく、より広く捉えられている。この内在的（社会的）制約であるか否かを判断するにあたっては、侵害行為が一般的であるか否かという形式的基準で判断する立場と、侵害の程度が本質的なものであるか否かという実質的基準で判断する立場と、形式的基準と実質的基準の両方を総合判断する立場とがある。**損失補償**に関する学説としては、現在ではこのような立場が有力であるということができる。判例は、総合判断説をとっていると解されている（河川付近地制限令事件＝最大判昭 43・11・27 刑集22巻12号1402頁など）。

　⇨「正当な補償」の意味について、学説は大別すると、**完全補償説**と**相当補償説**に分けることができるが、折衷説も存在する。完全補償説は「正当な補償」とは収用される財産の客観的にもつ価値を補償するべきであると説くのに対して、相当補償説は相当または妥当な補償で足り、必ずしも完全額の補償は必要ないと説く。相当補償説は農地改革という、戦後のある特定時期の特別な場合に適用された考え方であり、現在ではほとんど支持されていない。判例は、**農地改革事件**（最大判昭 28・12・23 民集 7 巻13号1523頁）において相当補償説を採ったが、その後、**土地収用法事件**（最判昭 48・10・18 民集27巻 9 号1210頁）で、**土地収用法**の解釈としては、「収用の前後を通じて被収用者の財産価値を等しくならしめるような補償をなすべき」だと判示している（ただし、最判平 14・6・11 民集56巻 5 号958頁は相当補償説のようにも読める）。

＊　市営屠殺場廃止に伴い反射的利益を失った屠殺業者らへの支援金の支出を不適法とする判決（最判平 22・2・23 判時2076号40頁）もある。

⇨なお、規制的収用といえるにもかかわらず当該規制に補償規定が存在しなかった場合、法律が無効となるのか憲法上、補償請求訴訟をすることができるのかということが問題となる。この点、学説は一般に憲法上の**具体的権利**として補償請求権があり、29条3項を直接の根拠にして裁判所に訴訟を提起できると解している。河川付近地制限令事件など、判例も同様の立場である。

3　納税の義務

30条において憲法は、国民の**納税の義務**を定めている。それは、**経済的自由**の制約ではあるが、**国民主権**国家において、国民の納める税金で国家の存立を図ることを狙いとして、国民はその能力に応じて税金を納める義務を負うのは当然であることを明示したものである。それと同時に、この義務規定には「法律の定めるところにより」という文言が使われており、**租税法律主義**の一面を84条に重ねて述べているということができよう。

　設　問
1　過疎地での路線バス・鉄道の廃止は移動の自由の侵害ゆえに違憲か。
2　コロナ禍下での飲食店の営業制限は合憲か。その際、国が助成金を出さないことは違憲か、あまり適切でない政策というにとどまるか。

　参考文献
中村孝一郎『アメリカにおける公用収用と財産権』（大阪大学出版会、2009）
平良小百合『財産権の憲法的保障』（尚学社、2017）
篠原永明『秩序形成の基本権論』（成文堂、2021）

第**9**章　社　会　権

まとめ　社会権は、社会福祉国家理念に基づき、特に社会的経済的弱者のために、国に積極的行為を要求する権利である。違憲審査において、立法府・行政府の広い裁量権が認められる傾向にある。

■**生存権の法的性格**
　プログラム規定説（判例・伝統的通説）……国家に対する政治的道義的義務
　法的権利説：……抽象的権利説（多数説）……法律制定により権利が具体化
　　　　　　　：……具体的権利説……立法不作為の違憲確認訴訟提起可
■**教育を受ける権利の本質**
　生存権説（経済的権利説）（従来の通説）……経済的配慮を求める権利
　公民的権利説……主権者としての能力の養成
　学習権説（有力説）……人間的に発展・成長する権利
■**義務教育の無償の範囲**
　無償範囲法定説、授業料無償説（判例・通説）、修学費無償説（一切無償説）
■**労働基本権**
　団結権、団体交渉権、団体行動権（争議権）

I　社会権総説

⇨近代国家においては、**資本主義体制**の下、**貧富の差**が著しくなり、飢餓、疫病等の現象がみられ、国家が関与しなければ解決が望めない状態となった。そこで、20世紀になって、**社会国家理念**の下、実質的平等の要求から特に社会的経済的弱者を保護するために**社会権**が登場してきた（→第1章）。社会権は国に一定の行為を要求する権利であるが、公権力による不当な侵害の排除を裁判

所に請求できる**自由権**としての面をも有する。日本国憲法には、**生存権**（25条）、**教育を受ける権利**（26条）、**勤労権**（27条）、**労働基本権**（28条）が規定されている。

Ⅱ　生　存　権

1　憲法25条

憲法25条1項は、「健康で文化的な最低限度の生活を営む権利」すなわち生存権を保障している。この生存権の保障は社会権の中で原則的な規定であり、国民が人間的な生活を送る権利を有すると宣言したものである。

25条1項と2項の関係については、1項は生存権の目的・理念を規定し、2項は1項の趣旨を実現するための国の努力義務を規定したものであると解する一体論が一般に主張されてきた。しかし、1項は最低限度の生活保障、2項は、それを上回る「社会福祉、社会保障及び公衆衛生の向上及び増進」を謳うものとして、法的規範性に強弱を認める1項2項分離論も有力に主張されている。

生存権を具体化するものとして、生活保護法、児童福祉法、身体障害者福祉法、老人福祉法などの社会福祉立法、国民健康保険法、国民年金法、介護保険法、雇用保険法などの社会保険立法がなされ、社会保障制度が設立された。また、環境基本法、食品衛生法など公衆衛生も整備されている。しかし、その内容については不十分さが指摘されており、かつ、社会保険立法では負担増や給付減少の改正がなされるなど、厳しい情勢となっている。

生存権の自由権的側面（国民は健康で文化的な最低限度の生活を営む自由を有し、国家が不当に侵害した場合には、妨害排除請求できる）を侵害する可能性のあるものとして、生活困窮者の最低限度の生活を脅かすような課税制度や拠出制の保険制度がとられた場合などが挙げられる。課税最低限が低く設定されたため低所得者の生存権が侵害されているか問題となった**総評サラリーマン税金訴訟**（最判平元・2・7判時1312号69頁）において、最高裁は、**立法裁量**を広く認めて原告の主張を認めなかった。また、**旭川市国民健康保険条例事件**（最大判平

18・3・1民集60巻2号587頁）において、一時的に保険料負担能力を喪失した者については減免するが、恒常的な生活困窮者を減免対象としないことは著しく合理性を欠くものではないとして、憲法25条・14条違反でないとした。

2 法的性格

生存権の社会権的側面の法的性格について、議論がなされてきた。

⇨ **プログラム規定説**（伝統的通説）は、国家の政策目標を掲げ、それを実現させるべき政治的道義的義務を定めたにすぎず、国に法的義務を課したものではないとする。生存権の内容や実現方法が抽象的であること、生存権の実現には予算が必要であるが、その配分は国の財政政策上の問題として政府の裁量に委ねられていること、資本主義の下では生存権を具体的権利とする前提を欠くことなどを理由にしている。

法的権利説は、国民は、25条1項により生存権という法的権利を有すると解する。これは、さらに諸説に分かれる。**抽象的権利説**（多数説）は、この権利は抽象的なものであって、25条1項を直接の根拠として国の立法や行政の不作為を裁判で争うことはできない。しかし、法律の制定によって具体的な権利となり、その法律に基づく訴訟において、25条1項違反を主張することは可能であるとする。**具体的権利説**は、立法府を拘束し、法律が存在しない場合には国の不作為の違憲性確認訴訟を提起できると主張する。だが、両説の実際上の差異はそれほどない。具体的権利説も直接憲法を根拠とした給付請求訴訟までは認めておらず、また、今日、多くの社会保障関係法が制定されているので、法律とともに25条1項を主張すること、法律の違憲性を問題とすることは、抽象的権利説でも可能だからである。

> ＊ 抽象的権利説の中でも、生活保護法などの福祉立法の解釈指針として25条1項が機能し、法体系全体としては具体的権利が発生しているので、その水準の切り下げ（制度の後退）は違憲となるとする説（制度後退禁止原則論）（棟居快行）が主張されている。

3 判 例

健康で文化的な最低限度の生活水準の設定に関しては、その時の社会・経済

事情にかんがみ、財政事情も考慮に入れながら決定せざるをえないため、国の**裁量権**が広く認められる。しかし、完全な自由裁量ではなく、必要な給付の廃止、著しく低額な給付などの場合には、裁量の踰越・濫用になり違法違憲となる。これに対し、立法府に広い裁量を認めることに反対し、**司法審査基準**についても明白性の原則ではなく、より厳格な審査基準の採用を提唱する見解もある。

判　例　★朝日訴訟（最大判昭42・5・24民集21巻5号1043頁）

　　朝日茂は生活保護を受給していたが、実兄から月1500円の送金を受け取ることになったため、社会福祉事務所長は、生活扶助月額600円を控除した残り900円を医療扶助の一部自己負担額とした。原告は、この基準は健康で文化的な最低限度の生活水準を維持するのに足りず違法であると主張した。1審（東京地判昭35・10・19行集11巻10号2921頁）は、特定の国における特定の時点の健康で文化的な最低限度の生活水準は客観的に決定しうるので、保護基準の設定は羈束行為であるとし、本件変更処分は違法であるとしたが、控訴審（東京高判昭38・11・4行集14巻11号1963頁）はこれを取り消した。上告中に原告が死亡したため、養子が訴訟の承継を主張したが、最高裁は、生活保護受給権は「一身専属の権利であって、他にこれを譲渡し得ないし、相続の対象ともなり得ない」として承継を認めなかった。しかし、「なお、念のために」として傍論において、25条1項は、「すべての国民が健康で文化的な最低限度の生活を営みうるように国政を運営すべきことを国の責務として宣言したにとどまり、直接個々の国民に対して具体的権利を賦与したものではない」。健康で文化的な最低限度の生活の認定判断は、「厚生大臣の合目的的な裁量に委されており、」「政府の政治責任が問われることはあっても、直ちに違法の問題を生じることはない」。そして、本件の判断は、裁量権の逸脱・濫用とはいえないとした。

判　例　★堀木訴訟（最大判昭57・7・7民集36巻7号1235頁）

　　原告は全盲の視力障害者で、国民年金法に基づく障害福祉年金を受給していた。離婚後、児童扶養手当の申請をしたが、併給禁止規定に該当し受給資格を欠くという理由で却下された。控訴審は、2項は事前の積極的防貧施策の努力義務を、1項は救貧施策の責務を宣言し、前者については広い裁量権を認めるという、独自の1項2項区分論を採用した上で、併給禁止規定は前者にあたると位置づけて合憲とした（大阪高判昭50・11・10行集26巻10・11号1268頁）。最高裁は、具体的な立法措

置の選択決定について立法府の広い裁量を認め、「著しく合理性を欠き明らかに裁
量の逸脱・濫用」の場合に限り、審査判断するとした。

＊　併給禁止規定は1973年廃止後、1985年に復活。現在は差額が支給されている。

　1988年改正前の国民年金法では、20歳以上60歳未満の者は強制加入であった
が、学生は例外的に任意加入であった。20歳以上の在学中に障がいを負ったが
任意加入していなかったために、障害年金の支給が認められなかった原告が、
不支給決定の取消などを求めた**学生無年金障害者訴訟**（最判平19・9・28民集61
巻6号2345頁）において、最高裁は、堀木訴訟を引用して立法府の広い裁量権
を認め、「著しく合理性を欠くということはできず」、憲法25条、14条に反しな
いとした（すでに発生した無年金障害者については、2004年に制定された「特定障害
者に対する特別障害給付金の支給に関する法律」で救済が図られた）。

　夫婦で老齢福祉年金を受給する場合に、夫婦受給制限により一部支給停止決
定されたことが争われた**牧野訴訟**（東京地判昭43・7・15行集19巻7号1196頁）に
おいて、地裁は「差別すべき合理的理由は認められない」として、受給制限条
項を憲法14条に違反し無効とした（1969年、夫婦受給制限条項は削除された）。

　生活保護費を源資とする預貯金を有するため、その一部を資産として収入認
定して行った保護費減額処分が問題となった**秋田生活保護費貯金訴訟**（秋田地
判平5・4・23行集44巻4＝5号325頁）で、地裁は変更処分を違法無効とした。ま
た、生活保護費から子の高校進学のための学資保険の満期払戻金を、収入認定
して行った保護費減額処分が問題となった**福岡市学資保険訴訟**（最判平16・3・
16民集58巻3号647頁）で、最高裁は、「高校進学は自立に有用」で、費用を蓄
える努力は「法の趣旨目的に反しない」として、減額処分を違法とした。

　生活保護基準中の老齢加算が段階的に減額・廃止されたことが、憲法25条1
項、生活保護法に違反しないか争われた（最判平24・2・28民集66巻3号1240頁）。
最高裁は、最低限度の生活の具体化に関する判断の過程および手続における、
過誤・欠落の有無などの観点から、また、廃止に際し激変緩和等の措置をとる
か否かについて、被保護者の期待的利益や生活への影響などの観点から、行政

裁量の範囲の逸脱・濫用を審査した。厚生労働大臣に広い裁量権を認めたが、判断基準を具体的に示したことは評価されている。

Ⅲ　教育を受ける権利

1　意　義

　人が人格を形成し、社会において一人の自立した人間として生きるためには、教育が必要不可欠である。そのためには、教育設備、教育者などが必要となるが、これらを個人で整えるのには限界がある。**教育を受ける権利**は、国に対して教育制度、教育条件の整備という積極的な行為の要求を内容とする。と同時に、子どもの教育を受ける権利や親の教育を施す権利が侵害されないという**自由権**的な性格をあわせもつ。

　子どもの教育を受ける権利を実質化するために、国民に対して「子女に普通教育を受けさせる義務」を負わせている（26条2項）。この義務の具体的内容は、**教育基本法**（5条）や**学校教育法**（16条）に定められている。保護者は子どもに普通教育を受けさせる義務を負い、義務違反者には制裁が科される。

2　内容と法的性格

　⇨教育を受ける権利の内容について、教育の機会均等を実現するために経済的配慮を国に求める権利とする**生存権説**（経済的権利説、従来の通説）、主権者としての能力の養成にあるとする**公民権説**、子どもが教育を受けて人間的に発展・成長していく権利と捉える**学習権説**がある。学習権説が有力である。最高裁も、一人の人間として「成長、発達し、自己の人格を完成、実現するために必要な学習をする固有の権利」と述べた（旭川学力テスト事件→後述）。

　国民は「その能力に応じて、ひとしく」教育を受ける権利を有する（26条1項）。憲法14条の**平等**原則が教育の領域にも妥当し、各人の能力の違いに応じて異なった教育が行われることを認める趣旨と解されている。さらに、**実質的平等**の考えから、子どもの心身の発達状態に応じた教育の保障、及び、経済的

理由による修学困難者に対する教育の保障が憲法から導かれると有力に主張されている（教育基本法4条2、3項、学校教育法8章、19条）。

この権利は「法律の定めるところ」による（教育制度法定主義）。多数説は、単なるプログラムではなく法的権利であるが、直接国に請求できる権利ではないため抽象的権利と解する。具体的な教育制度・施設を整えるにあたっては立法府の裁量が働くが、子どもの学習権の実現、教育の機会均等の趣旨に反するような制度は違憲となる。

憲法26条2項後段は「義務教育は、これを無償とする」と定めている。**無償範囲法定説**は、無償の範囲は法律によって具体化されると解する。**授業料無償説**は、授業料の無償を定めたものであり、ただ、それ以外の教育費についても、財政事情に応じ無償とすべき努力を政治的義務として課していると解する。**修学費無償説**（一切無償説）は、授業料だけでなく、**教科書代**、教材費、学用品など、教育に必要な一切の費用は国が負担すると解する。最高裁は、**教科書国庫負担請求事件**（最大判昭39・2・26民集18巻2号343頁）において授業料無償説を採用し、通説もこれを支持する。なお、1963年以降、**義務教育諸学校の教科用図書の無償処置に関する法律**により、教科書は無料配布されている。

3　教育の自由と教育権

教育の自由は憲法に明文の規定がないが、一般に憲法上保障された権利であると認められている。根拠については、13条、23条、26条と説が分かれている。国は、教育制度や施設を整備し教育の場を提供するが、その提供する教育の内容・方法について、親権者や教師の考えと対立する場合がある。その場合に、どちらの意向を優先させるべきかという問題が生じる。これは、教育内容の決定権は誰にあるのかという**教育権**論争として争われた。

⇨**国家教育権説**は、議会制民主主義の下では国民全体の意思は国会の法律制定によって具体化されるから、国が法律によって教育内容を決定する権限を有すると主張する。これに対して、**国民教育権説**は、教育内容の決定権は親権者を中心とする国民にあり、親権者の信託を受けた教師に帰属すると主張する。

　従来は、国家教育権説が通説であったが、教育の自由を否定し教育内容に国家の政治的介入を許すものであると批判され、次第に国民教育権説が有力になっていった。また、国民教育権説に対しても、教師が親の信託を受けているといえるのか不明確であるなど、論理的に苦しいという批判もある。下級審は、国家教育権説に立つもの（**家永教科書裁判第 1 次訴訟**高津判決→第 7 章Ⅲ）と、国民教育権説に立つもの（**家永教科書裁判第 2 次訴訟**杉本判決→第 7 章Ⅲ）とに分かれた。最高裁は、**旭川学力テスト事件**において、親権者や教師の教育の自由を一定範囲で認めつつ、国も教育内容を決定する一定の権限を有するとした。

判 例　★**旭川学力テスト事件**（最大判昭 51・5・21 刑集30巻 5 号615頁）

　全国中学校一斉学力調査を阻止しようとした教師らが公務執行妨害罪などで起訴された。最高裁は、学テは適法と判断して同罪の成立を認めた。教育内容決定権の帰属について、2 つの見解は「いずれも極端かつ一方的であり、そのいずれをも全面的に採用することはできない」。普通教育においても「一定の範囲における教授の自由が保障されるべき」であるが、児童生徒に授業内容を批判する能力がなく、「教師が児童生徒に対して強い影響力、支配力を有すること」、「教育の機会均等をはかる上からも全国的に一定の水準を確保すべき」ことなどにより、「教師に完全な教授の自由を認めることは」許されない。また、親の教育の自由は、「主として家庭教育等学校外における教育や学校選択の自由にあらわれ」る。「それ以外の領域においては」、国は「広く適切な教育政策を樹立、実施」するため、「必要かつ相当と認められる範囲において、教育内容についても」決定する権能を有する。

＊　両説とも極端であるとした点については、学説上、一般に支持されているが、国の教育内容への介入を広く認めた点については批判されている。

　文部省（現文部科学省）の学習指導要領に定められた内容を逸脱し、所定の教科書を使用しなかった公立高校教師に対する懲戒免職処分が問題となった**伝習館事件**（最判平 2・1・18民集44巻 1 号 1 頁）において、最高裁は、高校の教師の教育の自由にも制限があり、当該行為は**裁量**の範囲を逸脱しているとした。

＊　2006年、教育基本法が初めて改正され、道徳心、自律の精神、公共の精神、国際社会の平和と発展への寄与など、教育の目標が明確化された。現行法には、精神的自由を侵害するおそれがあり、国家の教育内容への介入を広く認めたなどの強い批判がある。

Ⅳ　労働に関する権利

1　勤労の権利・義務

　憲法27条1項は、**勤労の権利・義務**を規定する。勤労の権利は、勤労の自由を国から侵害されないという**自由権**的側面も有するが、それは**職業選択の自由**として22条1項でも保障されているので、27条1項の意義は**社会権**的側面にある。この権利は、労働の機会が得られるよう国に配慮を求め、得られなかった場合には、**雇用保険制度**などを通じて**生活保障**を求める権利と解される。

　社会権的側面の法的性格については、生存権と同様の議論が存する。国に対して就職の機会を請求する具体的・現実的権利ではなく、国に政治的義務を課したものにすぎないと解されていた。しかし、今日では、**法的権利性を認める**のが多数説になっている。法律の改廃による積極的侵害について争うことができ、使用者の解雇の自由を制限するという点で法的効力が認められると解する説が有力である。また、国家が必要な施策や立法を行わない場合には、国の不作為を争うことができる**具体的権利**と解する説もある。

　勤労の義務については、従来は精神的・道徳的な指示にすぎないとする見解もあった。しかし、この規定に法的意義を認め、勤労の能力・機会がありながら働こうとしない者に対しては、国は、その生活を保障する責任を負わないと解される。例えば、**生活保護法**において、勤労の義務を尽くしたことが給付条件となっている（4条1項、60条。雇用保険法4条、32条参照）。

　27条2項は、勤労条件法定主義を定めている。**契約自由の原則**の下で、経済的弱者である**労働者**は、低賃金や過酷労働など不利な条件を強いられてきたという歴史的経緯から、国が労働条件の設定に関与し、労働者の立場を保護しようという趣旨である。この規定を受けて、**労働基準法**をはじめ、**最低賃金法**、**男女雇用機会均等法**などが制定されている。さらに、3項は児童の酷使を禁止しており、労働基準法で15歳未満の児童の使用を禁止している（56条）。

　正規労働者だけでなくパートタイム、有期、派遣、契約社員など就業形態が

多様化し、労働条件が個別に決定・変更されるようになってきた。そこで、2007年、労働関係の基本理念・原則等を体系化した**労働契約法**が制定され、労働契約について民事的なルールが定められた。

2　労働基本権（労働三権）

（1）　意義と性格　　**資本主義**体制下においては、経済的社会的弱者である労働者個人では、労働条件の設定において使用者と対等関係に立つことができない。そこで、憲法28条は、労働者が団結し団体で行動することによって、労使の立場の調整を図る趣旨である。ここで保障されている団結権、団体交渉権、争議権を**労働基本権**ないし**労働三権**と呼ぶ。この規定は、権利の性質上、使用者と労働者という私人間にも**直接効力**が及ぶと解されている。

⇨労働基本権は、主体が労働者に限定されており、通説によれば、**公務員も外国人**も含まれると解されている。この保障は、国家に対しては正当な争議行為に刑罰を科すことは許されないという自由の側面（**刑事免責**）、私人間においては、この権利を侵害する契約は無効、事実上の侵害は違法となり、正当な争議行為は債務不履行や不法行為責任を生じないという側面（**民事免責**）、さらに、この権利の保障を確実にするために、国に積極的行為をとるように要求する権利（不当労働行為に対する労働委員会による救済など）を有する。

（2）　内容と限界

①　団結権　　**団結権**とは、労働条件の維持・改善のために使用者と対等の交渉ができるよう団体（**労働組合**）を形成し、それに加入する権利である。また、団体自体の活動の自由も含まれる。

団結権は、**使用者**に対する交渉力の強化のために認められたのであるから、一定範囲で組合への加入強制や内部統制などの組織強制が行われている。しかし、労働者個人の権利と抵触する場合があり、調整が必要とされる（→5章Ⅱ**4**）。**加入強制**として、加入を雇用条件とする**クローズド・ショップ**や、採用後一定期間内に組合に加入しなければならず、組合未加入や組合からの脱退・除名等があった場合には、解雇しなければならないと労使協定で定める**ユニオ**

ン・ショップがあり、日本では後者が普及している（組合員であることを雇用条件としないオープン・ショップ制もある）。多数説は、労働者が組合に加入しない自由を制限できるところに、**結社の自由**とは別に規定された意義を見いだし合憲と解するが、労働者の組合未加入の自由、労組選択の自由、勤労権の侵害等、疑問も示された。最高裁は、「ユニオン・ショップ協定のうち、締結組合以外の他の労働組合に加入している者及び締結組合から脱退又は除名されたが、他の組合に加入し又は新たな労働組合を結成した者について使用者の解雇義務を定める部分は」団結権の侵害であり、**公序良俗**（民法90条）に反し無効であるとした（**三井倉庫港運事件**＝最判平元・12・14民集43巻12号2051頁）。また、労働組合の内部**統制権**について、市議会議員選挙への組合統一候補に対抗して立候補した組合員に、組合員の権利を停止した処分が争われた**三井美唄労組事件**（最大判昭43・12・4刑集22巻13号1425頁）で、最高裁は、労働組合は組合員に対する統制権を有すると認めつつも、立候補の自由の重要性を指摘し、「勧告または説得の域を超え、立候補を取りやめることを要求し、これに従わないことを理由に」した処分は、統制権の限界を超え違法だとした。

②　団体交渉権　　団体が、**労働条件**について使用者と交渉する権利であり、使用者は正当な理由なく交渉を拒否することはできない（労組法7条2項）。交渉の結果、合意に達した事項については**労働協約**が締結され、それは規範的効力を有する。ただ、使用者に対して**団体交渉**に応じるように、裁判所に訴えることができるような具体的権利であるか否かについては争いがある。

③　団体行動権（争議権）　　団体が、労働条件の実現のために**ストライキ**（同盟罷業）、怠業、職場占拠、**ピケッティング**などの争議行為を行う権利である。正当な**争議行為**には、刑事免責、民事免責が認められるが、正当な争議行為の範囲が問題となる。例えば、目的については**政治スト**が挙げられる。学説上、政治スト合法説、政治スト違法説も主張されているが、純粋な政治ストと経済的政治ストとを区別して、労働者の経済的地位の維持・向上につながる経済的政治ストを合法とする説が多数説である。判例は、政治ストは憲法28条の保障外であるとしたが（**全農林警職法事件**→第5章Ⅳ）、経済的政治ストについて

は明らかではない。また、手段・態様について、判例は、**生産管理**は企業経営
の権能を権利者の意思を排除して非権利者が行うものであるから、資本家の財
産権の侵害にあたり違法であるとした（**山田鋼業事件**＝最大判昭 25・11・15 刑集
4 巻11号2257頁）。

（**3**）　**公務員の労働基本権**　　法律により公務員の労働基本権が制限されて
いる。特に争議権の制限に関して法制度の合憲性が争われてきた（→第 5 章Ⅳ）。

	団 結 権	団体交渉権	争 議 権
現業公務員 （行政執行法人、 地方公営企業 等）	○[1]	○[2]	×[3]
非現業公務員	○[4]	△[5]	×[6]
警察・消防・海 上保安庁・監獄 職員、自衛隊員	×[7]	×[7]	×[7]

(1)　加入強制禁止（行政執行法人労働関係法 4 条
　　1 項、地方公営企業等労働関係法 5 条 1 項）
(2)　管理・運営事項は交渉の対象外（行執労法 8
　　条、地公労法 7 条）
(3)　刑事罰なし、懲戒罰あり（行執労法17条 1 項、
　　地公労法11条 1 項）
(4)　職員団体（労働組合法の適用なし）、加入強
　　制禁止（国公法108条の 2　1 ～ 3 項、地公法52
　　条 1 ～ 3 項）
(5)　管理・運営事項は交渉の対象外、労働協約の
　　締結権なし（国公法108条の 5　1 ～ 3 項、地公
　　法55条 1 ～ 3 項）
(6)　懲戒罰あり、煽動者には刑事罰あり（国公法
　　98条 3 項・110条 1 項17号、地公法37条・
　　61条 4 項）
(7)　国公法108条の 2　5 項、地公法52条 5 項、自
　　衛隊法64条

設　問

1　公立高校入学試験において学力検査では合格圏内にいた障がい児が、人的物
　　的設備上受け入れ困難との理由で入学不許可になった場合、憲法上問題ないか。
2　不況時に賃金カットなどが行われた結果、労働者世帯で収入が生活保護費を
　　下回る者が出てきたとする。生活保護費を減額することは憲法上許されるか。

参考文献

大須賀明『社会国家と憲法』（弘文堂、1992）
内野正幸『社会権の歴史的展開』（信山社出版、1992）
尾形健『福祉国家と憲法構造』（有斐閣、2011）
中村睦男＝永井憲一『生存権・教育権』（法律文化社、1989）
伊藤公一『教育法の研究』（法律文化社、1981）
米沢広一『憲法と教育15講』〔第 4 版〕（北樹出版、2016）
渡辺賢『公務員労働基本権の再構築』（北海道出版、2006）

第10章　国務請求権・手続的権利

> **まとめ**　手続的権利の基本はいずれの場合も告知と聴聞である。刑事手続の総則は31条にあるが、それをどこまで広げて読むかについては議論がある。国務請求権には、国家賠償請求権、裁判を受ける権利（自己の権利利益が侵害された場合に裁判所での裁判を請求する権利）などがある。

■適正手続（行政）
　31条説、13条説、手続的法治国説
■管轄裁判所の裁判を受ける権利の保障
　積極説……管轄権のない裁判所の裁判　　　　　　　　　　　　　違憲
　中間説……管轄権のない裁判所の裁判→管轄違反が恣意的な場合　違憲
　消極説……管轄権のない裁判所の裁判
　　　　　＝「憲法または法律に定められた裁判所」の裁判　　　　合憲
■「公開・対審・判決」の手続による裁判の保障
　訴訟事件公開説……純然たる訴訟事件＋権利義務の存否の確定
　　　　　　　　　　→「公開・対審・判決」の保障
　折衷説……事件の性質および内容に応じた適正な手続の保障
■適正手続（刑事）
　通　説……適正手続・実体法定説（実体的デュー・プロセス論）
　有力説……適正手続説
■緊急逮捕
　通説・判例……合憲説　一種の令状逮捕
　有　力　説……違憲説　無令状性
■死刑制度
　通説・判例……合憲説　13条・31条反対解釈
　有　力　説……違憲説　冤罪の不可避

I　行政に対する権利

　行政に対する権利として、憲法の保障する権利を大別すれば、**事前手続**と**事後救済手続**に区分できる。事前手続については、通常、**行政手続**として議論される。事後救済手続としては、**行政訴訟**と**国家補償**（賠償）とに区分して議論される。ここでは、32条で論じられる以外の行政に対する権利として、行政手続に関する権利と17条の**国家賠償請求権**についてのみ説明する。

1　行政手続に関する権利

　⇨行政手続整備の必要性についてはこれまで学説上、実務上ともに議論されてきた。判例においても、**刑事手続**に関する**第三者所有物没収事件**や行政手続に関する**成田新法事件**において、いわゆる**告知・聴聞**（notice and hearing）が最低限必要であることが是認されていた。だが、保障されるべき内容として、告知・聴聞が最低限必要という点で一致しても、成田新法事件判決の判示のように、行政手続の内容の相違により一義的には確定できない。

　判　例　★第三者所有物没収事件（最大判昭 37・11・28 刑集16巻11号1593頁）

　　密輸による関税法違反により**付加刑**として没収刑が規定されていたが、その場合に犯罪の実行者と無関係な第三者の所有物も何らの事前手続を経ることなく、没収されることとなっていた。最高裁は、第三者に対し、「告知、弁解、防禦の機会」を与えていない**関税法**の当該規定が、31、29条に違反していると判示した。

　判　例　★成田新法事件（最大判平 4・7・1 民集46巻 5 号437頁）

　　いわゆる成田新法の規定が、同法による**行政処分**の相手方に対し事前手続を保障していなかった。最高裁は、行政手続が刑事手続でないとの理由だけで、31条による保障外にあるとは判断できないとしながらも、行政手続の刑事手続との性質の相違、多種多様性から、告知、弁解、防御の機会を与えるかどうかは諸般の事情を総合較量して決すべきもので、常にその保障が必要なわけではないと判断し、成田新

> 法の規定を同条違反とは判断しなかった。

　⇨もっとも、これらの保障の憲法上の根拠については、諸学説が分かれている。学説には、**31条準用説、13条適用説、手続的法治国説**がある。31条準用説は、同条が基本的に刑事手続の保障の根拠規定であっても行政手続への保障を排除するものではなく、行政手続の内容により準用を議論すべきこととする。13条適用説は、31条が明らかに刑事手続を対象としている条文であるから、行政手続保障の根拠は**幸福追求権**の内容として理解しようとしてこの条文を根拠として挙げる。手続的法治国説は、現行憲法が**法治国家**原則を採用しており、その内容として手続的保障が要請されることを根拠としている。

　なお、一般法としての**行政手続法**が1993年に制定されているが、その内容は、申請、**不利益処分**、**行政指導**および届出に関する手続を規定するにすぎなかった。2005年の改正で、意見公募手続が新設され、いわゆる**パブリックコメント制度**が法定された。このような法律レベルの行政手続の整備に判例が与えた影響も大きく、代表的判例として、行政手続法5条の具体的内容に大きな影響を与えたと評価される**個人タクシー事件**（最判昭46・10・28民集25巻7号1037頁）や、諮問機関における審議の重要性を高く評価した**群馬中央バス事件**（最判昭50・5・29民集29巻5号662頁）等が挙げられる。

2　国家賠償請求権

　（**1**）　権利の性質　　17条は、法律の定めるところにより、**国家賠償請求権**を認めており、その具体化の**一般法**として、**国家賠償法**が1947年に制定された。しかし、他の**特別法**の規定の17条の趣旨への適合性には問題がありえ、この点について疑義が示され、同条違反と判断された最近の事例として、**郵便法違憲判決**がある。

　判　例　★郵便法違憲判決（最大判平14・9・11民集56巻7号1439頁）
　　郵便法が、訴訟法上の送達にかかる特別送達郵便物についても、通常郵便のよう

に損害賠償を限定していることが問題となった事例で、最高裁は、特別送達郵便物については、適正な手続に従い確実に受送達者に送達されることが強く要請されるので、郵便業務事業者の軽過失に基づく国の損害賠償を免除・限定している郵便法68、73条の規定は、17条が立法府に付与した裁量の**範囲**を逸脱し、違憲無効とした。

このように、17条の規定は、**抽象的権利性**を有すると解することができ、いわゆる**国家補償の谷間**の救済に影響を与えうることが考えられる（予防接種禍訴訟＝東京高判平4・12・18判時1445号3頁→第6章Ⅱ）。

（2） 権利の内容　　上述したように、国家賠償請求権の具体化法として、**国家賠償法**が制定されている。ここでは、その1、2条の内容のみを概観する。

国家賠償法1条1項は、「国又は公共団体の公権力の行使に当たる**公務員**が、その職務を行うについて、**故意又は過失**によつて、違法に他人に損害を加えたときは、国又は公共団体が、これを賠償する責に任ずる」と、2項で、故意重過失の場合に限定して、求償権を規定している。

⇨この条文の構造からすれば、公務員による**不法行為**責任を国等が負う構造であって、これを**代位責任説**という（通説）。これに対し、公務自体の危険性から国等自身が責任を負うとする考え方を**自己責任説**という。両説の差異は、加害公務員の特定の程度において明確化すると考えられるが、**定期健康診断事件**（最判昭57・4・1民集36巻4号519頁）においても、公務員の一連の行為の中で損害が発生していれば足りるとされているので、両説に具体的大差はない。

＊　公権力の行使に関しても広義説がとられ、非権力的行政活動も含まれるし、さらに立法活動、司法活動も含まれる。ただ、この両者の場合の責任の認定は困難である（立法活動に関し、**在宅投票制訴訟**（最判昭60・11・21民集39巻7号1512頁）と認容例として**在外邦人選挙権確認訴訟**（最大判平17・9・14民集59巻7号2087頁）、司法活動に関し、最判昭57・3・12民集36巻3号329頁がある）。さらに「行使」には**不作為**も含まれ、その責任が認容される例が最近多く見られる（行政活動に関して、**鉱山保安法事件**＝最判平16・4・27民集58巻4号1032頁と**熊本水俣病関西訴訟**＝最判平16・10・15民集58巻7号1802頁。立法活動に関しては、上述の**在外邦人選挙権確認訴訟**がある）。

国家賠償法2条1項は、「道路、河川その他の**公の営造物**の設置又は管理に

瑕疵があつたために他人に損害を生じたときは、国又は公共団体は、これを賠償する責に任ずる」と規定している。この条文の「公の営造物」は、公物も含む広い概念で、道路、河川の例示がそれを表している。

　同条は、設置・管理にあたる公務員の**故意・過失**を損害賠償責任認定の要件としておらず、**無過失責任**を定めていると考えられる。最高裁も、**国道落石事件**（最判昭45・8・20民集24巻9号1268頁）において、設置・管理の瑕疵とは、「営造物が通常有すべき安全性を欠いていることをいい、これに基づく国および公共団体の賠償責任については、その過失の存在を必要としないと解するを相当とする」と判示している。ただ、自然公物である河川の管理には一定の制約が必然的に伴うため、水害訴訟において国等の責任の有無が問題となってきた。これに関し、未改修・改修中河川については**大東水害訴訟**（最判昭59・1・26民集38巻2号53頁）の基準により比較的緩やかな基準により、改修済河川については**多摩川水害訴訟**（最判平2・12・13民集44巻9号1186頁）の基準により比較的厳格な基準により、判例上賠償責任の有無が判断されている。

II　民事・行政裁判における権利

1　裁判を受ける権利の意義

　民事裁判（→図1）と行政裁判に関する最も重要な基本権は、「**裁判を受ける権利**」（32条）である。日本国憲法による裁判所への行政裁判権と違憲審査権の付与（**司法国家への移行**）によって、裁判を受ける権利は、公権力による基本権侵害に際して裁判所の救済を受ける権利として重要な意義をもつことになった。この権利は、「基本権を確保するための基本権」（鵜飼信成）とも呼ばれる。

2　「裁判所」の裁判の保障

　憲法32条にいう「**裁判所**」とは、憲法76条1項に定める**最高裁判所**と下級裁判所（**高等裁判所**（知的財産高等裁判所を含む）、**地方裁判所**、**家庭裁判所**、**簡易裁判所**）を意味する。憲法32条が、法律上管轄権を有する特定の裁判所の**裁判を受**

図1　民事手続のチャート

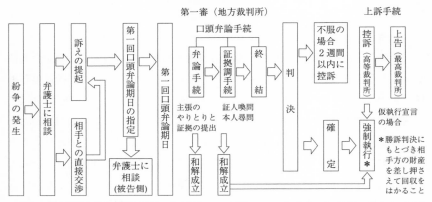

第一審（地方裁判所）　　　　　　　　　　　　上訴手続

出典：日本弁護士連合会 Web Site　http://www.nichibenren.or.jp/js/legal_aid/jikenkaiketsu.html（2006/9/27）

ける**権利**を保障しているか否かについては争いがある。

　⇨**消極説**は、裁判所の組織・管轄は法律事項であり、憲法32条は「ある事件につき、ある具体的な裁判所をその管轄裁判所として保障しているわけではない」とする。これに対し、**積極説**（有力説）は、憲法32条にいう「裁判所」は、「その事件について法律上正当な管轄権を有する裁判所を意味する」としている。管轄規定違反の裁判が単なる過誤による場合は憲法32条に反しないが、それが恣意による場合は憲法32条に反するとする学説も有力である（中間説）。

　＊　最高裁は、憲法32条は、「憲法又は法律に定められた裁判所」による裁判を保障したものであり、「訴訟法で定める管轄権を有する具体的裁判所において裁判を受ける権利を保障したものではない」と判示している（最大判昭24・3・23刑集3巻3号352頁）。

　「裁判所」による裁判の保障という点では、**陪審制度**、**参審制度**や**裁判員制度**が、憲法32条に違反しないかが問題となっている（→第15章Ⅴ）。また、最高裁は、憲法81条（最高裁が、法令等の合憲性を決定する**終審裁判所**であると規定する）が問題となる事項を除き、裁判所の組織、権限、審級などは、立法裁量事項であるとしている（最大判昭和23・3・10刑集2巻3号175頁）。**上訴制限**について、最高裁は、**民事訴訟法**の少額訴訟における**控訴**の否定（民訴380条1項）、許可

抗告制度（民訴337条）、**上告受理制度**、**即決裁判**における控訴制限は憲法32条に違反しないとした（最決平 10・7・13 判時1651号54頁以下、最判平 12・3・17 判時1708号119頁、最判平 13・2・13 判時1745号94頁、最判平 21・7・14 刑集63巻 6 号623頁）。なお、最高裁は、実質的には憲法違反ではなく法令違反を理由とする特別抗告の原裁判所による却下は違法とした（最決平 21・6・30 判時2052号48頁）。

3　裁判請求権の保障

　裁判を受ける権利は、民事事件および行政事件の場合、裁判所に訴えを提起して裁判を請求する権利（**裁判請求権**または**訴権**）であると解されている（**裁判拒絶の禁止**）。また、一般に、裁判を受ける権利は、被告が、正当な裁判によらないで自己の権利利益を奪われない権利も含むとされている。

> ＊　裁判を受ける権利は、**刑事事件**については、裁判所の裁判によらず**刑罰を科せられない自由**を意味すると解されている（→本章Ⅲ）。ただし、憲法32条は、「非刑事裁判手続」にのみ適用されるとする有力な学説がある。逆に、憲法32条は刑事事件における「裁判なくして刑罰なし」の意味であり、民事・行政裁判を起する権利は76条の「司法」の定義に解消できるとする説もある。

　最高裁は、憲法32条は、**法律上の利益**が存在しない場合にまで、本案の裁判を受ける権利を保障するものではないとする（最大判昭 35・12・7 民集14巻13号2964頁）。この判例に対し、最近では、裁判を受ける権利の保障が法律の規定に左右される（**訴訟法の留保**）とする批判が強い。

> ＊　判例は、**自作農創設特別措置法**による**出訴期間の遡及的短縮**（6月から1月）は、憲法32条に反しないとしている（最大判昭 24・5・18 民集 3 巻 6 号199頁）。
> 　　裁判を受ける権利の保障には、経済的または社会的事情で提訴や応訴が困難な者に対する国家の援助が不可欠である。この点、民事訴訟法では、「訴訟上の救助」（民訴82条以下）が定められている。また、**日本司法支援センター（法テラス）**が、情報提供、民事法律扶助、司法過疎対策等の業務を実施している。

4　公正な手続と実効的な救済の保障

　⇨憲法82条 1 項は、裁判の**対審**（民事訴訟の口頭弁論、刑事訴訟の公判）と**判決**は、公開法廷で行うとの原則を定めている。最高裁は、**性質上純然たる訴訟事**

件について、権利義務の存否を確定する裁判が**公開の法廷での対審・判決**によらないことは、82条に違反するとともに、32条の趣旨を没却するとして、公開法廷での対審・判決によらない**調停に代わる裁判**（**強制調停**）は憲法に違反するとした（最大決昭35・7・6民集14巻9号1657頁）（**訴訟事件公開説**）。最高裁は、純然たる**訴訟事件**ではない**非訟事件**については、公開法廷での対審・判決によらない夫婦同居の審判（家審9条1項乙類1号（現在は廃止））や過料の裁判（非訟207条（現在は削除））は憲法32条に違反しないとした（前者につき最大決昭40・6・30民集19巻4号1089頁、後者につき最大決昭41・12・27民集20巻10号2279頁）。しかし、有力な学説（**折衷説**）は、憲法32条は、各事件の性質と内容に応じた適正な手続での裁判を保障すると解し、純然たる訴訟事件についても、事件の性質や内容によっては「公開・対審・判決」の原則の例外を認めている。

　近時の有力説は、憲法32条が**手続保障**と**実効的救済**の保障を含むとする。これらの学説は、裁判を受ける権利が、**法の適正な手続の保障または審問請求権、公正な手続を求める権利、実効的権利保護請求権**を含むとする。

Ⅲ　刑事手続上の権利

　日本国憲法は、刑事手続上の権利（**人身の自由**等）について、31条において基本的な権利として**適正手続**を保障し、32条以下において諸権利について諸外国の憲法典と比べて詳細かつ厳格な規定を置き、捜査過程における被疑者・被拘禁者の権利、そして起訴後における刑事被告人の権利を保障する（有罪の確定までは無実の推定が及ぶ）。以下、刑事手続のプロセス（→本章Ⅲ3図2）におおむね沿って俯瞰する。

1　適正手続

　⇨31条は、「何人も、法律の定める手続によらなければ、その生命若しくは自由を奪はれ、又はその他の刑罰を科せられない」と規定する。31条は、「自由の歴史は、大部分手続的保障の歴史であった」といわれるように、公権力の

恣意的な行使を手続的に拘束し、手続面において人権を保障する英米法思想に
いう**法の適正な手続**（due process of law）をモデルとする（**適正手続**）。また、日
本の歴史を顧みるならば、反政府活動者に対する拷問・恣意的な捜査・裁判等、
明治憲法下における**刑事手続**上の権利の侵害への反省がある。

> ＊　**検察審査会**の起訴相当の議決後、検察官が起訴しない場合、法的拘束力ある起訴議決
> により公訴が提起される（検察審査会41条の 6 第 1 項以下）。

⇨31条の文言からは、少なくとも手続の法定（**手続法定説**）を読みとれる。
そして、31条の趣旨より、**告知・聴聞**等の手続の適正を読み込む説（**適正手続
説**：有力説。**第三者所有物没収事件**→本章 I ）がある。また、手続および刑罰（実
体）の法定を要求する説がある（**手続・実体法定説**）。同説は、**罪刑法定主義**（法
律なければ犯罪なし、法律なければ刑罰なし）を含意する。さらにこれを発展させ
て、31条は実体の適正（**実体的デュー・プロセス論**）まで要求するものと解する
のが通説である（**適正手続・実体法定説**）。実体の適正の中身としては、法律の
明確性等が導かれるとする。

> ＊　判例は、刑罰法規の文言（「淫行」）の不明確性・広範性につき、「通常の判断能力を
> 有する一般人の理解に適う」との合憲限定解釈を行った（**福岡県青少年保護育成条例事
> 件**＝最大判昭 60・10・23刑集39巻 6 号413頁。**徳島市公安条例事件**→第 7 章Ⅲ）。また、
> 刑罰法規の総合的解釈と明認周知が文言の明確性を補完するものとも解されている（**世
> 田谷区リサイクル条例事件**＝最決平 20・7・17判時2050号156頁）。

かくして、31条は、刑事手続法（**刑事訴訟法**等）の法定および適正、そして
刑事実体法（**刑法**等）の法定および適正を要求するものとされている。

ただ、31条は、刑事手続にのみ限定されるものとは必ずしも考えられない。
公権力が**人身の自由**を制約する点において、刑事手続と**行政手続**は、共通する
ためである。したがって、適正手続の保障が行政手続に及ぶものか争いがある
（→本章 I ）。学説は、31条が**準用**されるとする（通説）。判例は、35条・38条に
ついて、行政手続が刑事責任の追及を目的とすることを理由としては適正手続
上の制約を免れないとする（**川崎民商事件**→本章Ⅲ **2**（ **3** ））。

2　被疑者・被拘禁者の権利

（**1**）　**不法な逮捕・抑留・拘禁からの自由**　　⇨33条は、「何人も、現行犯として逮捕される場合を除いては、」「令状によらなければ、逮捕されない」と規定する。33条は、**令状主義**により、**不法な逮捕・抑留・拘禁からの自由**を保障する。ただし、犯罪が明白かつ逮捕の緊急性が認められる**現行犯**は、令状主義の例外とされる（「現に罪を行い、又は現に罪を行い終つた者」刑訴法212条）。また、**準現行犯**についても、現行犯同様、その例外とされる（「罪を行い終つてから間がないと明らかに認められるとき」刑訴法212条 2 項 1 号以下。通説）。しかしさらに、罪状の重い犯罪について十分な嫌疑があり、緊急やむをえない場合に逮捕直後の令状の請求を条件とする**緊急逮捕**（刑訴法210条）については、現行犯同様、令状主義の例外に当たるものか争いがある。令状主義に反するとする**違憲説**も有力だが、令状主義の一種とする合憲説が通説・判例である。

> **判　例**　★緊急逮捕合憲判決（最大判昭 30・12・14 刑集 9 巻13号2760頁）
>
> 　被告人は、木皮を窃取したとして、旧森林法違反の嫌疑について司法巡査により任意出頭を促され、同巡査に暴行・傷害を加えたため、緊急逮捕された（公務執行妨害傷害）。弁護人は、緊急逮捕が憲法33条に反すると主張した。
> 　最高裁は、「刑訴210条は、死刑又は無期若しくは長期 3 年以上の懲役若しくは禁錮にあたる罪を犯したことを疑うに足る充分な理由がある場合で、且つ急速を要し、裁判官の逮捕状を求めることができないときは、その理由を告げて被疑者を逮捕することができるとし、そしてこの場合捜査官憲は直ちに裁判官の逮捕状を求める手続を為し、若し逮捕状が発せられないときは直ちに被疑者を釈放すべきことを定めている。かような厳格な制約の下に、罪状の重い一定の犯罪のみについて、緊急已むを得ない場合に限り、逮捕後直ちに裁判官の審査を受けて逮捕状の発行を求めることを条件とし、被疑者の逮捕を認めることは、憲法33条規定の趣旨に反するものではない」とした。すなわち、厳格な制約下で被疑者の逮捕を認める緊急逮捕を一種の令状逮捕としたとも考えられる。

＊　判例は、いわゆる**別件逮捕**（本件の取調べを目的とする別件の逮捕）について、「別件」と「本件」が「社会的事実として一連の密接な関連」性を有する場合、「本件」についての取調べは「『別件』について当然しなければならない取調をしたものにほかな

らない」として、許容した（最決昭52・8・9刑集31巻5号821頁）。学説では、憲法33条の令状主義の趣旨より、違憲とする見解が有力である。

（2）　被疑者の弁護人依頼権　34条は、「何人も、」「直ちに弁護人に依頼する権利を与へられなければ、抑留又は拘禁されない」と規定し、**被疑者の弁護人依頼権**を保障する（刑訴法30条以下）。その趣旨は、**弁護人等の援助による被疑者の防禦**にある。

＊　判例は、弁護人を依頼する機会を与えれば足り、弁護人依頼権の告知まで必要ないとした（最大判昭24・11・30刑集3巻11号1859頁）。また、弁護人等と被疑者の接見交通権（刑訴法39条）について、憲法に由来する**接見交通権**の趣旨より、捜査機関による接見等の日時の指定を「必要やむをえない例外的措置」とした（**杉山事件**＝最判昭53・7・10民集32巻5号820頁）。なお、**勾留**段階の被疑者（少年を含む）は、国選弁護人を請求できる（刑訴法37条の2以下）。

（3）　住居・捜索・押収に対する保障　35条1項は、「何人も、その住居、書類及び所持品について、侵入、捜索及び押収を受けることのない権利は、第33条の場合を除いては、」「令状がなければ、侵されない」と規定し、**現行犯逮捕**の場合以外は、各別の令状によるものとして、プライバシーを保護し、そして不当な**住居侵入・捜索・押収に対する保障**をする。

判　例　★川崎民商事件（最大判昭47・11・22刑集26巻9号554頁）

　川崎民主商工会会員である被告人は、確定申告における過少申告の嫌疑による質問検査を拒否したため、旧所得税法違反に問われた。被告人は、令状なくして刑罰による強制力をもつ質問検査が捜索・押収について令状主義を採る憲法35条に反すると主張した。

　最高裁は、「本来、主として刑事責任追及の手続における強制について、それが司法権による事前の抑制の下におかれるべきことを保障した趣旨であるが、当該手続が刑事責任追及を目的とするものでないとの理由のみで、その手続における一切の強制が当然に右規定による保障の枠外にあると判断することは相当ではない」。しかしながら、質問検査の目的・必要性にかんがみ、かかる程度の強制は実効性確保の手段としてあながち不均衡・不合理ではなく、「令状によることをその一般的要件としないからといって、これを憲法35条の法意に反するものとすることはでき」ないとした。

＊　判例は、強制採尿について、捜索・差押えの性質をもつとして令状を要件とする（**強制採尿合憲判決**＝最決昭55・10・23刑集34巻 5 号300頁）。自動車速度監視装置については、緊急な証拠保全の必要性および方法の相当性を認めて合憲とした（**自動車速度監視装置合憲判決**＝最判昭61・2・14刑集40巻 1 号48頁。車両位置情報の取得については、憲法の保障する重要な法的利益を侵害する強制処分として立法措置を示唆した（**GPS捜査事件**＝最判平29・3・15刑集71巻 3 号13頁）。京都府学連事件→第 6 章 I 。通信傍受法→第 7 章Ⅳ **2** ）。令状なき所持品検査については、その必要性・緊急性・個人法益と公共の利益の権衡等の相当性をもって許容した（**米子銀行強盗事件**＝最判昭53・6・20刑集32巻 4 号670頁）。また、税関による無令状の国際郵便物開披検査を合憲とした（最判平28・12・9刑集70巻 8 号806頁）。**一斉自動車検問**については、任意性・方法の相当性をもって適法とした（最決昭55・9・22刑集34巻 5 号272頁）。

（**4**）　拷問の禁止　　36条は、「公務員による拷問」「は、絶対にこれを禁ずる」と規定し、例外なく、公務員（警察官・検察官等）による**拷問**（身体的・精神的苦痛）**の禁止**をする。そこには、明治憲法以前の時代の反省をみてとることができる。

3　刑事被告人の権利

（**1**）　裁判を受ける権利　　⇨32条は、「何人も、裁判所において**裁判を受ける権利を奪はれない**」と規定し、政治機関から独立した**公正な裁判所**における個人の権利の救済可能性を保障する。そして、刑事手続上の人権において裁判を受ける権利は、公正な裁判を受けることなく処罰されないという**自由権**の性格を有するものとして解されている（37条、76条以下→本章Ⅱ）。

⇨裁判を受ける権利に関しては、**裁判員制度**の問題が指摘される。裁判員制度とは、「国民の中から選任された裁判員が裁判官と共に刑事訴訟手続に関与することが司法に対する国民の理解の増進とその信頼の向上に資する」制度をいう（裁判員の参加する刑事裁判に関する法律 1 条→本章Ⅲ図 3・**4** ）。裁判員制度では、諸外国の**陪審制・参審制**のように一般国民が裁判に参加することから、32条の「**裁判所**」（身分を保障された独立の裁判官により構成された裁判所。37条 1 項、76条以下）による裁判が保障されるものか、議論がある（→本章Ⅱ・第15章Ⅴ）。

（**2**）　公正な裁判所の迅速な公開裁判を受ける権利　　⇨37条 1 項は、「す

べて刑事事件においては、被告人は、**公平な裁判所の迅速な公開裁判を受ける権利を有する**」と規定する。その趣旨は、公平な裁判による刑事被告人の不利の排除、迅速な裁判による刑事**被告人**の過度の負担の回避、そして**裁判の公開**（82条）を保障することによる恣意的な**秘密裁判**の排除にある（当該区域の裁判員裁判では公平な裁判を受けられないとする裁判の管轄移転の請求を認めなかった例がある。最決平 28・8・1 刑集70巻 6 号581頁参照）。判例は、迅速な裁判を受ける権利の侵害に対応する具体的立法がなくとも、審理を打ち切る非常救済手段を認めることが32条の趣旨とした。

判　例　★**高田事件**（最大判昭 47・12・20 刑集26巻10号631頁）

　被告人らは、高田巡査派出所への住居侵入等により起訴された。弁護人側は一部の被告人が他の事件において起訴されたため、同事件の審理終了後の審理を要望し、審理は15年以上中断した。弁護人は、迅速な裁判を受ける権利を侵害されたとして、控訴棄却あるいは免訴による審理の打切りを申し立てた。

　最高裁は、「憲法37条 1 項の保障する迅速な裁判をうける権利は、憲法の保障する基本的な人権の 1 つであり、右条項は、単に迅速な裁判を一般的に保障するために必要な立法上および司法行政上の措置をとるべきことを要請するにとどまらず、さらに個々の刑事事件について、現実に右の保障に明らかに反し、審理の著しい遅延の結果、迅速な裁判をうける被告人の権利が害せられたと認められる異常な事態が生じた場合には、これに対処すべき具体的規定がなくても、もはや当該被告人に対する手続の続行を許さず、その審理を打ち切るという非常救済手段がとられるべきことをも認めている趣旨の規定」とした。

＊　判例は、公開の裁判を要しない**非訟事件**（訴訟手続を経ず裁判所が処理する民事手続）手続法による過料について、純然たる刑事制裁ではなく**行政処分**であり、また不当な処分なきよう十分な配慮があるとして、合憲とした（**非訟事件過料合憲判決**＝最大決昭 41・12・27 民集20巻10号2279頁）。また、家庭裁判所が「懇切を旨」（少年法22条 1 項）とした少年の非行事実の認定・保護処分の決定を行う**少年審判**は、処罰を目的としないことから、刑事手続とは異なる。少年審判は、少年側が証拠調べを請求できない等、適正手続（憲法31条）等の被疑者・刑事被告人同様の権利なき点が問題視される。

（**3**）　証人審問権・証人喚問権　　37条 2 項は、「すべての証人に対して審問する機会」である**証人審問権**を保障する。すなわち、刑事被告人に不利な証

人への反対尋問を保障し、また反対尋問を経ない証言の**証拠能力**を原則として否定する（例えば、**伝聞証拠の禁止**。刑訴法320条1項）。

37条2項は、「公費で自己のために強制的手続により証人を求める権利」を規定し、刑事被告人に有利な証人を喚問する**証人喚問権**を保障する。この点、刑訴法321条は、伝聞証拠禁止の例外として、**検察官面前調書**について証人喚問権を行使できない一定の場合に証拠能力を認める（刑訴法321条1項2号。判例）。学説は、検察官が公平な立場にある裁判官とは異なり刑事被告人と対立する当事者にすぎない等として、批判的である。

（**4**）　**刑事被告人の弁護人依頼権・国選弁護人権**　　37条3項は、「刑事被告人は、いかなる場合にも、資格を有する**弁護人**を依頼することができる」と規定し、刑事被告人の防禦を援助するため、**刑事被告人の弁護人依頼権**を保障する（刑訴法30条以下→本章Ⅲ**2**（**2**））。

37条3項は、「被告人が自らこれ〔弁護人〕を依頼することができないときは、国でこれを附する」と規定し、経済的理由等により弁護人を欠く刑事被告人の防禦を援助すべく、国選弁護人を請求する**国選弁護人権**を保障する。

（**5**）　**自己負罪の拒否・自白の証拠能力の制限・自白の補強証拠**　　⇨38条1項は、「何人も、自己に不利益な供述を強要されない」と規定し、刑罰またはより重い刑罰の根拠となる事実についての供述の直接的・間接的強制を禁ずる**自己負罪の拒否**（いわゆる**黙秘権**）を保障する（刑訴法198条2項・291条2項）。判例は、行政法規上、質問への応答・記帳・報告等の義務に違反した場合に刑罰を科されることについて、38条1項を「手続の趣旨・目的等により決められるべき**立法政策**の問題」であるとした。

判　例　★国税犯則法違反事件（最判昭59・3・27刑集38巻5号2037頁）

　本件では、被告人が虚偽の確定申告によって所得税を不正に免れたとして、所得税法違反に問われた。被告人は、事前に供述拒否権の告知もなく質問顚末書が作成されたのであり、同法違反の証拠となった国税犯則取締法に基づく質問顚末書が憲法38条1項等に反するとして、その証拠能力を争った。

　最高裁は、**川崎民商事件**（→本章Ⅲ**2**（**3**））を引用し、質問調査の手続が「『実

質上刑事責任追及のための資料の取得収集に直接結びつく作用を一般的に有する』ものというべきであって、」「憲法38条１項の規定による供述拒否権の保障が〔質問調査の手続に〕及ぶものと解するのが相当である。しかしながら、憲法38条１項は供述拒否権の告知を義務づけるものではなく、右規定による保障の及ぶ手続について供述拒否権の告知を要するものとすべきかどうかは、その手続の趣旨・目的等により決められるべき立法政策の問題と解されるところから、国税犯則取締法に供述拒否権告知の規定を欠き、収税官吏が犯則嫌疑者に対し同法１条の規定に基づく質問をするにあたりあらかじめ右の告知をしなかったからといって、その質問手続が憲法38条１項に違反することとなるものでない」とした。

　38条２項は、「強制、拷問若しくは脅迫による自白又は不当に長く抑留若しくは拘禁された後の自白は、これを証拠とすることができない」と規定し、**自白の証拠能力の制限**をする。その根拠には、自白の任意性を欠くとする**任意性説**、また自白の違法な収集とする**違法排除説**がある。両説は必ずしも相反しないことから、両説の趣旨を活かして本条の趣旨に資する解釈をなすべきものとされる。

　＊　判例は、捜査官の偽計により被疑者の自白を誘発するおそれのある場合、その任意性に疑いがあり証拠能力を否定すべきとして、38条２項に反するとした（**切り替え尋問事件**＝最大判昭 45・11・25 刑集24巻12号1670頁）。改正刑訴法は、裁判員制度対象事件・検察独自捜査事件に関して、身柄拘束下の被疑者取調べの全過程の録画を義務づける。

　38条３項は、「自己に不利益な唯一の証拠が本人の自白である場合」、有罪とされないと規定し、**自白の補強証拠**を要求する。その趣旨は、自白の偏重の回避、自白の強制の防止、および**冤罪**の防止にある。

　＊　判例は、いわゆる**余罪**（起訴されていない犯罪事実）を考慮して、起訴された犯罪を重く処罰することは38条３項等に反するが、余罪を「量刑の一情状として」考慮することは禁じられないとした（**郵便局員窃盗事件**＝最大判昭 42・7・5 刑集21巻６号748頁）。学説は、余罪を考慮して重く処罰することを禁じる判例を支持するが、余罪を考慮して重く処罰することと余罪を情状として考慮することの区別を疑問とする。また、判例は、共犯者の供述について、「本人の自白」（38条３項）にあたらないとして、38条３項の適用を否定した（**練馬事件**＝最大判昭 33・5・28 刑集12巻８号1718頁）。

（**6**）　遡及処罰および「二重の危険」の禁止　⇨39条は、「何人も、実行の時に適法であつた行為又は既に無罪とされた行為については、刑事上の責任

を問はれない」と規定し、**遡及処罰**を禁じ（**事後法の禁止**）、**罪刑法定主義**（31条→本章Ⅲ❶）を確認する。

　また、「同一の犯罪について、重ねて刑事上の責任を問はれない」と規定する39条では、大陸法的に両段がともに刑事被告人の不利に確定判決を変更することを禁止するという**一事不再理説**、また英米法的に両段をあわせて再び刑事裁判を受けることを禁止するという**二重の危険説**が対立する。両説の差違は、検察官が控訴・上告した場合、一事不再理説では合憲、そして二重の危険説では違憲となることにある。判例では、「危険とは、同一の事件においては、訴訟手続の開始から終末に至るまでの一つの継続的状態と見る」（最大判昭25・9・27刑集4巻9号1805頁）ことから、一事不再理説的理解がなされる。

　　＊　特定の重い罪の**公訴時効**を廃止・延長する改正刑法・刑訴法が、公訴時効未完成の罪にも適用される（最判平27・12・3刑集69巻8号815頁参照）。

　（**7**）　**残虐刑の禁止**　　⇨36条は、「公務員による」「残虐な処罰は、絶対にこれを禁ずる」と規定し、例外なく**残虐刑の禁止**をする。「残虐な刑罰」とは、「不必要な精神的、肉体的苦痛を内容とする人道上残酷と認められる刑罰」（最大判昭23・6・30刑集2巻7号777頁）とされる。そこで、極刑とされる**死刑**制度の合憲性が問題となる。判例は、犯罪行為が「公共の福祉という基本的原則に反する場合には、生命に対する国民の権利といえども立法上制限乃至剥奪され」「さらに、憲法第31条によれば、国民個人の生命の尊貴といえども、法律の定める適理の手続によって、これを奪う**刑罰**を科せられる」として、**罪刑の均衡**を前提に死刑制度自体を合憲とした。ただし、死刑の執行方法が「その時代と環境とにおいて人道上の見地から一般に残虐性を有するものと認められる場合には、」「憲法第36条に違反するものというべき」として、将来的に死刑の執行方法が違憲となる可能性を否定していない（**死刑制度合憲判決**＝最大判昭23・3・12刑集2巻3号191頁）。学説は、13条、31条の反対解釈を論拠とする**合憲説**（通説）のほか、**冤罪**の不可避性等を根拠とする**違憲説**も有力である。

　（**8**）　**刑事補償請求権**　　憲法は詳細かつ厳格な刑事手続上の権利を規定するが、犯罪の嫌疑を受けた者が抑留・拘禁後に無罪判決を受ける可能性を否定

図2　刑事手続のチャート

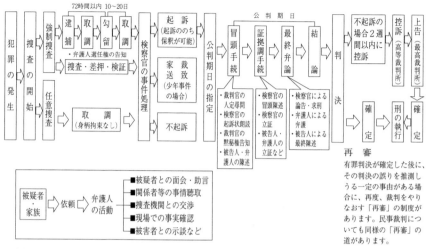

出典：日本弁護士連合会 Web Site　http://www.nichibenren.or.jp/ja/legal_aid/jikenkaiketsu.html
注：裁判所は、「充実した公判の審理」のため、公判前整理手続に付することができる（刑訴法316
　　条の2）。

図3　裁判員裁判

図4　裁判員選任手続

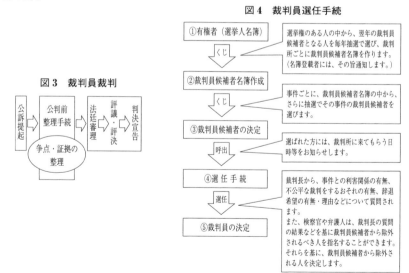

出典：最高裁判所「裁判員制度ブックレット」67-68頁（2005）

189

できない。そこで40条は、「何人も、抑留又は拘禁された後、無罪の裁判を受けたときは、」「国にその補償を求めることができる」と規定し、捜査・訴追関係者の故意・過失なくして抑留・拘禁された刑事被告人の損失を補填する**刑事補償請求権**を保障する。

＊　判例は、「無罪の判決」（**刑事補償法 1 条 1 項**）とは性質が異なるとして、**少年法**の「不処分決定」に対する刑事補償請求権を否定した（最決平 3・3・29 刑集45巻 3 号158頁）。また、**免訴**事件において、再審がなされていたならば、「無罪の裁判を受けたであろうことは明らか」として、刑事補償の決定が官報・新聞に公示された（**横浜事件刑事補償請求**＝横浜地決平 22・2・4 判例集未登載）。なお、再審請求の理由となる「無罪を言い渡すべき明らかな証拠」の認定について、「『疑わしいときは被告人の利益に』という刑事裁判における鉄則」が示された（**白鳥決定**＝最決昭 50・5・20 刑集29巻 5 号177頁。刑訴法435条以下）。そして、再審請求において、証拠の新規性・明白性が認定され（**布川事件再審決定**＝最決平 21・12・14 集刑299号1075頁）、「無罪を言い渡すべき明らかな証拠」に対する原審の審理が不尽とされる（**名張毒ぶどう酒事件再審請求差戻決定**＝最決平 22・4・5 判時2090号152頁）例が現れた。さらに、死刑判決確定後40余年、判決の認定に合理的疑いが生じることは明らかとして再審決定された（**袴田事件再審決定**＝東京高決令 5・3・13 判例集未登載）。

設　問

1　国賠法による救済が不十分な場合、よりよい救済を受ける方法を検討せよ。
2　プライバシー侵害を理由とする損害賠償請求訴訟の審理を非公開の手続で行うことは憲法32条などに違反するか。
3　いわゆる別件逮捕は、令状主義に反するか。
4　いわゆる日本型司法取引の是非について、述べよ。

参考文献

高田敏『法治国家観の展開』（有斐閣、2013）

塩野宏『行政法Ⅰ・Ⅱ』〔第 6 版・第 5 版補訂版〕（有斐閣、2015・2013）

宇賀克也『国家補償法』（有斐閣、1997）

松井茂記『裁判を受ける権利』（日本評論社、1993）

片山智彦『裁判を受ける権利と司法制度』（大阪大学出版会、2007）

君塚正臣『続 司法権・憲法訴訟論──刑事手続と司法審査』（法律文化社、2023）

第11章 参政権

> **まとめ** 参政権は、国民が主権者として政治に参加する重要な権利である。中でも、選挙権・被選挙権は、議会制民主主義の実現のために不可欠な権利である。請願権は選挙権の機能を補充する。

■選挙権の法的性格

権利説 ／ 公務説 ／ 二元説（多数説）

■選挙権の要件

普通選挙 （←→制限選挙）

平等選挙 （←→不平等選挙） 投票価値の平等（議員定数不均衡問題）

自由選挙 棄権の自由 （←→強制選挙）、選挙運動の自由

秘密投票 投票検索の禁止含む

直接選挙 （←→間接選挙）

I 選挙権・被選挙権

1 参政権の意義・内容

憲法は、前文において、**国民主権**、**代表民主制**をとることを宣言している。**参政権**は、国民が主権者として直接・間接に政治に参加する重要な権利である。

憲法は、国家意思の形成に携わる者の選任を通して間接的に国政のあり方に関与する間接的参政権として、**公務員の選定・罷免権**（15条1項）を規定している。しかし、このことは、すべての公務員を直接選定罷免する権利を保障しているのではなく、終局的に国民の意思に基づくことを意味している（最大判昭24・4・20民集3巻5号135頁）。憲法上、国民による選挙を保障しているのは、

国会議員（43条）、**地方公共団体**の長・地方議会議員など（93条）で、罷免については、**最高裁判所裁判官国民審査**（79条 2 項）のみである。それ以外の**裁判官、内閣総理大臣、国務大臣**（67～69、79～80条）については、選定罷免の手続が憲法で規定されており、国民が直接選定罷免することはできない。15条 1 項から、国民が国会議員を罷免できるとする説もあるが、通説は、国会議員は全国民を代表し（43条）、罷免の規定（55、58条）があることを根拠に否定する。

　参政権として、ほかに、**地方自治特別法**に関する**住民投票**（95条）、**憲法改正**に関する**国民投票**（96条）など、**直接民主制**的な国民投票制も規定されている。**公務就任権**については、憲法上明文の規定はなく、13条、14条 1 項、15条 1 項、22条 1 項が根拠に挙げられる。また、2009年に特定の刑事裁判に**裁判員制度**が導入されたが（→第15章Ⅴ）、陪審制・参審制と同様、裁判所への民主的統制として、広い意味での参政権的意義を有すると説かれている。

2　選挙権・被選挙権の法的性格

　選挙権は、**議会制民主主義**のために不可欠な重要な権利である。選挙権の法的性格については、学説上、**選挙人団**（有権者団）という機関を構成して、公務員の選定に参加する公務とみる**公務説**、選挙を通じて国政について自己の意思を主張する権利とみる**権利説**、公務と権利両方の性格が認められるとする**二元説**が対立している。二元説が通説であるが、権利説も有力に主張されている。公務性を認める説は、その性格によって、**棄権の自由**の制限、**選挙運動の自由**（→第 7 章Ⅲ）の制限、**選挙権**行使の制限などを説明している。

　被選挙権については、伝統的通説は、「選挙人団によって選定されたとき、これを承諾し、公務員となりうる資格」（清宮四郎）と解していたが、有力説は、被選挙権に権利性を認めている。選挙権と表裏一体のものとして15条 1 項を根拠とする説、13条の幸福追求権の内実をなすものと解する説、44条が選挙権とともに被選挙権の差別を禁止していることを根拠とする説などが主張されている。最高裁は、被選挙権、特に立候補の自由は「選挙権の自由な行使と表裏の関係にあり」、15条 1 項の「保障する重要な基本的人権」と解している（三井

美唄労組事件＝最大判昭 43・12・4 刑集22巻13号1425頁→第 9 章Ⅳ）。

3　選挙権・被選挙権の制限

禁錮以上の刑の執行中および執行免除中の者、**選挙犯罪**の処罰者は、**選挙権・被選挙権**を有しない（公選法11、252条）。通説は、**二元説の公務**としての性格に基づく必要最小限度の制限と解している。候補者等と一定の関係にある者が選挙犯罪で刑に処せられたとき、候補者の当選無効等が定められている（**連座制**）（公選法251条の 2・3）。連座制は段階的に拡大、強化されてきた。従来は、選挙運動の総括主宰者や出納責任者が重大な選挙犯罪で有罪となった場合、候補者の当選を無効とするというものであった。1994年改正で、組織的選挙運動管理者等も含めて対象者を拡大し、当選無効だけでなく 5 年間の当該**選挙区**での立候補の禁止も定められた。最高裁は、従来型の連座制について選挙の公正さを理由に合憲とした（最大判昭 37・3・14民集16巻 3 号537頁）。また、拡大連座制についても、「選挙の公明、適正を厳粛に保持するという極めて重要な法益を達成するため」の必要かつ合理的な手段であり、憲法15条に違反しないとした（最判平 9・3・13民集51巻 3 号1453頁など）。選挙権・被選挙権の権利性を重視する立場からは、もっと厳格な審査をすべきだったという批判も存在する。

4　選挙の基本原則

近代選挙における基本原則として、**普通選挙、平等選挙、自由選挙、秘密投票、直接選挙**などが挙げられる。

（1）　普通選挙　　普通選挙とは、狭義では、財産・納税額を選挙権付与の要件としない選挙を意味していたが、広義に解し、財産だけでなく**人種・信条・性別・教育**などを選挙権の要件としない選挙を指している。それに対して、それらを要件とする選挙を**制限選挙**という。日本では、1925年納税要件を廃止し、25歳以上の男子に選挙権を認めた普通選挙制（**男子普通選挙**）を実現し、1945年には**男女普通選挙**とするとともに年齢も20歳に引き下げられた。憲法は「成年者による普通選挙」（15条 3 項）を確認し、被選挙権についても資格の平

等を規定した（44条）。2015年公職選挙法が改正され（2016年 6 月施行）、満18歳以上が選挙権を有する（同時の改正で、転居から 3 カ月未満で公示・告示を迎えた場合、3 カ月以上住んでいた旧住所で投票できることになった）。なお、2013年改正で、成年被後見人の選挙権・被選挙権が認められた。

　（**2**）　**平等選挙**　　選挙権の価値は平等、すなわち 1 人 1 票を意味し、憲法14条 1 項、15条、44条などを根拠とする。これに相対するのが不平等選挙、例えば、納税額によって選挙人を等級に分ける**等級選挙**や、複数の投票権をもつ選挙人が認められる**複数選挙**で、平等選挙はこれらを否定する。今日では、1 票の**投票価値の平等**も含まれると解され、**議員定数不均衡**問題が生じている。

　判 例　★**在宅投票制訴訟**（最判昭 60・11・21 民集39巻 7 号1512頁）

　在宅投票制が悪用され多くの選挙違反があったため、1952年の改正立法により廃止された。このため寝たきりであった原告は投票をすることができず、国家賠償を請求した。最高裁は、「国会議員の立法行為は、立法の内容が憲法の一義的な文言に違反しているにもかかわらず国会があえて当該立法を行うというごとき、容易に想定しがたいような例外的な場合でない限り、国家賠償法 1 条 1 項の規定の適用上、違法の評価を受けない」とした。憲法47条は、「投票の方法その他選挙に関する事項の具体的決定を原則として立法府である国会の裁量的権限に任せる趣旨である」と判示し、違法ではないとした。

　＊　　1974年改正で重度の身体障害者につき在宅投票が認められた。

　最高裁はこと例外的な場合に限定したため、立法不作為に対する違憲性を国家賠償請求訴訟で争うことはまず不可能であるとの批判が噴出した。だが、下記の在外邦人選挙権訴訟では国家賠償請求が認められた（→第15章Ⅶ）。

　判 例　★**在外邦人選挙権確認訴訟**（最大判平 17・9・14 民集59巻 7 号2087頁）

　衆議院議員総選挙に投票できなかった在外国民が、投票を認めていないことの違憲違法確認および慰藉料支払請求訴訟を提起した。1998年本件訴訟が 1 審継続中に在外選挙制が創設されたが、当分の間、比例代表選出議員の選挙に限るとされた。最高裁は、選挙権の重要性を確認し、選挙権またはその行使を制限するためには、

やむを得ない事由が必要であり、「選挙の公正を確保しつつ選挙権の行使を認める
ことが事実上不能ないし著しく困難であると認められる場合でない限り、」「やむを
得ない事由があるとはいえ」ないとした。改正前の制度については、1984年に「同
法律案が廃案となった後、国会が、10年以上」放置したことは、「憲法15条１項及
び３項、43条１項並びに44条ただし書に違反する」。また、改正後の制度について
は、「まず問題の比較的少ない比例代表選出議員の選挙についてだけ在外国民の投
票を認め」たのは、理由がないことではない。しかし、「在外選挙が繰り返し実施
されて」いること、通信手段の発達などによれば、「在外国民に候補者個人に関す
る情報を適正に伝達すること」は著しく困難ではない。また、参議院比例代表制が
非拘束名簿式になり、名簿登載者名を書くことが原則とされ、在外国民もこの制度
で選挙権を行使していることなども考えると、「遅くとも、本判決言渡後に初めて
行われる選挙の時点においては、」「比例代表選出議員の選挙に限定する部分は」憲
法に違反する。そして「違法な立法不作為を理由とする国家賠償請求」を認めた。

＊　在外邦人最高裁国民投票訴訟（最大判令４・５・25民集76巻４号711頁）においても、
　　憲法15条１項、79条２項、３項等に違反すると認められ、国家賠償請求も認められた。

（**3**）　自由選挙　　**棄権の自由**（任意投票）と**選挙運動の自由**を意味する。
任意投票は、選挙人が自らの意思に基づいて候補者や政党などに選挙する自由
を意味し、憲法上、明文規定は存在しない。選挙の**公務**的性格から**強制選挙**制
も認められるという主張もあるが、選挙の公明、公正の実現のためには、投票
自体を有権者の自由な意思に委ねる方がいいと一般に考えられている。選挙運
動の自由については、**表現の自由**を根拠とすると考えられている（→第７章Ⅲ）。

（**4**）　秘密投票　　選挙の自由と公正を確保するため、**秘密投票**が保障され
る（憲法15条４項）。公職選挙法に**無記名投票**など秘密保護のための規定がある
（46条４項、52条、226条２項、227条等）。秘密投票は**投票検索の禁止の原則**を含
む。選挙や当選の効力に関する争訟で、選挙権のない者または代理投票をした
者の投票についても、「議員の投票の効力を定める手続において、取り調べて
はならない」と判示した（最判昭25・11・９民集４巻11号523頁）。

＊　選挙犯罪の刑事手続との関係は、さらに微妙である。虚偽の住民異動届を提出し、詐
　　偽投票をしたという被疑事実を裏付けるため、警察が投票済用紙を差し押さえたことに
　　対して、国賠請求訴訟が提起された**泉佐野市議選事件**（最判平９・３・28判時1602号71

頁) において、最高裁は、差押えなどの捜索は「詐偽投票罪の被疑者らが投票をした事実を裏付けるためにされたものであって、投票内容を探索する目的でされたものではなく」、また、「上告人らの投票内容が外部に知られるおそれもなかったので」、「投票の秘密を侵害したとも、これを侵害する現実的、具体的な危険を生じさせたともいうことはできない」とした。

（5）　**直接選挙**　　選挙人が直接代表者を選出する選挙をいう。これに対して、アメリカ大統領選挙でとられているような、選挙人が選挙委員を選出し、その選挙委員が代表者を選出する制度を**間接選挙**という。憲法は、**地方公共団体**について、直接選挙制をとることを明示している（93条2項）が、国会議員については明文の規定がない。**参議院**については間接選挙も認められると解する説もあるが、多数説は否定的に解する。また、公選された議員が議員を選挙するような**複選制**は、公選とはいえないために許されないと解されている。

現在、衆議院議員選挙については、**小選挙区・（拘束名簿式）比例代表並立制**が、参議院議員選挙については、選挙区・（非拘束名簿式・拘束名簿式混合）比例代表並立制がとられている（→第13章Ⅱ）。比例代表制の合憲性について、最高裁は、「当選人となるべき順位は投票の結果によって決定される」以上、「比例代表選挙が直接選挙に当たらないということはでき」ないとした（**衆議院小選挙区比例代表並立制訴訟**＝最大判平 11・11・10 民集53巻 8 号1577頁）。また、比例代表制の場合、例えば、選挙後に政党が名簿登載者を除名処分したために、繰上補充などによる当選者に変化が生じるといった問題も起こりうる。

判　例　★**日本新党松崎事件**（最判平 7・5・25 民集49巻 5 号1279頁）

　原告松崎氏は、参議院議員選挙（比例代表）において、日本新党の候補者名簿の順位 5 位に登載されていたが次点で落選した。翌年、原告は党から除名された。その後、名簿登載順位 1 、 2 位の両名が衆議院議員に立候補するために参議院議員を辞したため、選挙会は名簿順位 6 、 7 位の者を繰上当選人とした。原告は、除名の不存在ないし無効を理由に中央選挙管理会に対して、 7 位の者の当選無効を求めて提訴した。最高裁は、拘束名簿式比例代表選挙制における名簿搭載者の選定の重要性を強調して、除名を無効とした原判決を破棄し、原告の請求を棄却した。法は、「選挙会が当選人を定めるに当たって当該除名の存否ないし効力を審査することは

予定」しておらず、「除名が不存在又は無効であったとしても、名簿届出政党等による除名届に従って当選人を定めるべきこととしている」。これは、「政党等の政治結社の内部的自律権をできるだけ尊重すべきものとしたことによる」。当選訴訟（公選法208条）で当選が無効とされるのは、「選挙会の当選人決定の判断に」「誤りがあった場合に限られ」るとした。

＊ 直接選挙の原則に基づき、比例代表選挙における名簿は、憲法上、政党を拘束すると解し、除名処分の公明性・適正性を特に慎重に審査する必要があるという主張も強い。

5 議員定数不均衡問題

⇨上述のように、平等原則には、**1人1票原則**だけでなく投票価値の平等も含まれると解される。ところが、人口の移動などにより、選挙区間で選挙人数と議員定数の間に不均衡が生じ（**議員定数不均衡問題**）、数多くの訴訟が提起された。この問題には多くの論点が含まれる。当初、最高裁は、これを**立法政策**の問題として司法審査が及ばないとしたが（最大判昭39・2・5民集18巻2号270頁）、後に、**公職選挙法**204条による訴訟を認容した。1972年の**衆議院**総選挙では**最大較差**が1対4.99となり、最高裁で初めて違憲判決が下されたが、**行政事件訴訟法**31条の事情判決の法理を類推適用して、選挙を無効とはしなかった。

> 判 例 ★衆議院議員定数不均衡事件（最大判昭51・4・14民集30巻3号223頁）
>
> 　1972年の衆議院議員選挙では、議員1人あたりの有権者の最大較差が4.99倍に達していたため、選挙人が公選法204条に基づき選挙無効請求訴訟を提起した。最高裁は、「各選挙人の投票の価値の平等もまた、憲法の要求するところである」と認めた。選挙区割りと議員定数配分について国会の裁量権を認めたうえで、「投票価値の不平等が、国会において通常考慮しうる諸般の要素をしんしゃくしてもなお、一般的に合理性を有するものとは到底考えられない程度に達しているときは」、「国会の合理的裁量の限界を超えている」と推定される。本件における議員定数不均衡は、「選挙当時には、憲法の選挙権の平等の要求に反する程度になっていった」。しかし、「直ちに当該議員定数配分規定を憲法違反とすべきものではなく、人口の変動の状態をも考慮して合理的期間内における是正が憲法上要求されていると考えられるのにそれが行われない場合に初めて憲法違反と断ぜられる」が、本件において

> は「合理的期間内における是正がなされなかった」と認められる。「選挙区割及び
> 議員定数の配分は」「不可分の一体をなすと考えられるから、」議員定数配分規定は
> 「全体として違憲の瑕疵」がある。しかし、選挙を無効とすると、「明らかに憲法
> の所期しない結果を生ずる」。行訴法31条 1 項前段の事情判決には、「一般的な法の
> 基本原理に基づくものとして理解すべき要素も含まれている」ため、この法理に従
> い、「本件選挙は憲法に違反する議員定数配分規定に基づいて行われた点において
> 違法である旨を判示するにとどめ、選挙自体はこれを無効としない」。

＊　「合理的期間内」であれば、違憲状態であっても合憲判決が下されるが、合理的期間
　　の起算点、長さなど、不明瞭な点が多いという批判もある。

　その後、衆議院に関して、最高裁は、 1 対 3 の較差を基準に合憲違憲の判断
をしていると推測されてきたが、通説は、実質 1 人 1 票を原則に 2 倍未満が許
容限度と主張していた。これらは中選挙区制下の判例であるが、1994年に小選
挙区・比例代表並立制が導入され、また、**衆議院議員選挙区確定審議会設置法**
によって「 2 以上とならないようにすることを基本と」すると規定された（ 3
条）。しかし、同法で人口の少ない県に配慮した都道府県一人別枠方式（ 2 条）
がとられていたため、投票価値の平等が歪められることとなった。最高裁は、
本件「選挙時においては、その立法時の合理性が失われたにもかかわらず、投
票価値の平等と相容れない作用を及ぼすものとして、それ自体、憲法の投票価
値の平等の要求に反する状態に至っていた」と判示し、違憲状態であると認め
た（最大較差2.304倍）（最大判平 23・3・23民集65巻 2 号755頁）。

　他方、**参議院**選挙区については、最高裁は、地域代表的性格、**半数改選**（偶
数配分）制、絶対数の限定などを理由に、平等の要求を衆議院よりも緩く解し
てきた。かつて、最大較差 5 倍を超えても合憲としたが、6.59倍は違憲状態と
認めたため（最大判平 8・9・11民集50巻 8 号2283頁）、最高裁は 1 対 6 の較差を基
準に合憲違憲の判断をしていると推測されてきた。しかし、最大較差 5 倍につ
いて、「投票価値の平等の重要性に照らしてもはや看過し得ない程度に達して
おり、」「違憲の問題が生ずる程度の著しい不平等状態に至っていた」とした
（最大判平 24・10・17民集66巻10号3357頁）。この事件において、最高裁は、参議

院も国民の代表機関である以上、衆議院と同じ要請が及ぶと認め、都道府県を選挙区の単位とした結果、投票価値の不平等が長期にわたって継続している場合には、選挙制度の仕組み自体も見直す必要があると述べた（2015年、公選法改正により、鳥取と島根、徳島と高知が合区された）。

　地方議会の場合には、憲法の**投票価値の平等**原則の要請を受けて、公選法に定数配分における**比例原則**が定められている（15条 8 項（旧 7 項））。最高裁も、地方公共団体の議会の議員の選挙に関し、投票価値の平等は憲法の要求であると認め、東京都議会議員選挙での最大較差 1 対7.45（特別区内では 1 対5.15）を違法であるとした（最判昭59・5・17民集38巻 7 号721頁）。その後も公選法203条に基づく地方議会選挙の較差訴訟が数多く起こっている。

　＊　**特例選挙区**（公選法271条）では、最高裁は、設置の適法性を判断してから議員定数配分の適法性を判断する傾向にある。特例選挙区の設置は議会の合理的裁量に委ねられるが、「当該区域の人口が議員 1 人あたりの人口の半数を著しく下回る」（配当基数が0.5 よりも著しく低い）（公選法15条 2 項参照）場合には、特例選挙区の設置を認めないとした（**千葉県議会議員定数不均衡訴訟**＝最判平元・12・18民集43巻12号2139頁）。しかし、配当基数が全国最低の 0.316 という特例選挙区を適法とした（**愛知県議会議員定数不均衡訴訟**＝最判平 5・10・22判時1484号25頁）。また、東京都議会議員選挙でも、配当基数 0.375 の千代田区選挙区を特例選挙区としたことを適法とし、それによって生じる最大較差 1 対3.95 の較差につき、「地域間の均衡を図るため」「一般的に合理性を有する」とした（最判平 11・1・22判時1666号32頁）。そして、東京都議会が島部選挙区を特例選挙区と存置したことも違憲ではないとした（最判令 4・10・31判タ1505号28頁）。

II　請　願　権

　請願とは、国や地方公共団体の諸機関に対して、その職務権限に属する事項について要望や苦情を述べることをいう。憲法16条は**請願権**を保障している。国民に国政参加が認められず、自らの立場を国政に反映させる手段が存在しなかった時代においては、民意を為政者に伝える手段である請願は、重要な意義をもつものであった。しかし、**国民主権**が確立し、国民の**参政権**が保障され、表現の自由が広く認められるようになった現代社会においては、請願権の意義

が相対的に低下したことは否めない。とはいえ、その意義が失われてしまった
わけではなく、議会制民主主義の下で請願権は選挙権の機能を補充する。請願
権は性質上、外国人にも保障される。したがって、参政権を有しない外国人に
とっては重要な機能を有する。

> ＊　請願権を国務請求権として捉えるか、参政権と捉えるかは、学説により異なる（→第
> 5章 I）。人権としての分類はともかく、参政権的な性格・機能を請願権に認めること
> は、近年では広く支持されているといえよう。

　請願の対象は、国や地方公共団体の職務権限に属するあらゆる事項である。
請願は、平穏になされねばならず、その手続や処理については、一般法として
請願法が定められている。それ以外にも、国会の各議院に対する請願について
は国会法が、地方公共団体の議会に対する請願については地方自治法がそれぞ
れ定めている。請願を受けた場合、国や地方公共団体は、それを誠実に処理す
る憲法上の義務を負うが、その請願の内容に拘束されるわけではない。

> ＊　請願法5条が「官公署において、これを受理し誠実に処理しなくてはならない」とし
> ているが、権利行使に伴って何らかの具体的法効果は生じない。町長が行わせた戸別訪
> 問による署名活動に関する聞き取り調査が、署名者や署名収集者に不当に圧力を加える
> ものであったと認められるときは、表現の自由および請願権などへの侵害にあたるとす
> る判例がある（**関ヶ原請願事件**＝名古屋高判平 24・4・27 判時2178号23頁）。

設　問

1　投票率の低下を防ぐため、投票した人に粗品や商品券を配布したとする。自
由選挙の点から考えてみよう。
2　議員定数不均衡訴訟で、事情判決後にも公選法が改正されず、次の選挙の際
に較差がより広がっていたとき、裁判所はどのような判決を下すべきか。

参考文献

辻村みよ子『「権利」としての選挙権』（勁草書房、1989）
野中俊彦『選挙法の研究』（信山社出版、2001）
吉田栄司『憲法的責任追及制論 II』（関西大学出版会、2010）
渡辺久丸『請願権の現代的展開』（信山社、1993）

第**3**部　統治機構

コラム3　謎の日本国憲法

　私は憲法学に対しては全くのド素人ですが、その立場で日本国憲法を読んだとき、様々な謎を感じます。

　前文に「平和を愛する諸国民の公正と信義に信頼」とありますが、これを「平和を愛さない諸国民は信頼しない」と読まないと軍拡はできないのでは？

　1条「主権の存する日本国民」とあり、君主（天皇）に主権はないので、日本は民主制なんだと思うのですが、天皇がいる限り共和制ではなく君主制なので、天皇って何って思っちゃいます。

　3条「国事行為」なんですが、6条で天皇は「内閣総理大臣と最高裁判所の長たる裁判官を任命する」ことになってますが、これは国事行為（7条）には規定されていないので、4条の「天皇は、国政に関する権能を有しない」との整合性を考えると、三権分立（立法、司法、行政）の内、司法と行政は「国政」には含まれないということなんですか？

　9条「国際紛争を解決する手段」としては、「戦争と武力の放棄」となっていますが、例えばA国とC国が戦争になったとして、日本がA国の後方支援で武力を提供するのは、A国への援助であって国際紛争そのものには関与していないということなんでしょうか？

　日本国憲法の頭のところだけでも、いろんな謎があるのですが、きっと本書が解決してくれるでしょう。

（国交省航空保安大学校客員教官　　田中規久雄）

第**12**章 統治機構総論

まとめ 国民主権は憲法制定権力として理解され、統治の正当性の淵源が国民にあるという正当性の契機と、具体的国家意思を形成する権力を国民が有しているという権力性の契機の2側面を有する。権力分立原則とともに、日本国憲法の重要原理を構成する。

■**国民の意味**
　統治の客体（人権享有主体）
　有権者団（選挙民団）
　主権者（ナシオン／プープル）

■**主権の意味**
　統治権そのもの
　国家の最高独立性
　国政上の最高の決定権

■**国民主権**
　最高機関意思説
　憲法制定権力説＝正当性の契機＋権力性の契機
　ナシオン主権論＝正当性の契機を重視
　プープル主権論＝権力性の契機を重視

■**選挙制度**
　大選挙区制（当選者2以上）……民意を反映しやすい（比例代表制の場合は特に）
　小選挙区制（当選者1）……二大政党制で政局安定、選択がわかりやすい

■**国民主権と並ぶ主要原理**
　法の支配……人の支配を排除し、ルールに従って権力を行使させる
　権力分立……抑制と均衡により、権力の暴走を抑える

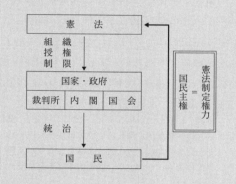

I　国 民 主 権

　日本国憲法が、**平和主義**、**基本的人権尊重主義**と並んでその基本原則として採用するのが**国民主権**である。その意味について、**国民**、**主権**、そして「**国民主権**」という順で解説していくことにする。

1　国民の意味

　国民という言葉は、文脈により様々な意味で用いられる。

　⇨まず、統治の客体ないし**人権享有主体**としての「国民」がある。「全ての基本的人権の享有を妨げられ」ず（12条）、「個人として尊重される」（13条）べき日本国民のことである。その範囲について、通説は、憲法10条が「法律でこれを定める」としている者、つまり国籍法が定めた範囲の者と考えている（ただし通説は、人権享有主体は日本国民のみに限定されないとする→第 5 章Ⅱ）。

> ＊　国籍法は、日本国籍を取得する方法として、出生（ 2 条。基本的には**血統主義（属人主義）**に立つ。→第 5 章Ⅱ）、認知（ 3 条）、帰化（ 4 条）を定める。認知については法務大臣への届出、帰化については法務大臣の許可を必要とする。連続 5 年以上日本に住所を有する20歳以上の者であることなどが条件（ 5 条）とされているが、特別の功労がある外国人については、国会の承認を経て認められることもある（大帰化。 9 条）。

　⇨次に、15条で固有の権利をもっているとされる「国民」、すなわち**有権者団（選挙民団）**がある。これは、**選挙や憲法改正の承認**の際の**投票**を通じて実際に国家意思を形成する、最も基礎的な国家機関として観念されるものであり、現実に活動する具体的な集団である。したがって、ここでの国民には、選挙権をもたない**未成年者や成年被後見人**（民法 7 条〜 9 条）などは含まれない。

　⇨さらに、国民主権国家における権力の源泉である、**主権者**としての「国民」という観念がある。この意味の国民については、 2 つの捉え方が対立している。通説によれば、未成年者や成年被後見人などを含む、過去から未来に至る、およそ一切の自然人の抽象的観念的統一体（**ナシオン（nation）**）であるとされる。これに対し、主権者としての国民は具体的意思をもちうる具体的存在

としての国民（プープル（peuple））だと考える有力な立場がある。この両者の対立が大きな論争を巻き起こしている（→本章Ｉ**4**）。

2　主権の意味

「主権」の意味は、文脈により、一般に以下の３通りに用いられる。

第１に、警察力や実効支配という意味で、物理的な**国家権力**や統治権そのものを指して、主権が語られる場合がある。例えば、**ポツダム宣言**８条は、「日本国ノ主権ハ本州、北海道、九州及四国並ニ吾等ノ決定スル諸小島ニ局限セラルベシ」としているが、ここでいう「主権」とはこの意味である。

第２には、国家権力が有している（対内）最高（対外）独立という性格を指して用いられる。**サンフランシスコ講和条約**１条(b)が、「連合国は、日本国及びその領水に対する日本国民の完全な主権を承認する」としているのがこの意味での主権であり、日本国憲法前文が謳う「自国の主権を維持」も（対外独立性に重点が置かれているものの）この意味においてのものである。

第３は、国政に関わる最高の決定権としての主権である。その決定権が君主に存する場合が**君主主権**、国民にある場合が**国民主権**となる。日本国憲法は、「主権が国民に存すること」や国政の権威が「国民に由来」することを宣言し（前文）、「主権の存する日本国民」としているように（１条）、国民主権原理に立っている（ゆえに日本国憲法は**民定憲法**（→第１章）であり、**明治憲法**の改正手続によって制定されたことや、**天皇**の上諭が付いていることは、この点に影響しない）。

3　国民が主権を有しているとはどういうことか

日本国憲法が国民主権主義を採用したということは、まずもって君主主権が否定され、国政の最高の決定権が国民にあるということを意味する。

＊　その意味に関して、**国家法人説**の強い影響の下にある**最高機関意思説**は、国会が「国権の最高機関」（41条）であることとの齟齬や、日本国憲法は明治憲法と異なり、主権者が統治権者自体という構造でないことなどを批判され、衰退した。

多くの学説は、これは、国民が**憲法制定権力**を有していることを意味するも

のだと考えている。すなわち、様々な国家活動や政策が準拠しなければならない、国家の基本法たる憲法を制定する権力を国民が有しているとすることにより、国政のあり方を最終的に決定するのは国民であると説明するのである。ところで、この憲法制定権力について、憲法を制定できるという、まさに何ものにも制約されない「実力」が国民にある（**実力説**）としてしまうと、結局のところ、その時々の国民がいかようにでも憲法を**改正**できることになり、憲法の規範としての安定性が失われるにとどまらず、憲法を制定すること自体が無意味なものとなりかねない。また、実力の実態は不明である。そこで、無限定な権力性に縛りをかける観点から、人格不可侵の原則を核とする**根本規範**なるものを措定し、その授権に基づいて憲法制定権力が行使される（**権限説**）との考え方が出されるに至った。しかし、この説も、根本規範なるものが存在するかという疑問や、人格不可侵原則の内容の不明確性、国民の中に**有権者**以外の者が含まれないなどの批判を浴びた。このほか、国民の代表者の統治に対する同意・不同意を行う監督権力と捉える見解（**監督権力説**）や、統治の正当化の淵源が国民にあると理解する見解（**最終的権威説**）などが出されてきた。

⇨現在の支配的な考え方からは、主権が国民に存すること、すなわち国民が憲法制定権力を有していることの意味としては、次の2つの側面から説明されることが多い。まず第1に、国民こそが憲法を制定し、それによって国家の統治のあり方を定めたのであり、ゆえに憲法の存在や国家権力（およびその行使）のあり方が正当化されるのだという、**正当性の契機**としての側面である（特に、最終的権威説はこの点を強調する）。注意すべきは、ここで念頭に置かれている「国民」は、上述の（→本章 I **1**）抽象的観念的統一一体としての国民だということである（有力な反対説につき→本章 I **1**および**4**）。国民をこのように捉えるなら、当然に**代表民主制**が帰結される。しかし、国民主権を単に正当性の契機としての側面しかもたない、理念的なものにすぎないと考えたのでは、国民主権概念が空虚なものとなりかねない。そこで、国民主権にもう一つの側面、**権力性の契機**が認められるべきことになる（実力説は、比較的この点を重視している）。すなわち、具体的存在としての国民が、国家としての意思を決定するための権力

を実際に行使できるものと考えなければならないのである。ただし、実際の権力行使は、それにふさわしい者（有権者）によって、それにふさわしい制度（投票）を通じてなされることが必要となる。ここで注意すべきは、その権力行使は、最終的には**憲法改正権**として現れるという点である。すなわち、憲法制定当時の国民が憲法制定時に、憲法制定権力自体が再発動されないよう、それを憲法改正権という形で制度化して憲法の中に組み込んだと考えるのである。そうすると、憲法改正の最終的判断が**国民投票**に委ねられていること（96条）は、国民主権原理との強い結びつきの下で理解することができ、またこのような観点からは、憲法改正の限界が認められることになろう（→第18章）。

> ＊　憲法制定権力が憲法改正権として現行憲法の枠内に取り込まれたといわれるとき、生の権力的な要素は永久に凍結されたと説明されることがある。しかし、日本国憲法制定後長きにわたり、改正のための手続きが法定されず、国民は憲法改正権さえも行使できない状態にあった。2007年に「日本国憲法の改正手続に関する法律」（**国民投票法**）が成立し、改正のための環境は整いつつある。

4　**主権者としての国民に関する論争**──ナシオン主権論対プープル主権論

　⇨通説的な説明では、正当性の淵源としての「国民」は抽象的な存在である。そのような国民は、具体的な意思を表明したり行動したりできる存在ではないので、その具体的な意思を確定させるには、**国民代表**が必要となる。この国民代表は、必要なとき（主として選挙時）にのみ別途観念される、国民の意思を抽出するための機関（主権者としての国民ではなく、有権者団としての国民）によって選出される。この点からは、政治制度としては代表民主制が帰結され、**直接民主制**は選択肢とはならない。また、国民は具体的意思をもたないため、国民代表は、何らの拘束を受けることなく、「国民」の利益になると信ずる自らの意思に従って活動できる（**政治的代表、自由委任**→第13章Ⅰ**1**）。そして、国民代表による議論を通じて下された決定こそが国民の意思なのである。主権者としての国民をこのように捉える見解を、**ナシオン主権論**という。

　これに対しては、**プープル主権論**という、主権者としての国民は具体的意思をもちうる具体的存在としての国民だと考える立場がある。この立場をとれば、

主権者としての国民は有権者を意味し、政治制度としては原則として直接民主制が採用されるべきこととなる。しかしながら、全有権者が一堂に会して様々な議論を行った上で国民としての意思を決定することは、現実的な選択肢ではない。そこで、あくまでも直接民主制の代替手段として代表民主制が採用されると考えるのである。選出された国民代表は、選出母体たる選挙民の意思に反した行動を取ることは許されず（**法的代表、命令的委任**）、反したときには、代表者は選挙民により解職（**リコール**）されうることになる。

> ＊　**フランス革命**後、プープル主権論者は、具体的な意思をもつ人民の意思を極力忠実に反映させるためには、**普通選挙**が採用された上で命令的委任が肯定される必要があると主張した。しかしそれでは下層ブルジョワジーなどの意向が強く入り、自己の財産権を制限する方向へと作用することを危惧した上層階級や富裕層が、**制限選挙**を正当化し、命令的委任を排除する必要からナシオン主権論を提唱した。

日本国憲法には命令的委任を予定する規定がないなどの理由で、プープル主権論は少数説にとどまる。しかし、**最高裁判所裁判官**の**国民審査**（79条2項）や、**地方自治**におけるリコール制（**地方自治法**13条2項参照）など、憲法は補完的に直接民主制の要素をも取り入れている。

5　有権者団の活動──選挙

代表民主制を採用している日本国憲法下では、**選挙**により代表者を選出する必要があるが、その選出方法には多様なものがある（選挙の基本原則（→第11章Ⅰ**4**）や現行制度（→第13章Ⅱ**2**）については他章に譲る）。

⇨選挙区割りに着目すると、各選挙区から1名の当選者を出す**小選挙区制**と、複数の当選者を出す**大選挙区制**（かつて衆議院議員選挙で採用されていた、各選挙区3から5名程度の当選者を出す場合を**中選挙区制**と呼ぶこともある）とがある。前者の場合、候補者の顔が見えやすく、選択が容易で、**二大政党制**を指向するもので政局が安定しやすいというメリットが指摘されると同時に、死票が多くなる（多様な民意を反映しにくい）デメリットがある。後者は、小党乱立を招きやすく、連立内閣の陣容は選挙後の政党間交渉に委ねられることになるため、民意による政権選択は難しくなり、政局安定からは遠ざかるが、死票は少ない。

＊　大選挙区制の選出方法には、候補者名で投票し得票数順に当選とする方法と、**政党名**で投票し、得票数に応じて議席を配分する**比例代表制**（**拘束名簿式**）とがある（両者の性格を併せ持つのが**非拘束名簿式**比例代表制である）。比例代表制は、民意を反映させやすいが、特に拘束名簿式の場合は党内の力関係が名簿順位に影響を及ぼし、候補者の個性が没却される（当選させたい人に絞った投票ができない）といった問題点が指摘されている。

　日本国憲法は、選挙制度を法律事項としており（47条）、純粋な小選挙区制や全国一区の比例代表制も違憲とまではいえないとするのが通説である。

II　権 力 分 立

　上述のように、たとえ**国民主権**原理に**正当性の契機**や**権力性の契機**を認めたとしても、国家と国民との間には、権力を行使する国家と、権力を行使される国民という関係性がある。一般に、対立する二者間の権力関係に大きな差が存在するとき、権力をもつ側は往々にしてそれを濫用してしまうおそれがある。だとすれば、本当の意味で自由を確保し、基本的人権を尊重しようとするならば、**国家権力**の暴走を防止するメカニズムが必要となる。このような観点からは、権力をもつ者の恣意を排除し、その行動を法に従ったものとすることが求められる。このような、あらかじめ存在する法の内容に従った権力行使を求める原理を、**人の支配**（rule of man）との対比で**法の支配**（rule of law）という。

　⇨しかしながら、国家権力側の暴走を食いとめるのに法の支配原理が必要だとしても、それだけでは十分とはいえない。最大の問題点は、権力の側が従うべき法を制定するのも、権力の行使が実際に法に従ったものかどうかの判断をするのも、権力の側だという点にある。そうすると、法の支配を実効的なものとするためには、別個のメカニズムが必要になってくる。そこで、国家組織のあり方の基本構造として、国家権力を分割し、それぞれを異なった機関に割り当てるという、いわゆる**権力分立**制度が考案されるに至ったのである。これは、**モンテスキュー**の『**法の精神**』にて提示された考え方で、1789年の**フランス人権宣言**においても、「権利の保障が確保されず、権力の分立が定められていないすべての社会は、憲法を持つものではない」（16条）という形で反映され、

基本的人権の尊重とともに近代憲法の必須要素とされるに至っている。

　とはいえ、権力分立のあり方については、大まかには、権力の「分離」という側面に重点を置く方法と、分離された権力相互間の関係を重視する方法とがある。日本国憲法は、国家権力を**立法権**（41条）、**行政権**（65条）、**司法権**（76条）に分離し、それぞれを**国会、内閣、裁判所**という異なる国家機関に属させている。他方、国会による**弾劾裁判所**の設置（64条）や**内閣不信任決議**等（69条）、内閣による**衆議院解散権**（69条）や**裁判官**の指名・任命権（6条2項、79条）、裁判所による法律や行政活動等の**違憲審査権**（81条）といった権限が各機関に与えられており、それぞれの権力相互間の**抑制と均衡**（チェックアンドバランス）を重視する立場を明らかにしているといえる（また同時に、三権それぞれが必ずしも対等の関係に立っているわけではなく、国会と内閣との強い結びつきがみられることから、**議院内閣制**が採用されたものといえる→第14章Ⅰ**2**）。このようにして日本国憲法は、単に国家権力を分割するにとどまらず、分割された権力それぞれが暴走することをも食いとめるメカニズムを採用しているのである。

　＊　国民主権原理と権力分立原理や法の支配原理は時に対立する。それは、民選の衆議院を内閣が解散したり、民主的立法を裁判所が違憲無効としたりするときによく表れる。権力分立原理を強調すれば、少数者の人権を抑圧する「国民」すら抑制されるべき存在であるし、国会を文字通りの「国権の最高機関」とは読めないことになろう。

設　問

1　日本でこれまで採用されてきた選挙制度について、時系列で整理してみよう。
2　諸外国の権力分立システムについて、それぞれの特徴について調べてみよう。

参考文献

杉原泰雄『国民主権と国民代表制』（有斐閣、1983）
樋口陽一『近代立憲主義と現代国家』（勁草書房、1973）
針生誠吉＝横田耕一『国民主権と天皇制』（法律文化社、1983）

第13章 国　　会

まとめ 　国会は、国民の代表機関として、代表民主制における中心的な
役割を果たす。また、国権の最高機関として行政権・司法権と
いった他機関に対する影響力を行使しうる国政機能を有する。
さらに、唯一の立法機関として国会中心・単独立法原則に基づ
き立法権を行使する。

■**国民代表機関**
　直接民主制的要素の重視　　間接民主制（代表民主制）的要素の重視
　プープル主権論 ⟵―――――――――――――――⟶ ナシオン主権論
■**国権の最高機関**
　政治的美称説（通説）　　総合調整機能説（有力説）　　統括機関説
　権力分立重視 ⟵―――――――――――――――⟶ 国民主権重視
■**唯一の立法機関**
　国会中心立法の原則　　国会単独立法の原則
■**二院制の分類**
　貴族院型　　連邦代表型　　多角的民意反映型
■**両議院の定足数**
　法定議員数説　　現在議員数説　　各議院自律権説
■**内閣の法案提出権**
　肯定説（通説）　　否定説（少数説）
■**予算の性格**
　予算法律説　　予算法形式説（通説）　　予算行政説
　国会による修正可 ⟵―――――――⟶ 国会による修正不可
■**法律と議院規則の優劣**
　法律優位説（通説）　　議院規則優位説（有力説）
■**国政調査権の性質**

補助的権能説（通説）　　独立権能説（少数説）
■**不逮捕特権の保障範囲**
　　議員の身体的自由保障説　　議院の活動確保説　　両者保障説（有力説）

I　国会の性格・地位

　民主主義という政治制度を、国民の意思に沿った国家権力の行使と考えると、その最も徹底した形は**直接民主制**ということになろう。事実、今日における民主政の起源とされる古代ギリシアの**都市国家**（ポリス）では、（女性や奴隷などを除く）一般市民の自由参加に基づく**民会**（エクレシア）の討議において政治的な決定が行われていた。

　しかしながら、現代国家においては、領域の広範さ、人口の多さ、国家組織の複雑さなどから、国民が一堂に会して国政を審議する機会をもつことは、物理的・時間的に不可能である。そのため、選挙で選ばれた代表によって実際の国政が担われる**間接民主制**（代表民主制）がとられるのが一般的である。ゆえに、日本国憲法においても、その前文で「日本国民は、正当に選挙された国会における代表者を通じて行動」することが明記されており、国民の直接統治による直接民主制ではなく、国民が国政を代表者に委託する間接民主制に基づく**議会制民主主義**が採用されている。

　議会制民主主義においては、国民の意思は議会に代表され、そこでの公開の討論を通じて、国政の基本方針が決定される。実際に、国会をはじめとする議会は、①**国民代表機能**、②**立法機能**、③**審議機能**および④**行政府監視機能**の 4 つを、国政上担っている（議院内閣制を採用する国では、さらに、⑤**内閣形成機能**が追加される）。このように、国会は、憲法上および実際の政治上においても、きわめて重要な地位を国政において占めている。

　また、わが国の国会は、①**国民の代表機関**、②**国権の最高機関**、③**唯一の立法機関**という 3 つの性格を憲法上有している。以下では、それぞれの内容につ

いて順を追って説明する。

> ＊　この点、国会議員の性格をめぐっても、国民主権の意義を権力の正当性が国民に由来する点のみに捉え、議員に対する自由委任と間接民主制を望ましい制度と捉える**ナシオン主権論**と、主権を実在する人民そのものが直接行使する権力と理解し、議員に対する命令委任と直接民主制を支持する**プープル主権論**との対立が学説上もみられる（→第12章Ⅰ）。

1　国民の代表機関性

　「国民代表」機関としての国会は、その両議院が「全国民を代表する選挙された議員」によって組織される（43条1項）ことに由来する。また、ここでの「全国民を代表する」の意味は、議員が特定の階級、党派又は地域などの利害のみならず、国民全体の意思を代表することを指す（→第12章Ⅰ）。

　⇨もっとも、かつては代表としての議員の意思自体が国民全体の意思と擬制されており、国政における国民の意思を反映させる上では、議員はあくまで国民のために活動する意思を持てば足りるとされていた（**政治的代表**）。すなわち、この立場においては、実際の国政において、国民と議員との意思が矛盾・対立することを前提に、その相互作用を通じて持続的な影響力を行使することが期待されてきたともいえる。

　しかしながら、社会における価値観の多様化が進むにつれて、国民間の同質性が失われ、こうした擬制のイデオロギー的性格及びエリート主義的傾向が明らかとなってきた。そこで、議員の地位を選挙を通じた国民意思によって正当化する観点からも、代表としての議員の意思と国民意思との事実上の類似性を重視し、社会の多元的な意思が可能な限り国会において反映されるべきとの考えが、見直されてきた（**社会学的代表**）。

　この点、日本国憲法における代表概念も、政治的代表と社会学的代表の両者を含むものと考えられることから、国民の多様な意思を可能な限り公正かつ忠実に国会へ反映させる選挙制度の構築が、憲法上も強く求められていると言えよう。

> ＊　今日の**議会制民主主義**においては、政党も必要不可欠な存在である。日本国憲法においては、特に政党に関する明文規定はないものの、最高裁も、**八幡製鉄政治献金事件**に

おいて「憲法は政党の存在を当然に予定しているものというべき」とその重要性を認めている（最大判昭 45・6・24 民集24巻 6 号625頁）。他方で、国民の多くは特定の支持政党をもたない**無党派層**であり、たとえ支持政党を有する人でも政党に所属する割合は低く、主権者である国民と政党との結びつきはあまり強くないようである。

2　国権の最高機関性

日本国憲法では、「国会は、国権の最高機関」（41条）であると定められている。すなわち、国会は、選挙を通じて主権者たる国民を直接代表し、立法権などの重要な権能を有していることから、他の国家機関に比して、より中心的な地位に置かれているのである。実際に、憲法は、議員内閣制の下で、国会による**立法権**（→本章Ⅳ）、**予算制定権**（→本章Ⅴ）、**内閣総理大臣指名権**（→第14章Ⅱ）、**憲法改正発議権**（→第18章）などを認めており、いわば「国権の最高機関」として相応しい権能が付与されている。

もっとも、この「国権の最高機関」性をいかに理解するかをめぐって、学説上は、主に、①**統括機関説**、②**政治的美称説**、③**総合調整機能説**の 3 説による争いがある。

⇨①統括機関説では、国会は国政全般の運営における最高責任機関であるとして、本条が個々の憲法条項の解釈指針又は権限推定の根拠となりうるとされる。

対して、②政治的美称説では、本条が三権のうち、国会においては選挙を通じた国民との結びつきをもつことを示しているにすぎず、国会に対する具体的な権限付与や権限推定を導出することはできないとする。

さらに、③総合調整機能説では、国会の最高機関性を、三権における総合調整機能としての役割を担いうる点に見い出している。すなわち、同説では、国会は、立法に基づく行政・司法権への拘束、**議院内閣制**による内閣の樹立、**国政調査権**の行使および**弾劾裁判所**による弾劾裁判の実施等によって、国政全般のコントロール・円滑な運営を行う法的地位を担うべき機関であることが強調される。

長らくは、議院内閣制や**権力分立原則**との整合性からも、政治的美称説が通説とされてきた。しかしながら、国民主権原理を重視する観点からも総合調整

機能説が次第に有力化しつつある。

3　唯一の立法機関性

　国会が国の「唯一の立法機関」であるとは、権力分立原則に基づき、国会が「立法権」を「独占」することを意味する（→本章Ⅳ）。

　まず、「立法権」とは、法律の制定権を指す。もっとも、ここでの法律という概念には、国会が制定する法形式という意味のみならず（**形式的意味の法律**）、国民の権利・義務を定める一般的・抽象的規範という内容も含意される（**実質的意味の法律**）。

Ⅱ　国会の組織・構成

1　二 院 制

　議会が単一の議院で構成される**一院制**に対して、独立に意思決定を行う権能を有する2つの議院が存在する場合は、**二院制**または**両院制**と呼ばれる。二院制においては、原則として、議会の意思は両院の合意に基づき形成される。

　二院制の起源は、中世の**身分制議会**において身分ごとに複数の会議体が設置されていたことに由来する。例えば、革命以前のフランスでは、聖職者・貴族・市民からなる**三部会制**がとられていた。もっともその後、身分制を否定した近代国家においては、理論上は一院制が支持されてきた。関連して、フランスの政治思想家**シェイエス**が、「第二院は、第一院と一致すれば無用であり、第一院と一致しなければ有害である」と述べたのは有名である。

　今日においても、各国の歴史的・政治的・社会的諸条件によって、議会の構成および運用形態は様々であるが、連邦制を採用していない国においては、二院制ではなく一院制の議会制度が採用されることが、数の上では圧倒的である。この点、わが国では、大日本帝国憲法（明治憲法）下においても**衆議院**および**貴族院**から構成される二院制が採用されていた（明憲33条）。もっとも、貴族院の権能は、予算の先議権を除き衆議院と対等とされていたことから（明憲38条、

39条、40条および65条）、戦前においては、公選の議会ではない貴族院が、民選の衆議院における意思を抑制する場面がしばしば見られた。そのため、戦後、現行憲法の制定過程では**連合国軍総司令部（GHQ）**から一院制の提案がなされたものの、日本政府側の強い反対に遭い、結果、貴族院を参議院へと改編することで、引き続き二院制が維持された。

⇨二院制は、第二院の目的・性格から、①**貴族院型**、②**連邦国家型**、③**多角的民意反映型**（民主的第二次院型）の３つに分けることができる。①貴族院型は、普通選挙に基づく民選の第一院と、貴族階級の世襲・互選による第二院から構成される。貴族院型の代表は、イギリスの**貴族院**である。②連邦国家型は、国民代表である第一院と、連邦の各州代表である第二院からなる。典型はアメリカの**連邦議会上院**及びドイツの**連邦参議院**である。③多角的民意反映型では、第一院のみならず第二院においても、多様な民意を反映させることを目的とする。わが国の参議院は、ここに分類される。

（**1**）**参議院の存在意義**　　上述の通り、わが国においても「国会は、衆議院及び参議院の両議院でこれを構成する」として、二院制が採用されている（42条）。一院制と比較した場合に考えられうる二院制のメリットとして、①二院の審議による慎重な議事運営への期待、②選出方法の異なる二院を通じた、多様な民意の反映、③第二院の存在による、第一院の政治的暴走に対する抑制などが挙げられる。

わが国の参議院は、戦後しばらくの間は衆議院に比して無所属議員の数も多く、政党の利害から離れた**良識の府**としての役割が期待されていた。だが、その後、参議院の政党化が進み、衆議院と似通った構成になると、同院での勢力図をそのまま反映させるだけの衆議院のカーボン・コピーと揶揄されるようになった。

　＊　参議院は、本来、「良識の府」として望まれる審議を行うことで、衆議院と異なる存在意義を自ら示していく必要がある。もっとも、**55年体制**の下で1953年から約36年余りの間も**両院協議会**が開かれてこなかった点などを踏まえると、これまでその独自性を国政において充分に発揮してきたとは言い難い。

（2）衆議院の優越　　衆参両議院は、原則として対等であり、国会としての法律等の議決には、両院での可決を必要とする（59条1項）。もっとも、日本国憲法は、憲法上の多くの重要な権限において**衆議院の優越**を認め、参議院を補充的な地位に位置づけている。

まず、衆議院にのみ認められる権限として、**予算の先議権**（60条1項→本章V）と**内閣不信任案の決議権**（69条→第14章Ⅳ）がある。

次に、法律案の議決については、衆議院で可決した法律案が参議院で否決された場合であっても、衆議院において出席議員の3分の2以上の**特別多数**で再可決されれば、法律として成立する（59条2項）。また、この場合には、衆議院は参議院に対して両院協議会の開催を求めることができる（59条3項）。加えて、衆議院は、参議院が衆議院の可決した法律案を60日以内に可決しないときは、参議院が否決したものとみなすことができる（59条4項）。

さらに、**予算の議決、条約の承認**および**内閣総理大臣の指名**についても、両院の判断が異なった場合には、衆議院の議決が優先される。まず、予算の議決については、予算案は衆議院で先議され（60条1項）、その後、参議院において衆議院と異なった議決がなされ、かつ両院協議会を開いても意見が一致しないとき、または、参議院が衆議院の可決した予算案を30日以内に議決しないときには、衆議院の議決をもって予算の成立とみなされる（60条2項）。条約の承認についても同様である（61条）。次に、内閣総理大臣の指名についても、両議院が異なる指名をした上で、両院協議会においても意見が一致しないとき、または衆議院の指名から10日以内に参議院が指名を行わないときには、衆議院の議決が国会の議決として扱われる（67条2項）。

2　選挙制度

以下では、衆議院と参議院の選挙制度について概略的に説明する。

（1）　任期・兼職の禁止　　議員の**任期**については、**衆議院議員**は4年である（45条）。対して、**参議院議員**の任期は6年であり、3年ごとに半数が改選される（46条）。さらに、衆議院には**解散**があるが、参議院にはない（45条およ

び54条）。このように、衆議院に比して参議院議員の身分を安定させ、**半数改選制**により議院としての活動の継続性を強化することで、第二院としての抑制的機能が制度上期待されている。ちなみに、両議院の議員を兼職することは禁じられている（48条）。

（**2**）　**選挙制度・定数**　　両議院の**議員定数**（43条2項）、議員および選挙人の資格（44条）、選挙区・投票方法等（47条）の規定については立法に委ねられており、実際には、**公職選挙法**によって詳細に定められている（→第12章Ⅰ）。また、衆議院の選挙制度では、**小選挙区比例代表並立制**がとられている。定数は465人であり、各小選挙区からの選出は289人、比例代表選挙による選出は176人である（公選4条1項）。対して、参議院の選挙制度は、**選挙区選挙**と**比例代表選挙**からなり、定数248人のうち、各選挙区からの選出は148人、比例代表選挙による選出は100人である（公選4条2項）。

＊　参議院の比例代表選挙においては、2000年から従来の**拘束名簿式**に代えて、新たに**非拘束名簿式**が導入されている。拘束名簿式では、各政党があらかじめ順位づけした候補者名簿の順位に従って当選者が選出されるのに対し、非拘束名簿式では、名簿上の各候補者の得票数に応じて当選順位が決定される。

（**3**）　**選挙権・被選挙権**　　衆参両議員に対する**選挙権**は、日本国籍を有し、年齢満18歳以上の者に与えられる（公選9条1項）。また、衆議院議員に立候補できる**被選挙権**の年齢は、満25歳以上であり（公選10条1項1号）、参議院議員の被選挙権年齢は満30歳以上である（公選10条1項2号）。

＊　一般的には、議員の任期満了および解散により、新しい議員を選出する選挙は広く**総選挙**と呼ばれる。もっとも厳密には、公職選挙法上の総選挙とは衆議院議員の選挙のみを指し（公選31条）、参議院議員の任期満了に伴う選挙は、**通常選挙**と称される（公選32条）。

Ⅲ　国会の活動

1　会　期

国会が憲法上の権能を行使する一定の期間を**会期**という。

日本国憲法は明文でもって会期制を定めてはいない。しかし、52条が「国会

の**常会**は、毎年一回これを召集する。」と規定しているように、会期制がうか
がわれる規定が設けられており、これらの規定に基づき国会は運営されている。

　国会の会期は天皇の召集によって開始し、召集の当日から起算される（国会
法14条）。そして、所定期日の経過（国会法10条）または衆議院の解散（54条 2
項）によって会期は終了し、国会は閉会となる。国会または各議院は一時的に
その活動を休止することができ、これを**休会**という。国会は会期ごとに独立し
て活動し、**会期不継続の原則**に基づき会期中に議決に至らなかった案件につい
ては後会に継続しない（国会法68条）。しかし、常任委員会および特別委員会は
各議院の議決により特に付託された案件（懲罰事犯を含む）について閉会中も審
査することができ（国会法47条 2 項）、閉会中審査された案件は後会に継続され
る（国会法68条但書）。また、明文規定はないものの効率的な議事運営を図るた
め、一度議決された案件について同一会期中に再審議しないとする**一事不再議
の原則**がある。

　会期の種類として常会、臨時会、特別会の 3 種類がある。常会は**通常国会**と
も呼ばれ、毎年 1 回、 1 月中に召集されるのが常例となっている（52条、国会
法 2 条）。常会の会期は会期中に議員の任期が満了に達する場合を除き、通常
は150日間であるが、両議院一致の議決により 1 回延長することができる。こ
の議決については**衆議院の優越**が認められている（国会法13条）。**臨時会**は**臨時
国会**とも呼ばれ、召集目的に明確な制限はなく、その必要に応じて召集される
ほか、衆議院議員の任期満了による総選挙および参議院議員の通常選挙から30
日以内にも召集される（国会法 2 条の 3 ）。臨時会の召集については内閣が決定
でき、衆参いずれかの議院の総議員の 4 分の 1 以上の要求があれば、内閣は、
その召集を決定しなければならない（53条）。但し、53条後段の「議院の総議
員の 4 分の 1 以上の要求」について、これを内閣に対して強制させる手段はな
いとされている。

　＊　53条後段による臨時会の召集とその拒否に関する実例として2015年の例を挙げられる。
　　　この時の国会では野党から要件を満たした臨時会の召集が要求されたが、内閣は臨時会
　　　の召集を行わなかった。なお、臨時会の延長に関する議決については常会の延長と同様

に衆議院の優越が認められている。

　特別会は**特別国会**とも呼ばれ、衆議院の総選挙の日から30日以内に召集される国会のことをいう（54条）。臨時会および特別会の会期は両議院一致の議決で決定される（国会法11条）。なお、内閣総理大臣の指名については「他のすべての案件に先立つて」行われる（67条1項）。

　衆議院の解散中は参議院も同時に閉会となる。このため、緊急に国会の議決が必要となった場合であって、内閣の求めに応じて開かれるのが参議院の**緊急集会**である（54条2項）。緊急集会での措置は臨時のものであるため、「次の国会開会の後10日以内に、衆議院の同意がない場合には、その効力を失ふ」とされている（54条3項）。

2　審　議

　代議制民主主義において、国会議員による自由な討議を尽くすことが議会の決定にとって重要であると考えられている（**審議の原則**）。また、国会での審議内容を公開し、一般国民の監視と批判の下に置くことは民意に基づく政治を実現し、議会の決定に妥当性を与えるのに資するといえる（**会議公開の原則**）。この原則の下で日本国憲法は両議院の会議については公開とし（57条1項）、会議の記録については保存し、公表しなければならない（57条2項）としている。57条1項は例外として**秘密会**を開くことができると定めているが、**出席議員**の**3分の2以上の多数**という**特別多数決**を要件としており、会議が公開されるよう図られている。

　審議に関して56条1項は**定足数**を定めている。定足数とは議事を開き議決するにあたって必要とされる出席者の数のことをいう。56条1項は定足数として各議院の総議員の3分の1以上の出席を課している。この総議員については、法定議員数を指す（**法定議員数説**）か現在議員数を指す（**現在議員数説**）かについて争いがあり、両議院の先例では法定議員数と解されている。一方で、学説には各議院の合理的判断に委ねられているというもの（**各議院自律権説**）も存在する。

　*　議案の審査について、国会法は委員会制の議案審査方式を採用している（国会法40
　　条）。このため、議案の実質的な審議は常任委員会および特別委員会で審査されること
　　となっている（**委員会中心主義**）。この委員会については本会議と異なり、原則として
　　非公開となっており、定足数もその委員の半数以上の出席とされている（国会法49条）。

　国会での審議への参加について、63条は議席の有無にかかわらず国務大臣に
議院への出席を認めており、副大臣等についても国会法69条により本会議およ
び委員会への出席が認められている。

3　表　　決

　会議における意思決定において必要な賛成表決の数を**表決数**といい、**多数決
原理**が用いられている。この多数について56条2項は特別の定のある場合を除
いて「出席議員の過半数」によるとしている。この「出席議員」に関し、賛否
いずれかの積極的な意思表示をしていない棄権者、白紙投票・無効投票などを
した者を含めるかについては争いがある。棄権者等を反対者と同じに取り扱う
のは不合理であるとする説や議院の自律的判断に委ねられているとする説もあ
るが、多くの学説および両議院の先例では棄権者等も出席議員に含めると解さ
れている。さらに56条2項は「可否同数のときは、議長の決するところによ
る」として議長に**決裁権**を与えており、議長は表決に加わらないとする慣行が
確立されている。

　56条2項が掲げる「この憲法に特別の定のある場合」として、**憲法改正の発
議**を行う場合には総議員の3分の2以上の多数（96条1項）を、議員の資格争
訟に関する裁判において議員の議席を失わせる場合（55条）、両議院で秘密会
を開く場合（57条1項但書）、両議院で議員を除名する場合（58条2項）および衆
議院で法律案を再議決する場合（59条2項）は出席議員の3分の2以上の多数
を要するとしており、これらの多数を**特別多数**と呼ぶ。

IV　立　　法

1　国会中心立法の原則

（**1**）　**立法の意味**　　41条は国会を「国権の最高機関であつて、国の唯一の立法機関」と規定し、国会が国の立法権を独占し（**国会中心立法の原則**）、国会の手続のみによって国の立法が完成するとしている（**国会単独立法の原則**）。

ここでいう「立法」の意味には内容を問わず法の形式としての「法律」を制定することを意味する形式的意味の立法と、「法規」という特定の内容の法規範を定立することを意味する実質的意味の立法とがあるとされている。このうち、後者についてはどのような内容の「法規」が実質的であるといえるかについて議論がなされてきた。19世紀の立憲君主制の時代、「臣民の権利」は法律の範囲内において保障されると考えられていた（**法律の留保**）。そして、法規については「国民の権利・自由を直接に制限し、義務を課する法規範」と考えられていた（**侵害留保説**）。しかし、この理解に立つと国民の権利・自由を制限する法規範の定立のみが国会に委ねられていることになる。そこで、日本国憲法下では法規についてより広く捉え、不特定多数の人と場合に適用される「およそ一般的・抽象的な法規範をすべて含む」というのが通説とされる（**一般的法規範説**）。

しかしながら、現代の国会では多種多様な法律が制定されており、成田国際空港の安全確保に関する緊急措置法や事実上オウム真理教を対象とした無差別大量殺人行為を行った団体の規制に関する法律、各省設置法のように特定の個人・事件を適用対象とした**個別的法律**（処分的法律）がある。これらは一般的・抽象的とは言い難く、特定個人等を対象としていることから法の適用に関する平等原則に抵触しうる。そこで通説はこの問題について、権力分立の核心が侵され議会・政府の憲法上の関係が決定的に破壊されることがないのであれば権力分立に反せず、社会国家に適う実質的・合理的差異を設定するものであれば平等原則にも反しないと説明している。米軍基地用地に関する**特別措置法**が問

題となった**米軍楚辺通信所用地暫定使用事件**判決（最判平 15・11・27 民集57巻10号1665頁）において最高裁も問題となった特別措置法に関し、法律としての一般性、抽象性を欠くものではないと判断している。

> ＊　個人に刑罰などを科す個別法は**私権簒奪法**と呼ばれる。これは権力分立違反等として現行憲法上許されないといえよう。

（**2**）　委任立法　　社会福祉など国家の任務が拡張されるに伴い、立法においても①専門的・技術的事項に関する立法、②事情の変化に即応できる立法、③地域性に応じた立法、④非政治的な立法など多種多様な立法が求められている。このような状況下において、詳細な内容の立法はかえって法律の実施・運用を硬直化させる可能性がある。そこで、それぞれの事情に応じた法運用を確保すべく、国会が制定した法律による委任を受けて、国会以外の機関がその委任の範囲内で法規範を制定することが認められている。これを**委任立法**という。73条 6 号も内閣に対して「憲法及び法律の規定を実施するために、政令を制定すること」を認めている。

　しかし、委任立法を広汎に用いると国会が形骸化し、他の機関が肥大する恐れがあり、国会中心立法の原則を、ひいては権力分立の原則を損なう可能性がある。そこで、委任立法の問題においては、どこまで下位の法規範に委任することができるかということが問題となる。この点について、法内容を包括的に委任する**白紙委任**（白地委任）は許されないと解されている。また、罰則についても73条 6 号但書にもあるように、法律の委任がなければ設けることができず、委任するにあたっては個別・具体的に授権されなければならないとされている。旧薬事法下では適法であった医薬品のネット販売について新薬事法施行規則によって禁止されたことが問題となった**医薬品のネット販売規制事件**（最判平 25・1・11 民集67巻 1 号 1 頁）では法文の内容だけでなく立法過程における審議内容も考慮対象とし、いずれにおいてもネット販売を禁止する意図はうかがわれず、授権の趣旨が規制の範囲や程度に応じて明確であると判断するのは困難であると判断している。

（**3**）　その他の問題　　国会中心立法の原則の例外として、58条 2 項は各議

院に「その会議その他の手続及び内部の規律に関する」規則を定める権限を付
与し、また77条1項は最高裁判所に「訴訟に関する手続、弁護士、裁判所の内
部規律及び司法事務処理に関する事項」について**規則制定権**を付与しており、
実際に裁判所規則等が定められている。これに関して問題となるのが、最高裁
判所の規則制定権に含まれる内容を国会が立法化することが可能か、という点
である。特に訴訟に関する手続と弁護士に関する内容は国の訴訟制度、司法制
度、ひいては国民の生活に関わる内容であることから国会の立法でもって臨む
ことも望ましいともいえる。これについて学説では、裁判所による規則でのみ
定めることができるとする説と、法律でもって定めることもできるとする説、
裁判所の内部規律及び司法事務処理に関する事項については規則でのみ定める
ことができるとする説が対立している。

2 国会単独立法の原則

（1）立法過程 国会における基本的な立法過程は次のようになっている。
すなわち、①国会法56条1項により、衆議院においては20人以上の議員の賛成
が、参議院においては10人以上の議員の賛成があれば議案を発議することがで
きる。さらに、予算を伴う法律案については衆議院においては50人以上の議員
の賛成が、参議院においては20人以上の議員の賛成が必要とされる。②議案が
発議された場合または提出された場合、各議院の議長は適切な委員会にこれを
付託し、審査が行われる（国会法56条2項）。③委員会での審査を通過したもの
は本会議に付され議決される。これをもう一方の議院でも行い、両者を通過す
ると法案は成立することになる。

両院での法案の議決が異なった場合、衆議院の出席議員の3分の2以上の多
数（特別多数）での再可決が必要となる（59条2項 **衆議院の優越**）。しかし、衆
議院による再可決は、しばしば世論の反発を招くため、これを和らげる目的で
両院協議会を開くこともある。なお、両院協議会については、法案の議決が異
なった場合において、衆議院は参議院に対してその開催を求めることができる。
参議院については衆議院の回付案に同意しなかった場合に限り、両院協議会の

開催を衆議院に対して求めることができ、衆議院はこれを拒むことができる（国会法84条）。

（**2**）　内閣の法案提出権　　**国会単独立法の原則**との関係において問題となるのが内閣の**法案提出権**である。法案提出は立法過程の重要な一部分であり、立法府たる国会の重要な任務の一部といえよう。これについて72条は内閣総理大臣に「内閣を代表して議案を国会に提出」することを認めており、内閣法５条は内閣総理大臣に「内閣を代表して内閣提出の法律案、予算その他の議案を国会に提出」することを認めている。72条が認める議案とは案を備えた、議院の議決の対象となるものを意味し、法律案も含まれることになる。このため、行政権を担う内閣が法律案を提出できることにより国会単独立法の原則を侵食していると解することもでき問題となっている。この点に関し、学説では法案提出権について立法過程の一部とみなし、国会のみに認める説もあるものの、通説では①法律案の審理は国会が行うこと、②議院内閣制により法案提出権を内閣に認めることが妥当であること、③72条のいう議案には法律案も含まれること、④内閣の法案提出権を否定しても議員たる国務大臣が法案を提出できること等を根拠として、法案の提出を国会のみが独占しなければならないものではないと解されている。

*　内閣が提出する法律案は所管する各省庁が原案を作成し、**内閣法制局**において審査が行われ、閣議に付される。現在の国会では成立した法案の大部分を内閣提出法案が占めているため、国会の審議の形骸化が懸念されている。

（**3**）　国会単独立法の原則の例外　　95条は「一の地方公共団体のみに適用される特別法」（**地方自治特別法**）に関し、当該地方公共団体の**住民投票**において過半数の賛成を得なければならないと定めている。これは地方自治を尊重するものとして、国会単独立法の原則の例外とされている。

3　法律案可決後の手続

　法律案可決後は、後に審議した議院の議長または衆議院の議長（衆議院の議決でもって法案が成立した場合）から内閣を経由して法律は天皇へ奏上される。

奏上後、30日以内に法律は公布され（国会法66条）、官報に掲載される。公布に際して、主任の国務大臣の署名と内閣総理大臣の連著が当該法律に対して行われる。法律の公布については、通説では義務的であると考えられているが、公開の審議によって法律は議決されており、公布を要しない国もあることから、公布の義務制を疑問視する学説もある。

V　立法以外の国会の権能

　日本国憲法は国会に対し、立法以外の権能として以下のものを挙げている。すなわち、**憲法改正の発議**（96条→第18章）、**条約の承認**（73条3号）、**内閣総理大臣の指名**（6条1項、67条1項前段→第14章Ⅱ）、**弾劾裁判所の設置**（64条1項）、**財政**の統制（8条、20条、60条、73条5号など）、皇室財産授受の議決（8条）である。これら憲法によって定められている権能のほか、独立行政委員会の委員の任命の承認（→第14章Ⅲ）、自衛隊の防衛出動等についての承認（自衛隊法76条、78条→第4章）、緊急事態の布告の承認（警察法74条）、NHKの予算の承認（放送法70条2項）なども法律によって国会に承認権限が与えられている。

1　財　　政

　（1）　租税法律主義　　日本国憲法は第7章に財政の項目を設けており、その最初に83条を据え、「国の財政を処理する権限は、国会の議決に基いて、これを行使しなければならない」として、国会に国の財政を監督する権限を与えている。令和5年度の予算が114兆円を超えているように、国家の運営には莫大な費用が必要となる。そこでの主要な財源となるのが**租税**である。84条はこの租税の徴収について「あらたに租税を課し、又は現行の租税を変更するには、法律又は法律の定める条件によることを必要とする」として、租税の賦課には国会による立法を要求し（**租税法律主義**）、国民が国の財政を統制するという基本原則（**財政民主主義**）に立ちつつ、30条により国民に**納税の義務**を負わせながらも、税の徴収が29条の保障する財産権の侵害とはならないようになっている。

　日本国憲法には租税の定義に関する規定がないことから、租税そのものの意味が問題となっている。学説では租税とは国または地方自治体が課税権に基づき、自己の経費のために強制的に国民から金銭を徴収することをいうとする租税狭義説（通説）と、各種手数料や専売品の価格など国民に対して賦課されるその他の金銭も含める租税広義説とがある。国民健康保険の保険料が租税に該当するかが問題となった**旭川市国民健康保険条例事件**（最大判平 18・3・1 民集60巻 2 号587頁）では、国または地方公共団体が賦課する租税以外の公課について「賦課徴収の強制の度合い等の点において租税に類似する性質を有するものについては、憲法84条の趣旨が及ぶと解すべき」として、租税以外の公課はあくまで84条の趣旨が及ぶものではあるが、84条がそのまま適用される対象ではないと判断している。

　租税を課すにあたり、法律でもって定めるべき事項については納税義務者、課税物件、課税標準、税率等の課税要件だけでなく、税の賦課と徴収手続についても定めなければならないことが判例（最大判昭 30・3・23 民集 9 巻 3 号336頁）により確立されている。また、税の賦課に関する立法府の判断については、**サラリーマン税金訴訟**判決（最大判昭 60・3・27 民集39巻 2 号247頁→第 6 章Ⅲ）において、租税法の定立については、国家財政等の正確な資料を基礎とする「立法府の政策的、技術的な判断にゆだねるほかはなく、裁判所は、基本的にはその裁量的判断を尊重せざるを得ないものというべき」と判示している。通達により非課税物件とされていたパチンコ球遊器が課税対象とされたことが問題となった**パチンコ球遊器課税事件**（最判昭 33・3・28民集12巻 4 号624頁）において最高裁は「通達の内容が法の正しい解釈に合致するものである以上、本件課税処分は法の根拠に基く処分と解するに妨げが」ないと判断している。但し、この判例については学説上、予見可能性（法的安定性）や信頼保護の観点から批判がある。

　39条が遡及処罰の禁止を規定しているように、租税法律においても法律の遡及適用により国民が不利益を受けぬよう、原則として不利益遡及は租税法律主義により禁止されていると解されてきた。そして、所得税などの期間税に関し、

期間途中の不利益改正を期間開始時から適用することについては、不利益遡及
にあたらないとする見解と、あたるとする見解が対立している。これに関し、
長期譲渡所得にかかる損益通算を認めないとした改正租税特別措置法の適用が
4月1日の法の施行日以前である同年1月1日からであったことが不利益遡及
にあたるとして問題となった。この事件で最高裁は、84条について「課税関係
における法的安定が保たれるべき趣旨を含むもの」と解し、「当該財産権の性
質、その内容を変更する程度及びこれを変更することによって保護される公益
の性質などの諸事情を総合的に勘案し、その変更が当該財産権に対する合理的
な制約として容認されるべきものであるかどうかによって判断すべき」として、
本事件については法改正が具体的な公益上の要請に基づくものであり、暦年の
初日から改正法の施行日の前日までの期間をその適用対象に含めることにより
暦年の全体を通じた公平が図られていること等を理由として、84条違反を認め
ず、不利益遡及ではないとしている（最判平 23・9・22 民集65巻 6 号2756頁）。

　（2）　予　算　　85条は「国費を支出し、又は国が債務を負担するには、国
会の議決に基く」と規定し、これに対応して86条は内閣に対し「毎会計年度の
予算を作成し、国会に提出して、その審議を受け議決を経なければならない」
と定めている。国の収入と支出を統制するこれらの条文は**財政立憲主義**を表す
ものと解されている。

　86条が定める予算とは毎年 4 月 1 日から始まり翌年の 3 月31日に終わる一会
計年度（財政法11条）における予算総則、歳入歳出予算、継続費、繰越明許費
および国庫債務負担行為を内容とし（財政法16条）、毎年作成される（**予算単年
度主義**）。予算は単なる歳入・歳出の見積もりだけでなく、政府の行為を律す
る法規範でもある。このため、予算をどのような法規範としてみなすかについ
ては争いがある。かつての明治憲法の時代において予算は天皇が行政庁に対し
て与える訓令と解する学説（予算訓令説）があった。現在ではこれを展開した
ものとして、財政処理を行政の権能ととらえ、予算は政府と国会との間のみに
において効力を有し、対国民との間には効力を生じないとする学説がある。この
場合、予算は法律とは異なり、予算は議会が政府の財政計画を承認する意思表

示とみなされる（**予算行政説**）。また、予算を法律の一種とみなす説（**予算法律説**）もあるが、通説は①予算が政府のみを拘束すること、②予算の効力が 1 会計年度に限られること、③内容として計算のみを扱っていること、④提出権が内閣に属していること、⑤衆議院に先議権と再議決が認められていること（**衆議院の優越**）等を挙げて、予算は「予算」という特殊な法形式であると解している（**予算法形式説**）。

　予算の国会による修正については、その提出権が内閣にあることから、権力分立の観点から問題が生じる。政府は国会の予算の修正権について、内閣の予算提出権を損なわない範囲において可能とする限定説の立場を採用している。しかし、学説ではこのほかに、国民の代表機関である国会の地位や財政民主主義の観点から予算の修正に限界はないとするものもあり、見解は分かれている。なお、会計年度の開始までに予算が成立しない場合に備え、本予算が成立した際に執行する、暫定予算の制度が採用されている。

（3）　支　出　　公金は国民から徴収された租税を中心としていることから、その支出については適正に管理される必要がある。この点に関し、89 条は「公金その他の公の財産は、宗教上の組織若しくは団体の使用、便益若しくは維持のため、又は公の支配に属しない慈善、教育若しくは博愛の事業に対し、これを支出し、又はその利用に供してはならない」として、**政教分離**の面からも公金支出を統制している（→第 7 章Ⅵ）。

　しかしながら、現実社会においては宗教団体を母体とする私立学校が存在しているように、89 条の文言通りに公金支出を実施しがたい場面も存在している。ここで特に問題となるのが「公の支配に属しない」事業に対する公金支出の問題であろう。学説ではこの問題について、私的な事業に対する公金の支出を禁止していると解する立場（厳格説）と、私的な事業であっても、公権力の監督に服していれば公の支配に属していると解する立場（非厳格説）とが対立している。公立幼稚園の代替施設として設けられた幼児教室への公金支出が問題とされた幼児教室公金支出差止請求事件判決（東京高判平 2・1・29 高民集 43 巻 1 号 1 頁）において東京高裁は町の関与が、予算、人事等に直接及ばないものの、

町の公立施設に準じた施設として、町の関与を受けているものということができ、本件教室の事業が公の利益に沿わない場合にはこれを是正しうる途が確保され、公の財産の濫費を避けることができるため、「公の支配」に服するものといえると判断している。

（4）　決算および財政状況報告　　決算について、90条1項は会計検査院の検査を受けた上で、内閣は検査報告書とともに次年度に決算を国会に提出しなければならないと規定している。また、財政状況についても91条により、毎年、国会と国民に対し報告しなければならないことが規定されている。特に財政状況について国民への報告が義務づけられているのは国民主権への配慮と考えられている。

2　外交に関する権限

（1）　条　約　　73条2号および3号により外交と条約の締結は内閣の事務となっている。しかし、73条3号但書により、条約の締結にあたっては「事前に、時宜によつては事後に、国会の承認を経ること」が義務づけられている。通説では国会による条約の承認は条約が有効に成立するための要件と解されている。

ここでいう「条約」とは条約という名称のものだけに限定されるとは解されておらず、協定や議定書といった国際法上の権利義務関係の創設・変更にかかる国際文書を指すと理解されている。ただし、内閣が外交関係において行うすべての国際約束が国会による承認の対象となるわけではなく、政府見解として、1974（昭和49）年2月20日の大平正芳外務大臣（当時）の国会答弁（第72回国会衆議院外務委員会議録第5号2頁）によると、国会の承認が必要な3つの条約のカテゴリーとして①国会の立法権に関わるような法律事項を含む国際約束、②国会による財政の統制に関わる財政事項を含む国際約束、③前述の①や②の内容を含まなくとも、「相手国との間あるいは国家間一般の基本的な関係を法的に規定するという意味において政治的に重要な国際約束であって、それゆえに、発効のために批准が要件とされているもの」が挙げられている。これにより、

④すでに国会の承認を経た条約の範囲内で実施しうる国際約束、⑤国内法の範囲内で実施しうる国際約束、⑥すでに国会の議決を経た予算の範囲内で実施しうる国際約束については、73条2号の外交関係の処理の一環として国会による承認は不要と述べられている。この「条約の範囲内」については条約に明示的な委任がある場合や、条約の実施、運用あるいは細目に関わる場合など限定的に解すべきとされている。

（**2**）　条約の事後承認　　条約の承認において問題となるのは承認が得られなかった場合であろう。条約は批准を要するものについては批准後に、署名でもって成立するものは署名後に成立することになる。国会が承認を行う時期はこれら条約の成立が基準となり、事前承認・事後承認に分けられるが、いずれの時期であるにしろ、通説では国会による条約の承認は条約が有効に成立するための要件と解されている。このため、特に条約成立後に国会による事後承認を得られなかった場合、当該条約の効力が問題となる。承認を得られなかった条約について、①法的には成立しているものの、その責任については内閣の政治責任が生じるのみとする説、②国内法的には無効であるが、国際的には有効であるとする説、③国内法的にも国際法的にも無効であるとする説、④国会の承認権について具体的な意味が諸外国にも周知の要件として理解されている場合には国際法的にも無効であるとする説など様々な学説が対立している。この点に関し、**条約法に関するウィーン条約**（昭和56年7月20日条約第16号）46条は「いずれの国も、条約に拘束されることについての同意が条約を締結する権能に関する国内法の規定に違反して表明されたという事実を、当該同意を無効にする根拠として援用することができない。ただし、違反が明白でありかつ基本的な重要性を有する国内法の規則に係るものである場合には、この限りではない」と定めており、④説とほぼ同様の立場に立っていると解されている。

（**3**）　条約の修正権　　条約の承認に関連する問題として、内閣が締結してきた条約の内容を国会が承認するにあたって修正することが可能か否かという問題があげられる。条約修正権について学説では、①条約締結行為に対する国会の関与の程度が著しく強化された憲法の下では条約に対し国会が修正を加え

ることも許されるとする説と、②条約の承認は一括して行われることから、一部承認、一部否認等ありえるものの、変更や削除などすることはできないとする説が対立している。

3　弾劾裁判所

　裁判官については**司法権の独立**を担保するために様々な身分保障制度が設けられており（→第15章Ⅴ）、78条は「裁判官は、裁判により、心身の故障のために職務を執ることができないと決定された場合を除いては、公の弾劾によらなければ罷免されない」として、裁判官の身分を保障するとともに、15条の公務員の選定罷免権を受けて、64条は裁判官としてふさわしくない重大行為を行った裁判官を罷免する弾劾制度を規定し、**弾劾裁判所**を両議院の議員で組織し、国会に設けることとしている。この国会に設けられた弾劾裁判所は権力分立における抑制と均衡の手段の一つとして数えられている。

　64条2項は弾劾にかかる事項について法律でこれを定めるとしており、国会法および裁判官弾劾法がこれを受けている。裁判官の罷免の訴追は両院議員同数の各10名ずつで構成される裁判官訴追委員会により提起され（国会法126条、裁判官弾劾法5条）、両院議員同数の各7名で構成される裁判員によって裁判は行われる（国会法125条1項、裁判官弾劾法16条1項）。訴追委員、裁判員ともに独立してその職権を行使し（裁判官弾劾法8条、19条）、訴追委員と裁判員との兼職は禁止されている（国会法127条）。審理および裁判は各議院の議員それぞれ5名以上の出席が必要とされおり（裁判官弾劾法20条）、対審及び裁判の宣告は公開の法廷で行われる（裁判官弾劾法26条）。裁判官を罷免する場合には審理に関与した裁判員のうち3分の2以上の意見がなければならないとされている（裁判官弾劾法31条2項）。弾劾裁判所では裁判官を罷免する裁判と裁判官の資格を回復する裁判が行われ、手続については刑事訴訟に関する法令が準用されている（裁判官弾劾法30条）。2023年4月現在、弾劾裁判所の罷免訴追件数は10件あり7名の裁判官が罷免され、1件が係属中である。また、資格回復裁判請求件数は7件あり、4名の資格が回復されている。

VI　議院の権能

　国会として両議院が協同して行うものとは別に、各議院には、**議院自律権**、
国政調査権が憲法上認められている。

1　議院自律権

　議院自律権とは、各議院が、他の国家機関および他の議院から干渉を受けず
に、独立的・自律的に、内部組織や運営を決定する権能である。憲法上保障さ
れる議院自律権は、一般に、**組織に関する自律権**と**運営に関する自律権**に大別
される。組織に関する自律権には、①「議長その他の役員」を選出する**役員選
任権**（58条1項）、②**議員資格争訟裁判権**（55条）があり、運営に関する自律権
には、③**議院規則制定権**と④**議員懲罰権**（ともに58条2項）がある。

> ＊　①の「役員」とは、国会法上、**議長**、副議長、仮議長、常任委員長、事務総長のこと
> を指す（16条）。また、（憲法44条を受け）国会法は、②の議員が地位を保持できる「資
> 格」に、被選挙権がある（109条）、兼職禁止の職に就いていない（39条、108条）、（衆
> 議院比例代表選出議員の場合には）他の名簿届出政党等に移籍していない（109条の2）
> ことを求めている。
> ＊　この他、議院自律権の一環をなす**議員逮捕許諾権**および**議員釈放要求権**（憲法50条→
> 本章Ⅶ）、国会法上、**財政自律権**（32条）等も規定され、これらに限られない。

　議院規則とは別に各議院の院内組織や議事手続を規定する**議院法**（法律）の
存在を明定していた明治憲法とは異なって、日本国憲法はこうした法律の存在
を予定せず、新たに**役員選任権**、**議員懲罰権**を認めており、議院の自律的決定
に特に配慮した形をとる。しかし、実際は、各議院規則と並んで**国会法**（法
律）が、両院関係に加え各議院の内部組織、議事手続や議員の懲罰をも規定し
ており、国会法と各議院規則との優劣関係については議論がある。学説は、国
会法の制定には両院の議決を要するため、国会法優位とする**法律優位説**（通
説）、議会制民主主義における自律権のもつ重要性から、議院の手続・内部規
律に関する事項については議院規則優位とする**議院規則優位説**（有力説）で対

立がある。

　また、このように憲法が保障する議院の自律権事項をめぐる争いに司法審査が及ぶのか問題となるが、最高裁は、議場が混乱した中で会期延長がなされ法案が可決したため当該議決が有効か問われた事件で、議院の自律権を尊重し、**議事手続**への司法審査を原則否定する立場を示している。(**警察法改正無効事件**＝最大判昭 37・3・7 民集16巻 3 号445頁)。なお、通説もこの立場である。

> ＊　**議員資格争訟**の裁判は議員の所属議院が行い、**終審**となり、裁判所で争うことはできない。そのため憲法は、**議席喪失**に出席議員の 3 分の 2 以上の特別多数の議決を要求する (55条→本章Ⅲ)。また、**議員の懲罰**の議決にも司法審査は及ばないとの見解が有力である (国会法122条は議員の懲罰を 4 種規定するが、**除名**には特別多数の議決を要する (憲法58条 2 項)) (ただし、**地方議会議員の除名**については→第15章Ⅲ)。

2　国政調査権

　(1)　意　義　　**国政調査権**とは、広く国政、特に行政に対する監視、統制を実行的にするために必要な調査を行う権能である。その行使は「証人の出頭及び証言並びに記録の提出を要求する」(憲法62条) 方法でなすものとされ、(強制力を伴う) 具体的な方法は**議院証言法**が規定している。なお、国政調査権は各議院の権能だが、実際は、付託された委員会が行使している。

　明治憲法では国政調査権を否定しないものの明文規定はなく、実際の調査には制限が設けられていたが、日本国憲法では明文で保障し、政府に対する統制のみならず、今日では、国民に (世論形成のための基盤となる) 情報提供を行うことで、知る権利に仕える機能を果たすものとしても期待されている。

　国政調査権の本質をめぐっては、**浦和事件** (1949年) を契機として、①国会の最高機関性を盾に、国政を統括するための独立した権能とする説 (**独立権能説**) と、② (立法権や予算審議権など) 国会・議院に付与された憲法上の権能を実行的に行使するための補助的な権能とする説 (**補助的権能説**) との間で論争が起きたが、現在は②が通説である。それゆえ、権力分立原則、人権保障の観点から、方法・対象には配慮が求められ、その行使には限界がある。

> ＊　浦和事件では、一刑事事件における地裁判決での量刑を不当として、参議院法務委員

会（説①に依拠）が調査権を行使し裁判批判を行ったことに対し、最高裁が説②の立場から法務委員会の行為を調査権の濫用であると抗議し、激しい論争となった。

（2） 行使の範囲・限界

① 司法権との関係　係属中の裁判について、裁判内容や裁判官の訴訟指揮の調査など、**司法権の独立**を侵害するような調査は許されない。訴訟解決を行う裁判所と異なる目的（立法の資料にする等）で審理中の事件の事実を調査することは許容される（二重煙突事件＝東京地判昭31・7・23判時86号3頁）。

② 行政権との関係　各議院は、一般の行政権に対して広範な調査を行うことができる。ただし、証人が公務員である（あった）場合、**職務上の秘密**については、例外的に証言や書類の提出が拒否されうる（議院証言法5条、国会法104条）。

＊　**特定秘密保護法**制定（2013年）に伴い、行政機関の長に対し必要な特定秘密の提出要求が可能な**情報監視審査会**が両議院に設置されたが、同じく理由の疎明、内閣の声明を経れば要求は拒否されうる（議院証言法5条の2〜5、国会法102条の15）。

また、行政権でも、司法権と密接な関係をもつ検察権には、司法権に準じた配慮が求められる。これに関して、**日商岩井事件**（東京地判昭55・7・24判時982号3頁）は、議院の自制が要求されるのは「司法権の独立ないし**刑事司法の公正**に触れる危険性があると認められる場合」で、有力説に基づき具体的には「（イ）起訴、不起訴についての検察権の行使に政治的圧力を加えることが目的と考えられるような調査、（ロ）起訴事件に直接関連ある捜査および公訴追行の内容を対象とする調査、（ハ）捜査の続行に重大な支障を来たすような方法をもつて行われる調査等」が挙げられると判示した。

③ 基本的人権との関係　調査対象・内容が国民に及ぶ場合、国民の基本的人権への十分な配慮が要請される。調査目的と関連がない、または不当に個人のプライバシーに関連する場合、国民は証言や書類の提出要求を拒否できる（「**正当な理由**」（議院証言法7条）のある証言等の拒否に該当）。

＊　官僚の汚職事件等に伴う国会の行政監視機能強化の要請もあり、**オンブズマン**（諸類型あるが、国会の附属組織・独立の組織として行政への国民の苦情を受け調査し是正、

勧告等を行う官職）制度導入が議論されてきたが（例えば、「行政監視院法案（第139回国会衆法 6 号）」）、その権限や行使主体の問題等から採用には至っていない。もっとも、国政調査権の形骸化が指摘される中、議院内少数者に配慮した**予備的調査**制度（衆議院議員40名以上の要請で委員会が行う調査等の予備的調査を、衆議院調査局長または衆議院法制局長に命ずることを認める制度）導入等、実効的行使に向けた動きもみられる。加えて、福島第一原発事故の原因究明のため国会に設けられた「東電福島原発事故調査委員会」は、両議院議長が任命した民間有識者10名で構成され、特に必要がある場合、両院合同協議会に国政に関する調査を要請可能とされていた。議員以外の主体関与の要請と憲法上の問題との調整例として注目される。

VII　議員の特権

　憲法は、全国民を代表する地位にある国会議員（地方議会議員ではない）に対し、**不逮捕特権、免責特権、歳費請求権**の 3 つの特権を認めている。

　（ 1 ）　不逮捕特権　　憲法50条は、「両議院の議員は、法律の定める場合を除いては、国会の会期中逮捕されず、会期前に逮捕された議員は、その議院の要求があれば、会期中これを釈放しなければならない」とし、不逮捕特権を規定する。本特権の意義を、①議員の身体の自由を保障し、政府あるいは議会内多数派が政治的動機から議員の職務遂行を妨げないようにすること（**議員の身体的自由保障説**）、②議員の所属する議院の審議体としての機能を確保すること（**議院の活動保障説**）のいずれに捉えるかで議論があるが、今日では、①②の両方にあるとの説（**両者保障説**）が有力である。

> ＊　本特権は会期中（国会の代行機能を果たす**参議院**の**緊急集会**中を含む（国会法100条））にのみ機能するが、国会「前」に逮捕された議員の釈放要求権が議院に認められている。なお「逮捕」には、刑事訴訟法上の逮捕・勾引・勾留に加えこれらに類する公権力による身体的拘束（入院措置（精神福祉保健法29条）等）を含むとされる。

　憲法50条が例外として逮捕を認める「法律の定める場合」とは、国会法33条によると、①「院外における現行犯逮捕の場合」と②「その院の許諾」がある場合である。例外を認める理由は、各々①犯罪事実が明白で逮捕権の濫用のおそれが少ないため、②**議院自律権**の確保に資するためだとされる。

＊　**院内の秩序維持**は議院の自律権に委ねられ（憲法58条 2 項、**議長の内部警察権**（国会法114条））、院内の現行犯は本特権の例外とされていない。

　また、例外②の、議員の所属議院が逮捕許諾を与えるに際し、条件または期限を付けられるのか議論がある。学説は、正当な逮捕である限り、いつまで拘留するかは検察官・裁判所が刑事訴訟法の枠内で決定すべきとする説（消極説）と、逮捕理由の違法・適法を問わず、議院の審議、運営の必要性を考慮してこれを付加しうるとする説（積極説）がある。なお、東京地裁は、「適法にして且必要な逮捕と認める限り無条件にこれを許諾しなければならない」としている（強調筆者。**期限付逮捕許諾請求事件**＝東京地決昭29・3・6判時22号 3 頁）。

　（**2**）　**免責特権**　　憲法51条は、「両議院の議員は、議院で行つた演説、討論又は表決について、院外で責任を問はれない」とし、**免責特権**を規定する。本特権は、国会議員の自由な言論、政治行動を保障し、全国民の代表としての職務遂行を確保するため重要である。免責の対象は、条文が示す「議院で行つた」「演説、討論又は表決」に限定されず、国会議員が議院の活動として職務上行った行為をいうとされる。行為の時期も会期中・閉会中を問わない。

＊　職務上行った行為には、これに付随する一体不可分の行為も含むとする見解が有力であり、判例もこれを否定しない（例えば、**第 1 次国会乱闘事件**＝東京地判昭37・1・22判時297号 7 頁）。こう解した場合、私語、野次をこれに含むかは見解が分かれる。もっとも、暴力行為に本特権による保護が及ぶとは考えられていない。

　また、免責となるのは、一般国民なら負うべき法的責任（刑事・民事責任）である。これに関して、議員の発言等が他者への名誉毀損やプライバシー侵害となる場合にも絶対的に免責となるのか議論がある。議員個人に責任を問えなくとも、当該発言を公務員の職務上の行為と解し、**国家賠償**が成立しうるとの学説も有力だが、最高裁は慎重な立場を示している（**院内発言名誉毀損事件**）。

＊　本特権は、対有権者の政治責任まで免除するものではないし、議員の発言が所属政党等から政治的・道義的責任を問われることや、議院の組織体としての秩序を乱したとして、議院が**議員懲罰権**（憲法58条 2 項）を発動し懲罰を与えられることはある。

> **判　例**　★院内発言名誉毀損事件（最判平9・9・9民集51巻8号3850頁）
>
> 　自殺した病院長の妻が、衆議院社会労働委員会の医療法改正案審議の質疑における、夫個人を狙い撃ちにした議員の名誉毀損的発言にその原因があるとして、①議員個人、②国に対し損害賠償を請求した事件。下級審に続き最高裁も①・②を否定したが、②につき、「当該国会議員が、その職務とはかかわりなく違法または不当な目的をもって事実を摘示し、あるいは、虚偽であることを知りながら事実を摘示する」等の「特別の事情」が存在する場合には、国家賠償が成立する余地を残した。

（３）　歳費請求権　　国会議員は、議員としての活動の報酬として、法律の定める歳費を受け取ることができる（憲法49条、国会法35条）。実際の歳費額は歳費法に規定されており、議員は歳費月額のほか、調査研究広報滞在費（2022年までは文書通信交通滞在費）、JR の特殊乗車券または航空券等の交付を受ける（歳費法1条、9条、10条）。

設　問

　1　国会への内閣提出法案は、①国会中心立法の原則、②国会単独立法の原則に照らし実はできない、とする説がある。この説は妥当であろうか。

　2　予算の内訳や総額の GDP に占める割合を他の国と比較し、日本の国家予算の特徴を考えてみよう。

　3　法案審議における、強行採決の問題は何が問題か、議論してみよう。

　4　国政調査権の行使にはどのような限界があるか、考えてみよう。

参考文献

芦部信喜『憲法と議会政』（東京大学出版会、1971）
大石眞『議会法』（有斐閣、2001）
杉原泰雄＝只野雅人『憲法と議会制度』（法律文化社、2007）
大山礼子『日本の国会』（岩波書店、2011）
浅野一郎＝河野久編著『新・国会辞典』〔第3版〕（有斐閣、2014）
大石眞＝大山礼子編著『国会を考える』（三省堂、2017）

第 *14* 章　内　　閣

まとめ　内閣は、行政権の最高機関として国家行政組織を統轄する。議院内閣制の下、内閣は国会に連帯して責任を負う。内閣は、解散権の行使を含む国会との動態的な相互関係の中で国政の運営に協働してあたる。

■**国会と内閣の関係**
　通　説……国会が「決定」機関、内閣は「執行」機関
　有力説……内閣が「統治（執政）」機関、国会は「コントロール」機関
■**内閣と内閣総理大臣の関係**
　通　説……内閣の「合議」性を重視
　有力説……内閣総理大臣の「首長」性を重視
■**内閣の行政権**
　通　説……消極説（控除説）　行政とは立法でも司法でもない作用
　有力説……積極説　行政とは執政（統治）作用
■**内閣の解散権**
　通　説……7条解散　天皇に対する助言と承認を通じての解散権
　少数説……69条解散　衆議院の不信任に対抗する解散権

I　内閣の性格・地位

1　内閣制度の概要

　内閣は、**行政権**を担う憲法上の機関で、国会の信任をその存立基盤とし、首長としての**内閣総理大臣**を中核とする**合議制機関**である。**明治憲法**においては、天皇が**統治権の総覧者**とされ（4条）、各**国務大臣**が天皇を輔弼し、天皇に対

して責任を負う構造であった（55条1項）。内閣自体は天皇の**勅令**（1889年の内閣官制）を設立根拠とし、憲法上の制度とされていなかった。

⇨これに対し、日本国憲法は、その第5章で内閣を憲法上の政府機関として明確化している。内閣は、首長である**内閣総理大臣**その他の**国務大臣**からなる**合議制機関**で（66条1項）、**行政権**の帰属主体である（65条）。そして内閣は、その構成面で**国会**に依拠するのみならず、在職も国会の信任を要件とする。内閣は、**国家行政組織**の全体を統轄する最高権限主体で、その権能行使のすべてが国会による政治的責任追及の対象となる（66条3項）。

2　議院内閣制

内閣は、国会と並んで国民意思の積極的実現に関わる政府機関である。立法部と行政部の相互関係の特徴を理論的に比較分析するために、学説では、①**立法権**を担う立法部と**行政権**を担う行政部が対等の地位で厳格に分離されている**大統領制**（同格・隔離型）、②立法部に全権力が集中し行政部が完全にこれに従属する**議会統治制**（会議制、主従型）、そして、③立法部と行政部が**権力分立**しつつも、両者の間に連携と反発の関係性が何らかの形で組み込まれている**議院内閣制**（協働型）という3つの類型が区別されている。日本国憲法上の内閣と国会の関係は、議院内閣制を採用したものと一般に解されている（このほか、内閣を大統領と議会の信任で成り立たせる半大統領制もある）。

日本国憲法の**議院内閣制**について、従来の理解では、19世紀半ば以降の**議会優位の政治**をモデルとし、「国民→国会→内閣」という**民主的正統性**の経路を理由に、**国会**主導の政策形成や政治決定が強調されてきた。国民から示される多種多様な政治意思を国会議員が適切に代表し、国会での審議・議決を通じて重要政策を選択し「法律」化する。そうした国会の政治決定を前提に、**内閣は行政各部**を統轄しつつ、その誠実な遂行にあたるべきものとされた。「国会による決定—内閣による執行」図式と評される捉え方である。

これに対し、有力説は、国会と内閣の「協働」関係について、現代国家の要請は**内閣優位の政治**であることを強調する。内閣は本来、政策遂行ではなく、

国会とともに政策決定に関わるべき機関であることの再確認を求める。

　　＊　　この考えによると、内閣は自ら政策を企画立案し、国会の多数派の承認を獲得した上
　　　で、その行政各部による遂行を監督し、その全過程で必要となる総合調整を行う役割が
　　　期待される。国会の立法権の行使は、内閣主導の政策に関わる法案に法律としての形式
　　　的効力を与える立法プロセスを通じて一定のコントロールを及ぼす作用と解される。内
　　　閣こそが政治過程の要に位置づけられ、「統治」の中心をなす。

　こうした「内閣による統治─国会によるコントロール」図式での捉え方は、
内閣という組織、とりわけ**首長**としての**内閣総理大臣**のあり方や内閣の**行政権**
の理解に大きな変容を迫ったのである。

　　＊　　また、この立場からは、「内閣による統治」を国民主権原理に適う「国民による政治」
　　　とするために、制度としての議院内閣制を**国民内閣制**として運用すべきことが同時に提
　　　唱された。これは、「首相公選制」への制度改革とは次元を異にする。国民内閣制とは、
　　　憲法の規定する議院内閣制の特定の運用形態をいうのである。国民主権原理に基づいて
　　　政治を担う以上、内閣は、「議会の多数派」を超えて、選挙の際、「国民の多数派」によ
　　　る支持について確証を得なければならない。国民が、制度上の議員選挙を通じて、事実
　　　上直接的に政治プログラムとその実施主体（首相）を選択・決定しうる形に議院内閣制
　　　は運用されるべきという。内閣は、国民によって事実上形成され、「議院の内閣」とい
　　　うより「国民の内閣」として立ち現れ、統治の主導性を確保しつつ国民の統制を受ける
　　　ことが期待される。こうした議院内閣制の国民内閣制的運用に向けては、何よりも選挙
　　　において、国民が直接に明確な多数派を創出すべきことが強く要請される。国民の民主
　　　的影響力に導かれることで、国会の首相指名は形式化され、事実上、国民が首相とその
　　　政治プログラムを直接選択することが可能となる。そのための重要な前提条件として、
　　　まず選挙では、国民の過半数からの支持を現実的に調達可能な政治プログラムが政党の
　　　工夫によって提示される必要があり、「２つの選択肢」への収斂が適切とされる。次に、
　　　政党のあり方としては、**二大政党制**が相応しく、たとえ多党制の場合でも選挙に際し
　　　「二極化」した政党状況が求められる。また、選挙制度については、選挙の機能として、
　　　政治プログラムの選択を決定づける役割を期待する観点から**小選挙区制**を基本にした制
　　　度が適合的とされる。そして、国民自らも、真の主権者として多数派形成に関わってい
　　　くことが要請される。国民は、政策への自分の考えの反映を求めつつ、同時に妥協の精
　　　神もわきまえて、過半数の支持を現実に集めうるような政治プログラムを探り出し、選
　　　びとっていかねばならない。国民には、政治選択権の確保に向け、自らの内部で多数派
　　　形成を遂行しうるレベルに成熟した市民となること、また自らの選択に対する主権者と
　　　しての責任の自覚が要求される。選挙制度とも関連した、このような政党間、国民相互、
　　　そして国民と政党との間の多元的で動態的なやりとりを通じて、議院内閣制の国民内閣
　　　制的運用が追求されるべきといわれたのである。

Ⅱ　内閣・行政機関の組織・構成・活動

1　**内閣の組織・活動**

（**1**）　内閣の形成　　憲法は、「内閣は、法律の定めるところにより、その首長たる**内閣総理大臣**及びその他の**国務大臣**でこれを組織する」（66条1項）と定める。国務大臣は14人以内（内閣法2条。特別に必要がある場合、17人以内。同条2項）である（内閣の機能強化と省庁再編が実施された2001年まで、20人以内）。

その成立手続は内閣総理大臣の選任を起点とする。「内閣総理大臣は、**国会議員**の中から国会の議決で、これを**指名**」（67条1項）し、**天皇**が任命する（6条1項）。国会の指名が実質的な任命にあたる。各議院が記名投票の方法により過半数で指名の議決を行い、両議院で一致すれば国会の指名が成立する。①各議院が異なる指名の議決をし、**両院協議会**を開いても意見が一致しないとき、②**衆議院**の指名議決後、国会休会中の期間を除き10日以内に、**参議院**が指名の議決をしないときは、**衆議院**の議決が国会の議決となる（67条2項）。

➾内閣総理大臣は、国会議員であることを要する。**衆議院**議員である多数党の首領が通例だが、**参議院**議員でもよい。国会議員の地位は、指名・選任の要件だけでなく、在職の要件とも解されている。就任後、議員辞職や懲罰除名、資格争訟等により国会議員の地位を失えば、内閣総理大臣の地位も失う。ただし、衆議院解散や議員の任期満了のような憲法上の一般的理由による場合は、内閣総理大臣の地位をも失うわけではないと解される（71条）。

＊　内閣総理大臣（首相）の政治的主導力を高めるため、国会の議決による指名から、国民の選挙による直接的な選任へと制度改革を求める議論がある（**首相公選論**）。しかし、これには憲法理論的・実践的レベルで様々な問題がある。公選の首相を通じて内閣が国会と同様の民主的正当性を確保することは、必ずしも首相・内閣の政治的主導力の強化、「強い政府」の実現に直結しない。国会を支持する民意と首相のそれにズレがある場合、首相・内閣は安定した議会多数派の協力を得られず、「弱い政府」にとどまらざるをえない。公選の首相・内閣に対する国会の不信任決議等の理論的説明も課題となる。首相公選制の導入には憲法改正が必要である。

⇨**国務大臣**は、内閣総理大臣により任命され（68条1項）、**天皇**の**認証**をうける（7条5号）。ただし、その過半数は国会議員であることを要件とする（68条1項）。「過半数」とは、現存の国務大臣の過半数の意味で、また、内閣形成時点の要件であるだけでなく存続の要件でもあると解されている。

＊　国務大臣が、内閣構成員の地位に加え、行政事務を分担管理する場合を「主任の大臣」（各省大臣）といい、分担しない場合「無任所大臣」という（内閣法3条）。

⇨内閣総理大臣その他の国務大臣は、**文民**であることも要する（66条2項）。戦前、陸軍大臣や海軍大臣は現役軍人を要件とする**軍部大臣現役武官制**により軍部の台頭を許したため、日本国憲法では、**シビリアンコントロール**（Civilian Control、**文民統制**）の原則が導入された。「文民」の意味について、現在**職業軍人**でない者（A説）、過去に職業軍人歴のない者（B説）、現在・過去共に職業軍人でない者（C説）、軍国主義思想の持ち主でない者（D説）等の諸説が主張された。自衛隊の組織拡大につれ、自衛官も文民でないとするC説が有力となっている。

なお、天皇による内閣総理大臣の任命と、内閣総理大臣による国務大臣の任命、天皇による国務大臣の認証は、同時になされるのが慣例である。

（**2**）　「合議制」内閣と「首長」内閣総理大臣　　日本国憲法は、内閣を憲法上の機関と定め、**行政権**の主体とし、国会に対して責任を担わせた。そして、内閣の構成につき、首長としての内閣総理大臣及びその他の国務大臣からなる**合議制機関**とした。

＊　これに対して、**明治憲法**では、**天皇**が**統治権**を総覧し、各国務大臣が天皇を**輔弼**する（55条1項）と規定された。内閣は憲法上の機関ではなく、すべての国務大臣が天皇との関係で対等の地位にある建前であった。**内閣官制**上、**内閣総理大臣**は単なる**同輩中の首席**と解された。格別の権限はなく、他の大臣に対する罷免権が認められておらず、重要案件で閣内不一致となれば総辞職を余儀なくされた。内閣としての一体性も内閣総理大臣の主導性も法的根拠を欠いていた（→第3章）。

＊　明治憲法の天皇への**権力集中**を反省して、現行憲法は、**権力分立**という機関間抑制システムを採用した。さらに行政権の担当機関につき、**独任制**ではなく、複数の構成員からなる**合議制**として機関内抑制を図ったと解される。合議制は、衆知を集め、慎重な行動を可能にする一方、一体性の確保や迅速な対応力に問題もある。

⇨憲法は、内閣を構成員対等型の合議制機関とはせず、**内閣総理大臣**をその**首長**とし、他の**国務大臣**に比べて優越的地位を与えた。通説によれば、首長としての内閣総理大臣の優越性は、以下の諸権限に裏づけられる。まず、内閣の組織権者として、他の国務大臣を**任命**し、その裁量で任意に**罷免**もなしうる（68条）。**検察機関**による国務大臣の**訴追**に対しては同意権を有する（75条）。次に、内閣の代表権者として、議案（法律案、**予算**その他）を**国会**に提出し、**一般国務**および**外交**関係について国会に報告する（72条前段）。また内閣総理大臣は、**行政各部**を指揮監督する（72条後段）のである。

判 例　★ロッキード事件丸紅ルート（最大判平 7・2・22刑集49巻 2 号 1 頁）

　米ロッキード社製航空機の全日空による選定購入に関わり、日本側販売代理店商社丸紅の社長らと内閣総理大臣田中角栄が**贈収賄罪**等で起訴された。その過程で、内閣総理大臣による運輸大臣への働きかけをめぐり、職務権限の範囲が問われた。最高裁は、**運輸大臣**による全日空への特定機種の選定購入の勧奨は、**行政指導**として**職務権限**に属するものとした上で、内閣総理大臣は、閣議決定した方針に基づいて行政各部を指揮監督するほか、「内閣の明示の意思に反しない限り、行政各部に対し、随時、その所掌事務について一定の方向で処理するよう指導、助言等の指示を与える権限を有するもの」と解し、運輸大臣に前記行政指導を行うよう働きかけることは、「内閣総理大臣の指示として、その職務権限に属する」と判示した。

（**3**）　**内閣の活動**　　憲法は、内閣の活動方法、すなわち職権行使のあり方について明示していない。原則的に内閣の自律的運営に委ねたものと、一般に解されている。これに関し、**内閣法**は、「内閣がその職権を行うのは、**閣議に**よる」（4 条 1 項）、「閣議は、内閣総理大臣がこれを主宰する」（同条 2 項前段）と定める。内閣の構成員全体の会議である閣議には、**定例閣議**、**臨時閣議**および**持回り閣議**の 3 つの態様がある。定足数を明示する規定はないが、全員出席を建前とする。

　＊　この閣議の運営や議事内容について、**内閣優位の政治**との関連で、学説に次のような展開がみられた。これまで、内閣の運営に関し、**合議制機関**であることを基点に、内閣総理大臣による閣議の主宰は、議長として格別の指導性を必ずしも意味すると解されて

こなかった。実際の司会も、内閣総理大臣の委任を受けて**内閣官房長官**が行うのが慣例である。また、「各大臣は、案件の如何を問わず、内閣総理大臣に提出して、閣議を求めることができる」(内閣法4条3項)ため、議事内容についても指導性は弱かった。これに対し有力説は、内閣総理大臣が、閣議の主宰にあたり、「内閣の重要政策に関する基本的な方針その他の案件を発議することができる」(同条2項後段)と法改正で明定されたことを重要な権限強化と解する。そして、内閣総理大臣は、「首長」として閣議の議事と意思決定の方向を主導する役割を積極的に果たすべきものと説く。内閣総理大臣の政策を基軸に捉え、内閣を「内閣総理大臣の政策実施機関」と理解するべきというのである。

　閣議は**非公開**とされ、審議内容の秘密の保持が要請される(ただし、2014年4月から、簡潔な閣議議事録が公開されている)。議決の方法を明示する規定もないが、内閣の統一性および**国会**に対する**連帯責任**との関連で、**全員一致制**が慣例となっている。閣議で意見が不一致の場合、**総辞職**しない限り、意見を異にする大臣の辞職や、内閣総理大臣によるその**罷免**もありえる。閣議決定後、全構成員は当該事項につき一体として行動すべきものとされる。

　　＊　こうした議決の慣行に対して、内閣の内部的な意思決定の方式と、外部に対する一体的行動義務や連帯責任の問題とを切り離して捉え、多数決制の可能性を認める説が示されている。それにより、国内外の諸課題に対し、内閣総理大臣の政策指導力がより発揮され、内閣の迅速な意思決定による機動的対応が促進されるという。

　内閣総理大臣には**内閣法**で、①**主任の国務大臣**の間での権限疑義の**裁定権**、②**行政処分**等中止権、③内閣総理大臣・主任の国務大臣の**臨時代理**の指定権が認められる。全国務大臣には内閣法で、閣議の要求権が認められる。内閣総理大臣その他の国務大臣は、議案に関して議院への出席・発言権を有し、議院の要請があれば出席は義務となる(憲法63条)。**法律**や**政令**には、主任の国務大臣が**署名**し、内閣総理大臣が**連署**する必要がある(74条)。主任の大臣の執行責任の明確化と、内閣の代表としての内閣総理大臣の法律執行責任や**政令**制定・執行責任を明らかにし、国会による政治責任追及を容易にするためである。

　(4)　内閣の責任　　憲法は内閣の責任に関する原則規定として、「内閣は、**行政権**の行使について、国会に対し連帯して責任を負ふ」(66条3項)と定める。また、内閣の**助言と承認**が必要な**天皇**の**国事行為**につき、内閣の責任を規定し

ている（3条）。内閣は「行政権の行使」につき責任を負う。ここでの行政権を65条と同様の**実質的意味の行政権**と解する学説もあるが、一般には、広く内閣の権限行使全般につき責任を負わせる趣旨で**形式的意味の行政権**と解される。

　内閣は「国会に対し」責任を負う（**民主的責任政治の原則**）。責任の追及方法には、質問・質疑、**国政調査**（62条）、決議等があり、**衆議院**の**内閣不信任決議**（または、信任決議案の否決）は憲法上の特別な効力を伴い（69条）、最も強力である。各議院が個別的に責任追及することも可能だとされる。

　内閣は「連帯して」責任を負う。内閣の全構成員が一体として責任を負う**連帯責任制**である。ただし、各構成員の単独責任の追及も可能と解されている。憲法は内閣が負担する責任の原因や内容を明示していないが、責任の性質について通説は、行政権の行使の政治的評価に関わる**政治的責任**と解している。

　（5）　内閣の消滅──内閣総辞職　　⇨内閣は、内閣総理大臣その他の国務大臣により一体的に構成され活動する合議制機関であるので、その消滅も一体的であるべきだと解されている。すべての国務大臣が同時に辞職する**総辞職**の形式がとられる。内閣総辞職は、憲法の規定する**必要的総辞職**の場合のみと解する説もあるが、内閣の自立性から**任意的総辞職**も認めるのが通説である。「必要的総辞職」には、①**衆議院**で内閣の**不信任決議案**が可決され、または信任の決議案が否決されて、10日以内に衆議院が**解散**されない場合（69条）。②内閣総理大臣が欠けた場合（70条前段）。死亡、議員の地位の喪失等の場合や辞職した場合がこれに相当し、一時的な事故の場合は含まれないとされる。③衆議院議員**総選挙**の後に初めて**国会の召集**があった場合（70条後段）がある。これら必要的総辞職は、内閣が国会の信任を基礎とすることから制度化されたものと解されている。

　総辞職した内閣は、新たな内閣総理大臣の任命までいわゆる**事務内閣**となり（71条）、存立の性質上、必要的事務の遂行のみを行うと解されている。

2　内閣と行政機関

　内閣および**内閣総理大臣**の憲法上の権限や位置づけにもかかわらず、国の基

本政策は内閣主導で形成・実施されてこなかった。国政の基本方針や政策は、各省庁別に、担当部局の**官僚**たちによって企画立案された。その原案は、省庁間の協議を経て、**事務次官等会議**での最終調整に至るが、同会議が実質的な政策決定機関となってきた。**閣議**は、同会議を経た案件のみを扱い、内閣は形式的な追認機関となっていた。内閣総理大臣の指導力も弱く、**国務大臣**もむしろ省庁の利益の伝達者と評され、ボトムアップ型の**官僚政治**が続いていた。

　21世紀を前に日本は、新しい国家目標の形成・選択・決定や国内外の様々な課題への迅速かつ機動的な対応を迫られたが、それまでの「行政各部中心の行政体制」には、省益中心の**縦割り行政**の硬直性や**前例主義**の限界が指摘された。そこで、1990年代半ば以降の**行政改革**論議においてシステムの抜本的な変革が企図された。**行政改革会議**は1997年末に最終報告で内閣総理大臣・内閣の機能強化と**省庁再編**を明確に提言し、翌年には**中央省庁等改革基本法**が制定された。同法は基本方針として、内閣が憲法の定める「国務を総理する任務」を十全に果たしうるようにすることを目指し、①内閣の機能強化、②内閣総理大臣の国政運営上の指導性の明確化、③内閣および内閣総理大臣を補佐・支援する体制の整備などを掲げた（４条１号）。そして1999年に**中央省庁等改革関連法**（内閣法の一部改正、内閣府設置法など17法）が制定され、2001年１月から実施された。

　　＊　内閣が自らその重要政策を提示して行政各部の施策の統一を図る、内閣の機能強化がなされた（**内閣優位の政治**）。重要政策の基本的方針の企画立案や総合調整の面で内閣を補助する機関として内閣官房の事務権限が拡大され、人的組織も強化された。内閣の重要政策に関する強大な補助機関として、長を**内閣総理大臣**とする**内閣府**が新設された。内閣府には、省庁横断的な重要政策課題を担う**特命担当大臣**が置かれ、国務大臣があてられた。**経済財政諮問会議**、総合科学技術会議、中央防災会議、**男女共同参画会議**など、内閣総理大臣または**内閣官房長官**を長とし、関係大臣や学識経験者らで構成される**合議制機関**（内閣の「重要政策に関する会議」）も設置された。これらにより、内閣の重要課題への弾力的な対応が目指されたのである。

　以上のようなスタッフ組織の強化を通じて、内閣主導のトップダウン型体制の確立が図られた。「内閣中心の行政体制」への転換である。

　　＊　この転換の基点として重視されたのが、内閣の「国務の総理」権能である。**内閣優位の政治**を企図する新しい有力説の考え方、すなわち、内閣が国の総合的・一般的な政策

のあり方を配慮決定し、全体の**総合調整**を図る権能を担うとする憲法解釈が、一連の制度改革の指針である。内閣を統治に関わる執政府と解する論者は、内閣と**行政機関**を一体として「**行政府**」と捉えることなく、「**執政機関としての内閣**」とその下の「**行政組織としての官僚団**」とを明確に区別すべきだと述べる。

<h1 style="text-align:center">Ⅲ　行　　政</h1>

1　行政権の意義

　⇨内閣権限の基本規定として、憲法65条は「**行政権は、内閣に属する**」と定めている。「行政権」「行政作用」の捉え方には、作用の実質的特質から捉える**実質的意味の行政権**と、作用の担当機関に着目し、行政部の権限に属する作用と捉える**形式的意味の行政権**という2つの方法がある。内閣の行政権につき、学説は一般に、憲法上の政府権力を**憲法**によって**作られた権力**と理解し、65条を権限配分規定と考え、「実質的意味の行政権」と解している。

　（1）　消極説（控除説）　　伝統的通説は、「行政とは、すべての国家作用のうち立法作用と司法作用を除く残りの作用である」と定義する（控除説）。これは、**絶対君主**の包括的支配権から**立法権**と**執行権**が分化し、さらに執行権の内部で行政と司法が分かれたという歴史的沿革に適うとされる。また、現代行政国家の規制・管理・給付・サービス等の多様な行政活動を過不足なく捕捉できる点でも妥当とされる。

　もっとも、この控除説は、帰属主体不明の権限について、行政への権限推定機能を果たす可能性があり、修正論が示されている。①控除に先立つ国家作用を「国民支配作用」に明確に限定する、②行政への権限推定を否定し、国会への権限推定を原則とする、などの学説である。

　（2）　積極説　　⇨しかし、控除説の「立法作用と司法作用を除く」とする消極的定義では、行政作用の実質が不明である。そこで、**積極説**が展開された。「近代国家における行政は、法の下に法の規制を受けながら、現実具体的に国家目的の積極的実現をめざして行われる全体として統一性をもった継続的な形

成的国家活動である」とか、「本来的および擬制的公共事務の管理および実施」などの定義が提示されたのである。ただ、これらの定義は、行政の特徴の大要を示すにとどまり、多様な行政活動を捉えきれない点が問題として指摘された。

（**3**） **法律執行説**　こうした従来の学説とは異なり、65条の行政権を、**法の支配**の制度化の観点から**執行権**と捉える考え方が有力に示されている。立法が法律の制定と定義されるのを受けて、行政につき「法律の執行」という形で、作用の法的性質に着目して定義すべきだと説く。行政権のあらゆる行為は、究極的に**法律**に根拠をもち、法律の実現作用であるべきとされる（**法律執行説**）。

* もっとも、この**法律執行説**は、国会の決定を前提に内閣を受動的な機関と位置づけるわけではない。確かに、国の政治の基本政策につき、決定権は国会に留保されるべきで、法律の議決の形で政策決定がなされるという。しかし、**行政国家現象**の中では、内閣こそが政治の中心となるべきとする。内閣は、基本政策の構想・提案を法律案の提起を通じて積極的にリードし、国会の議決承認を得た上で、基本政策の実施を法律の執行の形で行っていくべきものとされる。執行権は没政治的な権限ではなく、内閣は法律の執行にあたり高度に政治的な役割を担う機関と評される。内閣による「統治」活動の総体を65条の行政権規定と後に見る73条ほかの諸権能規定とが補完しあう形で権限づけると憲法解釈するのが法律執行説である。

（**4**） **執政権説**　また、**内閣優位の政治**を**法律執行説**と同様に強調して、65条の行政権規定を**執政権**規定として、73条の権能規定と表裏一体に解する説（**執政権説**）も有力である。広い意味での行政一般は、執政（政策決定・指揮監督）、狭義の行政（行政管理）・業務（第一線の執行）の階層で捉えられるべきところ、65条の**行政権**規定は、内閣に最重要レベルの「執政権」を委ねたものと解すべきという。

* 憲法の英文訳でも、65条の行政権や66条3項の対国会責任規定の行政権はいずれも executive power とされ、72条で行政各部が administrative branches と、73条柱書きで一般行政事務が general administrative functions と、同条1号で法律の執行が administer とされているのとは明らかに異なる。65条の行政権は、統治の基本方針を決定する国家作用を意味する**執政権**と解すべきで、国会の制定した法律の執行作用を意味する「行政」とは区別されるべきという。そして、歴史的に執政権限は、**外務**、軍務、**財政**、内務に広くわたり、内閣には、73条の列挙事項から、執政の4部門のうち、外務、財政の**予算編成**、内務権限が明確に配分されているという。内閣はそのような「執政

　府」にほかならないと評するのである。

2　行政権の帰属

　憲法65条は、**内閣を行政権**の帰属主体とする。しかし、そのことは内閣による行政権の独占を意味しないとされる。国会の**内閣総理大臣**指名や**最高裁判所**の**下級裁判所**裁判官指名等、憲法自体が他の機関にも行政作用を一部認めているからである。また、内閣が、担当するすべての行政事務を自ら行うべきことをも意味しないと解されている。広範な行政事務の多くは直接的には**行政各部**の機関により遂行される。しかし同時に、内閣が行政権主体であることから、下位行政機関の事務は内閣の統轄の下に遂行されるべきものと解される。

　⇨この関連で、**行政委員会**の存在および権能の合憲性が問題とされている。行政委員会とは、**合議制組織**で、規則制定などの**準立法権限**や**裁決・審決**などの**準司法権限**をも有し、内閣から多かれ少なかれ独立して職務を行うような行政機関の総称である（人事院、国家公安委員会、公正取引委員会など）。学説の多数は、これらは65条に反しないとして合憲性を認めるものの、その根拠付けでは分かれている。①65条では76条の**司法権**規定のように「すべて**行政権は**」とは規定されていない、②委員の任命や予算の編成等で内閣のコントロール下にある、③国会によって法律で設置される、④人事・警察・**行政審判**など**政治的中立性**が高度に要請される事務や専門的技術的能力が必要な事務に限定されており、職務の性質から内閣や国会の政治的コントロールにそもそも適さない例外的存在として合理性が認められるなどの諸説が示されている（福井地判昭 27・9・6 行集 3 巻 9 号1823頁参照）。

Ⅳ　一般行政事務以外の内閣の権能

1　73条列挙の権能

　内閣の具体的な事務内容やその個別権能については、憲法73条で、「一般行政事務」に加え、特に重要な以下のような事務権能が列挙されている。

（**1**）　法律の執行と国務の総理　　⇨内閣は「法律を誠実に執行し、国務を総理する」（1号）。伝統的通説は、国会の政策決定としての法律を行政権者である内閣は「誠実に執行」すべきであり、法律の目的に適う執行を義務づけられるという。内閣は法律に違憲の疑義がある場合も、その執行を拒否しえないものと解する。そして、「国務」とは行政事務の意味であり、それを「総理する」とは、最高行政機関として行政事務一般を統轄し、行政各部の指揮監督にあたることと解するのである。

　これに対し、**法律執行説**や**執政権説**などの有力説は、この規定を、政治の中心をなす内閣の基本的性格を凝縮して示すきわめて重要な権能規定と考える。「国務」とは本来、行政だけでなく立法や司法も含む国政の意味であり、それを「総理する」とは、国の政治全体の調和を図り、国の総合的・一般的な政策のあり方について配慮決定することと解される。内閣は、大部分の法案と予算案を準備し、議会の召集や**解散権**を通じて議会の立法活動そのものに参加しそれを指導する役割が期待され、国政全体の**総合調整機能**を果たすべきとされる。そして、執政権説では、「国務を総理する」すなわち「執政」は、内閣レベルでの高度の政治・統治作用を意味する。法律執行説では、内閣の政策が法律に化体され、その実施が「法律の執行」の形で遂行されるという。

（**2**）　外交関係の処理　　憲法は、**外交課題**に関わる事務のうち条約締結権能を本条3号で規定し、2号でそれ以外の外交事務一般について内閣の権能とした。外交課題に関する日常的事務は**外務大臣**に任されるが、重要な事務は内閣自らが慎重にあたる。

（**3**）　条約の締結　　憲法は内閣を**条約締結権者**とした（3号）。もっとも、条約は国家間の約束・合意であり、その重要性から、内閣の締結事務は、特に国会の**民主的コントロール**下になされることを求められ、原則としては「事前に、時宜によつては事後」の国会承認が必要である（同号但書）。事後承認は例外的とされる。

（**4**）　官吏に関する事務の掌理　　4号のいう「官吏」とは、行政権の活動に関わる**公務員**のことと解されている。地方公務員は**地方自治**との関連で、ま

た立法権や司法権の活動に携わる公務員も**権力分立**の観点から、官吏に含まれない。官吏をめぐる事務一般（職階制、試験・任免、給与、分限、懲戒、服務等に関する事務）を内閣は掌理するが、「法律の定める基準」に従うことを要する。公務員制度の基本整備は**国会**の権限とされ、**国家公務員法**で基準が定められている。同法は中央人事行政機関として「内閣の所轄の下に**人事院**を置く」とし（3条1項）、職務上は内閣から独立する形で人事行政の公正の確保にあたらせている。

（**5**）　予算の作成　　5号は**予算の作成**を内閣の事務とするが、その後、「内閣は、毎会計年度の予算を作成し、国会に提出して、その審議を受け議決を経なければならない」（86条）。**財務大臣**所管の予算案は、**閣議**決定を経て、**内閣総理大臣**が内閣を代表して国会に提出する（72条）。**衆議院**に先に提出される（60条1項）。

（**6**）　政令の制定　　内閣は、「**この憲法及び法律の規定を実施するために、政令を制定する**」（6号）。行政機関の定める法は「命令」と総称され、本号は、その最高形式である政令の制定権を内閣に付与する。内閣が制定しうるのは、憲法および法律の規定を実施するための**執行命令**とされる。法律から独立した**独立命令**や、法律と同じ効力でそれに代わりうる**代行命令**等は認められない。また、憲法の規定を直接に実施する**政令**についても、国会の法律による実施が優先される。法律の委任により法律事項を定める**委任命令**に関しては、本号但書からも予定され、国会の「**唯一の立法機関**」**性**（41条）に抵触しない限りで許されると解される。政令には、法律の委任がなければ罰則を設けられない（本号但書）。

政令は、**主任の国務大臣**がその案を内閣総理大臣に提出して、**閣議**で決定される（国家行政組織法11条、内閣法4条）。

（**7**）　恩赦の決定　　内閣は、**恩赦**すなわち「大赦、特赦、減刑、刑の執行の免除及び復権を決定する」（7号）。結果、行政権が**立法権・司法権**の作用の効果を変動させる。

＊　恩赦は歴史上、国家の慶弔事に際し君主による恩恵として実施され、**明治憲法**でも天

皇大権事項とされた（明治憲法16条）。日本国憲法はこれを内閣の決定に委ね、天皇の関与は認証のみとした（7条6号）。恩赦は権力分立の例外であり、主に行刑政策の見地から認められ、具体的内容や手続は恩赦法で定められている。その態様には、政令で罪または刑の種類を要件に定めて一般的な形でなされる赦免（大赦など）と特定の者を対象とする個別的赦免（特赦など）の区別がある。

2　73条以外で規定された権能

　内閣には、天皇との関係での権能として、国事行為への助言と承認（3、7条）がある。また、国会との関係では、①国会の臨時会の召集決定（53条）、②参議院の緊急集会の請求（54条2項）、③国会への議案提出、一般国務および外交関係の報告（72条）、④衆議院の解散の決定（7条3号、69条）がある。財政関係の権能には、①予備費の支出（87条）、②国の収入支出の決算の国会への提出（90条1項）、③国会および国民への国の財政状況報告（91条）がある。

　裁判所関係では、①最高裁判所長官の指名（6条2項）、②長官以外の最高裁裁判官の任命（79条1項）、③下級裁判所裁判官の任命（80条1項）がある。

3　衆議院の解散権

　⇨衆議院が内閣不信任決議を可決（信任決議を否決）した場合、内閣は総辞職せずに衆議院を解散できる（69条）。内閣の解散権については、この場合に限定されると解する説（69条限定説）も有力に唱えられたが、内閣はそれ以外にも独自の判断で7条3号に基づき衆議院を解散しうると解するのが通説（7条解散説）である。69条限定説は、議院内閣制によって国政への民意の反映を図るにあたり、国会の第一次的国民代表性を重視して、内閣の解散権を非民主的と捉える（議院内閣制責任本質説）。これに対し、7条解散説は、国会と内閣をどのような相互関係に置くと、民意が最もよく国政に反映されるか、という観点を強調する（議院内閣制均衡本質説）。内閣に自由な解散権を与え、衆議院を解散の脅威の下に常々置くことで、両機関それぞれがよりいっそうの民意への応答に努め、「国民意思への接近競争」が導かれるという。1950年代以降の解散の実例は、多くがこの7条解散である。

　内閣の解散権は、**議院内閣制**において、国会から相対的に自立して**行政権**を担う内閣が、国政運営の点で国会と政策見解を異にするに至った場合、その最終的な政治判断を**主権者**である**国民**自体に求める必要性から行使される。その意味で、内閣の解散権は、国会と内閣の**相互抑制機能**を超えて、国民との応答関係をそれぞれが結び直す**民主的契機**を含むものとされる。そこで通説は、こうした政治的コミュニケーションの観点から 7 条解散に理由づけを求め、①衆議院で内閣の重要案件が否決・審議未了とされた場合、②政界再編成等で内閣の性格が基本的に変わった場合、③**総選挙**の時点で予測されなかった重要政治課題が発生した場合、④内閣が基本政策を根本的に変更する場合、⑤議員の**任期**満了時期に近い場合、などに限られると解すべきだとしている。苫米地事件（最大判昭 35・6・8 民集14巻 7 号1206頁）で最高裁判所は1952年の「抜き打ち解散」につき「高度に政治性のある国家行為」と解し、裁判所の審査権を否定した。また、**衆参同日選挙**のための解散は違憲とされなかった（名古屋高判昭 62・3・25 行集38巻 2 ＝ 3 号275頁）。

設　問

　1　「大統領制」の行政部が一般に「弱い政府」と解され、「議院内閣制」の行政部が「強い政府」と評価される理由を権力分立の観点から説明しなさい。
　2　内閣が閣議決定に基づいて重要政策を実施していくことは、憲法で内閣に授権された行政権の行使として適切かどうか検討しなさい。

参考文献

今井威『議院内閣制』（ブレーン出版、1991）
手島孝＝中川剛『憲法と行政権』（法律文化社、1992）
佐藤幸治『日本国憲法と「法の支配」』（有斐閣、2002）
藤田宙靖『行政組織法』（有斐閣、2005）
高橋和之『現代立憲主義の制度構想』（有斐閣、2006）

第15章 裁判所

まとめ 裁判所にのみ付与された司法権は、民事・行政・刑事のいずれかを問わず、「事件・争訟」に及ぶとされている。特別裁判所の設置などは禁止される。立法裁量、各議院の自律権などについては裁判所の司法権にも限界がある。

■最高裁判所裁判官の国民審査の性質

解職説（通説）……任命→国民審査（罷免可多数＝罷免（解職））

任命信任説……任命→国民審査＝国民による信任

任命確認説……任命→最初の国民審査＝任命行為の確認

■下級裁判所裁判官の再任

自由裁量説（実務）……再任は任命権者の裁量

再任原則説……原則として再任→客観的に明白に不適格＝再任拒否の許容

権利説……身分継続の原則→再任される権利

■統治行為

否定説……一切の国家行為の違憲審査権（81条）＝統治行為の不存在

肯定説……（判例・通説）

①内在的制約説（判例）……司法権の内在的制約←政治責任を負わない裁判所

②自制説……裁判所の自制←司法審査による政治的混乱の回避

■裁判所規則と法律との競合

通　説……法律でも規定可能、競合した場合は法律が優先

有力説……裁判所の内部事項は規則専管事項、または規則が優先

■憲法76条3項の「良心」

通　説……客観説　　裁判官という職業上の良心

少数説……主観説　　憲法19条で保障された個人の良心

■裁判員制度

合憲説……国民参加により事実認定や量刑が適正化され刑事手続の適切さが確保

される、憲法は裁判官のみによる裁判を求めてはいない。

違憲説……裁判官の独立性を侵す、公平な裁判所とはいえない、裁判員となることの義務づけは「意に反する苦役」にあたる。

■**違憲審査制の性質**

	〔目的〕	〔審査方法〕	〔審査機関〕	〔代表例〕
司法裁判所型……	具体的事件の解決	付随的審査	すべての裁判所	アメリカ
憲法裁判所型……	憲法秩序の維持	抽象的審査	憲法裁判所のみ	ドイツ

■**違憲判決の効力**

	〔効力〕	〔重視する点〕
個別的効力説……	当該事案のみ	「唯一の立法機関」・付随的審査制
一般的効力説……	法令集から除去	憲法保障機能・法的安定性

I　裁判所の性格・地位

立憲主義の憲法（→第1章Ⅲ）は、**人権**の保障と**権力分立**を本質的要素とする。権力分立（→第12章Ⅱ）は、**立法、行政、司法**の三権分立の仕組みをとるのが通例である。このうち、司法は、立法および行政を担当する国家機関から独立した地位にある**裁判所**が担うことになる。裁判所は、**法の支配**または**法治主義**を現実に確保するという責務を有する。

⇨裁判所は、公開の法廷での、**双方審尋主義**を基本とした手続において、司法権を行使する点にその特色がある。裁判所は、法の客観的意味を探り、それを適用して紛争を解決し、法原理の維持貫徹を図る機関であるとして、**法原理機関**（佐藤幸治）と呼ばれることもある。

明治憲法の下での裁判所は、民事・刑事の裁判権しかもたない非力な存在であった。しかし、**日本国憲法**の制定により、裁判所は、**行政裁判権**と**違憲審査権**を与えられ、法律や行政処分の合憲性・合法性をチェックする大きな力をもつことになった。このことは、**大陸型**の司法から**英米型**の司法への転換、あるいは、「**行政国家から司法国家へ**」といった言葉でも表現される。

裁判所の憲法上の役割は、何よりも、**基本的人権**など国民の権利利益の保護

である。裁判所は、違憲審査権や行政裁判権を行使して具体的な事件を解決することを通じて、憲法違反の法律や違法な行政処分により権利を侵害された者に対して、**実効的な救済**を与えなければならない。また、**法律上の争訟**の解決に必要な範囲で、違憲審査権を行使し、**憲法保障**という役割をも担うことになる（裁判所による合憲性の統制）。このことは、違憲審査の**民主的正統性**という困難な課題を提起することにもなる（→本章Ⅵ）。さらには、裁判所の判例は、実際上、一定の**政策形成機能**を果たしているとされる。

Ⅱ　裁判所の組織・構成・活動

1　裁判所制度

（1）　最高裁判所と下級裁判所　　憲法76条1項は、裁判所として、**最高裁判所**と**下級裁判所**を規定している。最高裁は、全裁判所の頂点に位置する裁判所として憲法により設置され、全国に1カ所、東京に置かれている（**裁判所法6条**）。最高裁は、法令等の合憲性を判断する**終審裁判所**とされており（81条）、その長たる裁判官（**最高裁判所長官**）と法律で定められた員数の裁判官（**最高裁判所判事**）で構成される（79条1項）。最高裁判所判事の員数は、現在は14人と定められている（裁5条3項）ので、最高裁の裁判官の定数は、長官を含めて15名である。

　また、法律で設置される下級裁判所としては、**高等裁判所、地方裁判所、家庭裁判所**および**簡易裁判所**がある（裁2条1項）。高等裁判所は、全国に8カ所、東京、札幌、仙台、名古屋、大阪、広島、高松、福岡に置かれ（2004年、知的財産関係事件の裁判の充実と迅速化のため、東京高裁の特別支部として**知的財産高等裁判所**（知財高裁）が設置された）、地方裁判所と家庭裁判所は、各都府県（庁所在地）に1カ所、北海道に4カ所（札幌、函館、旭川、釧路）の計50カ所に置かれている。簡易裁判所は438カ所に置かれている。

（2）　裁判所の構成　　最高裁は、裁判官全員で構成される**大法廷**または各5人の裁判官で構成される3つの**小法廷**で、審理および裁判を行う（裁9条1

項）。大法廷と小法廷の事務分配は、原則として**最高裁判所規則**で定められる
が、当事者の主張に基づき法律等の**憲法適合性**を判断するとき（すでに大法廷
の合憲判断がある場合を除く）、法律等が憲法違反と認めるとき、法令の解釈適用
について意見が従来の最高裁の裁判に反するときは、必ず大法廷で審理・裁判
が行われる（裁10条）。

> ＊　各高等裁判所は、**高等裁判所長官および相応な員数の判事**（特例判事補を含む）で構
> 成される（裁15条）。事件の種類により、3人または5人の裁判官の合議体で事件を取
> り扱う（裁18条2項）。各地方裁判所・家庭裁判所は、相応な員数の判事および**判事補**
> で構成される（裁23条、31条の2）。原則として、1人の裁判官（例外的に3人の裁判
> 官の合議体）で事件を取り扱う。下級裁判所における**裁判事務の分配**は、各司法年度に
> 先だって、当該裁判所の**裁判官会議**の議により定められる（下級裁判所事務処理規則6
> 条1項）。

2　裁判官制度

（1）　裁判官の任命と罷免　　裁判官の種類は、最高裁判所長官、最高裁判
所判事、高等裁判所長官、判事、判事補および簡易裁判所判事である。最高裁
長官は、**内閣**の指名に基づき**天皇**が任命する（6条2項）。最高裁判事は内閣が
任命する（79条1項）。それ以外は、最高裁の指名した者の名簿により内閣が任
命する。指名されていない者の任命は許されないが、指名された者の任命拒否
は許されるとする見解が有力である。

　裁判官は、法律で定められた**定年**（最高裁と簡裁の裁判官は70歳、それ以外は65
歳）に達したときには退官する。下級裁判所の裁判官は、憲法上、その**任期**は
10年とされている（ただし、**再任**されることができる）（80条1項）。また、裁判官
は、**弾劾裁判**または**分限裁判**の結果、最高裁の裁判官の場合はこれに加えて**国
民審査**の結果による場合を除き、**罷免**されない（→本章Ⅴ）。

> ＊　最高裁の裁判官の任命が、当時の裁判所法の規定により、**裁判官任命諮問委員会**の答
> 申に基づいて行われたことがある。しかし、その後当該規定は廃止された。下級裁判所
> の裁判官の任命については、裁判官の人事の不透明さに対する批判などもあり、2003年
> に、最高裁の諮問に応じて、任官候補者を高裁長官、判事および判事補に指名すること
> の適否を審議する**下級裁判所裁判官指名諮問委員会**が設置された（ただし、同委員会の
> 意見に最高裁に対する拘束力はない）。

（**2**）　最高裁判所裁判官の国民審査　　最高裁の裁判官については、民主的コントロールを及ぼすという趣旨で、**国民審査**の制度が設けられている（79条2項）。最高裁の裁判官は、その任命後の最初の**衆議院議員総選挙**の際に国民審査に付される（その10年後以降の最初の総選挙時に再度国民審査に付される。以後も同じ）。国民審査において、裁判官の罷免を可とする投票が多数であった場合には、その裁判官は**罷免**される。現在までに罷免された裁判官はいない。

　⇨最高裁の裁判官の国民審査の性格については議論がある。**解職**（リコール）**説**は、国民審査制度は、裁判官の解職の制度であるとする（通説・判例）。**任命信任説**は、国民審査は、天皇または内閣による裁判官を国民が信任するための制度であるとする。また、**任命確認説**は、国民審査は、解職制度であるとともに、最初の国民審査については裁判官の任命を国民が確認する意味も含まれているとする（有力説）。国民審査における**投票**の方式については、審査人が、罷免を可とする裁判官については、投票用紙の当該裁判官の欄に×印を記入し、その他の裁判官の欄には何も記入せずに投票すると定められている（最高裁判所裁判官国民審査法15条1項）。この方式では、罷免の可否不明の票が罷免不可に算入されるという問題が指摘されているが、最高裁は、解職説の立場から、積極的に罷免を可とする投票とそれ以外の投票のどちらが多数か知ることが制度の目的であるから、現行の投票方式は、国民審査制度の趣旨に合致するとする（最大判昭27・2・20民集6巻2号122頁）。また最高裁は、国民審査権を選挙権と同様の性質を有するものと位置づけ、その制限は極めて例外的にしか認められないとする（→第11章Ⅰ）。

（**3**）　下級裁判所の裁判官の再任　　⇨下級裁判所の裁判官が10年の任期を終えた際の**再任**の性質については、見解が分かれている。**裁量説**は、再任を新任と同一視し、最高裁が再任希望者を内閣に提出する名簿に登載するか否かについて、その自由**裁量**が認められるとする。**再任原則説**は、再任と新任の性格は同一だが、特段の事由がない限り再任が原則だとする。また、**権利説**は、裁判官の再任制度は、**身分継続の原則**を前提とするものであって、裁判官は、懲戒事由または分限事由がない限り、再任される権利を有するとする。再任と新

任が同じとする任期制は、**キャリア・システム**をとる日本の裁判官制度の下で
は、**司法権の独立**および**裁判官の身分保障**（→本章Ⅴ）という点で問題がある
とするのである。

* 　裁判所の実務における再任制度の運用は、裁量説の考え方に基づいて行われていると
いわれている。**宮本裁判官再任拒否事件**では、宮本康昭裁判官が再任されなかったこと
が、その**思想・信条**を理由とするものではないかが問題となった。

3　裁判所の活動

（**1**）　**裁判の公開**　　⇨憲法82条は、「裁判の対審及び判決は、公開法廷で
これを行ふ」として、**裁判の公開の原則**を定めている。同条の「対審」とは、
民事訴訟の**口頭弁論**および刑事訴訟の**公判**を指している。公開されるべき「裁
判」の範囲については、最高裁は、**訴訟事件公開説**をとるが、学説においては
折衷説が有力である（→第10章Ⅱ）。この裁判公開の原則は絶対的なものではな
く、例外として、裁判所が、裁判官の全員一致で、「**公の秩序又は善良の風俗**
を害する虞があると決した場合には」、対審は**非公開**で行うことができる（た
だし、判決は常に公開しなければならない）（82条2項）。裁判の公開の原則の例外
にはさらに例外があり、「政治犯罪、出版に関する犯罪又はこの憲法第3章で
保障する国民の権利が問題となつてゐる事件」の対審と判決は常にこれを公開
しなければならない。この裁判の公開の原則は、密室裁判の弊害を回避し、司
法の公正さに対する国民の信頼を確保することを目的とするものである。

* 　**プライバシー、情報公開、国家秘密**などが問題となる訴訟において、82条2項の非公
開事由に当てはまらなくとも、裁判の非公開が許されるかが議論されている。
　　裁判が公開されることにより、国民は自由に裁判を傍聴できる。ただし、傍聴する権
利が保障されているか否かについては議論がある。また、裁判報道の自由と取材の自由
も保障されるが、訴訟当事者などの人権の保護や法廷秩序維持の観点から、法廷での写
真撮影、録音、放送については許可制がとられている。傍聴人のメモ採取について、最
高裁は、レペタ訴訟において、**表現の自由**（→第7章Ⅲ）を保障する憲法21条1項の精
神に照らして、メモを取ることをゆえなく妨げられてはならないと判示した。

> **判　例**　★レペタ訴訟（最大判平元・3・8民集43巻2号89頁）
>
> 　アメリカ人弁護士であるローレンス・レペタは、東京地裁で公判を傍聴する際に、裁判長に対して、メモを取ることの許可申請をしたが、許可されなかったため、国家賠償請求を行った。最高裁は、憲法82条1項について、同条の趣旨は、「裁判を一般に公開して裁判が公正に行われることを制度として保障し、ひいては裁判に対する国民の信頼を確保しようとすることにあ」り、この規定は、裁判所に対して傍聴することを要求する権利や傍聴人が法廷で**メモを取る権利**を保障したものではないとして訴えを退けた。最高裁は、**筆記行為の自由**は「**憲法21条1項の精神に照らして尊重されるべき**」だとしつつ、筆記行為が、「いささかでも法廷における公正かつ円滑な訴訟の運営を妨げる場合には、それが制限又は禁止されるべきことは当然である」と判示した（レペタはこの事件で敗訴したが、本件の最高裁判決後、各裁判所は、原則としてメモ採取を許可することになった）。

　＊　刑事訴訟法では、性犯罪の被害者等の証人尋問の際に、証人の精神的な負担を避けるために、傍聴人と証人との間で遮へい措置をとることやビデオリンク方式による尋問を行うことができるとされている（刑訴157条の3、157条の4）。これらの規定について、最高裁は、証人尋問が公判期日に行われる場合、遮へい措置等がとられても、審理が公開されていることに変わりはなく、憲法82条1項に違反しないとしている（最判平17・4・14刑集59巻3号259頁）。

（**2**）　**裁判と先例拘束性**　　裁判所の裁判が**法的拘束力**をもつか否かについては争いがある。裁判所の判決は、**主文**と**判決理由**からなるが、主文が**既判力**を有するのは当然である。問題は、理由中の判断が、後の裁判所に対する拘束力（**先例拘束性**）をもつかにある（当該事件における差戻し後の下級審に対する拘束力は認められる（裁4条））。**制定法主義**をとる日本では、**判例**に法的拘束力は認められず、下級裁判所が通常は最高裁の判例に従うという意味で**事実上の拘束力**があるだけだというのが従来の通説である。だが、「結論に至る上で直接必要とされる憲法規範的理由づけ」（**ratio decidendi**）に先例拘束性が認められるとする見解が有力化している（→第1章Ⅱ**2**）。

Ⅲ　司　　　法

1　「司法権」の意義

　憲法76条1項は、「すべて**司法権**は、**最高裁判所**及び法律の定めるところにより設置する**下級裁判所**に属する」と規定している。「すべて司法権は」とあるように、76条1項は司法権の内容を法律で定めることを予定しておらず、同条の「司法権」は、憲法上の内実をもつ、実質的意味の司法権を意味していると解されている。一般に、（実質的意味の）司法とは、「具体的な争訟について、法を適用し、宣言することによって、これを裁定する作用」（清宮四郎）であるとされ、この司法という作用を担う権限が「司法権」ということになる。

　⇨司法の一般的な定義においては、司法は**具体的な争訟**、すなわち、**事件・争訟**の裁定の作用ということになる。**事件争訟性**という観念が、76条1項の司法権の概念の本質的要素であると解されている。その根拠は、日本国憲法の司法権が、「アメリカ流のもの」であることに求められている。つまり、日本国憲法の司法は、**抽象的違憲審査**も含むドイツ的な**裁判**（Rechtsprechung）という概念とは異なるとするのが、一般的な見解である。

　憲法理論上の「事件・争訟」という概念と**裁判所法3条**にいう「**法律上の争訟**」という概念は、同義であるとされている。「法律上の争訟」とは一般的に、①訴訟当事者間の具体的な権利義務または法律関係（刑罰権の存否を含む）に関する紛争であること、②法の適用により終局的な解決が可能な紛争であることという要件を満たす紛争と定義される（判例・通説）。したがって、法律の合憲性に関する抽象的な争い、宗教上・学問上の争い、国の政策に関する争いなどは、「法律上の争訟」には含まれない。最高裁は、**警察予備隊違憲訴訟**（最大判昭27・10・8民集6巻9号783頁→本章Ⅵ）において、「裁判所がかような具体的事件を離れて抽象的に法律命令等の合憲牲を判断する権限を有するとの見解には、憲法上及び法令上何等の根拠も存しない」と判示している。

　＊　行政事件訴訟法は、「法律上の争訟」に当たらない**民衆訴訟**および**機関訴訟**という**客**

　　観訴訟を規定している（行訴 2 条）。客観訴訟が事件争訟性を欠くとすると、司法権以外の権限を裁判所に与えたことになり、憲法76条 1 項に違反するか否かが問題となるが、例外として許されるとされている（特に客観訴訟における違憲審査の可否が議論されている（→本章Ⅵ））。

判　例　★板まんだら事件（最判昭 56・4・7 民集35巻 3 号443頁）

　　宗教法人が、「広宣流布」の達成にあたり、寺の境内に「板マンダラ」を安置する正本堂を建立する資金を集めるため、会員の寄付を募った。その会員（原告）が寄付をしたが、その後、「板マンダラ」が偽物であることなどから寄付には錯誤があり無効であるとして、宗教法人を相手取り、その返還請求の訴えを提起した。最高裁は、本件は**法律上の争訟**にあたらないとして、訴えを却下した。裁判所法 3 条にいう「法律上の争訟」は、当事者間の具体的な権利義務または法律関係の存否に関する紛争であって、法令の適用により終局的に解決することができるものをいうが、本件は、信仰の対象の価値または宗教上の教義に関する判断が必要不可欠であり、争点と当事者の主張立証の核心もその点にあって、実質的に法令の適用による終局的な解決の不可能な紛争であり、「法律上の争訟」にあたらないというのである。

　　最高裁は、板まんだら事件判決以降、**宗教**問題が前提問題となる**宗教団体の内部紛争**について、「司法」の外の問題として**本案判決**をしていない（蓮華寺事件＝最判平元・9・8 民集43巻 8 号889頁、日蓮正宗管長事件＝最判平 5・9・7 民集47巻 7 号4667頁→第 7 章Ⅵ）。このような判例に対して、紛争解決のために本案判決を下すべきだとする批判が民事訴訟法学界の一部から出されている。

　　「事件・争訟」の要件は、訴訟の最初から最後（判決）まで必要である。最高裁は、**皇居外苑使用不許可事件**（最大判昭 28・12・23民集 7 巻13号1561頁→第 7 章Ⅴ）で、集会予定日はすでに過ぎており終局的解決はできないとして、訴えを却下した（ムートの法理）。**朝日訴訟**（最大判昭 42・5・24民集21巻 5 号1043頁→第 9 章Ⅱ）でも、原告の死亡により裁判を打ち切った。

2　司法権の範囲

　　司法権の範囲に関しては、それが**行政事件**にも及ぶか否かが問題となる。**明治憲法**61条は、行政事件について、「行政官庁ノ違法処分ニ由リ権利ヲ傷害セ

ラレタリトスルノ訴訟ニシテ別ニ法律ヲ以テ定メタル行政裁判所ノ裁判ニ属ス
ヘキモノハ司法裁判所ニ於テ受理スルノ限ニ在ラス」と規定し、行政裁判権を
行政部門に属する**行政裁判所**に与えるという**大陸型**の制度を採用していた。

　これに対し、日本国憲法には、行政事件に関する明文規定はない。しかし、
憲法解釈上、①日本国憲法が、司法裁判所が行政事件を扱う制度をとるアメリ
カの影響を強く受けていること、②81条が、**違憲審査**の対象として「**処分**」を
あげていること、③憲法に行政裁判所に関する規定がなく、76条 2 項が**行政機
関による終審裁判の禁止**を定めていることなどから、76条 1 項にいう司法権は、
行政事件にも及ぶと解されている。

3　司法権の帰属

　⇨76条 1 項は、**最高裁判所と下級裁判所への司法権の排他的帰属**を定めてい
る。さらに、76条 2 項では、**特別裁判所**の設置の禁止が定められている。「特
別裁判所」とは、最高裁の系列に属さない、特定範囲の事件のみを管轄する裁
判所をいう。**明治憲法**下で司法裁判所の系列から独立して設置されていた行政
裁判所、**軍法会議、皇室裁判所**などがこれにあたる。現在設置されている**家庭
裁判所**は、**家事事件、人事訴訟**および**少年事件**を扱う裁判所であるが、最高裁
の系列に属するので、特別裁判所ではない。**知的財産高等裁判所**も同様である。

* 　76条 2 項は、**行政機関による終審裁判の禁止**を定めている。この規定の反対解釈とし
　て、終審としてでなければ、行政機関が裁判を行うことができるとする見解が通説であ
　る。行政機関が認定した事実が、実質的な証拠がある場合には、裁判所を拘束するとい
　う**実質的証拠法則**を定める法律は、実質的な証拠の有無を裁判所が判断するのであれば、
　司法権の裁判所への排他的帰属という憲法の趣旨に反しないとされる。**裁判所法 3 条**は、
　「日本国憲法に特別の定のある場合」には司法権が及ばないとするが、憲法上、**議員の
　資格争訟の裁判**（55条）（→第13章Ⅵ）と裁判官の**弾劾裁判**（64条）（→本章Ⅴ）は、裁
　判所が行うことができない（司法権の裁判所による独占の例外）。

4　司法権の限界

　（1）　総　説　　司法権は、原則として、あらゆる「事件・争訟」に及ぶが、

権力分立等の観点から司法権の行使が否定または制限される場合、すなわち、**司法権の限界**がある。まず、そもそも、**国際法**上日本の裁判権が及ばない事件については、裁判所は、司法権を行使できない（刑事裁判権が免除される外交官の事件など）。

　また、象徴である**天皇**には、刑事裁判権は及ばないというのが通説である。最高裁は、**民事裁判権**も天皇には及ばないと解している（→第17章Ⅰ）。

　（**2**）　**国会または行政機関との関係**　　各議院の**自律権**に関する事項（議事手続や議員の懲罰など）については、司法権が及ばないとされている。最高裁も、**警察法改正無効事件**において、法律が適法な手続で議決、公布されている以上は、議院の自主性が尊重され、**議事手続**については司法判断すべきではないとした（最大判昭 37・3・7民集16巻 3 号445頁）。

　憲法上、国会の裁量（**立法裁量**）に委ねられている事項については、裁判所は、国会の裁量を尊重し、裁量権の**逸脱**または**濫用**の場合にのみ、当該法律を違憲と判断することができる。**行政権**との関係でも、**内閣**やその他の行政機関の**行政裁量**（自由裁量）が認められている事項については、裁判所は、裁量権の逸脱・濫用の有無のみを審査する。**行政事件訴訟法**は、処分の**取消訴訟**における裁判所による処分の**執行停止**の決定について、**内閣総理大臣の異議**の制度を設けている。異議があった場合には、裁判所は、執行停止ができず、執行停止を取り消さなければならない（行訴27条）。この制度については、執行停止は行政作用であるから合憲とする説と違憲説がある。

　⇨国家統治の基本に関する高度な政治性を有する国家行為（**統治行為**）には司法権は及ばないとする理論（**統治行為論**）がある。これを否定する学説もあるが、一般には肯定する。ただし、その根拠については、裁判所が政治責任を負わないことや権力分立を根拠とする**内在的制約説**（判例）と、司法審査による政治的混乱の回避を理由とする**自制説**がある。また、国家行為が統治行為にあたるか否かは、個別に判断し、限定的に認めるべきとされている。**苫米地事件**において、最高裁は**衆議院の解散**に関して、「直接国家統治の基本に関する高度に政治性のある国家行為のごときはたとえそれが法律上の争訟となり、こ

れに対する有効無効の判断が法律上可能である場合であっても、」「裁判所の審査権の外にあ」るとしている（最大判昭35・6・8民集14巻7号1206頁）。

判例 ★砂川事件（最大判昭34・12・16刑集13巻13号3225頁）

　国は、当時の東京都砂川町にある**在日米軍**立川飛行場（1977年返還）の拡張を計画し、測量を行った。被告人は、測量の際の抗議行動に加わり、飛行場の柵を引き抜いて飛行場内に立ち入ったとして、「**日米安保条約3条に基づく行政協定に伴う刑事特別法**」（刑特法）2条違反の罪で起訴された。1審の東京地裁は、在日米軍は国連軍ではなく、その駐留が日本政府の要請によるものであることから、9条2項が保持を禁じる**戦力**にあたるとした（**伊達判決**＝東京地判昭34・3・30下刑集1巻3号776頁）。最高裁は、検察官の**飛躍上告（跳躍上告）**に対して、原判決を破棄差し戻した。最高裁は、9条2項が保持を禁止する「戦力」は、日本が指揮管理権を行使しうる戦力であり、日本に駐留する外国の軍隊は「戦力」にあたらないとの判断を示したが、条約の合憲性判断ができることを前提にしつつも、**日米安保条約**の合憲性には触れなかった。安保条約が**対日講和条約**と密接不可分な「主権国としてのわが国の平和と安全、ひいてはわが国存立の基礎に極めて重大な関係を有するもの主権国としてのわが国の存立の基礎に極めて重大な関係をもつ高度の政治性を有するもの」であるとして、その高度の政治性を理由に「純司法的機能をその使命とする**司法裁判所**の審査には、原則としてなじまない性質のものであり、従つて、一見極めて明白に違憲無効であると認められない限りは、裁判所の**司法審査権**の範囲外のもの」としたのである。

　砂川事件の最高裁判決は、「一見極めて明白に違憲無効」な場合の**司法審査**の可能性を残しており、純粋な**統治行為論**とは異なると評されている。

　（3）　団体の内部事項に関する限界　　⇨最高裁は、団体の内部事項が問題となる事件において、自律的な法規範を有する部分社会の内部における争訟は、部分社会内部での自主的、自律的な解決に委ねるべきで、一般**市民法秩序**と直接関係のない問題にとどまる限り、司法審査の対象にはならないと判示した。これは、**部分社会の法理**と呼ばれる考え方である。**富山大学事件**では、最高裁は、**大学**（私立か国公立かを問うことなく）は自律的法規範を有する部分社会であるとして、単位認定は、原則として司法審査の対象とならないと判示した

（最判昭52・3・15民集31巻2号234頁）。**共産党袴田事件**では、**政党の自主的運営の自由**の保障を根拠に、**除名**処分等は、一般市民法秩序と直接に関係しない場合には司法審査の対象ではなく、関係する場合にも、裁判所の審理は、**適正手続**の有無に限定されるとした（最判昭63・12・20判時1307号113頁）。部分社会の法理については、団体（ほかに宗教団体→本章Ⅲ **1**）の性質を問題とせずに、すべて「部分社会」として扱う点などに対する批判が強い。

* 　特に、統治機構の一部である**地方議会**について、議員の**除名**処分の取消しが争われた**米内山事件**（最大判昭28・1・16民集7巻1号12頁）や、出席停止の議決の取消しが争われた**山北村議会懲罰決議取消事件**（最大判昭35・10・19民集14巻12号2633頁）の田中耕太郎長官の補足意見で語られ始めたこの法理は、姿を変えた**特別権力関係理論**（→第5章Ⅳ）であると非難された。最高裁も**岩沼市議会事件**で判例を変更し、議員の出席停止処分を審査対象とした（最大判令2・11・25民集74巻8号2229頁）。

Ⅳ　司法以外の裁判所の権能

1　規則制定権

　憲法77条は、最高裁判所の**規則制定権**を定めている。これは、憲法41条が定める国会の立法権独占の例外である。裁判所規則を定めることができる対象は、「訴訟に関する手続、弁護士、裁判所の内部規律及び司法事務処理に関する事項」（77条1項）であり、**裁判官会議**によって決定される。また下級裁判所に関する規則については、下級裁判所への委任も認められている（77条3項）。

　⇨規則制定事項につき法律で定めを置くことについては、判例（最大決昭25・6・24裁時61号6頁、最判昭30・4・22刑集9巻5号911頁）・通説ともに認めているが、裁判所の独立性の観点から裁判所の内部規律および司法事務処理については規則専管事項であるとの説もある。刑事手続については、**適正な刑事手続**の法定を憲法31条が求めている（→第10章Ⅲ）ことから法律で定めるべきであり、規則はその細目を定めるものだとするのが多数説であるが、法律がなければ規則で定めることも可能だとの説も有力である。法律と規則が競合した場合、多数説は法律が優位するとするが、司法権の自律性を確保するため裁判所

の内部事項については規則が優先するとの有力説もある。

2　司法行政権

　司法行政とは、組織としての裁判所が機能するために必要な一般行政事務を指す。一般事務や人事、給与等に関する事項が含まれるが、裁判官の人事や給与については憲法上特別の定めがある。司法行政権は裁判官会議により行使され、最高裁の監督下で下級裁判所が司法行政権を行使することも可能とされる。

　最高裁判所には、下級裁判所裁判官として内閣に任命を求める者を指名した名簿を作成する権限が与えられている（**下級裁判所裁判官の指名権**、憲法80条2項）。最高裁は、名簿への登載は自由裁量であり、再任も同様であるとの認識を示しているが、特に再任に広い裁量を認めることは裁判官の独立性を侵すとして、学説上は批判が強い（下級裁判所裁判官の地位については、→本章II）。

V　司法権の独立

　⇨憲法は、法の解釈適用の最終的決定権を裁判所に委ねている。これは裁判所が**政治部門**から独立しているからこそ、公正な活動が可能であるとの判断による。**司法権の独立**は、裁判過程が政治的に歪められないよう定められているものである。この独立は、主に**裁判官の（職権の）独立**として語られるが、他の権力機構に対する司法府の独立も重要である。

1　裁判官の職権の独立

　憲法76条3項は、「すべて裁判官は、その良心に従ひ独立してその職権を行ひ、この憲法及び法律にのみ拘束される」と定める。これは、裁判官の職権行使が司法権以外の権力からのみならず、司法権内部においても独立性を有することを意味している。下級審の判断が上級審で覆ることはあるが、これは**審級制度**の結果であり、各審級において裁判官は独立して職権を行使する。司法行政上、上級裁判所は下級裁判所に対して、各裁判所はその職員に対して監督権

を有するが、この監督権は裁判官の裁判権に影響を与えない（裁判所法81条）。

　76条３項でいう「**良心**」の意味につき、裁判官の個人的な良心だとする説もあるが、通説は、裁判官という職務から客観的に導かれるものだとする。判例は、「凡て裁判官は法（有効な）の範囲内において、自ら是なりと信ずる処に従つて裁判をすれば、それで憲法のいう良心に従つた裁判といえる」としている（最大判昭 23・12・15 刑集２巻13号1783頁）。また、「法律」には、**法規範性**を有する**政令**、省令などや、**条例**、**慣習法**も含まれると考えられている。

> ＊　裁判官の職権の独立性が問題となった事件として、**浦和事件**（→第13章Ⅵ）、**吹田黙祷事件**、**平賀書簡事件**などがある。吹田黙祷事件は、被告人らが法廷で行った黙祷を裁判長が阻止しなかったことが不当だと国会が指摘し、最高裁も裁判長の訴訟指揮を間接的に批判したというものである。吹田黙祷事件につき多数説は、国会および最高裁の行為は、裁判官の独立に対する侵害だとする。平賀書簡事件は、**長沼事件** 1 審（→第 4 章Ⅱ）の担当裁判官に対して、当時の地裁所長が審理の方向性を示唆する書簡を送付したというものであり、所長は注意処分を受け更迭された。

　⇨裁判官の独立性を確保するため、憲法は強い**身分保障**を裁判官に与えている。**裁判官の解職**は、職務上の義務違反や非行が著しい裁判官に対して、国会が設置する**弾劾裁判所**が行う**弾劾裁判**（→第13章Ⅴ）か、継続的かつ重大な心身の故障により職務を執ることができない裁判官に対する**分限裁判**のいずれかによらねばならない（憲法78条前段）。著名な弾劾事件として、いわゆるロッキード事件に関し、検事総長をかたって首相に電話し、首相が不当な指揮権を行使したとの言質を引き出そうとした会話の録音テープを、謀略電話と知りつつ記者に聞かせたことが罷免事由に該当するとされた、**鬼頭判事補事件**（裁判官弾劾判昭 52・3・23 裁判官弾劾裁判所裁判例集94頁）がある。

> ＊　最高裁判所裁判官については、国民審査による解職が定められている（→本章Ⅱ）。

　裁判官の懲戒を行政機関が行うことはできない（憲法78条後段）。裁判官分限法2条は、職務上の義務違反や職務懈怠、非行を理由とした処分である懲戒につき「**戒告**又は 1 万円以下の**過料**」を定める。寺西判事補事件では、シンポジウムへの出席およびフロアからの発言を理由とした懲戒処分が合憲とされたが、学説上は裁判官の政治的自由に対する不当な制約だとの批判が強い。

> **判　例**　★寺西判事補事件（最大決平10・12・1民集52巻9号1761頁）
>
> 　仙台地裁所属の判事補が「盗聴法と令状主義」に関する集会にパネリストとして
> 出席を予定していたが、パネリストとしての参加は裁判所法52条1号で禁止された
> 積極的な政治活動に触れるおそれがあるとの警告を所長から受けた。判事補は一般
> 参加者として集会に参加した上で、パネリストとして出席すれば懲戒処分もあり得
> るとの警告を所長から受けたため辞退したとの発言を、職名を明らかにしてフロア
> から行った。この発言が裁判所法52条1号違反にあたるとして、仙台高裁は戒告処
> 分の決定を行い、判事補は即時抗告した。最高裁は、裁判所法52条1号の「『積極
> 的に政治活動をすること』とは、組織的、計画的又は継続的な政治上の活動を能動
> 的に行う行為であって、裁判官の独立及び中立・公正を害するおそれがあるものが、
> これに該当すると解され」るとした。そして、積極的な政治活動の禁止という手段
> と、裁判官の独立および中立・公正を守るという目的との合理的関連性は明らかで
> あり、得られる利益と失われる利益の均衡も失しておらず、「積極的に政治活動を
> すること」が文言上不明確ともいえないとした。本決定には「裁判官が政党の党員
> となり、政治結社の社員となることが容認されている以上、これに準じる程度の政
> 治活動を行うことが禁じられるいわれはない」（遠藤裁判官反対意見）とするなど、
> 5人の裁判官の反対意見がある。

　最高裁は、高等裁判所判事によるSNSへの投稿行為が「品位を辱める行状」
（裁判所法49条）にあたるとして、2件の懲戒裁判を行った（岡口裁判官ツイッ
ター投稿事件（最大決平30・10・17民集72巻5号890頁）、最大決令2・8・26集民264
号41頁）。同判事に対しては国会の裁判官訴追委員会が弾劾事由にあたるとし
て訴追し、弾劾裁判所で審理中である。

　憲法は、裁判官が定期に相当額の報酬を受け、在任中は報酬を減額できない
と定めている（79条6項、80条2項）。公務員給与の一律引き下げに伴う裁判官
給与の減額については、一律引き下げであれば裁判官への圧力にはならないと
する合憲説と、明確な減額禁止規定であることを重視する違憲説がある。

2　司法府の独立

　最高裁判所の規則制定権や司法行政権、下級裁判所裁判官の指名権（→本章

Ⅳ）は、司法権の独立確保を目的としている。また、裁判所の独立性は財政的側面からも確保される必要がある。国会への**予算提出権**は内閣が有する（→第14章Ⅳ）が、裁判所の予算については、予算案を閣議決定する前に最高裁判所長官の意見を求めなければならず（財政法18条2項）、裁判所が要求する予算を内閣が減額した場合には、要求減額の詳細と国会が歳出修正を行う際に必要な財源を、国会に提出する予算に明記しなければならない（財政法19条）。

3　裁判員制度

　西欧諸国では、一般市民から選ばれた陪審員が事実認定を行い、この認定が裁判官を拘束する**陪審制**（英米など）や、一般市民または専門家から選ばれる参審員が裁判官と共同で裁判を行う**参審制**（ドイツなど）が一般的に採用されている。日本の刑事裁判では、1923年に**陪審法**が制定されたが、ほとんど利用されず、1943年に施行が停止されていた。日本国憲法制定後も、刑事裁判は職業裁判官のみで審理されていたが、2004年に**裁判員の参加する刑事裁判に関する法律**が成立し、2009年5月から、一定の重大事件について一般市民が刑事裁判に加わる**裁判員制度**が開始された。裁判員裁判では、原則として職業裁判官3名と、選挙人名簿から無作為抽出された候補者から選任手続を経て選ばれる裁判員6名による合議体で審理裁判が行われる。評決は多数決で行われるが、裁判員は事実認定および量刑について裁判官と同等の投票権をもち、また裁判員と裁判官のいずれかのみの賛成では評決は成立しないとされている。

　陪審制につき、伝統的通説は、陪審員の判断に裁判官が拘束されない制度であれば憲法に反しないとしてきたが、裁判員制度は明らかにこれとは異なる理解に立っている。合憲説（多数説）は、①日本国憲法は、**明治憲法**が定めていた「裁判官ノ裁判」ではなく、裁判所の裁判としており（憲法32条、37条1項）、刑事裁判に国民が参加することは妨げられない、②一般市民の健全な良識を裁判に反映させることは、事実認定や量刑の適正化、司法への国民参加の視点から望ましい、③刑事司法を一般市民の目にさらすことで、刑事手続の実態をただすという効果もあるとする。一方で、①国民に対して裁判員となることを義

務づけるのは、憲法18条が禁じる「意に反する**苦役**」にあたる、②裁判員の意見が裁判官を拘束する制度は、憲法76条 3 項の定める「裁判官の独立」に反する、③刑事司法に関して素人である裁判員は、専門家や世論の影響を受けやすく、感情的な判断を行う危険があるため、憲法37条 1 項に定める「公平な裁判所」にあたらないことから違憲であるという説もある。**裁判員制度合憲判決**（最大判平 23・11・16 刑集65巻 8 号1285頁）は、裁判員制度を合憲とした。

判　例　★裁判員制度合憲判決（最大判平 23・11・16 刑集65巻 8 号1285頁）

　裁判員裁判による 1 審で有罪判決を受け控訴を棄却された被告人が、裁判員制度が違憲だとして上告した。最高裁は、「憲法は、刑事裁判の基本的な担い手として裁判官を想定していると考えられる」が、「憲法上国民の司法参加がおよそ禁じられていると解すべき理由はな」いとした上で、「裁判員制度の仕組みを考慮すれば、公平な『裁判所』における法と証拠に基づく適正な裁判が行われること（憲法31条、32条、37条 1 項）は制度的に十分保障されている上、裁判官は刑事裁判の基本的な担い手とされているものと認められ、憲法が定める刑事裁判の諸原則を確保する上での支障はないということができる」、「憲法が一般的に国民の司法参加を許容しており、裁判員法が憲法に適合するようにこれを法制化したものである以上、裁判員法が規定する評決制度の下で、裁判官が時に自らの意見と異なる結論に従わざるを得ない場合があるとしても、それは憲法に適合する法律に拘束される結果であるから」憲法76条 3 項に反しない、柔軟な辞退制度や負担軽減の経済的措置があるため「裁判員の職務等は、憲法18条後段が禁じる『苦役』に当たらない」とした。

VI　違憲審査制

1　意義と歴史

　近代立憲主義は、国家権力の正当性を**国民主権**原理に基づいた憲法に求めるため、憲法の**最高法規性**をいかに確保するかが重要な課題となる。多くの国では、裁判所が法令等に対して**違憲審査**を行うことでこの課題に対処している。

　⇨裁判所による違憲審査制度は、**司法裁判所**が担当するアメリカ型と、**憲法**

裁判所が担当するドイツ型に大別できる。アメリカの違憲審査は、合衆国憲法が裁判所に与えた司法権に内在し、すべての通常裁判所が行使できる。したがって、それは司法権の対象となる事案の解決に必要な限りで行われる（**付随的審査制**）。一方ドイツでは、第二次世界大戦後、人間の尊厳に基づいた憲法体制を守ることが重視されたため、通常裁判所から独立した連邦憲法裁判所が独占的に、具体的事案から離れて憲法問題を審理する（**抽象的審査制**）。

> ＊　ドイツの連邦憲法裁判所は、①**抽象的規範統制**（具体的事件とかかわりなく一般的に法令の憲法適合性を判断する）、②**具体的規範統制**（具体的事件を審理する他の裁判所が、適用法令の合憲性に疑義をもった場合に連邦憲法裁判所に憲法判断を仰ぐ）、③**憲法訴願**（自己の憲法上の権利が侵害されたと考える個人が、連邦憲法裁判所に直接訴える）を扱う権限を有している。

　もっとも、両者は概念上は二分されるが、実際にはかなり近接した運用がなされているといわれる。アメリカにおいて**事件争訟性の要件**は極めて柔軟に解釈されており、法律に利害関係がある国民が違憲確認・差止訴訟を起こすことが幅広く認められている。一方、ドイツにおいても、連邦憲法裁判所が扱う事案のほとんどは、私人が連邦憲法裁判所に憲法判断を求める憲法訴願であり、ここでは具体的事件を解決するために違憲審査が行われている。

　フランスでは、裁判所による違憲審査は行われず、憲法院が法律施行前に合憲性審査を行っていた。しかし、2008年の憲法改正により、裁判所の最上級審（国務院もしくは破毀院）からの移送を受けて憲法院が憲法問題を審理することを認め、法律に対する事後的違憲審査が2010年3月から行われている。

2　日本の違憲審査

　憲法81条が最高裁を合憲性判断の終審裁判所であるとしている以上、最高裁が司法権の範囲で違憲審査を行えることには争いがない。それに加えて、司法権の範囲を超える新たな権限を最高裁に認めているのかが当初問題とされた。

　憲法81条が定める違憲審査制の性質につき、初期の学説はいくつかに分かれた。**司法裁判所説**は、最高裁判所の違憲審査権は、具体的事件の解決という司法権の範囲内でのみ行使可能であり、憲法81条は確認規定だとした。これに対

して**憲法裁判所説**は、最高裁が一般的抽象的に違憲審査を行うという憲法裁判所的な権能を、司法権とは別の権能として憲法81条が創設したと理解した。憲法裁判所説は、①憲法裁判所的権能の行使には、憲法裁判の訴訟手続を具体的に定める立法を要するとする説と、②そのような立法がなくても憲法裁判所的権能の行使が可能あるいは義務づけられているとの説に分かれる。**法律事項説**は、憲法81条が抽象的違憲審査権を積極的に与えても禁じてもおらず、法律や裁判所規則で最高裁に憲法裁判所的権能をもたせることは可能とした。

判例　★**警察予備隊違憲訴訟**（最大判昭 27・10・8 民集 6 巻 9 号783頁）

　　1945年 8 月の敗戦後、日本軍は解体されたが、朝鮮戦争の勃発に伴い、総司令部は政府に警察予備隊の設置を命じた。政府は1950年に警察予備隊令を発し、軍隊式の組織装備を有する警察予備隊が発足した。これに対して当時の日本社会党委員長が、警察予備隊の設置維持に関する一切の行為が 9 条違反だとして、無効確認を最高裁判所に直接訴えた。最高裁は、「わが裁判所が現行の制度上与えられているのは司法権を行う権限であり、そして司法権が発動するためには具体的な争訟事件が提起されることを必要とする。我が裁判所は具体的な争訟事件が提起されないのに将来を予想して憲法及びその他の法律命令等の解釈に対し存在する疑義論争に関し抽象的な判断を下すごとき権限を行い得るものではない」ため、「わが現行の制度の下においては、特定の者の具体的な法律関係につき紛争の存する場合においてのみ裁判所にその判断を求めることができるのであり、裁判所がかような具体的事件を離れて抽象的に法律命令等の合憲性を判断する権限を有するとの見解には、憲法上及び法令上何等の根拠も存しない」として訴えを却下した。

　⇨警察予備隊違憲訴訟では、①裁判所が有する**司法権**の発動には、具体的争訟事件の提起が必要であること、②裁判所の違憲審査権は、司法権の発動に付随して行われることが判示されている。

　最高裁は、法律による**抽象的審査制**の導入の是非については触れていない。これを許容する趣旨だとの学説もあるが、日本の違憲審査制が司法権に由来する以上、司法権行使の要件をまったく欠く事案への違憲審査権を裁判所に与えることは法律によっても許されないというのが通説である。その理由は、日本の違憲審査制がアメリカの制度を前提として作られたという経緯に加え、法令

等の合憲性に対する一般的抽象的な審査という極めて強大な権限を行使する方法や制約につき、憲法上まったく定めがないのは不自然であることにある。

> * もっとも、日本の違憲審査がアメリカ型であることは、両国の実態が同じであることを意味しない。アメリカの最高裁が、議会や大統領などの政治部門と鋭く対立するものも含めて違憲判決を数多く下してきたのに対して、日本の最高裁が政治部門と決定的に対立する違憲判決を下したことはなく、違憲判決の数も極めて少数である。このような最高裁の態度に対して、学説は過度の**司法消極主義**だと批判しており、特に精神的自由や選挙権のような権利については**司法積極主義**を採用すべきだとの主張が強い。
>
> ただ、2000年代の最高裁は**在外邦人選挙権確認訴訟**（最大判平 17・9・14 民集59巻 7 号2087頁→第11章 I ）や**国籍法非嫡出子差別違憲訴訟**（最大判平 20・6・4 民集62巻 6 号1367頁）、**非嫡出子相続差別違憲訴訟**（最大決平 25・9・4 民集67巻 6 号1320頁）、**在外邦人最高裁国民投票訴訟**（最大判令 4・5・25 民集76巻 4 号711頁）（→第11章 I ）、**再婚禁止期間違憲訴訟**（最大判平 27・12・16 民集69巻 8 号2427頁）（→第 6 章Ⅳ）で法令違憲の判断を示し、また**堀越事件**（最判平 24・12・7 刑集66巻12号1337頁）では猿払事件（最大判昭 49・11・6 刑集28巻 9 号393頁）の判例を事実上修正したといいうる**合憲限定解釈**を行う（→第 5 章Ⅳ、本章Ⅶ）など、従来の姿勢から確実に変化している。

　日本の違憲審査制が**付随的審査制**であることから、**憲法訴訟**という特別の訴訟方式は用意されておらず、通常の民事・刑事・行政訴訟の中で憲法判断が行われるものが、「憲法訴訟」となる。したがって、各訴訟要件を満たしていない場合には不適法却下となり、憲法判断も行われない。この点が問題となるのが、**政教分離**などの制度的保障の規定である。制度的保障の規定への違反は、それだけでは権利利益の侵害とはならないとされている。**地方公共団体**の行為については、**客観訴訟**（→本章Ⅲ）である**住民訴訟**により支出行為の合憲性を争うことが可能だが、国に対しては同様の訴訟が認められておらず、訴えを起こすこと自体が困難となっている（靖国神社参拝等につき→第 7 章Ⅵ）。

3　下級裁判所の違憲審査権

　憲法81条は**最高裁判所**の**違憲審査権**を定めているが、**下級裁判所**については明確ではない。違憲審査権が司法権に内在する権限であるならば、下級裁判所も当然に違憲審査権をもつと解することができ、最高裁が憲法適合性の「終審裁判所」であるとする憲法81条の文言は、前審としての下級裁判所による違憲

審査を前提としていると考えられる。最高裁は、憲法が最高法規であり、裁判官が憲法尊重擁護義務を負うことから、下級裁判所も違憲審査権をもつとしている（**食糧管理令違反事件**＝最大判昭 25・2・1 刑集 4 巻 2 号73頁）。

Ⅶ　憲 法 訴 訟

1　憲法訴訟における違憲主張適格および憲法判断回避

　司法権行使の要件である**事件争訟性**の要件（→本章Ⅲ）を満たす事案について裁判所は本案審理を行うが、その中で当事者が提示するすべての憲法上の争点を裁判所が扱うわけではない。人が主張できるのは自らの権利のみであり、**第三者の権利**を主張することは原則として許されない。また、裁判所の使命は具体的事件の解決であり、憲法判断はその解決に必要な限りでなされる。さらに、**議会制民主主義**の原理からすると、新たな権利の創造や重大な社会的決定は、原則として立法府の役割であり、裁判所には謙抑的立場が求められる。

　（**1**）　第三者の権利の主張　　人が主張できるのは自らの権利のみであり、**第三者の権利**を裁判で主張することは原則として許されない。しかし、第三者による違憲の主張をする者の利益の程度、援用される憲法上の権利の性格、違憲の主張をする者と第三者の関係、第三者が別の訴訟で自己の権利侵害につき違憲の主張をすることの可能性等を考慮した上で、第三者の権利の主張を認めるべき場合があることが、学説上一般的に認められている。最高裁も、**第三者所有物没収事件**（最大判昭 37・11・28 刑集16巻11号1593頁→第10章Ⅰ）において、自らが占有する第三者の所有物を**付加刑**として没収される被告人が、当該第三者の財産権・手続上の権利を主張する適格を認めている。

　また、法文の不明確性や過度の広汎性を争う**文面審査**は、たとえ自らの行為については合憲的な適用が可能であるにもかかわらず、違憲性の主張を認めるものであるが、これも第三者の権利主張を認めるものといえる。

　（**2**）　憲法判断回避の準則　　裁判所は具体的事件の解決のため憲法解釈を行うが、これは司法権行使の限界を画すると同時に議会制民主主義における裁

判所の謙抑性を示している。そのような配慮は、**事件争訟性**の要件という入口
要件にもみられるが、この要件をクリアした後の本案審理にも及んでいる。本
案審理における謙抑性の現れとして、すでに**統治行為・部分社会・自律権**の理
論を見た（→本章Ⅲ）が、その他にいわゆる**憲法判断回避の準則**がある。

　憲法判断回避の準則とは、裁判所は事件の解決に必要でなければ憲法判断を
行わないという原則を具体化した一連のルールを指す（アメリカ最高裁のブラン
ダイス裁判官が、憲法判断を回避すべき 7 つの準則を判決の補足意見で示したことから、
ブランダイス・ルールとも称される）。憲法判断回避の準則には、①法律の**合憲性
判断そのものの回避**と、②法律の**合憲限定解釈**による違憲判断の回避という、
性格の異なるものがある。①の例としては**恵庭事件**や**長沼事件**最高裁判決（最
判昭 57・9・9 民集36巻 9 号1679頁→第 4 章Ⅱ）がある。

判　例　★**恵庭事件**（札幌地判昭 42・3・29 下刑集 9 巻 3 号359頁）

　北海道恵庭町の自衛隊演習場で、演習に反対する農民が部隊の通信線を切断した
ことが、「防衛の用に供する物」の破壊を処罰する自衛隊法121条違反だとして起訴
された。被告人は、自衛隊の存在及び自衛隊法が違憲であると主張したが、札幌地
裁は、裁判所が「違憲審査権を行使しうるのは、具体的な法律上の争訟の裁判にお
いてのみであるとともに、具体的争訟の裁判に必要な限度にかぎられることはいう
までもない」とした上で、通信線は「防衛の用に供する物」にあたらないため、被
告人の行為は自衛隊法121条に違反しないとして、法律の合憲性を判断することな
く無罪とした（検察は控訴せず、本判決は確定した）。

　だが、憲法判断回避の準則も絶対的なものだとは考えられていない。通説は、
違憲審査制の憲法保障機能の観点から、事件の重大性や違憲状態の程度、影響
の範囲、権利の性質などを総合的に考慮し、憲法判断を下すことが適切だと考
えられる場合には、憲法判断回避が可能な場合にあっても裁判所の裁量として
憲法判断を行うことが許されるとする。

　②は、違憲性が疑われる法律に複数の解釈可能性があり、一方の解釈によれ
ば違憲だがもう一方の解釈によれば合憲だという場合に、合憲となる解釈を裁

判所が採用することで、違憲判断を回避するものである。このような例は、公務員の争議権が問題となった**全逓東京中郵事件**（最大判昭41・10・26刑集20巻8号901頁）や**都教組事件**（最大判昭44・4・2刑集23巻5号305頁）などにみられるが、**全農林警職法事件**判決（最大判昭48・4・25刑集27巻4号547頁）は、**合憲限定解釈**という手法に憲法31条違反の疑いがあるとした（→第5章Ⅳ）。

　しかし、限定解釈の手法はその後も用いられている。例えば、税関検査事件（最大判昭59・12・12民集38巻12号1308頁→第7章Ⅲ）は、「風俗を害すべき書籍、図画」等の輸入規制を定める関税定率法は「限定解釈によつて初めて合憲なものとして是認し得る」とする。また広島市暴走族追放条例事件（最判平19・9・18刑集61巻6号601頁→第7章Ⅴ）は、条例の「規定の仕方が適切ではな」いことを認めつつ、条例の目的や施行規則の規定などから、規制対象となる「暴走族」や、中止・退去命令の対象となる集会の範囲を限定する解釈を示した。さらに、**堀越事件**は、「公務員に対する政治的行為の禁止は、国民としての政治活動の自由に対する必要やむを得ない限度にその範囲が画されるべき」として、国家公務員法が禁じる「政治的行為」の範囲を、害悪発生の蓋然性がある行為に限定している。

2　違憲審査の対象

　憲法81条は、「一切の法律、命令、規則又は処分」が違憲審査の対象であると定めているが、公の組織（国、地方公共団体）の行為すべてが対象であり、立法機関や司法機関による法適用も対象となる。**国の私法上の行為**につき、最高裁は**百里基地訴訟**（最判平元・6・20民集43巻6号385頁→第5章Ⅳ）において、原則として憲法の直接適用を受けないとしたが、学説上は批判が強い。

　（1）　条　約　⇨条約と憲法の国内法的優劣関係につき、**条約優位説**をとれば違憲審査の問題は生じないが、簡易な手続で実質的に憲法改正が可能となってしまうなどの批判が強く、**憲法優位説**が通説である。だが、憲法優位説においても、憲法81条は国際約束としての特殊性からあえて「条約」を外しており、憲法の**国際協調主義**とあわせて、条約の違憲審査を否定しているとの見

解がある。しかし通説は、憲法の最高法規性や基本的人権の尊重という趣旨から、条約の国内法的効力には違憲審査が及ぶとする。**砂川事件**判決（最大判昭34・12・16刑集13巻13号3225頁→第15章Ⅲ）は、いわゆる**統治行為**理論により違憲審査を回避しているが、条約が憲法判断の対象外だとはしていない。

（**2**）　立法不作為　　立法義務の内容が憲法上一義的に明確であり、かつ法律が存在しない場合であれば、その違憲性を指摘することは可能ではある。しかし多くの場合、立法義務が一義的に明確とはいえず、憲法上の立法義務に対応する法律がまったくないわけでもない。また立法をするか否かには、原則として立法府の広汎な裁量が働くため、**立法不作為**の違憲性が認められるのはきわめて例外的となる。

*　実際に立法不作為を裁判上争うには多くの困難がある。よく用いられるのは国家賠償訴訟であるが、最高裁は、**在宅投票制訴訟**（最判昭60・11・21民集39巻7号1512頁→第11章Ⅰ）で、立法内容の合憲性と立法行為（不作為を含む）の国家賠償法上の違法性を区別し、国会議員の立法行為が国家賠償法上違法の評価を受ける場合を厳しく制限した。
　　しかし、**熊本ハンセン病訴訟**（熊本地判平13・5・11判時1748号30頁→6章Ⅱ）では、ハンセン病患者の強制隔離を定めた、らい予防法を1996年まで改廃しなかったことが、「容易に想定し難いような例外的な場合」にあたるとされた。最高裁も**在外邦人選挙権確認訴訟**において「立法の内容又は立法不作為が国民に憲法上保障されている権利を違法に侵害するものであることが明白な場合や、国民に憲法上保障されている権利行使の機会を確保するために所要の立法措置を執ることが必要不可欠であり、それが明白であるにもかかわらず、国会が正当な理由なく長期にわたってこれを怠る場合などには、例外的に、国会議員の立法行為又は立法不作為は、国家賠償法1条1項の規定の適用上、違法の評価を受ける」として、請求を認めた（また本訴訟は、**行政事件訴訟法**4条の「公法上の法律関係に関する**確認の訴え**」として、より直接的に違憲性を争うことを認めており、**国籍法非嫡出子差別違憲訴訟**でも用いられた）。一方、**再婚禁止期間違憲訴訟**では、「平成20年当時において、本件規定のうち100日超過部分が憲法14条1項及び24条2項に違反するものとなっていたことが、国会にとって明白であったということは困難である」として、国家賠償請求については棄却している。

3　違憲審査の方法と基準

（**1**）　目的・手段審査　　違憲審査において、裁判所は規制目的の正当性と手段の合理性を審査する（**目的審査、手段審査**）。規制目的が、当該権利を制

約するのに十分な正当性をもたない場合や、手段と目的との関連性が乏しい場合、適切とはいえない手段が用いられている場合には、違憲となる。目的・手段審査の手法が明確に表れている代表的な例として、**尊属殺重罰規定違憲判決**（最大判昭48・4・4刑集27巻3号265頁→第6章Ⅲ）が挙げられる。

　（**2**）　**違憲審査基準**　　違憲審査を行う際に裁判所が用いる**司法審査基準**の種類は、制約される人権の内容や制約の態様などにより様々であるが、大枠としては**厳格審査基準**（立法目的が必要不可欠であり、目的達成のための手段が必要最小限度であることが必要）、**中間審査基準**（立法目的が重要なものであり、目的と手段との間に実質的関連性が必要）、**合理性の基準**（一見きわめて明確に不合理ではなく、目的と手段との間に合理的関連性があれば合憲）の3種類に分けることができる。**二重の基準論**（→第5章Ⅲ）や**内容規制**と**内容中立規制**の区別（→第7章Ⅲ）、**規制目的二分論**（→第8章Ⅰ）は、権利の類型や規制目的ごとに異なる違憲審査基準を用いるべきとの考え方である。学説には、違憲審査基準の議論に①立法目的の重要性や手段の合理性がどの程度求められるのかという**実体的判断基準**と、②裁判所が立法者の判断をどの程度尊重して違憲審査を行うのか（**合憲性の推定を働かせるのか否か**）という**審査の程度**という性質の異なる事項が混在しており、両者を区別することが有益であるとの有力な主張がある。

　以上のような違憲審査基準論は、基本的人権の種類や制約の態様に応じて裁判所が用いるべき審査手法を定める基本的枠組みに相当する。一方、個々の人権制約立法に対する違憲審査においては、より具体的な判断基準として各種の**合憲性判断テスト**が形成されている。

　より制限的でない他の選びうる手段の基準（Less Restrictive Alternatives の頭文字から **LRA の基準**と略称）は、立法目的を達成する上で、より制限的でない他の規制手段が存在する場合には当該規制を違憲とするという、合憲性判断テストの一つである。LRA の基準は本来、表現処罰の合憲性を判断するテストであるが、**薬局距離制限事件**判決（最大判昭50・4・30民集29巻4号572頁→第8章Ⅲ）は、経済活動への自由国家的規制に対して LRA の基準を用いたとも言われる。より具体的な適用場面に即した合憲性判断テストとしては、違法行為煽

動の規制に関する「明白かつ現在の危険」基準やブランデンバーグ基準（→第
7章Ⅲ）、政教分離に関する**目的・効果基準**（→第7章Ⅵ）などがある。

（**3**）　**立法事実**　　裁判所が立法目的の正当性や手段の合理性を判断するに
は、合憲性が争われている条文の文言だけでなく、その基礎となる社会的・経
済的事実の存否につき判断する必要がある。このような事実は**立法事実**と呼ば
れ、訴訟となった具体的事件そのものに関わる事実（**司法事実**）と区別される。
立法事実の慎重な検討が行われた例として、薬局距離制限事件があげられる。

> ＊　二重の基準論について、最高裁は一般論としては受け入れている（**小売市場距離制限
> 事件**（最大判昭47・11・22刑集26巻 9 号586頁→第 8 章Ⅲ）、**北方ジャーナル事件**（最
> 大判昭61・6・11民集40巻 4 号872号→第 7 章Ⅲ）など）ものの、特に表現の自由や思
> 想・良心の自由といった精神的自由に対して実際に十分な配慮を示してきたとは言い難
> く、学説から批判されてきた。もっとも最高裁判決の中にも、かなり厳格な審査を行っ
> ているものはある。例えば**在外邦人選挙権確認訴訟**では、「国民の選挙権又はその行使
> を制限する」ことがやむをえないと認められるのは「選挙の公正を確保しつつそのよう
> な措置を執ることが事実上不能ないし著しく困難であると認められる場合に限」られる
> とし、在外邦人最高裁国民投票訴訟も同様の判断基準を用いている（→本章Ⅵ）。また、
> **国籍法非嫡出子差別違憲訴訟**や**非嫡出子相続差別違憲訴訟**、**再婚禁止期間違憲訴訟**は、
> 法律の合理性に対する評価が変化した理由として、時代の経過に伴う立法事実の変化を
> 挙げている（→第 6 章Ⅳ、本章Ⅵ）。そして2011年の**衆議院議員定数不均衡事件**（最大
> 判平23・3・23民集65巻 2 号755頁→第11章Ⅰ）は、衆議院の選挙区割りにおける一人
> 別枠方式につき、人口の少ない地域への配慮という目的の合理性を否定し、国政の安定
> 性や連続性の確保、そして選挙制度改革を現実に可能とするための過渡的手法としての
> み限時的合理性を有するとした。
> ＊　最近では、**三段階審査**の考え方による憲法判断の枠組も提示されている（→第5章
> Ⅲ）。

4　適用審査と文面審査

違憲審査の方法としては、**適用審査**と**文面審査**という 2 種類のものがあり、
おおむね**適用違憲**と**法令違憲**という違憲判断の区分に対応している。

（**1**）　**適用審査**　　⇨**付随的審査制**の下では、裁判所が憲法判断を行うのは
当該事案の解決に必要な限りであり、審査の対象は訴訟当事者への法適用の態
様である。その結果違憲と判断される場合には、当該事案に法令を適用する限

りで違憲であることが判決理由で示されるが、適用審査の結果として法令違憲の判断がされることもある。適用違憲の例として、第三者所有物没収事件や、**猿払事件**1審判決（旭川地判昭43・3・25下刑集10巻3号293頁→第5章Ⅳ）がある。

> ＊　法適用とはいいにくい公権力の個別具体的な行為に対する違憲判断（**愛媛玉串料訴訟**（最判平9・4・2民集51巻4号1673頁）や**空知太神社訴訟**（最大判平22・1・20民集64巻1号1頁→第7章Ⅵ））を**処分違憲**とする学説が有力となっている。

（**2**）　文面審査　　表現規制の**検閲**該当性や、刑罰法規の**不明確性**が問題となる場合、訴訟当事者は自らに法を適用する際の具体的事実関係とは無関係に法文そのものの合憲性を争うことが認められている。このような審査方法は**文面審査**と呼ばれ、将来の**萎縮的効果**を速やかに除去することを目的とする。また文面審査では法律の文面のみを検討するため、**立法事実**の認定は不要となる。文面審査の結果違憲判断が導かれる場合には、裁判所は**法令違憲**を宣言する。

　上記のような、立法事実を考慮せず審査を行うという意味の文面審査（狭義の文面審査）に加えて、立法事実を考慮しつつ法令そのものの合憲性を審査する手法も文面審査と位置づける（広義の文面審査）学説が近年注目されている。この主張の背景には、最高裁が一部の例外を除いて適用審査の手法を避け、法令の合憲性一般につき審査する傾向（「**客観的審査**（ないし**一般的審査**）」（佐藤幸治））を一貫して示してきたことがある。一方で、付随的審査制においては個別具体的な人権救済を重視した解決を可能とする適用審査が本来的手法であることを重視すべきとの主張も有力である。

　従来の法令違憲の多くは、条文上明確に可分性のある部分についての判断だった（尊属殺重罰規定違憲判決）が、規定の文言や、規定がもつ意味の一部に対する法令違憲の判断も行われている。**郵便法違憲判決**（最大判平14・9・11民集56巻7号1439頁→第10章Ⅰ）では、特別送達郵便物に対する損害賠償を軽過失についても免除・限定する郵便法の規定が違憲とされ、再婚禁止期間違憲訴訟では、6カ月の再婚禁止期間のうち100日を超える部分を違憲とした。また、国籍法非嫡出子差別違憲訴訟では、出生後に認知を受けた非嫡出子の届出による国籍取得を、父母の婚姻により嫡出子たる身分を取得した場合（準正）に限

る国籍法の規定を違憲とした上で、当事者の救済として、立法趣旨を考慮の上で、新たな立法を待たず届出による国籍取得を認めた（→6章Ⅳ）。

5　違憲判決の効力

⇨適用違憲判決や、下級審による**法令違憲**判決の効力は、当該事件に限られる。一方、最高裁による法令違憲判決の効力については、法令集から当該法令を除去する効果を認める説（**一般的効力説**）と、当該事件についてのみ法令の効力が否定されるとする説（**個別的効力説**）がある。国会が唯一の立法機関であること（憲法41条）、日本の制度が付随的審査制であることなどから、個別的効力説が**通説**である。もっとも、個別的効力説においても、法令違憲とされた法令については、国会が改正を行う政治的義務が生じるであるとか、内閣が法令を「誠実に執行」する（憲法73条1号）ことはできないと考えられている。

実務の運用では、法令違憲判決の多くでは判決の趣旨に添った改正が速やかに行われている。尊属殺重罰規定違憲判決では、判決後も国会は刑法旧200条を削除せず（1995年の刑法現代語化の際、尊属傷害致死の規定とともに削除された）、その後の尊属殺人の事案は普通殺人（刑法199条）として処理された。再婚禁止期間違憲訴訟の判決後、2016年に再婚禁止期間を100日とする民法改正が行われた（2022年の改正で再婚禁止期間は廃止された）。

違憲無効の効力は当該事案についてのみ及び、過去の事案には遡及しないというのが通説である。無制限に遡及効を認めると法的安定性を害するためだが、刑事法の領域では遡及を原則とすべきだとの説もかなり有力である。尊属殺重罰規定違憲判決の際、内閣は刑の確定者に対して個別恩赦で対応した。非嫡出子相続差別違憲訴訟では、「本決定の違憲判断が、先例としての事実上の拘束性という形で既に行われた遺産の分割等の効力にも影響し、いわば解決済みの事案にも効果が及ぶとすることは、著しく法的安定性を害することになる」ため、すでに確定した遺産分割等には違憲判断の効力を及ぼさないとした（先例拘束性につき→本章Ⅱ）。

1976年の**衆議院議員定数不均衡事件**（最大判昭51・4・14民集30巻3号223頁→

第11章Ⅰ）では、**事情判決の法理**により、当該事案についても違憲を理由とした無効の効力が及ばないとされた。このような事件については、法令を違憲無効としつつ、無効という判決の効力が生じる時を一定期間後とし、その間に立法府が是正を行うという、**将来効判決**を行うべきだとの説も有力である。

設　問

1　最高裁判所長官および最高裁判所判事の任命について、国会の議を経ることを定める法律は、憲法に違反するか。
2　国民が、内閣総理大臣または各国務大臣の職務上の違法行為について、自己の法律上の利益と無関係に、その差止めを請求する訴訟を法律で定めることは、憲法に違反するか。
3　裁判員制度を、裁判員のみの賛成で有罪にできるとすることは合憲か。
4　主文では勝訴したが、理由中で違憲判断が下された下級審判決に対して、国が最高裁に上告できるとする法律を制定することは許されるか。

参考文献

樋口陽一＝栗城壽夫『憲法と裁判』（法律文化社、1988）
松井茂記『司法審査と民主主義』（有斐閣、1991）
笹田栄司『司法の変容と憲法』（有斐閣、2008）
藤井俊夫『司法権と憲法訴訟』（成文堂、2007）
高橋和之『現代立憲主義の制度構想』（有斐閣、2006）
芦部信喜編『講座憲法訴訟1・2・3』（有斐閣、1987）
佐藤幸治『現代国家と司法権』（有斐閣、1988）
井上典之『司法的人権救済論』（信山社、1995）
戸松秀典『憲法訴訟』〔第2版〕（有斐閣、2008）
藤田宙靖『最高裁回想録』（有斐閣、2012）
新正幸『憲法訴訟論』〔第2版〕（信山社、2010）
駒村圭吾『憲法訴訟の現代的転回』（日本評論社、2013）
中谷実『日本における司法消極主義と積極主義Ⅰ』（勁草書房、2015）
君塚正臣『司法権・憲法訴訟論上・下』（法律文化社、2018）
市川正人『司法審査の理論と現実』（日本評論社、2020）

第16章　地方自治

まとめ　憲法は、「地方自治の本旨」に基づいて法律で制度を具体的に規定することとし、地方自治法が制定されている。また、一定の組織の具備、権能を保障している。地方自治特別法の制定には、住民投票が必要である。

■**地方自治権の本質**
　　固有権説　　伝来説　　制度的保障説　　新固有権説
■**法律と条例の関係**
　　法律先占論　　ナショナルミニマム論　　徳島市公安条例事件の例示

I　地方自治の本旨

　日本国憲法は、**明治憲法**と異なり、**地方自治**制度を憲法上の保障として規定する。すなわち92条から95条がその規定である。中でも総則的規定として、92条は、「**地方公共団体の組織及び運営に関する事項**は、**地方自治の本旨**に基づいて、法律でこれを定める」と規定する。地方自治制度の具体的内容は、法律事項とされるが、その内容の拘束原理として、ここで「地方自治の本旨」が、示されている。よって、その原理の内容の理解が重要となる。

　⇨通常、この「地方自治の本旨」の内容として、**住民自治**と**団体自治**の2要素が挙げられる。住民自治とは、「地域社会の住民の意思に基づいて組織・機関を設け事務を行うこと」、団体自治とは、「地域社会の公的事務を当該社会がみずからの組織・機関によって**中央政府**等から独立して行うこと」を、意味す

るとされる（高田敏）。この内容の法律による具体化については評価が分かれよ
うが、地方自治に関する基本法として、**地方自治法**が制定されている。

　⇨さて、このように憲法上保障されている地方自治制度であるが、その**地方
自治権**の本質については、諸学説が主張されてきた。すなわち、**固有権説、伝
来説、制度的保障説**および**新固有権説**である。

　固有権説とは、「自治体にも国家以前、憲法以前より存在する**自然権**的固有
権がある」とする考え方である。これは、歴史的経過に立脚している。対する
伝来説とは、「地方自治権は、国家の**主権、統治権**から伝来したもので、立法
による自治内容の改変には抵抗できない」とする考え方である。これは、統治
権の現実を反映している。この2つの説が長く対立してきた。

　制度的保障説とは、「一般に立法による改変の可能性を認めつつも、地方自
治の本質的内容又は核心部分は奪えない」とする考え方である。この説の場合、
本質的内容・核心部分の理解が重要となる。また、新固有権説とは、「実定憲
法を援用しつつ、自治権の自然権的性格」を主張する考え方である。憲法の人
権規定が、住民自治や団体自治の根底を形成していると解する説である。制度
的保障説が通説的見解とされているが、批判もあり、他説も有力である。

II　地方公共団体の組織・構成・活動

1　憲法上の地方公共団体の意義

　憲法93条1項は、**議事機関**として**議会**を設置すべきこと、同条2項は、長、
議会の議員および法定のその他の**吏員**の住民の**直接選挙**を規定する。

　憲法の規定からは、**地方公共団体の具体的内容**がまったく明らかにならない。
まず、地方自治法は、**普通地方公共団体**として、**都道府県**と**市町村の二層制**を
採用しているが（自治1条の3）、その憲法上の保障の必要性は明らかではない。
これまでも幾度か議論の対象となってきている**道州制**も、その制度設計の内容
によれば、一義的に憲法違反となるわけではない。

　憲法上の地方公共団体への該当性が具体的問題となったのが、都の区として

置かれる**特別区**である。かつて、特別区の長は住民による直接選挙によらず、知事の同意を前提に**区議会**が選出するとされていた（1974年**地方自治法**改正前、現在では住民の直接選挙制）。この規定の93条２項への抵触が問題となった。最高裁は、当時の特別区は憲法上の地方公共団体にはあたらないと判示した。

判　例　★東京都特別区区長選挙事件（最大判昭38・3・27刑集17巻2号121頁）

　かつて、特別区区長は、区議会議員による選挙により選出されていたが、その選挙をめぐる贈収賄事件である。１審は、憲法が住民による選挙を必要としているのに当時の地方自治法がそのような制度を採用していないことは憲法違反であり、区議会議員には区長を選出する職務権限がないとして、被告人を無罪とした（東京地判昭32・2・26下刑集4巻1＝2号157頁）。最高裁は**跳躍上告**に対し、下記のように判示した。「（憲法上の）地方公共団体といい得るためには、単に法律で地方公共団体として取り扱われていることでは足りず、事実上住民が経済的文化的に密接な共同生活を営み、共同体意識をもっているという社会的基盤が存在し、沿革的にみても、また現実の行政の上においても、相当程度の**自主立法権**、**自主行政権**、**自主財政権**等地方自治の基本的機能を附与された地域団体であることを必要」とする。

2　地方公共団体の組織

　93条は、住民の直接選挙により議員が選出され議会を構成し、長および法律で定める吏員も住民の直接選挙により選出されるべきことを定めている。これを組織構成の観点からみれば、地方公共団体は議会と長の**二元代表制**を採用する必要があり、地方自治法も、**議決機関**としての議会と**執行機関**としての長と**補助機関**を規定している（自治89条以下、138条の2以下）。これは国における**議院内閣制**の採用とは異なり、大統領制に近い構造を採用している。

　なおこのように、憲法が一律に議会や一定の組織の設置を地方公共団体に要求していることには、批判もある。**地方公共団体の自主自律**が重視される時代に至っているとも考えられる。もっとも最近の地方自治法の改正動向からみれば、画一的取扱いは緩和傾向にあると評価できよう。

Ⅲ　地方公共団体の権能

1　地方公共団体の事務

⇨憲法94条は、「**地方公共団体**は、その財産を管理し、事務を処理し、及び行政を執行する権限を有し、**法律の範囲内**で**条例**を制定することができる」と規定する。地方公共団体の存在を認めてもその権能が十分に認められなければ、その存在自体が無意味と化す。よって、この規定内容は重要である。

1999年改正前の**地方自治法**においては、地方公共団体の**自治事務**以外に**機関委任事務**として規定される事務があり、この事務は地方公共団体の執行機関への委任事務とされ、**議会**による条例制定等の権限が制限されていた。この機関委任事務を処理する場合、**地方公共団体の機関は国の機関の下級機関**として指揮命令下に置かれ、国による地方公共団体への過度の拘束として問題視されていた。下級機関としての地方公共団体の機関がその事務執行を行わない場合、上級機関としての国の機関が地方公共団体の機関を相手方として訴訟を提起し、当該事務の執行を裁判所に請求もできた。これが**職務執行命令訴訟**である（旧自治151条の2。現在では廃止）。この手続がとられた事例として、**沖縄代理署名訴訟**がある（最大判平8・8・28民集50巻7号1952頁）。

改正後の地方自治法は、機関委任事務を精査した上で**自治事務**と**法定受託事務**とに新たに振り分けた（自治2条8、9項）。この法定受託事務とは、国等が本来果たすべき事務であるが、**都道府県・市町村**において処理する事務とされた。この事務については、**条例**も制定できるし、**監査委員**等による統制も可能とされた。すなわち、機関委任事務が、国等の事務を地方公共団体が下請的に担当したのに対し、法定受託事務は、当該地方公共団体自身の事務として整理された。これにより、地方公共団体は完全な「自治」体となったといえよう。さらに、これらの事務の執行に関する国による地方公共団体への関与の規定や（自治245条以下）、地方公共団体から**国地方係争処理委員会**への審査の申出の制度も整備されている（自治250条の13以下）。

2　地方公共団体の財産管理・事務処理・行政執行権

　かつて、地方公共団体は、非権力的事務のみを担当するとされたが、現在では、権力的事務をも担当することができる。94条の「**行政執行権**」がこれを明らかにしている。また、この行政執行権には、**課税権**も含まれると考えられる。**大牟田市電気税事件**（福岡地判昭 55・6・5 判時966号 3 頁）は、「地方公共団体がその住民に対し、国から独立の統治権を有するものである以上、事務の遂行を実効あらしめるためには、その財政運営についての**自主財政権**ひいては財源確保の手段としての**課税権**もこれを憲法は認めているものというべきである」と判示している。

　このように課税権が保障されていても、現実には**国税**との関係もあり、地方公共団体の課税権が法律の規定により十分に配慮されているとはいえない。

3　地方公共団体の条例制定権

　94条は、法律の範囲内で**条例制定権**を保障している。**条例**とは、地方公共団体による自主法で議会の議決により制定される（自治14条、96条）。その制定可能な範囲については、議論がある。

　（**1**）　憲法と条例との関係　　憲法は、その29条 2 項、31条および84条において、一定の事項について、**法律**により規定すべきこととしている。これらの場合に条例により規定することの憲法への抵触が問題となりうる。

　29条 2 項に関する判例として、**奈良県ため池条例事件**（最大判昭 38・6・26刑集17巻 5 号521頁）がある。この判決において明示的に述べられてないが、結論的には、このような条例により**財産権**の制約を行うことが違憲とは判断されていない。通説も、29条 2 項の法律に条例が含まれると解している。もっとも、本件の条例が、いわゆる**警察目的**の規制を規定することによる限定が必要で、財産権の創設等を条例で定めることはできないと考えられている。

　31条に関しても、**大阪市売春取締条例事件**（最大判昭 37・5・30刑集16巻 5 号577頁）において、条例が、議会の議決による**自主立法**であって、法律に類するものであり、条例によって**刑罰**を定める場合には、法律の授権が相当程度に

具体的であり、限定されていれば足りると、多数意見は解し、当該条例を合憲としている。補足意見によれば、見解の相違はあるものの、当該条例を違憲とする主張は展開されていない。学説においても、その根拠は様々に主張されているが、条例による刑罰の規定を違憲とする見解は主張されていない。

　84条に関しても、学説はその根拠が種々であるが、条例により課税することが憲法に抵触するものではないと解している（**大牟田市電気税事件**参照）。

　（**2**）　**法律と条例との関係**　　もっとも問題となっているのは、**法律と条例との関係**の理解である。94条では「法律の範囲内」、地方自治法14条1項では「法令に違反しない限り」、条例は制定可能であるが、これらの条文による判断が重要な意義をもつ。

　⇨かつては、法律が制定されている領域では条例は制定できないと解する見解（**法律先占論**）も有力であった。しかし、例えば、公害対策のような法律は国家が統一的に規定しうる最低限度の規制を定めており、地域の特殊性により、より強度の規制の必要性があれば、条例により加重的規制を行うことを排除していない（**ナショナルミニマム論**）と主張されるようになった。ただ、この議論は法律が規定する分野により見解が異なり、例えば、「まちづくり」条例などの場合には、財産権への重大な規制となるから、条例制定には法律による明示の根拠が必要となると考えられた。

　判例においては、**徳島市公安条例事件**（最大判昭50・9・10刑集29巻8号489頁）が重要な判示を行っている。法律と条例の関係の理解について、まず、原則として、法律と条例が、それぞれの趣旨、目的、内容および効果に矛盾抵触があってはならないとする。そして、3つの例を提示している。第1に、法律の規定がない場合に条例が制定できるのかは、法律が規定していないことの趣旨を配慮すべきこと、第2に、特定事項について法律と条例が併存している場合でも規律目的が異なれば相互に矛盾抵触がないこと、第3に、法律と条例が同一目的であっても、法律が条例による規制を容認する趣旨である場合には相互に矛盾抵触がないこととしている。この3例示が、法律と条例の関係の判断基準として以後の裁判例にも影響を与えているが、例えば、法律の目的は、広範

かつ不明確に規定されていることも多いから、必ずしも明確な判断基準とはいえない（**東京都銀行税事件**＝東京高判平 15・1・30 判時1814号44頁も参照）。

　神奈川県臨時特例企業税事件では、地方税法との整合性について下級審の判断も分かれ、最終的に最高裁（最判平 25・3・21 民集67巻 3 号438頁）は、地方税法の準則を重視して当該条例を違法無効と判断した。このような地方税法の基本的性格に関しては学説の理解も分かれている。一方、いわゆる「地方分権一括法」も累次にわたってほぼ毎年制定され、地方分権の推進が図られている。

　＊　**高知市普通河川条例事件**（最判昭 53・12・21 民集32巻 9 号1723頁）で最高裁は、河川法を準用することのできる普通河川に関しそれを行わず、条例により独自に法律以上の規制を課した当該条例が法律違反となると判示した。規制をする場合にも法律と条例の均衡性への配慮が必要であることを示している。

4　住民投票に関する住民の権利

　95条は、特定の**地方公共団体**にのみ適用される法律を制定する場合の、当該地方公共団体の**住民**による**住民投票**の権利を保障している。通常、法律は一般的に適用される規範であり、特定の地方公共団体にのみ適用することは例外的であるが、そのような法律を制定することが必要な場合には、住民投票により、その**過半数**の賛成を求めなければならないとしている。

　これ以外には、**地方自治法**において、**直接請求権**が規定されている。これは、一定数以上の**有権者**の署名を前提として、長や議員の**解職**（リコール）、**議会の解散**の可否を有権者による投票により決する制度である（自治76、80、81条）。これに関する事例として、東洋町解職請求署名事件（最大判平 21・11・18 民集63巻 9 号2033頁）が挙げられる。これは、議員の解職請求に関して、地方自治法施行令が公職選挙法を準用して、解職請求代表者に公務員がなることを禁じているのは、地方自治法85条 1 項に基づく政令の定めを超えたものであり違法無効と判示したものである。行政法において「委任立法の限界」として議論される論点である。また、いわゆる2010年の改正**合併特例法**においても、**合併協議会**の設立に関して、一定数の有権者の署名を前提として、その設立の必要性の

判断を有権者による投票により決定するとしている（合併特例法4条）。特に住民意思をより反映させることを目途として、必要とされる署名数が累次の地方自治法の改正により、大規模自治体の場合に軽減されていることは、**住民自治**の強化として、92条の趣旨に適合するものである。

　また、地方公共団体が独自に**住民投票条例**を制定し、原発の設置等の個別的問題への対応に際し、住民投票に付し、地方公共団体の態度を事実上決しようとする例が多くみられる。これも住民自治との関係でみれば直接民主政的制度としては評価されるであろうが、解決されるべき問題も内包している。例えば、住民代表として長と議会議員を住民により直接選出しておきながら、個別の問題への対応に際し住民投票に付すことの問題、住民投票により示された住民意思の拘束力の問題、あるいは、住民投票に付すべき課題とそうでない課題との振分けの問題等がある。これらについては、一般的課題に対する長等への信託と特定の個別的問題への信託とは異なること、住民投票の効力はあくまで**法的拘束力**をもたず諮問的意義しかもたないことにより判断権者の判断を拘束するものでないなどと説明されている。もっとも住民投票の結果のもつ政治的意義は大きく、事実上その結果に反する対応がとりにくいのが現実であることにも留意しなければならない。

設　問

1　憲法94条が、「法律の委任に基づいて」条例を制定することができると規定されていた場合、現在の規定の場合とどのような具体的相違が生じるのか検討してみなさい。
2　住民自治の観点から住民投票条例を評価してみなさい。

参考文献

宇賀克也『地方自治法概説』〔第6版〕（有斐閣、2015）

阿部泰隆『政策法学と自治体条例』（信山社、1999）

高田敏＝村上武則編『ファンダメンタル地方自治法』〔第2版〕（法律文化社、2009）

第17章 天　　皇

> **まとめ** 天皇は国民の総意に基づいて、日本国および日本国民統合の象徴とされる。天皇は、内閣の助言と承認の下に憲法で定められた国事行為を行うが、国政に関する権能はもっていない。

■天皇の行為
　通　説……国事行為、公的行為（おことば・外国訪問など）、私的行為
　少数説A……国事行為（＆準国事行為）（おことば・外国訪問など）、私的行為
　少数説B……国事行為・私的行為　→おことばなどは違憲
■国事行為に対する内閣の助言と承認について
　A説……国事行為の内容は内閣に実質的決定権　→内閣に実質的決定権のない場合は不要
　B説……内閣に実質的決定権があるとは限らない　→助言と承認は必ず必要

I　天皇の性格・地位

1　国民の総意

　憲法1条は、「**主権の存する国民の総意に基**」づき、「**日本国の象徴であり日本国民統合の象徴**」として**天皇**を規定した。**明治憲法は天皇主権**に立って天皇が「**統治権を総攬**」（1条）すると規定していたのに対し、日本国憲法は**国民主権**に立ち、主権者たる国民の総意として**象徴天皇**制を設けたのである。

2　象　徴　性

　（**1**）　**象徴の意味**　　天皇は日本国の象徴であり**日本国民統合**の象徴として

位置づけられている。象徴とは、ハトが平和の象徴とされるように、抽象的な概念やことがらを具体的な事物で表すことである。このハトと平和との関係が、天皇と日本国・日本国民統合との関係にあたる。「日本国の象徴」と「日本国民統合の象徴」との違いは特にないとされる。憲法 1 条の規定は天皇が象徴だという社会的事実を述べているのではなく、天皇が日本国・日本国民統合の象徴とみなされるべきだという**規範的**要求を含んでいるというのが多数説である。ただし国民が天皇を象徴とみなすよう、法的に義務づけるものではない。

　（**2**）　皇室に対する犯罪　　明治憲法の下では、天皇は**神聖不可侵**の存在とされ、皇室に対する犯罪は重く処罰された。戦後、天皇の地位は大きく変革され、皇室に対する犯罪は失効したとされている。1946年の食糧メーデーの際のプラカードの文言をめぐって**不敬罪**で起訴された**プラカード事件**（最大判昭23・5・26刑集 2 巻 6 号529頁）では、高裁、最高裁で大赦により免訴とされたが、1 審では、「ポツダム宣言を受諾し」、「天皇の特殊的地位は完全に変革し」たため、不敬罪を適用すべきでないとして**名誉毀損**罪が適用された（東京地判昭21・11・2 刑集 2 巻 6 号603頁）。天皇の象徴性に基づいて特別の刑罰規定（例えば象徴侮辱罪）を設けることは違憲と考えられている。

　（**3**）　天皇と裁判権　　天皇が行った私的行為について**裁判権**が及ぶかどうかについて、憲法は明記していない（人権享有主体かについて、第 5 章Ⅱ参照）。刑事責任については、**皇室典範**21条で**摂政**が在任中訴追されないことを規定されており、天皇は当然に訴追されないと解されている。民事責任については、通説は天皇にも裁判権が及ぶと考えている。だが、昭和天皇の死去に伴う記帳所設置費用の返還訴訟で、最高裁は、象徴であることを理由に天皇には**民事裁判権**が及ばないとしている（最大判平元・11・20民集43巻10号1160頁）。

　（**4**）　天皇は君主・元首か　　明治憲法の下では、**統治権**を総攬する天皇が**君主や元首**であることは明らかだった。だが、日本国憲法では天皇は政治的な権能は一切もたなくなったため、天皇が君主や元首かどうかは自明でない。

　天皇が君主や元首にあたるかどうかは、君主や元首の概念をどう捉えるかによるところが大きい。君主や元首は統治権について実質的な権能をもつ存在だ

と考えれば、天皇は君主や元首でないことになる。だが、形式的・象徴的な権能を有することで足りると考えれば、天皇は君主や元首にあたることになる。日本国憲法上、元首は誰かについて、天皇、内閣総理大臣、天皇と内閣総理大臣、内閣、国会、衆議院と参議院の議長、国民などに説は分かれる。だが、憲法はそれを明記せず、不要でもあるので、元首はいないとする説もある。

3 皇位の継承

（1） 皇位の継承資格・順位　　天皇の地位は**世襲**で継承され、その継承資格や継承順位などの詳細は**皇室典範**で定められている（2条）。皇位が継承される時期は、天皇が崩じた（死去した）ときである（皇室典範4条）。しかし、2016年夏に天皇が生前退位の意向を表明したことを受け、2017年には退位特例法が制定された。同法に基づき、2019年に天皇は退位し、皇太子が新天皇に即位した。これは天皇が高齢であること等を鑑みた一代限りの措置である。皇室典範では、**皇位継承は男性皇族**に限られ、直系長男子を重視している。**皇嗣**（第1順位者）に精神や身体に不治の重患があったり重大な事故があったりするときは**皇室会議**の決定で継承順位を変更できる（同法3条）。**女性天皇**を認めないことにつき、**平等権**に反し違憲と考える説と、天皇制自体が平等権の例外ゆえ、違憲とはいえないとする説（通説）がある。

（2） 摂　政　　天皇が成年に達しないときや、精神もしくは身体の重患のため**国事行為**を行えないときは**摂政**が置かれる。前者の場合は皇室典範により当然に置かれるが、後者の場合は皇室会議の決定が必要とされる。摂政は「天皇の名で」国事行為を行う（同法5条）。摂政への就任資格は成年に達した皇族であることであり、**女性皇族**も就任できる。女性皇族の就任順位はすべての男性皇族の後である。

　天皇の心身に事故・疾患があって、国事行為を行えないが、摂政を置くほどでない場合には、国事行為を**臨時代行**に委任することもできる（4条2項）。

4　皇室財産

　天皇の財産と皇族の財産を**皇室財産**という。皇室財産は国に属し、**皇室の費用はすべて予算に計上して国会での議決が必要**とされる（89条）。戦前に皇室は膨大な皇室財産をもっていたが、皇室の純粋の私的財産以外はすべて**国有財産**（国有林など）になった。ただし、皇居や御用邸のように国有財産ではあるが皇室の利用に供せられるもの（**皇室用財産**）もある。

　皇室が日常生活や公的行為の必要とする費用など予算に計上されて国会の議決が求められる皇室の費用には、**内廷費、宮廷費、皇族費**の区分がある（皇室経済法3条）。内廷費とは天皇や皇后、皇太子夫妻など**内廷**に属する皇族の生活費を指し、宮廷費とは内廷に属する皇族の公務に関する費用である。また皇族費とは、内廷に属さない皇族の生活費と皇族が初めて独立の生計を営んだり皇族の身分を離れるときに一時的に支給されたりする費用である。

　憲法8条は、皇室と皇室以外の者との間で財産の授受がある場合には**国会の議決**を求めている。これは戦前のように皇室に財産が集中したり、皇室が財産を譲渡・賜与することを通して政治的権力をもったりすることを防ぐためである。ただし、日用品の売買のような通常の経済行為や、国際儀礼上の贈答、公共のための遺贈や遺産の賜与などは、国会の議決を要しない（皇室経済法2条）。

II　天皇の権能

1　国事行為

　（**1**）　**内閣の助言と承認**　　⇨憲法は**天皇の国政に関する権能**を否定したが、国事に関する行為（**国事行為**）を行うことを認めた（3条）。天皇が国事行為を行うには、**内閣の助言と承認**が必要とされる。助言と承認の関係については、天皇が国事行為を行う前に助言し、行為後に承認するという2つの行為であるという説もあるが、通説は両者をまとめて1つの行為であると解する。

　⇨内閣の助言と承認の性質については、これによって内閣が天皇の国事行為の内容を実質的に決定すると捉える説（A説）と、天皇の国事行為は名目的・

非政治的な行為であり、内閣が助言と承認をするからといって内閣に国事行為の内容の実質的決定権があるわけではないという説（B説）がある。両説は、天皇が行う国事行為には必ず内閣の助言と承認を要するかについても議論が分かれる。**内閣総理大臣**の任命は、実質的決定が**国会**でなされ、**内閣**に実質的な決定権がない。A説では、このような場合は内閣の助言と承認は必要ないと考える。これに対して、B説では、すべての国事行為は、形式的にすぎないものであっても、内閣の助言と承認が必要だと解する。

　天皇の国事行為は内閣の助言と承認に基づいて行われ、そのことによる責任は内閣がすべて負う（3条）。内閣が負う責任は政治責任であり、天皇の責任を肩代わりするというものではない。

　（**2**）　**国事行為の種類**　　天皇が内閣の助言と承認を得て行う国事行為は、憲法が列挙するものに限定されている。それは、6条の定める内閣総理大臣の**任命**（1項）、**最高裁判所長官**の任命（2項）と、7条の定める**憲法改正、法律、政令および条約の公布**（1号）、国会の**召集**（2号）、**衆議院の解散**（3号）、国会議員の**総選挙**の施行の公示（4号）、**国務大臣**および法律の定めるその他の官吏の任免の認証および**全権委任状、大使・公使の信任状**の認証（5号）、**大赦、特赦、減刑、刑の執行の免除および復権**の認証（6号）、**栄典の授与**（7号）、**批准書**および法律の定めるその他の外交文書の**認証**（8号）、外国の大使および公使の接受（9号）、**儀式を行うこと**（7条10号）、国事行為の**委任**を行うこと（4条2項）である。

　＊　このほか、天皇が人間である以上、散歩や食事、睡眠などの活動を行えることは明らかであり、これらを一般には**私的行為**という。

2　違憲の疑いのある行為

　⇨実際の天皇の活動には、上に列挙された国事行為にはあてはまらない公的な行為がある。国会開会式の際のおことばの朗読や外国の親善訪問、外国の使節の歓迎会などである。これらの行為は国事行為にも私的行為にもあたらず違憲だという説がある。他方、国会開会式の際のおことばは「儀式を行うこと」、

外国の親善訪問は「外国の大使および公使の接受」に含まれるなどとして、国事行為あるいは**準国事行為**と解し、合憲だとする説（**二分説**）もある。だが、このような二分説はいずれも少数説であり、通説は天皇の行為を国事行為、**公的行為**（**象徴としての行為**）、私的行為に三分し、儀礼的な行為にとどまれば公的行為も合憲だと考える（**三分説**）。

> ＊　二分説に対しては、準国事行為の範囲が曖昧であるという批判がある。しかし通説に対しては、天皇の公的行為に内閣の助言と承認が必要だという憲法上の規定がないため、天皇の行為が内閣のコントロール下にないことになってしまうとの批判があり、いずれの説も難点を抱えている。

設　問

1　天皇が記者会見で昨今の政治問題についての自分の感想を語ることは、憲法上問題がないだろうか。
2　天皇が、摂政を置きたくない、あるいは摂政には誰々がふさわしいといった意見を表明することは、憲法上、認められるだろうか。

参考文献

榎原猛『君主制の比較憲法学的研究』（東信堂、1969）
奥平康弘『「萬世一系」の研究——「皇室典範的なるもの」への視座（上）・（下）』（岩波書店、2017）
尾高朝雄『国民主権と天皇制』（岩波書店、2019）
佐藤功『君主制の研究——比較憲法的考察』（日本評論社、1957）
高橋紘『日本国憲法・検証 1945-2000 資料と論点　第 2 巻　象徴天皇と皇室』（小学館文庫、2000）
樋口陽一編『講座・憲法学　第 2 巻　主権と国際社会』（日本評論社、1994）
ルオフ，ケネス（高橋紘監修／木村剛久・福島睦男訳）『国民の天皇——戦後日本の民主主義と天皇制』（岩波書店、2019）

第18章 憲法改正

まとめ　国家の基本法である憲法は高度の安定性を要求されるが、他方で、時代や社会の変化に対応することも必要とされる。そこで、96条は憲法の改正手続を規定している。

■憲法改正の限界
　無限界説……改正に限界はない
　限界説……憲法の基本原理の改正は許されない
■日本国憲法の改正手続
　発議（国会による改正案の決定）→承認（国民投票による過半数の承認）

1　憲法の変動

　憲法は国家の統治の基本を定めるために、高度の安定性が要求される（**硬性憲法**→第1章）。しかし、憲法が絶対に改正できないとすると、時代の変化に適応できず、憲法典あるいは憲法規範そのものが無視されることになり、かえって憲法を破壊しかねない。そこで、この矛盾を解決する方法として、憲法改正が認められている。ただ、憲法改正の手続は、通常の法律の改正よりも厳しいものとなっている。この点は後に説明する（→本章**2**）。

　憲法改正権の性質について、憲法改正権を**立法**と同じであるとする説や**憲法制定権力**と同じであるとする説が主張されてきた。通説は、憲法改正権を**制度化された憲法制定権力**として理解する。つまり、憲法制定権力が憲法の中に取り込まれて憲法改正権という形になったのである。したがって、憲法改正権を立法と同じとする考えは妥当ではない。また、憲法改正権と憲法制定権力が同じとする説についても、憲法制定権力は憲法を作る生の実力なので憲法に拘束

されないが、憲法改正権は憲法により作られたものであり憲法に拘束されるものなので、憲法制定権力と憲法改正権を同じとすることはできない。このため、他の説は否定できる。

> *　憲法改正と結果的に同じではあるが、これとは区別されるものとして、**憲法変遷**が挙げられる。憲法変遷は、憲法とは矛盾する法律・命令等が制定され、それが社会において事実上遵守される場合に、政府や裁判所による憲法の解釈・適用が変わり、憲法の意味内容が事実上変動する場合に生じる。憲法変遷の場合、憲法の規定に変更があるわけではないが、実質的に憲法改正が行われたのと同じ結果が生じる。要するに、憲法変遷は、改正手続を経ない憲法改正なのである。憲法変遷は、9 条（→第 4 章）に関連して議論されてきた。ただ、そこでの根拠とされているのは世論調査の結果のみである。96 条に規定されている改正手続の排他性の観点からは、憲法改正手続を経ない憲法変遷は認められないというべきであろう。

⇨日本国憲法は96条で**憲法改正**の手続を規定している。ここで予定する憲法改正とは、改正手続に従って、憲法の前文あるいは個々の条文について、削除・修正・追加を行うことであり、憲法の全面改正ではない。では、憲法改正に限界はあるのだろうか。憲法改正に限界がないとすれば、憲法改正権は、実質的に憲法制定権力の行使であり、いかなる規定も改正できることになる（**憲法改正無限界説**）。日本国憲法は、憲法改正の限界を明示する条項は存在しないが、通説は憲法改正には限界があるとしている。憲法改正権が憲法に拘束され、かつ、そこで予定される改正が全面改正ではない以上、もとの憲法の存在を前提としている。したがって、**主権**の担い手を変更し、もとの憲法との法的連続性を切断するような改正（明治憲法から日本国憲法への変動）はできない。また、憲法改正の実質にふれるような改正（例、国民投票の廃止）や日本国憲法の基本原理である**国民主権**原理（→第12章 I）、**基本的人権**の尊重主義（→第 3 章 II）、**平和主義**（→第 4 章 I）の改正はできないとされている。

> *　憲法改正に対する司法審査をどのように行うかは難問である。中でも難問であるのは、改正に限界があるということを前提とし、改正内容に対して合憲性の審査ができるかということである。この点について、学説はほとんど言及していない。その背後には、改正内容に対する合憲性の審査は高度に政治的を有するものであり（→第15章 III）、司法審査にはなじまないという理解があるように思われる。

⇨そうなると、**大日本帝国憲法**（明治憲法）の改正手続に従って制定された

日本国憲法の正当性（→第3章Ⅱ）が存するのか、という疑問が生じる。この問題については、憲法改正無限界説や、改正の限界を超えており現行憲法がそもそも無効であるという説などがある。通説によれば、**ポツダム宣言**の受託により、明治憲法はその効力を失い、主権者となった国民が憲法制定権力を行使して新たに作ったのが日本国憲法であるとする（**八月革命説**）。日本国憲法は、明治憲法の改正手続に従って制定されたものであるが、明治憲法との法的連続性はないのである。

2　日本国憲法の改正手続

96条は、各議院の総議員の3分の2で発議し、**国民投票**または「国会の定める選挙の際行はれる投票」において過半数の賛成を必要とするとしている。その後、天皇が、「国民の名で、この憲法と一体を成すものとして、直ちに」公布することになっている。

⇨まず、「発議」の意味である。発議とは、憲法改正の原案を国会に提示することではなく、国民に提案する改正案を国会が決定することをいう。つまり、発議の成立が国民への提案となる。内閣に憲法改正原案の発案権を認めるかについては、否定説と肯定説が対立しているが、通説は、国会の国民代表機関性を重視し、内閣に発議権はないとする。もっとも、内閣に発案権がなくとも国会議員である内閣総理大臣や国務大臣が、議員として改正案を発案することは可能である。したがって、内閣に憲法改正の発案権があるかどうかを論じる実益はないことになろう。次に、「総議員」の意味である。総議員の意味については、各議院の**法定議員説**か、欠員を除いた**現在議員数説**か、院内事項として各議院で決定する**院内事項説**で対立している。憲法改正の重要性からすれば、法定議員説が妥当ということになる。なお、憲法改正については**衆議院の優越**（→第13章Ⅱ）はなく、両議院は対等である。

⇨次に「承認」の意味である。憲法改正は、国民投票による国民の承認により成立する。2007年に、国民投票を具体化する日本国憲法改正手続に関する法律（以下、国民投票法）が成立した。以下では、国民投票法に則して、憲法改正

の具体的手続をみていくことにする。まず、投票権者であるが、「年齢満18年以上の者」（3条）としている。次に、投票方式であるが、「内容において関連する事項ごとに区分して」（47条）発議を行い、改正案ごとに投票を行い、国民投票による過半数の承認によって成立する。過半数の意味については、**有権者総数説、投票者総数説、有効投票総数説**が対立してきたが、国民投票法は有効投票総数を過半数としている（98条2項）。

＊　憲法改正をめぐっては、目まぐるしい動きが生じている。96条改正の問題である。2012年4月27日に公表された自民党の日本国憲法改正草案は、国民が国民投票を通して憲法改正に参加する機会を得やすくするために、憲法改正の発議要件が緩和するというものであった。多くの学説は、96条改正が憲法の基本的趣旨を大きく損なうものであると批判する。たとえ憲法が現実社会に必ずしも合致しない状態が生じたとしても、憲法改正を行うには国民の間で十分に時間をかけて議論を行う必要がある。そうしたことから、96条は法律よりも厳しい憲法改正の要件を設定しているのである。国民の間で十分な議論を行わず、しかも、合意が形成されないままに、安易な形で憲法改正が行われることになると、憲法の性格が根本的に変化することにつながりかねない。

設　問

1　憲法を改正して、環境権と並んで環境保護義務を加えることは、憲法改正の限界を超えるであろうか。
2　これまでなぜ憲法は改正されなかったのか。その理由を考えなさい。

参考文献

芦部信喜『憲法制定権力』（東京大学出版会、1983）
全国憲法研究会編『憲法改正問題——いま、憲法学から改憲論議を問う』（日本評論社、2005）
長谷部恭男責任編集『憲法6 ——憲法と時間』（岩波書店、2007）

参 考 文 献

【教　科　書】　＊太字は、通説・有力説などの基準としたもの

　美濃部達吉『日本國憲法原論』（有斐閣、1948）

　佐々木惣一『改訂日本國憲法論』（有斐閣、1952）

　鈴木安蔵『憲法学原論』（勁草書房、1956）

　鵜飼信成『新版憲法』（弘文堂、1968）

　大石義雄『日本憲法論』（嵯峨野書院、1973）

　清宮四郎『憲法Ⅰ』〔第3版〕（有斐閣、1979）

　宮沢俊義『憲法Ⅱ』〔新版〕（有斐閣、1971）

　宮沢俊義『憲法入門』〔新版〕（勁草書房、1973）

　佐藤功『日本国憲法概説』〔全訂第5版〕（学陽書房、1995）

　小林直樹『憲法講義上・下』〔新版〕（東京大学出版会、1980・1981）

　橋本公亘『日本国憲法』〔改訂版〕（有斐閣、1988）

　小嶋和司『憲法概説』（良書普及会、1987／信山社、2004）

　伊藤正己『憲法』〔第3版〕（弘文堂、1995）

　覚道豊治『憲法』〔改訂版〕（ミネルヴァ書房、1977）

　覚道豊治ほか『憲法通論』（有信堂、1972）

　覚道豊治＝榎原猛編『憲法要説』（法律文化社、1979）

　芦部信喜『憲法学Ⅰ・Ⅱ・Ⅲ〔増補版〕』（有斐閣、1992・1994・2000）

　芦部信喜（高橋和之補訂）『憲法』〔第7版〕（岩波書店、2019）

　芦部信喜編『憲法Ⅱ・Ⅲ』（有斐閣、1978・1981）

　榎原猛『憲法──体系と争点』（法律文化社、1986）

　榎原猛ほか編『新版基礎憲法』（法律文化社、1999）

　今井威『憲法講義』〔第3版〕（ブレーン出版、1989）

　土居靖美ほか『憲法──基礎理論と演習』〔増補〕（嵯峨野書院、1996）

　阿部照哉『憲法』〔改訂〕（青林書院、1991）

　阿部照哉ほか編『憲法（1・2・3・4）』〔第3版〕（有斐閣、1995・1996）

　杉原泰雄『憲法Ⅰ・Ⅱ』（有斐閣、1987・1989）

　奥平康弘『憲法Ⅲ』（有斐閣、1993）

　樋口陽一『憲法』〔第4版〕（勁草書房、2021）

　樋口陽一『憲法Ⅰ』（青林書院、1998）

　樋口陽一『国法学』〔補訂版〕（有斐閣、2007）

　清水睦ほか『憲法講義1』（有斐閣、1979）

　大須賀明ほか『憲法講義2』（有斐閣、1979）

松島諄吉ほか編『憲法概説』（晃洋書房、1987）

伊藤公一『憲法概要』〔改訂版〕（法律文化社、1983）

吉田善明『日本国憲法論』〔第 3 版〕（三省堂、2003）

佐藤幸治『憲法』〔第 3 版〕（青林書院、1995）

佐藤幸治『日本国憲法論』〔第 2 版〕（成文堂、2020）

佐藤幸治『国家と人間』（放送大学教育振興会、1997）

佐藤幸治編『憲法 I・II』（成文堂、1988）

山内敏弘編『新現代憲法入門』〔第 2 版〕（法律文化社、2009）

野中俊彦ほか『憲法 I・II』〔第 5 版〕（有斐閣、2012）

高橋和之『立憲主義と日本国憲法』〔第 5 版〕（有斐閣、2020）

岩間昭道『憲法綱要』（尚学社、2011）

長尾一紘『日本国憲法』〔全訂第 4 版〕（世界思想社、2011）

平野武ほか『増補版基礎コース憲法』（晃洋書房、2006）

戸松秀典『憲法』（弘文堂、2015）

阪本昌成『憲法理論 I〔補訂第 3 版〕・II・III』（成文堂、2000・1993・1995）

阪本昌成『憲法 1〔全訂第 3 版〕・2〔第 4 版〕』（有信堂、2011）

浦部法穂『憲法学教室』〔第 3 版〕（日本評論社、2016）

中谷実編『ハイブリッド憲法』（勁草書房、1995）

初宿正典『憲法 1（I）・2〔第 3 版〕』（成文堂、2002・2010）

戸波江二『憲法』〔新版〕（ぎょうせい、1998）

戸波江二ほか『憲法（1・2）』（有斐閣、1992）

辻村みよ子『憲法』〔第 7 版〕（日本評論社、2021）

辻村みよ子編『基本憲法』（悠々社、2009）

松浦寛『憲法 I・II〔第 2 版〕』（嵯峨野書院、1995・2007）

大沢秀介『憲法入門』〔第 3 版〕（成文堂、2003）

小泉洋一ほか『憲法の基本』〔第 3 版〕（法律文化社、2016）

浅川千尋『法学・憲法――リーガル・リテラシーを学ぶ』（法律文化社、2005）

松井茂記『日本国憲法』〔第 4 版〕（有斐閣、2022）

松井茂記『日本国憲法を考える』〔第 4 版〕（大阪大学出版会、2022）

市川正人『基本講義憲法』〔第 2 版〕（新世社、2022）

棟居快行『憲法講義案 I〔第 2 版〕・II』（信山社、1994・1993）

長谷部恭男『憲法』〔第 8 版〕（新世社、2022）

渋谷秀樹『憲法』〔第 3 版〕（有斐閣、2017）

渋谷秀樹＝赤坂正浩『憲法 1・2』〔第 8 版〕（有斐閣、2022）

赤坂正浩『憲法講義（人権）』（信山社、2011）

木下智史＝伊藤建『基本憲法 I』（日本評論社、2017）

渡辺康行ほか『憲法 I〔第 2 版〕・II』（日本評論社、2023・2020）

川岸令和ほか『憲法』〔第 4 版〕（青林書院、2016）

君塚正臣『憲法──日本国憲法解釈のために』（成文堂、2023）

君塚正臣編『大学生のための憲法』（法律文化社、2018）

君塚正臣編『高校から大学への憲法』〔第2版〕（法律文化社、2016）

君塚正臣ほか『Virtual 憲法』（悠々社、2005）

毛利透ほか『LEGAL QUEST 憲法Ⅰ・Ⅱ』〔第3版〕（有斐閣、2022）

毛利透『グラフィック憲法入門』〔第2版〕（新世社、2021）

本秀紀編『憲法講義』〔第3版〕（日本評論社、2022）

大日方信春『憲法Ⅰ・Ⅱ〔第2版〕』（有信堂、2015・2018）

青井未帆＝山本龍彦『憲法Ⅰ・Ⅱ』（有斐閣、2016・2022）

新井誠ほか『憲法Ⅰ・Ⅱ』〔第2版〕（日本評論社、2021）

【コンメンタール・事典・解説書・判例解説・外国憲法集など】

法学協会編『註解日本国憲法上・下』（有斐閣、1953・1954）

樋口陽一ほか『注釈日本国憲法上・下』（青林書院、1984・1988）

樋口陽一ほか『憲法Ⅰ・Ⅱ・Ⅲ・Ⅳ』（青林書院、1994・1997・1998・2004）

佐藤幸治編『要説コンメンタール日本国憲法』（三省堂、1991）

芹沢斉ほか編『新基本法コンメンタール憲法』（日本評論社、2011）

木下智史＝只野雅人編『新・コンメンタール　憲法』〔第2版〕（日本評論社、2019）

長谷部恭男編『注釈日本国憲法（2・3）』（有斐閣、2017・2020）

大須賀明ほか編『三省堂憲法事典』（三省堂、2001）

杉原泰雄『新版体系憲法事典』（青林書院、2008）

清宮四郎＝佐藤功編『憲法講座1・2・3・4』（有斐閣、1963・1964）

佐藤幸治ほか『ファンダメンタル憲法』（有斐閣、1994）

中村睦男『論点憲法教室』（有斐閣、1990）

芦部信喜編『憲法の基本問題』（有斐閣、1988）

大石眞＝石川健治編『憲法の争点』（有斐閣、2008）

松井茂記『LAW IN CONTEXT 憲法』（有斐閣、2010）

松井茂記編『スターバックスでラテを飲みながら憲法を考える』（有斐閣、2016）

市川正人『ケースメソッド憲法』〔第2版〕（日本評論社、2009）

棟居快行『憲法解釈演習』〔第2版〕（信山社、2009）

内野正幸『憲法解釈の論点』〔第4版〕（日本評論社、2005）

渋谷秀樹『日本国憲法の論じ方』〔第2版〕（有斐閣、2010）

赤坂正浩ほか『ファーストステップ憲法』（有斐閣、2005）

笹田栄司編『Law Practice 憲法』〔第2版〕（商事法務、2014）

長谷部恭男『Interactive 憲法』『続・Interactive 憲法』（有斐閣、2006・2011）

長谷部恭男『憲法の Imagination』（羽鳥書店、2010）

長谷部恭男編『憲法本41』（平凡社、2001）

長谷部恭男編『論究憲法』（有斐閣、2017）

井上典之ほか『憲法学説に聞く』（日本評論社、2004）

井上典之『憲法判例に聞く』（日本評論社、2008）

小山剛『「憲法上の権利」の作法』〔第 3 版〕（尚学社、2016）

安西文雄ほか『憲法学読本』〔第 3 版〕（有斐閣、2018）

駒村圭吾『憲法訴訟の現代的転回』（日本評論社、2013）

宍戸常寿『憲法——解釈論の応用と展開』〔第 2 版〕（日本評論社、2014）

自由人権協会編『憲法の現在』（信山社、2005）

判例時報2344号増刊『法曹実務にとっての近代立憲主義』（判例時報社、2017）

谷口真由美編『資料で考える憲法』（法律文化社、2018）

初宿正典ほか『目で見る憲法』〔第 5 版〕（有斐閣、2018）

浦田賢治＝大須賀明編『新・判例コンメンタール日本国憲法 1・2・3』（三省堂、1993・1994）

戸松秀典＝今井功編『判例憲法 1・2・3』（第一法規、2013）

戸松秀典＝初宿正典編『憲法判例』〔第 8 版〕（有斐閣、2018）

長谷部恭男ほか編『憲法判例百選Ⅰ・Ⅱ』〔第 7 版〕（有斐閣、2019）

佐藤幸治＝土井真一編『判例講義憲法Ⅰ・Ⅱ』（悠々社、2010）

小泉良幸ほか編『憲法判例コレクション』（有斐閣、2021）

宍戸常寿＝曽我部真裕編『判例プラクティス憲法』〔第 3 版〕（信山社、2022）

樋口陽一＝野中俊彦編『憲法の基本判例』〔第 2 版〕（有斐閣、1996）

初宿正典編『基本判例憲法25講』〔第 4 版〕（成文堂、2015）

杉原泰雄＝野中俊彦編『新判例マニュアル憲法Ⅰ・Ⅱ』（三省堂、2000）

初宿正典ほか『憲法 Cases and Materials 人権〔第 2 版〕・憲法訴訟』（有斐閣、2013・2007）

横大道聡編『憲法判例の射程』〔第 2 版〕（弘文堂、2020）

浦部法穂＝戸波江二編『法科大学院ケースブック憲法』（日本評論社、2005）

長谷部恭男ほか『ケースブック憲法』〔第 4 版〕（弘文堂、2013）

高橋和之編『ケースブック憲法』（有斐閣、2011）

原田一明＝君塚正臣編『ロースクール憲法総合演習』（法律文化社、2012）

木下昌彦編集代表『精読憲法判例　人権編・統治編』（弘文堂、2018・2021）

初宿正典＝辻村みよ子編『新解説世界憲法集』〔第 5 版〕（三省堂、2020）

畑博行＝小森田秋夫編『世界の憲法集』〔第 5 版〕（有信堂、2018）

あとがき

　本書の執筆者は全員、大阪大学大学院法学研究科の出身者である。殆どが、磯崎辰五郎、覚道豊治両先生に始まる憲法学の、中山勲、松井茂記、髙井裕之先生の各先生の本流に属する者である。また、多くの執筆者は、行政法の高田敏先生などにも学び、旧教養部（のち、大学院国際公共政策研究科）所属の憲法学者であった榎原猛、伊藤公一、藤井樹也の各先生の薫陶も受けてきた。

　このような、自由な発想と活発な討論を基礎に、偏向を排除してかっちりした憲法解釈を行おうとする気風は、諸先輩に受け継がれてきたと信ずる。法律文化社さんからは過去に、『憲法要説』、『基礎憲法』などの教科書を刊行させて頂いたが、そのことは中身によく表れていると思われる。そこで『新版基礎憲法』の刊行から8年が経過し、法令や判例が新しくなった2007年に、その良き伝統を生かして本書初版を編集することとなった。その際、執筆陣をほぼ一新し、将来に向けて新進の研究者でこれに臨むこととした（殆どを憲法専攻者が執筆し、行政法や基礎法の専門家には適材適所で加わって頂いた）。本書は、その第4版であり、基本方針は初版以来変わりない。

　本書刊行に向けて、法律文化社では今回から舟木和久氏に様々なお骨折りを頂くこととなった。何より、先輩・同輩・後輩の先生方には多忙な中、本書に参加して頂いた。第4版には、安達絵里先生、田中規久雄先生、友岡愛子氏から貴重なコメントを頂いた。ご快諾に感謝したい。このほか、旧版において貴重な資料をご指摘頂いた星野充広氏ほか、お世話になったいろいろな方々に改めて深く感謝したい。

　本書の性格上、参考にさせて頂いた先行業績を細かく引用はせず、章末と巻末に主要参考文献を掲示するにとどめたことをお詫び致します。

　2023年4月

君塚　正臣

判 例 索 引

最高裁判所

高等裁判所

地方裁判所

簡易裁判所・弾劾裁判所

事 項 索 引

【資　　　料】

日本国憲法

朕は、日本国民の総意に基いて、新日本建設の礎が、定まるに至つたことを、深くよろこび、枢密顧問の諮詢及び帝国憲法第七十三条による帝国議会の議決を経た帝国憲法の改正を裁可し、ここにこれを公布せしめる。

御 名 御 璽

昭和二十一年十一月三日

内閣総理大臣兼

外 務 大 臣		吉田　茂
国 務 大 臣	男爵	幣原喜重郎
司 法 大 臣		木村篤太郎
内 務 大 臣		大村　清一
文 部 大 臣		田中耕太郎
農 林 大 臣		和田　博雄
国 務 大 臣		斎藤　隆夫
逓 信 大 臣		一松　定吉
商 工 大 臣		星島　二郎
厚 生 大 臣		河合　良成
国 務 大 臣		植原悦二郎
運 輸 大 臣		平塚常次郎
大 蔵 大 臣		石橋　湛山
国 務 大 臣		金森徳次郎
国 務 大 臣		膳　桂之助

日 本 国 憲 法

日本国民は、正当に選挙された国会における代表者を通じて行動し、われらとわれらの子孫のために、諸国民との協和による成果と、わが国全土にわたつて自由のもたらす恵沢を確保し、政府の行為によつて再び戦争の惨禍が起ることのないやうにすることを決意し、ここに主権が国民に存することを宣言し、この憲法を確定する。そもそも国政は、国民の厳粛な信託によるものであつて、その権威は国民に由来し、その権力は国民の代表者がこれを行使し、その福利は国民がこれを享受する。これは人類普遍の原理であり、この憲法は、かかる原理に基くものである。われらは、これに反する一切の憲法、法令及び詔勅を排除する。

日本国民は、恒久の平和を念願し、人間相互の関係を支配する崇高な理想を深く自覚するのであつて、平和を愛する諸国民の公正と信義に信頼して、われらの安全と生存を保持しようと決意した。われらは、平和を維持し、専制と隷従、圧迫と偏狭を地上から永遠に除去しようと努めてゐる国際社会において、名誉ある地位を占めたいと思ふ。われらは、全世界の国民が、ひとしく恐怖と欠乏から免かれ、平和のうちに生存する権利を有することを確認する。

われらは、いづれの国家も、自国のことのみに専念して他国を無視してはならないのであつて、政治道徳の法則は、普遍的なものであり、この法則に従ふことは、自国の主権を維持し、他国と対等関係に立たうとする各国の責務であると信ずる。

日本国民は、国家の名誉にかけ、全力をあげてこの崇高な理想と目的を達成することを誓ふ。

第1章　天　　皇

第1条〔天皇の地位、国民主権〕　天皇は、日本国の象徴であり日本国民統合の象徴であつて、この地位は、主権の存する日本国民の総意に基く。

第2条〔皇位の継承〕　皇位は、世襲のものであつて、国会の議決した皇室典範の定めるところにより、これを継承する。

第3条〔天皇の国事行為に対する内閣の助言と承認〕　天皇の国事に関するすべての行為には、内閣の助言と承認を必要とし、内閣が、その責任を負ふ。

第4条〔天皇の権能の限界・天皇の国事行為

の委任〕　①　天皇は、この憲法の定める国事に関する行為のみを行ひ、国政に関する権能を有しない。

②　天皇は、法律の定めるところにより、その国事に関する行為を委任することができる。

第5条〔摂政〕　皇室典範の定めるところにより摂政を置くときは、摂政は、天皇の名でその国事に関する行為を行ふ。この場合には、前条第一項の規定を準用する。

第6条〔天皇の任命権〕　①　天皇は、国会の指名に基いて、内閣総理大臣を任命する。

②　天皇は、内閣の指名に基いて、最高裁判所の長たる裁判官を任命する。

第7条〔天皇の国事行為〕　天皇は、内閣の助言と承認により、国民のために、左の国事に関する行為を行ふ。

一　憲法改正、法律、政令及び条約を公布すること。

二　国会を召集すること。

三　衆議院を解散すること。

四　国会議員の総選挙の施行を公示すること。

五　国務大臣及び法律の定めるその他の官吏の任免並びに全権委任状及び大使及び公使の信任状を認証すること。

六　大赦、特赦、減刑、刑の執行の免除及び復権を認証すること。

七　栄典を授与すること。

八　批准書及び法律の定めるその他の外交文書を認証すること。

九　外国の大使及び公使を接受すること。

十　儀式を行ふこと。

第8条〔皇室の財産授受〕　皇室に財産を譲り渡し、又は皇室が、財産を譲り受け、若しくは賜与することは、国会の議決に基かなければならない。

第2章　戦争の放棄

第9条〔戦争の放棄、軍備及び交戦権の否認〕　①　日本国民は、正義と秩序を基調とする国際平和を誠実に希求し、国権の発動たる戦争と、武力による威嚇又は武力の行使は、国際紛争を解決する手段としては、永久にこれを放棄する。

②　前項の目的を達するため、陸海空軍その他の戦力は、これを保持しない。国の交戦権は、これを認めない。

第3章　国民の権利及び義務

第10条〔国民の要件〕　日本国民たる要件は、法律でこれを定める。

第11条〔基本的人権の享有〕　国民は、すべての基本的人権の享有を妨げられない。この憲法が国民に保障する基本的人権は、侵すことのできない永久の権利として、現在及び将来の国民に与へられる。

第12条〔自由・権利の保持の責任とその濫用の禁止〕　この憲法が国民に保障する自由及び権利は、国民の不断の努力によつて、これを保持しなければならない。又、国民は、これを濫用してはならないのであつて、常に公共の福祉のためにこれを利用する責任を負ふ。

第13条〔個人の尊重、生命・自由・幸福追求の権利の尊重〕　すべて国民は、個人として尊重される。生命、自由及び幸福追求に対する国民の権利については、公共の福祉に反しない限り、立法その他の国政の上で、最大の尊重を必要とする。

第14条〔法の下の平等、貴族制度の否認、栄典〕　①　すべて国民は、法の下に平等であつて、人種、信条、性別、社会的身分又は門地により、政治的、経済的又は社会的関係において、差別されない。

② 華族その他の貴族の制度は、これを認めない。

③ 栄誉、勲章その他の栄典の授与は、いかなる特権も伴はない。栄典の授与は、現にこれを有し、又は将来これを受ける者の一代に限り、その効力を有する。

第15条〔公務員の選定及び罷免権、公務員の本質、普通選挙・秘密投票の保障〕　① 公務員を選定し、及びこれを罷免することは、国民固有の権利である。

② すべて公務員は、全体の奉仕者であつて、一部の奉仕者ではない。

③ 公務員の選挙については、成年者による普通選挙を保障する。

④ すべて選挙における投票の秘密は、これを侵してはならない。選挙人は、その選択に関し公的にも私的にも責任を問はれない。

第16条〔請願権〕　何人も、損害の救済、公務員の罷免、法律、命令又は規則の制定、廃止又は改正その他の事項に関し、平穏に請願する権利を有し、何人も、かかる請願をしたためにいかなる差別待遇も受けない。

第17条〔国及び公共団体の賠償責任〕　何人も、公務員の不法行為により、損害を受けたときは、法律の定めるところにより、国又は公共団体に、その賠償を求めることができる。

第18条〔奴隷的拘束及び苦役からの自由〕　何人も、いかなる奴隷的拘束も受けない。又、犯罪に因る処罰の場合を除いては、その意に反する苦役に服させられない。

第19条〔思想及び良心の自由〕　思想及び良心の自由は、これを侵してはならない。

第20条〔信教の自由、国の宗教活動の禁止〕　① 信教の自由は、何人に対してもこれを保障する。いかなる宗教団体も、国から特権を受け、又は政治上の権力を行使してはならない。

② 何人も、宗教上の行為、祝典、儀式又は行事に参加することを強制されない。

③ 国及びその機関は、宗教教育その他いかなる宗教的活動もしてはならない。

第21条〔集会・結社・表現の自由、検閲の禁止、通信の秘密〕　① 集会、結社及び言論、出版その他一切の表現の自由は、これを保障する。

② 検閲は、これをしてはならない。通信の秘密は、これを侵してはならない。

第22条〔居住・移転及び職業選択の自由、外国移住・国籍離脱の自由〕　① 何人も、公共の福祉に反しない限り、居住、移転及び職業選択の自由を有する。

② 何人も、外国に移住し、又は国籍を離脱する自由を侵されない。

第23条〔学問の自由〕　学問の自由は、これを保障する。

第24条〔家庭生活における個人の尊厳と両性の平等〕　① 婚姻は、両性の合意のみに基いて成立し、夫婦が同等の権利を有することを基本として、相互の協力により、維持されなければならない。

② 配偶者の選択、財産権、相続、住居の選定、離婚並びに婚姻及び家族に関するその他の事項に関しては、法律は、個人の尊厳と両性の本質的平等に立脚して、制定されなければならない。

第25条〔生存権、国の社会的使命〕　① すべて国民は、健康で文化的な最低限度の生活を営む権利を有する。

② 国は、すべての生活部面について、社会福祉、社会保障及び公衆衛生の向上及び増進に努めなければならない。

第26条〔教育を受ける権利、教育を受けさせる義務、義務教育の無償〕　① すべて国民は、法律の定めるところにより、その能力に応じて、ひとしく教育を受ける権利を有する。

② すべて国民は、法律の定めるところにより、その保護する子女に普通教育を受けさせる義務を負ふ。義務教育は、これを無償

とする。

第27条〔勤労の権利及び義務、勤労条件の基準、児童酷使の禁止〕　①　すべて国民は、勤労の権利を有し、義務を負ふ。

②　賃金、就業時間、休息その他の勤労条件に関する基準は、法律でこれを定める。

③　児童は、これを酷使してはならない。

第28条〔勤労者の団結権・団体交渉権その他の団体行動権〕　勤労者の団結する権利及び団体交渉その他の団体行動をする権利は、これを保障する。

第29条〔財産権〕　①　財産権は、これを侵してはならない。

②　財産権の内容は、公共の福祉に適合するやうに、法律でこれを定める。

③　私有財産は、正当な補償の下に、これを公共のために用ひることができる。

第30条〔納税の義務〕　国民は、法律の定めるところにより、納税の義務を負ふ。

第31条〔法定手続の保障〕　何人も、法律の定める手続によらなければ、その生命若しくは自由を奪はれ、又はその他の刑罰を科せられない。

第32条〔裁判を受ける権利〕　何人も、裁判所において裁判を受ける権利を奪はれない。

第33条〔逮捕の要件〕　何人も、現行犯として逮捕される場合を除いては、権限を有する司法官憲が発し、且つ理由となつてゐる犯罪を明示する令状によらなければ、逮捕されない。

第34条〔抑留、拘禁の要件、不法拘禁に対する保障〕　何人も、理由を直ちに告げられ、且つ、直ちに弁護人に依頼する権利を与へられなければ、抑留又は拘禁されない。又、何人も、正当な理由がなければ、拘禁されず、要求があれば、その理由は、直ちに本人及びその弁護人の出席する公開の法廷で示されなければならない。

第35条〔住居侵入・捜索・押収に対する保障〕　①　何人も、その住居、書類及び所持品について、侵入、捜索及び押収を受けることのない権利は、第33条の場合を除いては、正当な理由に基いて発せられ、且つ捜索する場所及び押収する物を明示する令状がなければ、侵されない。

②　捜索又は押収は、権限を有する司法官憲が発する各別の令状により、これを行ふ。

第36条〔拷問及び残虐刑の禁止〕　公務員による拷問及び残虐な刑罰は、絶対にこれを禁ずる。

第37条〔刑事被告人の権利〕　①　すべて刑事事件においては、被告人は、公平な裁判所の迅速な公開裁判を受ける権利を有する。

②　刑事被告人は、すべての証人に対して審問する機会を充分に与へられ、又、公費で自己のために強制的手続により証人を求める権利を有する。

③　刑事被告人は、いかなる場合にも、資格を有する弁護人を依頼することができる。被告人が自らこれを依頼することができないときは、国でこれを附する。

第38条〔自己に不利益な供述の強要禁止、自白の証拠能力〕　①　何人も、自己に不利益な供述を強要されない。

②　強制、拷問若しくは脅迫による自白又は不当に長く抑留若しくは拘禁された後の自白は、これを証拠とすることができない。

③　何人も、自己に不利益な唯一の証拠が本人の自白である場合には、有罪とされ、又は刑罰を科せられない。

第39条〔遡及処罰の禁止、一事不再理〕　何人も、実行の時に適法であつた行為又は既に無罪とされた行為については、刑事上の責任を問はれない。又、同一の犯罪について、重ねて刑事上の責任を問はれない。

第40条〔刑事補償〕　何人も、抑留又は拘禁された後、無罪の裁判を受けたときは、法律の定めるところにより、国にその補償

を求めることができる。

第4章 国 会

第41条〔国会の地位、立法権〕 国会は、国権の最高機関であつて、国の唯一の立法機関である。

第42条〔両院制〕 国会は、衆議院及び参議院の両議院でこれを構成する。

第43条〔両議院の組織〕 ① 両議院は、全国民を代表する選挙された議員でこれを組織する。

② 両議院の議員の定数は、法律でこれを定める。

第44条〔議員及び選挙人の資格〕 両議院の議員及びその選挙人の資格は、法律でこれを定める。但し、人種、信条、性別、社会的身分、門地、教育、財産又は収入によつて差別してはならない。

第45条〔衆議院議員の任期〕 衆議院議員の任期は、四年とする。但し、衆議院解散の場合には、その期間満了前に終了する。

第46条〔参議院議員の任期〕 参議院議員の任期は、六年とし、三年ごとに議員の半数を改選する。

第47条〔選挙に関する事項の法定〕 選挙区、投票の方法その他両議院の議員の選挙に関する事項は、法律でこれを定める。

第48条〔両院議員兼職の禁止〕 何人も、同時に両議院の議員たることはできない。

第49条〔議員の歳費〕 両議院の議員は、法律の定めるところにより、国庫から相当額の歳費を受ける。

第50条〔議員の不逮捕特権〕 両議院の議員は、法律の定める場合を除いては、国会の会期中逮捕されず、会期前に逮捕された議員は、その議院の要求があれば、会期中これを釈放しなければならない。

第51条〔議員の発言・表決の無責任〕 両議院の議員は、議院で行つた演説、討論又は表決について、院外で責任を問はれない。

第52条〔常会〕 国会の常会は、毎年一回これを召集する。

第53条〔臨時会〕 内閣は、国会の臨時会の召集を決定することができる。いづれかの議院の総議員の四分の一以上の要求があれば、内閣は、その召集を決定しなければならない。

第54条〔衆議院の解散、特別会、参議院の緊急集会〕 ① 衆議院が解散されたときは、解散の日から四十日以内に、衆議院議員の総選挙を行ひ、その選挙の日から三十日以内に、国会を召集しなければならない。

② 衆議院が解散されたときは、参議院は、同時に閉会となる。但し、内閣は、国に緊急の必要があるときは、参議院の緊急集会を求めることができる。

③ 前項但書の緊急集会において採られた措置は、臨時のものであつて、次の国会開会の後十日以内に、衆議院の同意がない場合には、その効力を失ふ。

第55条〔議員の資格争訟〕 両議院は、各ミその議員の資格に関する争訟を裁判する。但し、議員の議席を失はせるには、出席議員の三分の二以上の多数による議決を必要とする。

第56条〔議事議決の定足数・表決〕

① 両議院は、各ミその総議員の三分の一以上の出席がなければ、議事を開き議決することができない。

② 両議院の議事は、この憲法に特別の定のある場合を除いては、出席議員の過半数でこれを決し、可否同数のときは、議長の決するところによる。

第57条〔会議の公開・会議の記録・表決の会議録への記載〕 ① 両議院の会議は、公開とする。但し、出席議員の三分の二以上の多数で議決したときは、秘密会を開くことができる。

② 両議院は、各ミその会議の記録を保存し、

秘密会の記録の中で特に秘密を要すると認められるもの以外は、これを公表し、且つ一般に頒布しなければならない。

③　出席議員の五分の一以上の要求があれば、各議員の表決は、これを会議録に記載しなければならない。

第58条〔議長等の選任・議院の自律権〕
①　両議院は、各々その議長その他の役員を選任する。

②　両議院は、各々その会議その他の手続及び内部の規律に関する規則を定め、又、院内の秩序をみだした議員を懲罰することができる。但し、議員を除名するには、出席議員の三分の二以上の多数による議決を必要とする。

第59条〔法律案の議決・衆議院の優越〕
①　法律案は、この憲法に特別の定のある場合を除いては、両議院で可決したとき法律となる。

②　衆議院で可決し、参議院でこれと異なつた議決をした法律案は、衆議院で出席議員の三分の二以上の多数で再び可決したときは、法律となる。

③　前項の規定は、法律の定めるところにより、衆議院が、両議院の協議会を開くことを求めることを妨げない。

④　参議院が、衆議院の可決した法律案を受け取つた後、国会休会中の期間を除いて六十日以内に、議決しないときは、衆議院は、参議院がその法律案を否決したものとみなすことができる。

第60条〔衆議院の予算先議・予算議決に関する衆議院の優越〕　①　予算は、さきに衆議院に提出しなければならない。

②　予算について、参議院で衆議院と異なつた議決をした場合に、法律の定めるところにより、両議院の協議会を開いても意見が一致しないとき、又は参議院が、衆議院の可決した予算を受け取つた後、国会休会中の期間を除いて三十日以内に、議決しない

ときは、衆議院の議決を国会の議決とする。

第61条〔条約の国会承認・衆議院の優越〕
条約の締結に必要な国会の承認については、前条第二項の規定を準用する。

第62条〔議院の国政調査権〕　両議院は、各国政に関する調査を行ひ、これに関して、証人の出頭及び証言並びに記録の提出を要求することができる。

第63条〔国務大臣の議院出席の権利と義務〕
内閣総理大臣その他の国務大臣は、両議院の一に議席を有すると有しないとにかかはらず、何時でも議案について発言するため議院に出席することができる。又、答弁又は説明のため出席を求められたときは、出席しなければならない。

第64条〔弾劾裁判所〕　①　国会は、罷免の訴追を受けた裁判官を裁判するため、両議院の議員で組織する弾劾裁判所を設ける。

②　弾劾に関する事項は、法律でこれを定める。

第5章　内　閣

第65条〔行政権〕　　行政権は、内閣に属する。

第66条〔内閣の組織・国会に対する連帯責任〕　①　内閣は、法律の定めるところにより、その首長たる内閣総理大臣及びその他の国務大臣でこれを組織する。

②　内閣総理大臣その他の国務大臣は、文民でなければならない。

③　内閣は、行政権の行使について、国会に対し連帯して責任を負ふ。

第67条〔内閣総理大臣の指名・衆議院の優越〕　①　内閣総理大臣は、国会議員の中から国会の議決で、これを指名する。この指名は、他のすべての案件に先だつて、これを行ふ。

②　衆議院と参議院とが異なつた指名の議決をした場合に、法律の定めるところにより、

両議院の協議会を開いても意見が一致しないとき、又は衆議院が指名の議決をした後、国会休会中の期間を除いて十日以内に、参議院が、指名の議決をしないときは、衆議院の議決を国会の議決とする。

第68条〔国務大臣の任命及び罷免〕　①　内閣総理大臣は、国務大臣を任命する。但し、その過半数は、国会議員の中から選ばれなければならない。

②　内閣総理大臣は、任意に国務大臣を罷免することができる。

第69条〔衆議院の内閣不信任〕　内閣は、衆議院で不信任の決議案を可決し、又は信任の決議案を否決したときは、十日以内に衆議院が解散されない限り、総辞職をしなければならない。

第70条〔内閣総理大臣の欠缺・総選挙後の総辞職〕　内閣総理大臣が欠けたとき、又は衆議院議員総選挙の後に初めて国会の召集があつたときは、内閣は、総辞職をしなければならない。

第71条〔総辞職後の内閣の職務〕　前2条の場合には、内閣は、あらたに内閣総理大臣が任命されるまで引き続きその職務を行ふ。

第72条〔内閣総理大臣の職権〕　内閣総理大臣は、内閣を代表して議案を国会に提出し、一般国務及び外交関係について国会に報告し、並びに行政各部を指揮監督する。

第73条〔内閣の職権〕　内閣は、他の一般行政事務の外、左の事務を行ふ。

一　法律を誠実に執行し、国務を総理すること。

二　外交関係を処理すること。

三　条約を締結すること。但し、事前に、時宜によつては事後に、国会の承認を経ることを必要とする。

四　法律の定める基準に従ひ、官吏に関する事務を掌理すること。

五　予算を作成して国会に提出すること。

六　この憲法及び法律の規定を実施するために、政令を制定すること。但し、政令には、特にその法律の委任がある場合を除いては、罰則を設けることができない。

七　大赦、特赦、減刑、刑の執行の免除及び復権を決定すること。

第74条〔法律・政令の署名〕　法律及び政令には、すべて主任の国務大臣が署名し、内閣総理大臣が連署することを必要とする。

第75条〔国務大臣の訴追〕　国務大臣は、その在任中、内閣総理大臣の同意がなければ、訴追されない。但し、これがため、訴追の権利は、害されない。

第6章　司　　法

第76条〔司法権、特別裁判所の禁止、裁判官の職務の独立〕　①　すべて司法権は、最高裁判所及び法律の定めるところにより設置する下級裁判所に属する。

②　特別裁判所は、これを設置することができない。行政機関は、終審として裁判を行ふことができない。

③　すべて裁判官は、その良心に従ひ独立してその職権を行ひ、この憲法及び法律にのみ拘束される。

第77条〔最高裁判所の規則制定権〕　①　最高裁判所は、訴訟に関する手続、弁護士、裁判所の内部規律及び司法事務処理に関する事項について、規則を定める権限を有する。

②　検察官は、最高裁判所の定める規則に従はなければならない。

③　最高裁判所は、下級裁判所に関する規則を定める権限を、下級裁判所に委任することができる。

第78条〔裁判官の身分の保障〕　裁判官は、裁判により、心身の故障のために職務を執ることができないと決定された場合を除いては、公の弾劾によらなければ罷免されない。裁判官の懲戒処分は、行政機関がこれ

を行ふことはできない。

第79条〔最高裁判所の裁判官・国民審査〕　① 最高裁判所は、その長たる裁判官及び法律の定める員数のその他の裁判官でこれを構成し、その長たる裁判官以外の裁判官は、内閣でこれを任命する。

② 最高裁判所の裁判官の任命は、その任命後初めて行はれる衆議院議員総選挙の際国民の審査に付し、その後十年を経過した後初めて行はれる衆議院議員総選挙の際更に審査に付し、その後も同様とする。

③ 前項の場合において、投票者の多数が裁判官の罷免を可とするときは、その裁判官は、罷免される。

④ 審査に関する事項は、法律でこれを定める。

⑤ 最高裁判所の裁判官は、法律の定める年齢に達した時に退官する。

⑥ 最高裁判所の裁判官は、すべて定期に相当額の報酬を受ける。この報酬は、在任中、これを減額することができない。

第80条〔下級裁判所の裁判官〕　① 下級裁判所の裁判官は、最高裁判所の指名した者の名簿によつて、内閣でこれを任命する。その裁判官は、任期を十年とし、再任されることができる。但し、法律の定める年齢に達した時には退官する。

② 下級裁判所の裁判官は、すべて定期に相当額の報酬を受ける。この報酬は、在任中、これを減額することができない。

第81条〔最高裁判所の法令等審査権〕　最高裁判所は、一切の法律、命令、規則又は処分が憲法に適合するかしないかを決定する権限を有する終審裁判所である。

第82条〔裁判の公開〕　① 裁判の対審及び判決は、公開法廷でこれを行ふ。

② 裁判所が、裁判官の全員一致で、公の秩序又は善良の風俗を害する虞があると決した場合には、対審は、公開しないでこれを行ふことができる。但し、政治犯罪、出版

に関する犯罪又はこの憲法第3章で保障する国民の権利が問題となつてゐる事件の対審は、常にこれを公開しなければならない。

第7章 財　政

第83条〔財政処理の基本原則〕　国の財政を処理する権限は、国会の議決に基いて、これを行使しなければならない。

第84条〔課税の要件〕　あらたに租税を課し、又は現行の租税を変更するには、法律又は法律の定める条件によることを必要とする。

第85条〔国費の支出及び債務負担〕　国費を支出し、又は国が債務を負担するには、国会の議決に基くことを必要とする。

第86条〔予算〕　内閣は、毎会計年度の予算を作成し、国会に提出して、その審議を受け議決を経なければならない。

第87条〔予備費〕　① 予見し難い予算の不足に充てるため、国会の議決に基いて予備費を設け、内閣の責任でこれを支出することができる。

② すべて予備費の支出については、内閣は、事後に国会の承諾を得なければならない。

第88条〔皇室財産、皇室の費用〕　すべて皇室財産は、国に属する。すべて皇室の費用は、予算に計上して国会の議決を経なければならない。

第89条〔公の財産の支出又は利用の制限〕　公金その他の公の財産は、宗教上の組織若しくは団体の使用、便益若しくは維持のため、又は公の支配に属しない慈善、教育若しくは博愛の事業に対し、これを支出し、又はその利用に供してはならない。

第90条〔決算審査・会計検査院〕　① 国の収入支出の決算は、すべて毎年会計検査院がこれを検査し、内閣は、次の年度に、その検査報告とともに、これを国会に提出しなければならない。

② 会計検査院の組織及び権限は、法律でこれを定める。

第91条〔財政状況の報告〕 内閣は、国会及び国民に対し、定期に、少くとも毎年一回、国の財政状況について報告しなければならない。

第8章 地方自治

第92条〔地方自治の基本原則〕 地方公共団体の組織及び運営に関する事項は、地方自治の本旨に基いて、法律でこれを定める。

第93条〔地方公共団体の機関とその直接選挙〕 ① 地方公共団体には、法律の定めるところにより、その議事機関として議会を設置する。

② 地方公共団体の長、その議会の議員及び法律の定めるその他の吏員は、その地方公共団体の住民が、直接これを選挙する。

第94条〔地方公共団体の権能〕 地方公共団体は、その財産を管理し、事務を処理し、及び行政を執行する権能を有し、法律の範囲内で条例を制定することができる。

第95条〔一の地方公共団体のみに適用される特別法〕 一の地方公共団体のみに適用される特別法は、法律の定めるところにより、その地方公共団体の住民の投票においてその過半数の同意を得なければ、国会は、これを制定することができない。

第9章 改 正

第96条〔憲法改正の手続・憲法改正の公布〕 ① この憲法の改正は、各議院の総議員の三分の二以上の賛成で、国会が、これを発議し、国民に提案してその承認を経なければならない。この承認には、特別の国民投票又は国会の定める選挙の際行はれる投票において、その過半数の賛成を必要とする。

② 憲法改正について前項の承認を経たとき

は、天皇は、国民の名で、この憲法と一体を成すものとして、直ちにこれを公布する。

第10章 最高法規

第97条〔基本的人権の本質〕 この憲法が日本国民に保障する基本的人権は、人類の多年にわたる自由獲得の努力の成果であつて、これらの権利は、過去幾多の試錬に堪へ、現在及び将来の国民に対し、侵すことのできない永久の権利として信託されたものである。

第98条〔憲法の最高法規性、条約・国際法規の遵守〕 ① この憲法は、国の最高法規であつて、その条規に反する法律、命令、詔勅及び国務に関するその他の行為の全部又は一部は、その効力を有しない。

② 日本国が締結した条約及び確立された国際法規は、これを誠実に遵守することを必要とする。

第99条〔憲法尊重擁護の義務〕 天皇又は摂政及び国務大臣、国会議員、裁判官その他の公務員は、この憲法を尊重し擁護する義務を負ふ。

第11章 補 則

第100条〔憲法の施行期日・準備手続〕 ① この憲法は、公布の日から起算して6箇月を経過した日から、これを施行する。

② この憲法を施行するために必要な法律の制定、参議院議員の選挙及び国会召集の手続並びにこの憲法を施行するために必要な準備手続は、前項の期日よりも前に、これを行ふことができる。

第101条〔経過規定〕 この憲法施行の際、参議院がまだ成立してゐないときは、その成立するまでの間、衆議院は、国会としての権限を行ふ。

第102条〔同前〕 この憲法による第一期の

参議院議員のうち、その半数の者の任期は、これを三年とする。その議員は、法律の定めるところにより、これを定める。

第103条〔同前〕　この憲法施行の際現に在職する国務大臣、衆議院議員及び裁判官並びにその他の公務員で、その地位に相応する地位がこの憲法で認められてゐる者は、法律で特別の定をした場合を除いては、この憲法施行のため、当然にはその地位を失ふことはない。但し、この憲法によつて、後任者が選挙又は任命されたときは、当然その地位を失ふ。

執筆者紹介
（執筆順、＊は編者）

＊君塚　正臣　横浜国立大学大学院国際社会科学研究院法律系教授　　1章、3章

河野　良継　大東文化大学法学部法律学科教授　　2章

白水　隆　千葉大学大学院専門法務研究科准教授　　4章

福岡久美子　同志社女子大学現代社会学部教授　　5章Ⅰ・Ⅱ、9章、11章Ⅰ

早瀬　勝明　甲南大学法学部教授　　5章Ⅲ・Ⅳ

丸山　敦裕　関西学院大学大学院司法研究科教授　　6章Ⅰ・Ⅱ

合原　理映　千葉商科大学商経学部教授　　6章Ⅲ・Ⅳ

福島　力洋　関西大学総合情報学部准教授　　7章Ⅰ～Ⅲ、12章

山田　隆司　創価大学法学部教授　　7章Ⅳ・Ⅴ

＊森脇　敦史　福岡県立大学人間社会学部教授　　7章Ⅵ、15章Ⅳ～Ⅶ

前田　正義　海上保安大学校海上警察学講座教授　　7章Ⅶ、10章Ⅲ

中村孝一郎　元南山大学法学部法律学科専任講師　　8章

森口　佳樹　和歌山大学経済学部教授　　10章Ⅰ、16章

片山　智彦　元福井県立大学学術教養センター教授　　10章Ⅱ、15章Ⅰ～Ⅲ

青田テル子　帝塚山大学法学部准教授　　11章Ⅱ

岡室　悠介　金沢大学人間社会研究域法学系准教授　　13章Ⅰ・Ⅱ

村上　玲　名古屋学院大学法学部准教授　　13章Ⅲ～Ⅴ

田中　佑佳　沖縄国際大学法学部専任講師　　13章Ⅵ・Ⅶ

今田　浩之　阿南工業高等専門学校准教授　　14章

上石　圭一　追手門学院大学社会学部教授　　17章

中曽　久雄　愛媛大学教育学部准教授　　18章

Horitsu Bunka Sha

ベーシックテキスト憲法〔第4版〕

2007年 4 月 1 日　初　版第 1 刷発行
2011年10月 5 日　第 2 版第 1 刷発行
2017年 4 月25日　第 3 版第 1 刷発行
2023年 9 月30日　第 4 版第 1 刷発行

編　者　君塚正臣・森脇敦史
　　　　きみづかまさおみ　もりわきあつし

発行者　畑　　光

発行所　株式会社 法律文化社

〒603-8053
京都市北区上賀茂岩ヶ垣内町71
電話 075(791)7131　FAX 075(721)8400
https://www.hou-bun.com/

印刷：㈱冨山房インターナショナル／製本：㈲坂井製本所
装幀：仁井谷伴子

ISBN978-4-589-04290-3

©2023 Masaomi Kimizuka, Atsushi Moriwaki
Printed in Japan

君塚正臣編
高校から大学への憲法〔第2版〕
高校から大学への法学〔第2版〕
各A5判・222頁・2310円

高校で学ぶ地理・歴史・公民等の基礎知識や基本用語と連関させたユニークな法学・憲法の入門書。高校で学んだ用語を明示するとともに、大学での基本用語も強調するなど、学習を助ける工夫を施す。高校の新課程を踏まえ全面的に改訂。

犬伏由子・井上匡子・君塚正臣編
〔αブックス〕
レクチャージェンダー法〔第2版〕
A5判・288頁・2970円

動向や状況と法の接点の丁寧な抽出によって、問題の客観的な掌握、問題への法的思考が修得できる標準テキスト。女性活躍推進、ジェンダー平等の促進に向けた新法や性犯罪条項に関わる法改正など新たな動向を踏まえ全面的に改訂。

君塚正臣編
大学生のための憲法
A5判・342頁・2750円

重要判例を詳解し、重要語句を強調、参考文献・Web情報を付すなど、学習を深めるための工夫を凝らすことによって法学部専門科目の「憲法」にも教養科目「憲法」講義にも対応可能なテキスト。

小林真紀・蛯原健介・菅原真編著
フランス憲法と社会
A5判・222頁・2860円

フランス憲法を現代社会のダイナミズムの中で解説する入門書。第1部でフランス憲法の骨組みを解説し、第2部で法文化や人権問題を論じる。第2部では、移民やコロナ禍など現に起こっている問題の概況と、それに対処しようと四苦八苦するフランス社会を詳説。

駒村圭吾・吉見俊哉編著
戦後日本憲政史講義
——もうひとつの戦後史——
A5判・402頁・6490円

政治・社会を憲法の視点から読み込み、「戦後」の意味を問う。文化的背景にも着目。【執筆者】駒村・吉見・山崎友也・新井誠・西村裕一・横大道聡・片桐直人・原田一明・水谷瑛嗣郎・岡田順太・瑞慶山広大・愛敬浩二・青井未帆・キム ソンホ

君塚正臣著
続 司法権・憲法訴訟論
——刑事手続と司法審査——
A5判・1160頁・19800円

憲法訴訟論の続刊としてその成果を刑事法分野に及ぼした研究書：刑事法学／憲法学における憲法／刑事法の取扱い、刑法における死刑論、死刑、緊急逮捕、閲覧・複写物公表、米国刑事手続の司法審査。前著の補遺と刑事手続の続編、米国判例評釈を加える。

——法律文化社——

表示価格は消費税10%を含んだ価格です